U0145212

德國聯邦制度與歐洲整合

吳振逢 著

EU

郭序

美國、俄羅斯等強大國家以強大軍事力量著稱，然而歐洲國家經過兩次大戰後，步上一條不同的道路，從國家的經濟整合做起，建立「歐洲聯盟」的國際組織，一道對外推動經濟與技術援助，並逐步達成外交與安全的合作，而獲得國際上愛好和平的評價，從而增進了國際的影響力，歐盟展現的無疑是一種柔性的力量（soft power）。

德國做為歐盟的關鍵國家，除了支付歐盟高額的捐攤款，提供歐洲中央銀行組建模式，促成歐盟向東擴大等之外，它的統治體制採行聯邦制度，極富特色，不但留給各邦之間有一定的自主空間，而且聯邦與各邦之間責任的分配是權力共享的重要成分。若以德國的聯邦制度檢視歐盟的體制，歐盟的多層次治理與德國聯邦制度之間有許多相似之處，而且歐盟的治理模式可以從德國聯邦制度獲得經驗與借鏡。

吳振逢博士長期生活在歐洲，尤其是德國，對歐洲的政情發展多所關注，當今他以豐富的知識與見解完成「德國聯邦制度與歐洲整合」一書，在國內為歐洲研究開啟新領域，實屬難得，特別是論述歐盟政策整合的聯邦主義趨勢、歐盟與德國聯邦制度特性的比較，以及歐盟整合的可能德式方向，不少的見解頗為新穎，深富啟發。本人受吳博士之邀，樂為寫序。

淡江大學歐洲研究所教授兼所長

郭秋慶

蔡序

　　歐洲聯盟乃第二次世界大戰後國際間發展最為成功之超國家組織，其理論與實踐對現代國際政治、國際經濟及國際社會之關係與發展，皆有重大意義及深遠影響。如果歐盟發展趨勢可能朝歐洲聯邦的方向發展，若此一假設有可行性，究竟是哪一種聯邦主義？是否其聯邦主義屬性如學者哈柏斯坦（Daniel Halberstam）、夏普夫（Fritz W. Scharpf）及卜爾采（Tanja A. Boerzel）所主張的與德國聯邦主義相近？雖然上述學者認為，歐盟的聯邦主義趨勢與德國聯邦主義在學理上及制度設計上相近，但是並未有系統的從制度及政策上分析德國聯邦制度對歐盟發展的影響。

　　吳振逢君在淡江大學歐洲研究所博士班就讀期間，上過本人所開的「軍備管制與歐洲安全」及「國際政治專題研究」兩門課，對國際關係理論及新自由制度主義有相當的瞭解。吳君因在德國工作多年，對德國聯邦制度的歷史背景及聯邦與地方的權限劃分有親身的體驗與研究，故選擇以「從德國聯邦制度論歐洲聯盟整合趨勢」作為論文題目，並由本人及許智偉教授一起擔任論文指導教授。其研究除發現德國聯邦制度確實在制度及政策上影響歐洲整合外，透過聯邦主義的特性「超國家性」、「輔助原則」、「區域主義」及「經濟與政治的關聯」四個層面，檢視最近生效的里斯本條約修正後之內容，無論在制度面或政策面，均有明顯的聯邦主義特色，並繼續朝同樣的趨勢邁進，就如同新設的外交及安全政策最高代表，無歐盟外長之名，而有外長之實。

吳君將其論文改寫，整理成《德國聯邦制度與歐洲整合》一書，除了由德國聯邦制度角度探討歐洲整合，在國內尚屬創見，且歐盟與德國聯邦制度的比較，尚涵蓋政黨及利益團體，有許多可供研究歐盟的學生及學者參考之處，故樂為之序。

國家政策研究基金會執行長
蔡政文

許序

馬克思（Karl Heinrich Max, 1818-1883）曾謂：「國家之前並無國家，國家之後也沒有國家。國家乃是歷史發展過程中階段性的產物。」不僅如此，就以國家本身而論，也是在不斷演變之中。今日以主權為特徵的民族國家，與中古時期的封建國家、羅馬時代的共和國家，以及希臘時代的城邦國家均有不同。

經由1992年簽署《馬斯垂克條約》（Maastricht Treaty）而正式建立的歐洲聯盟（European Union），由於會員國讓渡若干主權，已經不是超國家的國際組織，而呈現「準國家」的「聯邦國家」狀態。並且，由於其採取多層級治理制度、多語言結構機制，以及對個人人權、公民社會和多元文化之重視，創新了聯邦國家的運作模式。更何況時賢哈伯瑪斯（Juergen Habermas）等所倡導的歐洲憲法草案，採取的是康德式的各邦聯治以維護世界永久和平；而非一統天下的世界大同，其中深意值得切問近思。綜上所見，從各種不同角度，深入研究歐盟，將是攸關人類前途的一件大事。

吳振逢君畢業於輔仁大學德文系、德文研究所，奉派任職新聞局駐德工作十餘年，期間繼續進修德國文學。歸國後，就讀於淡江大學歐洲研究所博士班，又蒙當代政治學權威教授蔡政文博士指導，從事歐盟研究，更時有新見，本人有幸分享其喜悅。最近幾年吳君追循夏普夫（Fritz W. Scharpf）及卜爾采（Tanja A. Boerzel）之研究，多方考證、深入研析之結果，發現目前歐洲聯盟政治制度之形成，確受德國聯邦制度之影響，尤其是「輔助原則」之運用，參議院功能之發揮，區域主義之落實等均與美國聯邦制度不同，更與瑞士式或俄式的聯邦制度迥異。並且這些特點，也都是歐盟促進民主深化、人權進步之貢獻，極有助於世界政治之健全發展，國際關係之和平改善。吳君亦因此項新發

現及其多年廣蒐資料，嚴謹分析之成果，獲頒社會科學博士學位，實至名歸，可喜可賀。

今吳君將其研究心得，整理成《德國聯邦制度與歐洲整合》一書出版，本人有幸先讀，深覺其有助於國際政治及歐盟之研究，故樂為之序。

淡江大學歐洲研究所教授

許智偉

自序

　　從民國61年就讀輔仁大學德文系以來，即與德國文化及德國的人與事建立長久的淵源。68年輔大德文研究所畢業後，隔年通過國際新聞人員特考，到新聞局服務。72年首度外派德國慕尼黑，3年後轉派漢堡，78年奉調回國前，透過輔大碩士論文指導教授文納神父（退休返德）的協助與指導，通過漢堡大學德國文學博士候選人資格。81年再度外派柏林，因工作頗為繁重，且論文內容與工作無關，至86年奉調返國，漢堡大學的博士論文終未能完成。

　　民國88年初由新聞局轉調立法院，先後任職祕書處及外交及僑務委員會等單位。在偶然的情況下知道淡江大學歐洲研究所設博士班，93年秋通過歐洲研究所博士班入學考試，研究範圍一開始即選擇以「從德國聯邦制度論歐洲聯盟的整合」為題，因所學與工作的外交事務有關，99年1月順利通過博士論文口試。

　　由於歐研所郭秋慶所長的鼓勵，本書將博士論文內容改寫，以「德國聯邦制度與歐洲整合」為題，為使讀者清楚瞭解德國政府與政治現況，除本書內容外，請參閱作者最新發表於《國會月刊》的專文「由德國聯邦總統柯勒（Horst Koehler）因失言引發爭議而辭職下台，論德國聯邦總統在聯邦制度中的角色」。

　　本書能夠付梓，要感謝五南圖書出版公司同意出版。淡江大學歐研所郭秋慶所長、許智偉教授及國家政策研究基金會執行長蔡政文教授抽空撰寫序言，謹致謝忱。在此要特別感謝立法院大家長王金平院長的推薦函，讓作者可以順利報考淡江大學歐研所博士班，並順利完成論文。也謝謝辦公室所有同仁，因為你們的專業、敬業，讓作者在公餘，論文撰寫及改寫出書的過程中，得以幾

乎沒有牽掛。

　　最後要感謝家人，內人徐慧莉的支持與鼓勵，忻宇、志宇的耐心陪伴；也謝謝大姐、桂芬、桂華、桂蓉、桂滿的關懷與鼓勵。本書出版要獻給過世的父母親，感謝您們的養育與栽培。

吳振逢 謹識

目錄
CONTENTS

表目錄
CONTENTS

　　從邱吉爾（Winston Churchill, 1870-1965）於1946年在蘇黎世大學（University of Zuerich）的演說中呼籲建立某種形式的「歐洲合眾國」（United States of Europe）[1]，歐洲整合之父莫內（Jean Monnet）認為要達到歐洲團結的關鍵在於「排拒單純的合作，採取一個法律的、正式的協議，建立新的功能性權威，來取代現存民族國家的主權。因為主權只會產生毀滅性的國家敵對而已」[2]。到德國前外長費雪（Joschka Fischer）在柏林洪博大學（Universitaet Humboldt）演講時建議，歐盟應該朝歐洲聯邦方向發展[3]。歐洲整合從簽署《羅馬條約》到現在已經歷50餘年的發展與演變，由2002年歐元全面發行，到2004年10月29日簽署憲法條約並完成東擴。繼歐洲聯盟（European Union）之後，下一個歐洲整合形式，或歐洲整合的終極目標究竟是什麼？是「歐洲合眾國」？「歐洲邦聯」（European Confederation）？或「歐洲聯邦」（European Federation）？還是繼續維持現在歐洲聯盟的組織架構？這些乃是學術界及各界關切的議題。

　　學者對聯邦主義的定義有不同的詮釋。例如：聯邦主義（Federalism）是一種政府的制度，它聯合不同的州、邦或省，容許它們擁有實質的自主性。聯邦政府的形態通常明載於憲法，並強調地方分權的重要性，在其民主形式上，政府與其公民間有直接溝通的管道[4]。

1　Winston S. Churchill, "The Tragedy of Europe", 1946, reprinted in Brent F. Nelsen & Alexander C-G. Stubb, *The European Union: Readings on the Theory and Practice of European Integration*（Boulder: Lynne Rienner Publishers, 1994）, pp. 5-10.

2　Martin Holland, *European Integration: From Community to Union*（London: Printer Publisher, 1993）, pp. 24-25.

3　Joschka Fischer: "From Confederacy to Federation: Thoughts on the Finality of European Integration", speech at the Humboldt University, Berlin, 12. May, 2000, www.jeanmonnetprogram. org/paprs/00/joschka-fischer-en.rtf.（7/3/2008）

4　*Oxford English Reference Dictionary*, 2nd edition, 2001.

　　聯邦主義的基本概念可以簡單的陳述。在聯邦主義的組成份子州、邦或省間的關係應該在法治下處理，衝突與意見不合應該透過和平方式解決，而非經由高壓政治或戰爭[5]。

　　聯邦主義是脆弱及具動力的政治合作形式，為了不同領土的單位間分享權力與責任。在聯邦制度下，每一政府的領域（即聯盟，州，省，縣，自治市）擁有自己的機構，同時，中央政府對下一層級州的公民在聯邦憲法的限制內可獨立履行其管轄權[6]。

　　按照上述定義，很清楚的，歐盟尚不是一個完全成熟的聯邦；誠然，它還不是一個國家，可能永遠不會成為我們所瞭解的傳統聯邦意義的國家。但是，無論如何，歐盟已經擁有許多與國家相似的特性，就如共同貨幣（歐元），一個獨立的中央銀行，一個萌芽期的預算基礎，一個單一市場，兩個不同層級的政府，雙重公民認同，及一個演化中的共同外交及安全政策與初期的共同防衛政策。而且當許多重要政策部門仍然留在會員國政府手中，歐盟在商業事務、運輸、漁業及農業政策有最後裁定權，以及在環境、區域發展及工業部門有重要影響。

　　因此，歐盟已經很接近新的國家性質，或最少是一種聯邦形態的聯盟，在程度上，它逐漸地採用制度及政策的特色，那是建立聯邦的特徵。協定上政府的組織如我們所瞭解的行政、立法及司法三權，並不是按照美國的權力分立方式所組成，最初羅馬條約（Treaty of Rome）簽署時，在安排上，某種程度以聯盟作為整體平衡各別會員國的利益，為後來發展成密切的聯盟留下許多機會。逐漸增加複雜的決策程序，包含合作及共同決策程序，在政府間的歐盟部長理事會（Council of Ministers）及歐盟高峰會（European Council）與超國家的執委會（European Commission）及歐洲議會（European Parliament）之間，在許多方面與實際運作的聯邦相似。這只是歐盟為何經常被觀察者及評論者感到接近一個聯邦歐洲的例子[7]。

　　學者葛漢（Robert Keohane）認為，1992年簽署的《馬斯垂克條約》（Maastricht Treaty）通過了經濟及貨幣聯盟及歐盟三根支柱，使歐洲聯盟進入

5　Richard Laming: www.federalunion.uklinux.net/about/federalism.htm.（1/3/2008）
6　Michael Burgess, "What is federalism", Michelle Cini, *European Union Politics*, second edition (Oxford: Oxford University Press, 2007), p.75.
7　Ibid., pp. 71-75.

一個新的階段，歐盟組織正在影響國際社會主要行為者國家的利益[8]。歐洲聯盟未來的發展值得吾人關注，雖然憲法條約（Treaty Establishing a Constitution for Europe）的批准遭遇困境，但是歐洲聯盟經過50餘年的發展，歐盟機構已經建立穩固的運作機制，究竟歐盟整合趨勢能否順利從邦聯逐漸發展到聯邦，有待進一步觀察與研究。同時，就目前歐盟朝聯邦主義發展似乎與德國聯邦主義比較相似，值得吾人密切觀察。

此外，歐洲聯盟乃第二次世界大戰後國際間發展最為成功之超國家組織，其理論與實踐對現代國際政治、國際經濟及國際社會之關係與發展皆有重大意義及深遠影響。如果歐盟發展趨勢可能朝歐洲聯邦的方向發展，究竟會是哪一種聯邦主義呢？美國學者哈柏斯坦（Daniel Halberstam）認為，「德國與歐盟均屬垂直的聯邦體系，中央政府在行政上主要透過地方邦或會員國執行，此外，會員國或地方邦也參與中央的決策程序，例如歐盟高峰會、德國聯邦參議院（Bundesrat）」[9]。

德國學者夏普夫（Fritz W. Scharpf）則指出，德國聯邦主義與歐盟的多層次治理之間有許多相似處，「德國聯邦參議院係由地方邦政府代表所組成，在聯邦制度的運作上幾乎所有聯邦法律均須經聯邦參議院同意，亦即大部分法案係經由地方邦政府處理，聯邦職權之執行實際上依賴地方邦政府。另一方面地方邦在其本身的立法職權上受到相當嚴格的限制，尤其在財政稅收方面須要聯邦稅法的支持。簡言之，在聯邦制度下，地方邦政府在聯邦意志形成之過程中得以共同參與。在這方面歐盟很明顯仿傚德國聯邦主義模式，而非美國模式[10]。」

德國學者卜爾采（Tanja A. Boerzel）認為，歐盟可以從德國聯邦主義獲得經驗與借鏡，例如「權力的集中」（Centralization of Power），有幾個案例，會員國政府逃避及踰越歐盟有關權力限制的規定，在這些案例中，會員國政府為了保護它們自己的管轄權而陷入困境（如著名的煙草廣告指令，被歐洲法院

8　倪世雄，「新現實主義與新自由主義」，《當代國際關係理論》，（台北：五南圖書公司，92年），頁220。

9　Daniel Halberstam, "Comparative Federalism and the Role of Judiciary", in *The Oxford Handbook of Law and Politics*, (Oxford: Oxford University Press, forthcoming 2008), p.1.

10　Fritz W. Scharpf, "Europaeische Integration und deutscher Foederalismus im Vergleich", Wolfgang Seibel, *Demokratische Politik – Analyse und Theorie*, (Opladen/Wiesbaden: Westdeutscher Verlag, 1997), pp.253-286.

判決取消【11】。）；「行政的主導性」（Executive Dominance），由區域所定義的執行利益之主導性，在歐盟比合作的聯邦主義體系還要顯著，聯邦主義體系通常有一些補救方法。在德國，地方邦透過聯邦參議院在中央層級決策作有力的參與，而聯邦政府透過直接的聯邦議會選舉扮演其憲政角色，並藉聯邦政府機構提供有力的平衡，基於政治認同及合法性，聯邦政府創造其在立法上的主導性及其可運用的權力。相較之下，歐盟執委會及歐洲議會不足以平衡部長理事會的主導性。此外，在德國政治利益之表達，以政黨制度在聯邦議會及聯邦參議院的運作為基礎。最後，利益調解的新合作主義形式賦予德國經濟利益特許接近政策程序。歐盟與德國相較，缺乏有效的政黨制度運作體系。

　　在中央層級沒有政黨競爭的場所，包含立法與行政。沒有歐洲層次的工業協會及工會組織，類似歐洲產業公會（Union of Industrial and Employers' Confederations of Europe, UNICE）或歐洲工會聯合會（European Trade Union Confederation, ETUC），有效凝聚及代表歐洲雇主及受雇者的利益進入歐洲政策程序；及「共識政治」（Consensus Politics），在歐盟決策執行的主導性造成行政部門間密集的協調及國家公務體系間的審慎考量。行政部門之間的網絡具高度的排他性，並使政治責任趨於模糊，他們使高度共識在多層次治理的共同決策體系中成為必要。經常性的個人接觸及同樣專業的視野，容許陳述及準備決策時得以去政治化，以便會員國政府在歐盟部長理事會的不同情勢下作出決定。有限的參與及微弱的說明，本質上透過有效的政策結果表達其正確性。但是歐盟解決問題的能力仍然逐漸瀕臨困難，因為它沒有力量展現重大的聯邦政策任務，如宏觀的經濟穩定及再分配。同時它也逐漸抑制會員國維持這樣的功能，歐洲貨幣同盟（European Monetary Union, EMU）大體上剝奪了會員國確保國家宏觀經濟穩定的能力，而歐盟作為一個整體（還）未擁有這樣的工具【12】。

　　本書主要目的是，探討「在何種狀況下會走向聯邦主義的歐洲聯邦（或歐洲合眾國）？」如果此一假設有可行性，究竟是那一種聯邦主義？是否其聯邦主義屬性如學者哈柏斯坦、夏普夫及卜爾采所主張的與德國聯邦主義相近？雖然上述學者認為，歐盟的聯邦主義趨勢與德國聯邦主義在學理上及制度設計上

---

11 Prof. Dr. Tanja A. Boerzel, "What Can Federalism Teach Us About the European Union？The German Experience", Paper prepared for the Conference "Governing together in the New Europe", Robinson College, 12-13 April 2003., p.8.

12 Ibid., pp. 6-10.

相近，但是並未有系統的從制度及政策上分析德國聯邦制度對歐盟發展的影響，因此，本書試圖透過德國聯邦主義的特性來檢證歐盟的發展趨勢，期獲得的評估與結論可釐清相關之問題，並提供研究歐盟者之參考。

　　無論如何，歐洲人成功的創造一種政治及經濟聯盟，它不屬於一般國際組織，也不是單一國家，但是它內部的互動卻遠較許多單一國家緊密程度還高，效率更好。它提供了人類一個跨越民族國家疆界的思考，值得歐洲以外其他地區，特別是亞洲與兩岸深切的思考[13]。

　　又，歐洲整合50餘年來，一直是曲折、崎嶇不平的艱難路程，整合中有許多變數，究竟是哪些變數影響了相關的整合進程？什麼變數是關鍵變數？這些問題均值得研究歐盟的學者關切與探討。因此，將以因果分析檢視歐洲整合的有關進程，找出影響整合的自變數，並就其造成的結果予以分析、歸納，然後提出研究發現。

---

13 張亞中，「歐洲聯盟的演進」，黃偉峰主編，《歐洲聯盟的組織與運作》，（台北：五南圖書出版公司，92年），頁58。

　　歐洲整合自《巴黎條約》於1952年簽署建立「煤鋼共同體」迄今50餘年來，隨著整合的演變與發展，從最初的6個會員國，以煤鋼及關稅為合作議題，到今天27個會員國，合作議題涵蓋貨幣、外交、安全、移民、人權到創造就業、提升競爭力、全球暖化、能源問題、跨國反恐及全球金融危機等，整合理論在實證資料及研究資源增加的情況下，繼續發展。有學者認為主要的整合理論包括聯邦主義（Federalism）、新功能主義（neofunctionalism）、政府間主義（intergovernmentalism）及互賴（interdependency），新的整合理論有新制度主義（New institutionalism）及政策網絡（Policy networks）[1]，亦有學者認為整合理論主要涵蓋聯邦主義、功能主義／新功能主義、交流理論[2]，新的研究方法為新自由制度主義。

　　政府間主義理論強調國家主權，與超國家主義的理念處於相對互動的關係，如國際政治學的現實主義。而互賴理論的主要學者Robert Keohane及Joseph Nye，即為新自由制度主義的主要論述的代表，因此本章與歐洲整合有關的整合理論主要以古典的整合理論——聯邦主義、功能主義／新功能主義、交流理論為限，未包括政府間主義理論，另外，由於近來有國際政治學者以新自由制度主義作為解釋歐盟及歐洲整合的研究方法，因此亦涵蓋該理論。本章第一節聯邦主義理論，內容包括聯邦主義的基本架構、聯邦主義的施行、德國聯邦主義的特色、歐盟朝聯邦主義發展的基本假設、德國聯邦主義的特色與歐盟聯邦主義發展趨勢之比較，第二節為功能主義理論，第三節為交流理論，第四節新自由制度主義理論。

1　Neil Nugent, "Conceptualising and Theorising", in t*he Government and Politcs of the European Union*, (London: Palgrave Macmillan, 2006), pp. 545-577.

2　洪德欽，「歐洲聯盟統合理論」，《歐洲聯盟：理論與政策》，（台北：中央研究院歐美研究所，87年），頁30-35。

第一節　聯邦主義理論（Federalism）

一、聯邦主義的基本架構

　　聯邦（foedus）一詞來自拉丁文，在政治學有關國家體制的學說中，概念上乃是一集合名詞，用來描述所有的政治結構，其中多少具備自主地位的政治單位如（州、邦、省、區域、城市）結合成一更大的政治組織體系，在此一國家（或國際）政治秩序中，其聯邦成員擁有自己的權利、職權與合法性。

　　近代聯邦主義的原理與合理化基礎，主要來自西方歷史發展中的經驗與範例，美國、瑞士與德國是最具代表性的國家。從權力方面言，是用來對抗中央集權或極權型態的政治體制及歷史趨勢，在歐洲是面對18世紀以降的專制主義（absolutism）潮流；此外，如何維繫地方與區域性社會文化與組織制度的多樣性與差異性，也是聯邦主義思想的重點。

　　從近代歐洲自然法觀點來看，聯邦思想可以在天主教教義中所強調的「輔助原則」（subsidiary principle）找到來源，它強調社會結構內較小與較低層級的組織單位，有權對高層級的政治組織有所要求，任何社會活動的本質與概念皆是「輔助性」的，也就是應該支持社會體的各個構成部分，並不得打壓或吸納整體中的較小成員，否則就是違反正義[3]。

　　聯邦原理在政治上的設計與精神，就是「結合共治與自治」（combination of shared rule and self-rule），它制度上的功能包括下列四項：

（一）依權力分立與權力平衡原則劃分國家權力；

（二）依領域獨立性保護少數；

（三）統合異質社會，特別是在維繫社會文化自主性原則下，統合經濟、政治與軍事領域的政策面；

（四）國家行政職權依功能性區分（differentiation）與分權化（de-centralization）分權與分層負責，但同時又必須相互配合與聯結[4]。

　　目前國際間憲法性的聯邦主義國家有23個。某些國家是由不同的州所組成，如巴西與美國。其他像加拿大或巴基斯坦是由省所組成。德意志聯邦共和國各邦使用共同語言有助於團結及凝聚力，但是印度及瑞士分別擁有21個及4

3　洪丁福，「聯邦的運作與成效」，《新世紀智庫論壇》，第13期，（90年3月），頁2-3。

4　Bernd Reissert, "Foederalismus", in：Nohlen, D./Schultze R.-O (Hrsg): *Politikwissenschaft, Theorie –Methoden-Begriffe*, (Muenchen：1992), pp. 238-244.

個官方語言，語言的多樣性並未造成建立國家共同體的障礙。德國及歐盟可以從瑞士模式中獲益，例如在人民之後，邦或縣也有權批准立法。不是所有責任及義務都公開地轉讓給聯邦政府，邦仍維持自主權。

　　有學者認為聯邦制度就其成立經過而言，可分為兩種。一是由分而合的聯邦，如美國、瑞士、德國。此等國家，在其未曾組織聯邦以前，均先有邦，而各邦事實上便是獨立國家。各邦為了某種需要——為促進經濟利益、共同防衛、或受民族主義影響，聯合起來而組織聯邦。另一種是由合而分的聯邦，如墨西哥、巴西、阿根廷等。此等國家，原係單一國，有中央集權政府，其後出於模仿美國聯邦制度，才改為聯邦[5]。

　　在聯邦國家的立法權分配上，聯邦與各邦之立法權的劃分方式，可分為三種：第一種是列舉聯邦的權限，而將未列舉的權限歸屬於各邦，如美國、瑞士、德國等屬之；第二種是列舉各邦的權限，而將未列舉的權限歸屬於聯邦，如南非聯邦屬之；第三種是列舉聯邦與各邦雙方的權限，如馬來西亞聯邦屬之[6]。

二、聯邦主義的施行

　　為了進一步闡釋聯邦主義，謹就最具代表性的國家美國、瑞士與德國分別加以說明：

（一）美國

1. 美國聯邦主義之特色

　　1789年在簽署《獨立宣言》13年後及批准邦聯條款8年後，美國13州建立主權國家聯盟，以國家形態取代邦聯條款並且批准新的合眾國憲法。自從憲法批准後，兩個問題引發辯論：合眾國的性質為何？憲法所授予聯邦政府以及保留給各州及人民的權限、特權、義務及責任為何？在憲法兩百多年的歷史中，這兩個問題已經由討論獲得解答，並且塑造成國家政治、社會及經濟的歷史[7]。

　　什麼是美國的聯邦主義？按照James Q. Wilson及John Dilulio, Jr.,的主張，

5　劉慶瑞，「聯邦制度」，《比較憲法》，（台北：大中國圖書公司，77年9月），頁388。

6　同前註，頁392-394。

7　Eugene Boyd, Introduction, in (American Federalism, 1776 to 1997: Significant Events), p.1. http://usinfo.state.gov/usa/infousa/politics/states/federal.htm.. (1/10/2007)

它是一種政府體制，在該體制中主權由兩種或更多層級的政府共享，因此在聯邦政府的某些事務上是高於其他的州（或邦、省）。首先，在條款中明訂超過一個層級的政府同時在同一領土及同樣的公民間行使。美國聯邦制度是由聯邦政府及50個州所組成，兩者由憲法所承認。地方政府由州所組成，依然是美國聯邦主義的主要角色。它們管理及立法的權力來自州的法律。

其次，每一個政府必須有它自己的權威及權限的範圍，雖然它們之間可能會重疊。當州與聯邦的權威有衝突，聯邦法在憲法的規定下優先。憲法第一條第八項對聯邦政府的權限有明確付託，包含獨有的貨幣鑄造權、建立及維持軍隊、宣戰、管理及調整州際間的商務、成立郵局、設立聯邦政府所在地及簽署條約等。憲法保留部分權限未授予聯邦政府、州或人民，它設定某些共有的權限由聯邦與州來共享，如稅收權。此外，憲法禁止聯邦及州政府執行某些權限或行動，如無償徵收私人土地；設定國教；或禁止自由傳教。

第三，沒有任一層級的政府（聯邦或州政府）可廢除其他政府。南北戰爭開打不僅因為黑奴問題，而係核心涉及國家主權衝突的問題，如廢除聯邦法律之權限或解散聯邦[8]。

2. 美國聯邦主義與德國聯邦主義的差異

(1) 美國聯邦主義屬水平體系，中央政府及州政府在組織上不同，分別擁有完全的立法、行政、司法及預算權。德國聯邦體系屬垂直體系，聯邦政府在行政上主要透過地方邦執行，地方邦也享有其他重要權限（如司法及預算權）[9]。

(2) 在制度上不同：美國係總統制國家，總統經各州人民直接選舉代表人選舉產生；總統及其行政團隊依法向國會（包含參議院及眾議院）負責。參議院及眾議院由人民直接選舉產生。德國係內閣制國家，總理係國家政策的實際領導人，通常由國會最大黨黨魁出任，經聯邦議會（或稱聯邦眾議院）選舉產生；德國聯邦總統為象徵性國家元首，由聯邦參議院、聯邦議會及同額的地方議會代表選舉產生；德國聯邦參議院由各邦政府依人口比例由各個邦政府成員或全權代表組成；德國聯邦議會由各邦人民普選產生。

(3) 權限劃分方面：在立法權方面，美國與德國相同，列舉聯邦權限，而

8　Ibid., p.2.
9　Daniel Halberstam, op.cit., p.1.

將未列舉的權限歸屬於各州或各邦。在行政權方面，美國為直接行政（unmittelbare Verwaltung），即聯邦對某事項若有立法權，則其執行權亦在聯邦。德國聯邦只有立法權，而將執行權委託給各邦，這稱間接行政（mittelbare Verwaltung）。在司法權方面，美國的司法制度為聯邦主義，即法院有聯邦法院與各州（或各邦）法院兩種，聯邦法院執行聯邦的司法權，各州（或各邦）法院執行各該邦的司法權。德國的司法制度為折衷主義，聯邦只設置聯邦法院（Bundesgericht），地方邦設置的法院有區法院（Amtsgericht）、邦法院（Landesgericht）及高等法院（Oberlandesgericht）三級[10]。

（二）瑞士

1. 聯邦制度特色

瑞士聯邦憲法規定，聯邦議會、聯邦委員會和聯邦法院分別行使聯邦的立法權、行政權和司法權。但聯邦委員會與聯邦議會不是相互抗衡，而是議會行政合一的狀況。以下謹分別就聯邦議會、聯邦委員會、聯邦法院、聯邦制度、直接民主制度及政黨制度加以說明。

聯邦議會：由國民院和聯邦院組成，為聯邦最高權力機關。國民院有200名議員，按比例代表普選產生。議席按人口比例分配，每邦和半邦至少擁有1個議席。每4年改選1次。聯邦院有46名議員，每邦選舉2名（半邦選1名），選舉制度和任期由各邦自行決定。聯邦議會行使聯邦立法權，它制定的全國性法律對各邦有效。此外，它還負責審議及保障各邦憲法；審議及批准國際條約，以及各邦與外國簽訂的協定；制定預算，通過決算；宣戰、媾和、發布動員令、宣布大赦和特赦；選舉聯邦委員會和聯邦法院等。聯邦議會監督聯邦行政及聯邦司法。議會兩院權力相等，同時開會並行審議議案。聯邦法律與命令需經兩院批准方能生效[11]。

聯邦委員會：為聯邦最高行政機關。由聯邦議會兩院聯合會議選舉產生的7名委員組成。如議員當選，必須辭去議員席位，由議會另行補選。委員任期

---

10 劉慶瑞，前揭文，頁393-397。
11 「瑞士的政治制度」，《世界各國憲法大全》，（台北：國民大會憲政研討會，民85年），頁451-454。

與國民院議員任期相同,但連選可連任。委員會設主席和副主席各1人,也由議會選舉,任期1年,不得連任,通常是由委員輪流擔任。主席主持聯邦委員會會議,代表委員會行使國家元首的禮儀性職責。委員會參與立法,向議會提出聯邦法律和命令草案,審查各州應提請聯邦批准的法律和命令等。委員會實行集體領導,至少須有4名委員出席才能開會議事。委員間權力平等,互不隸屬,每個委員各主管一個部。提交議案、決定政策、公布命令均須以委員會名義。委員會的提案若被議會否決,委員會無須辭職;聯邦議會通過的法律和政策,委員會必須執行,無權退回覆議,也無權解散議會。委員會實際上是受議會委託的執行機關[12]。

　　聯邦法院:係聯邦最高司法機關,由聯邦委員會提名,經聯邦議會兩院聯合會議表決通過的26名法官所組成。獨立行使司法權,但無違憲審查權[13]。

　　聯邦制度:各邦均有自己的憲法、議會、政府和邦旗。各邦經聯邦政府同意有權與外國簽訂條約。1874年憲法實施以來,聯邦權力逐步加強。聯邦政府在邦和地方設有機構,全國行政和司法機構是統一的系統。第二次世界大戰以來,聯邦政府擴大了管理社會經濟事務的職權與功能,加強了對邦及地方的監督與控制。根據「瑞士聯邦憲法」,聯邦和邦的分權原則是:聯邦享有外交、國防、海關、貨幣等專屬權力;邦和市鎮保留管理警察、宗教等專有權力;在社會福利等方面,聯邦具有立法權,邦行使執行權;聯邦和邦共有的權力是稅收、教育、衛生等[14]。

　　直接民主制:「瑞士聯邦憲法」賦予公民某些直接民主權利,作為代議民主制的補充及國家主權與人民主權統一的象徵。主要表現在公民投票行使複決權及創制權。複決權,即公民對議會立法認可或否決的權利。凡是修改憲法及政府或議會通過與憲法有關的法令,均須經公民表決,由多數公民投票贊成及多數州通過方能生效。創制權,又稱公民倡議,即某項提案在徵集到10萬人簽名連署後,就可作為公民倡議提出,聯邦政府有義務受理,經議會決定,或按原提案或同時提出對案,交付公民投票表決[15]。

　　政黨制度:瑞士聯邦實行多黨制,政黨有30多個。1983年大選在國民院中獲得議席的有11個政黨。1959年以來,聯邦委員會一直由激進民主黨、社會

---

12 同前註,頁454-455。
13 同前註,頁455-457。
14 同前註,頁427-451。
15 同前註,頁457-458。

黨、基督民主黨及中間民主聯盟按2：2：2：1的比例組成。這種獨特的權力關係是瑞士政府和政局長期穩定的重要因素之一【16】。

2. 瑞士聯邦主義與德國聯邦主義的差別

謹分別就制度方面及權限劃分方面加以說明。

（1）在制度方面：瑞士聯邦議會由國民院和聯邦院組成。國民院按各邦人口比例普選產生，與德國聯邦議會相近。而瑞士聯邦院有46名議員，每邦選舉2名（半邦選1名），選舉制度和任期由各邦自行決定；與德國聯邦參議院由地方邦政府按人口比例（每邦至少有3個席位，人口較多的邦有4至6個席位）由各個邦政府成員或全權代表組成，產生方式不同。

瑞士聯邦委員會為聯邦最高行政機關，由聯邦議會兩院聯合會議選舉產生的7名委員組成。委員會設主席和副主席各1人，主持委員會會議，代表委員會行使國家元首的禮儀性職責。委員會實際上是受議會委託的執行機關。相較於德國內閣制的聯邦政府，聯邦總理為國家領導人及聯邦總統為虛位國家元首，制度上有很大的差異。

瑞士土地較小、人口亦少，在憲法上賦予公民某些民主權利，作為代議民主制的補充及國家主權與人民主權統一的象徵。主要表現在公民投票行使複決權及創制權【17】。此一直接民主制與德國代議民主制有很大差別。

（2）在權限劃分方面：在立法權方面，瑞士與德國相同，均為列舉聯邦的權限，而將未列舉的權限歸屬於各邦。在行政權方面，瑞士亦與德國相同，聯邦只有立法權，為將執行權委託給各邦的間接行政。在司法權方面，瑞士的司法體系亦屬折衷主義，聯邦只設聯邦法院，地方設置區法院、邦法院及高等法院三級，與德國相同。

（三）德國

1. 沿革與基本主張

「德意志聯邦共和國」名稱本身就指出了國家的聯邦結構。聯邦制度也成

---

[16] Bundesversammlung-Das SchweizerParlament, Fraktionen im Nationalssaal: Sitzordnung, Biografie & Fraktionen im Staenderatssaal: Sitzordnung, Biografie. http://www.parlament.ch/d/ra-raete/ra-nr-nationalrat/ra-nr-sitzordnung/Seiten/index.aspx. (1/11/2007)

[17] 「瑞士的政治制度」，前揭文，頁451-458。

為除了民主政治、共和國制度、法治國家以及社會福利國家之外，第五項基本的憲法原則。依據基本法第20條，德意志聯邦共和國的政治系統即以此五項基本憲法原則為基礎，而依據基本法第78條第3項，這些原則不容更改[18]。

德國有很久的聯邦傳統可回溯1871年的德意志帝國。德國長久的聯邦制度只有在國家社會黨掌權（1933-1945）期間曾經中斷，1990年德國統一後，德國由16個邦所組成，其中10個邦來自原西德，5個邦來自前東德，另一個為柏林。邦政府基於議會制度，各邦均有單一立法機關：邦議會（Landtag），其議員由公民直選。由邦議會中的最大黨或與其他政黨聯盟選出邦總理，領導邦政府。邦總理組內閣，管理邦的機構，實行邦政府的行政功能。邦總理為具有全國性能見度的政治人物，通常有機會出任聯邦內閣職務，如聯邦總理或部長[19]。

邦不同於行省（省是中央的派駐機構），它擁有自己的權限。每一個邦有自己的法律，惟必須符合基本法的共和、民主與社會原則。在此前提下各邦可以訂定自己認為適合的法律[20]。

德國是古典的聯邦國家之一。聯邦主義已證明其價值，即聯邦結構的國家比中央集權的國家較會考量區域的特性及問題。德國聯邦主義與美國及瑞士一樣，凝聚國家對外的一致性與內部的多樣性。維持區域的多樣性是聯邦制度傳統的任務，這項功能今天在區域責任的形式上有新的內容，如紀念古蹟及歷史遺址的保護、建築傳統的維持及區域文化的提倡[21]。

但是聯邦主義的主要目標是保護國家的自由。聯邦與邦之間責任的分配是權力共享安排的重要成分，控制與平衡，如基本法所預設的。這也包含邦在立法過程中透過聯邦參議院在聯邦層次的參與[22]。聯邦的結構也增加民主的原則，它使公民在選舉、公民複決及在自己的區域能參與政治過程，這給民主更大的活力。此外，聯邦制度還有一些裨益，它留給各邦之間某些範圍實驗及競爭的空間。例如一個邦可以在教育上嘗試創意的方法，如果試驗成功可以成為

---

[18] Federalism and Self-government, p.1. http://www.collasius.org/DEUTSCHLAND/4-HTML/03-foeder-e.html.(1/11/2007)

[19] Federalism in Germany, http://www.germanculture.com.ua/library/facts/bl-federalism.htm. (1/11/2007)

[20] Ibid.

[21] Ibid.

[22] Ibid.

全國性改革模式[23]。

2. 聯邦與地方之權限劃分

基本法決定聯邦政府的權限,以法律是否應該讓所有的地方邦一致或地方邦是否應該被容許制定自己的法律為原則。經由事實說明聯邦政府的立法權限分成三種不同的種類,即獨有的,共有的或組織立法[24]。

聯邦專屬或獨有的立法領域包含外交、國防、貨幣事務、移民、空運、通訊等[25]。

在共有立法的情況下,地方邦僅可通過聯邦法律未涵蓋的範圍。而聯邦政府僅可在某些案例下立法,即當有需要為全國制定一致性法律時。此領域的範圍含民法及刑法、商業法、核子能源、勞工法及土地法、有關外籍人士之法律、住宅、航運、公路運輸、拒絕出售、空氣污染及降低噪音等。自從證明在以上事務有標準法的必要以來,各邦多少停止在這些領域有任何裁判權[26]。

若聯邦政府在某些領域有權制定組織法,則地方邦還有一些立法的餘地。例如在高等教育、生態保育、風景管理、區域規劃及水資源管理等[27]。有一些超越區域的任務,雖然在基本法中並未提及,但是今天透過聯邦政府與地方邦共同計畫、管理及提供經費,它們於1969年被併入基本法作為「共同責任」,並涵蓋大學建築以及區域經濟結構的改善、農業結構及海岸保護[28]。

直接的聯邦行政多少限制在外交事務、勞工配置、海關、聯邦邊界警衛及聯邦軍隊。大多數的行政責任透過地方邦獨自完成。 聯邦的司法是由聯邦憲法法院及最高法院所控制,以確保法律的一致解釋。所有其他法庭都是在地方邦司法的管轄範圍內[29]。

如前面所提及,地方邦可以填補任何聯邦立法所留下的空隙,或在基本法所未明載的領域。因此它們在教育及文化方面幾乎全部負責,作為它們的文化主權之證明。它們也負責地方政府的法律與警察事務[30]。

地方邦真正的力量在聯邦層級透過聯邦參議院參與立法程序。所有內部行

---

23 Ibid.
24 Ibid.
25 Ibid.
26 Ibid.
27 Ibid.
28 Ibid.
29 Ibid.
30 Ibid.

政在各邦手中，它們的公務人員執行大多數聯邦的法律與規則。因此邦政府的行政部門有三層：它處理在其管轄範圍內獨有的事務（如學校、警察及區域計畫）；它執行在本身權利及本身責任範圍內的聯邦法律（如建築設計、貿易及工業，以及環境保護有關計畫之法律）；它代表聯邦政府執行聯邦法律（國家高速公路之建設及訓練之提倡）[31]。德意志聯邦共和國在其發展的過程中，已經成為一個這樣的聯邦國家，其大多數法律由中央制定，可是大部分立法透過地方邦來執行。

三、德國聯邦主義的特色

1. 聯邦與地方邦共享權力與制衡；
2. 民主原則：選舉、公民複決、及區域參與政治過程，亦包含邦在立法過程中透過聯邦參議院在聯邦層次的參與；
3. 各邦的競爭與實驗；
4. 聯邦與地方分權。

四、歐盟朝聯邦主義發展的基本假設

（一）透過聯邦主義方式進行整合建立一個政治實體，以解決無政府狀態所造成的困境：以政府間合作方式來建立和平的傳統方法如國聯及聯合國，已經證明無法消除民族國家間的結構性抗爭。而歐洲聯盟，在現存國家的架構上再建立一法律政治實體，不僅可以確保各民族的歧異多元，並可避免三重危險：無政府狀態、以武力強迫統一及極端民族主義興盛下的全面戰爭。

經由聯邦型態的分權模式，地方政府與中央政府職權明確劃分且相互協調，在低層次相衝突的利益及歧異便可在高層次調和。少數民族及小國可因而避免成為大國或多數民族權力利益競逐下的犧牲品。建立政治定義模糊，但具法律體系的共同體，乃邁向聯邦的第一步[32]。

（二）歐盟的主要特性：分為超國家性；輔助原則；區域主義；經濟與政治的關聯。

1. 超國家性（supranationalism）：超國家性是一種排除國家在某些政策

---

[31] Ibid.

[32] 藍玉春，「有關歐洲統合派的論戰」，《政治科學論叢》，第11期，（88年12月），頁185。

的立法權及執行權，並直接與公民接觸的正式自治。歐盟的超國家性首在於其執行機構獨立於國家權威之外，以一種不可撤銷（irrevocable）的方式，行使某些必要的權力，以完成任務，並做出可訴諸司法裁判的決定。

2. **輔助原則（principle of subsidiarity）**：輔助原則基本上是希望建構一個聯邦性質的共同體，以改善共同體內部的中央集權與決策不符民主程序的現象。進一步亦可作共同體內部權責再作劃分之詮釋，也就是當共同體構成單位（如各會員國及各區域）之權責無法解決問題時，共同體機構才能受各會員國之託而採取必要措施。目前歐盟係將「輔助原則」補充列於「歐洲經濟共同體條約」（Treaty establishing the European Economic Community）第3B條之後[33]。

3. **區域主義（regionalism）**：「歐洲」概念政治化的同時，也賦予各會員國次級行政區域（邦、省、州……）政治地位。各會員國大多依其內部需要，以經濟或社會標準來劃分各區域單位。輔助原則亦適用於歐盟及各區域地方政府的權力劃分上。與民族國家相較，區域（region）並不具威脅性，且更符合人民所需。加強區域結構一來可實踐聯邦權力下放的精神，二來保留國家層級的情況下，各區域單位的多元歧異特性可充實聯邦豐富的實質內容。

4. **經濟與政治的關聯**：歐盟會員國間在經濟上休戚與共，本身即具有政治效果。因為「促進經濟整合」即是政治行為。歐盟職權所涵蓋的是原屬於國家控制範圍的經濟政策。此經濟政策不只是對外貿易，亦是會員國的基本內政。政治權力本質不以其適用範圍來界定，而以該範圍最後所訴諸的權威對象來界定。因此，歐洲政治整合在共同體建立那一天便已開始。政治與經濟之間的界限已變得模糊，各會員國的意志便成為最後決定整合方向及進度的助力或阻力。此乃建立聯邦必然遭遇的困境，亦顯示出整合由下（人民）向上（領導精英）施壓的重要性[34]。

---

33 吳東野，「歐洲聯盟條約『輔助原則』條款之理論分析」，《問題與研究》，第33卷11期，（民87年11月），頁11。
34 藍玉春，前揭文，頁189-191。

五、德國聯邦主義特色與歐盟聯邦主義發展趨勢之比較

表1-1

項次	關聯項目比較摘要	德國聯邦主義特色	歐盟聯邦主義發展趨勢
1.	聯邦主義體制	（1）德國是古典的聯邦國家之一。聯邦主義的價值在於：聯邦結構的國家比中央集權的國家較會考量區域的特性與問題。德國聯邦主義與美國及瑞士一樣，凝聚國家對外的一致性與內部的多樣性。 （2）維持區域的多樣性是聯邦制度傳統的任務，這項功能今天在區域責任的形式上有新的內容，如紀念古蹟及歷史遺址的保護、建築傳統的維持、及區域文化的提倡。	（1）在制度整合方面，從三個歐洲共同體到歐洲聯盟，歐洲聯盟已經建立具有聯邦形態的超國家國際組織，擁有自主的機構，如執委會、歐洲議會、歐洲法院、部長理事會、歐洲審計院等。 （2）歐盟具有許多與國家相似的特性，如共同貨幣（歐元），一個獨立的中央銀行，一個萌芽期的預算基礎，一個單一市場，兩個不同層級的政府（歐盟及會員國），雙重公民認同，及一個演化中的共同外交政策與初期的共同防衛政策[35]。 （3）當大部分政策部門仍然留在會員國政府手中，歐盟在商業事務、運輸、漁業及農業政策有最後裁定權，以及在環境、區域發展及工業部門有重要影響[36]。
2.	政府體制：分權與內閣制	（1）聯邦主義的主要目標是保護國家的自由。 （2）聯邦與邦之間責任的分配是權力共享安排的重要成分，控制與平衡，如基本法所預設的。這也包含邦在立法過程中透過聯邦參議院在聯邦層次的參與。	（1）歐盟協定上政府的組織如我們所瞭解的行政、立法及司法三權，並不是按照美國的權力分立方式所組成，最初在羅馬條約簽署時，在安排上某種程度以聯盟作為整體，平衡各別會員國的利益，為後來發展成密切的聯盟留下許多機會。逐漸複雜的的決策程序，包含合作及共同決策程序，在政府間的歐盟部長理事會及歐盟高峰會與超國家的執委會及歐洲議會之間，在許多方面與實際運作的聯邦相似[37]。

---

[35] Michael Burgess, "What is federalism", in Michelle Cini, *European Union Politics,* second edition, (Oxford: Oxford University Press, 2007), p.71.

[36] Ibid.,pp.71-75.

[37] Ibid., pp.71-75.

項次	關聯項目比較摘要	德國聯邦主義特色	歐盟聯邦主義發展趨勢
2.	政府體制：分權與內閣制	（3）德國聯邦政府是民主議會內閣制。聯邦政府由聯邦總理和聯邦各部部長組成。依照基本法第63條，聯邦總理是政府的實際領導人，由聯邦議會選舉產生。	（2）歐盟執行委員會（簡稱執委會）係歐洲聯盟最重要的行政組織，其功能類似內閣或行政院，其下有三個部門：即執委會委員（目前計有27位委員，每一會員國各分配一個名額分別主管一個專業領域）、小內閣（每一執委會委員都有6-8名幕僚人員協助處理業務）、行政部門（含26個總署處理內政、外交及教育等業務，類似一個國家的部會；以及祕書處、口譯服務處、統計局、資料出版局等特別服務單位）。
3.	社會的多元化	聯邦結構也增加民主的原則，它使公民在選舉、公民複決及在自己的區域能參與政治過程，這給民主更大的活力。	（1）歐洲整合的特性之一即統合多樣性。歐洲是維持著共同信念下的多元國家[38]。 （2）歐洲國家已經建立歐洲聯盟，超越經濟層次，它們必須從國家觀念退後一步，並且開始朝多元及文化公民方向努力。歐盟應投入設計公民的多元文化，作為全球化與本土化的交會點[39]。
4.	聯邦與地方分權	（1）聯邦政府的立法權限有三：即獨有的、共有的或組織立法。聯邦專屬或獨有的立法領域包含外交、國防、貨幣事務、移民、空運、通訊等；共有的立法情況，僅限於需要為全國制定一致性法律時，此領域含民法及刑法、商業法、核子能源、勞工法及土地法、有關外籍人	（1）「權限分配」是「聯邦主義理論」的核心部分，強調「地方」（如邦政府、鄉、鎮等）的權限不應受到忽略，「地方」應該在「歐洲整合」的過程中扮演一定的角色，因此聯邦主義者如史賓內利（Altiero Spinelli）反對過度地將權限集中在歐盟的組織機構中[40]。 （2）歐盟會員國為了避免權力過度集中於執委會，因此在「歐洲聯盟條約」中特別強調「輔助原則」，規定如下：「共同體應該在本條約所賦予的權限

---

38 Anthony Pagden, "Conceptualizing a Continent", in *The Idea of Europe From Antiquity to the European Union*, (Cambridge: Cambridge University Press, 2002), pp.33-54.

39 Juan M. Delgado-Moreira, *"Cultural Citizenship and the Creation of European Identity"*, in *Electronic Journal of Sociology* (1997),

40 張福昌，「歐洲統合的方法」，《邁向「歐洲聯盟」之路》，（台北：三民書局，民91年1月），頁22。

項次	關聯項目比較摘要	德國聯邦主義特色	歐盟聯邦主義發展趨勢
4.	聯邦與地方分權	士之法律、住宅、航運、公路運輸、空氣汙染等；另外有一些超越區域的任務，在基本法中作為「共同責任」，涵義大學建築及區域經濟結構的改善、農業結構及海岸保護。 （2）直接的聯邦行政原則上限制在外交事務、勞工配置、海關、聯邦邊界警衛及聯邦軍隊。大多數的行政責任透過地方邦獨自完成。 （3）聯邦的司法是由聯邦憲法法院及聯邦法院所控制，以確保法律的一致解釋。所有其他法庭都是在地方邦司法的管轄範圍內。	和指定的目標範圍內運作。對於非共同體權限範圍內的事務，除非因為會員國未能達成既定的目標，或因該目標的規模或效果經由共同體層面較易達成者，共同體才可以依據輔助原則加以處理。[41]」（輔助原則） （3）「歐洲」概念政治化的同時，也賦予各會員國次級行政區域（邦、縣）政治地位。各會員國大多依其內部需要，以經濟或社會標準來劃分各區域單位。加強區域結構除可實踐聯邦權力下放的精神，各區域單位的多元歧異特性亦豐富、充實聯邦的內涵。（區域主義） （4）歐盟條約的三支柱中第一根支柱下的經濟領域，歐盟會員國已經將絕大部分決策權轉讓給歐盟，惟即使在2004年憲法條約中三根支柱合併，但是會員國在稅制、社會安全、歐盟預算及外交、安全及防衛領域仍維持特定程序。因為外交、安全及防衛事務涉及主權最敏感的部分。
5.	邦際競合	（1）德國聯邦制度留給各邦之間某些範圍實驗及競爭的空間。例如個別的邦可以在教育上嘗試創意的方法，如果試驗成功可以成為全國性改革模式。 （2）地方邦在高等教育、生態環保、風景管理、區域規劃及水資源管理等有自行立法權限。	（1）在歐盟決策執行的主導性造成行政部門間密集的協調及會員國公務體系間的審慎考量。行政部門之間的網絡具高度排他性，並使政治責任趨於模糊，他們使高度共識在多層次治理的共同決策體系成為必要[42]。（共識政治） （2）在歐盟整合過程中，如果要繼續朝聯邦歐洲方向發展，會員國間的競合必須依照新自由制度主義的論點重視國際典則，即少數制度的可變性造成轉移結果，權力自然增加到超國家制度、決策法令；歐盟尋求藉共識或多數決同意共同法令或規範[43]。

41 同前註，頁27-28。

42 Prof. Dr. Tanja A. Boerzel, "What Can Federalism Teach Us About the European Union？The German Experience", paper prepared for the Conference "Governing together in the New Europe", Robin College, 12-13 April 2003, pp.6-10.

43 Simon Bulmer and Stephen Padgett, "Policy Transfer in the European Union: An Institutionalist Perspective", *B.J. Political Science 35,* pp.103-126.

第二節　功能主義理論（Functionalism）

　　功能主義學派以梅傳尼（David Mitrany）為倡導者，經哈斯（Ernst Haas）及林柏格（Leon Lindberg）等人修正其理論而形成新功能主義（Neo-Functionalism）。功能主義學派強調區分政治與經濟問題，經濟整合應優先於政治整合，以促進各國社會福利與人民福祉。功能主義設計以經濟利得來調和各國共同利益，促進各國合作意願，避開敏感性政治問題，而以柔性、迂迴、漸進的方式促進國際和平、繁榮與穩定，以達到政治統合所追求的目標。此外，功能主義亦強調成立國際組織來推動經濟或其他功能性合作。所以，功能主義之目標與聯邦主義並無多大差異，僅選擇之策略不同。梅傳尼稱此種功能性和平轉變為「分期式聯邦」（federation in installments）[44]。

　　功能主義有兩項重要觀點，一是強調「互賴」會自動擴張的邏輯性；另一是人民對國家的忠誠態度會改變。在第一點方面，梅傳尼以「分枝說」（doctrine of ramification）來強調功能合作的擴張性，也就是某一部門的功能合作會有助於其他部門的合作。亦即一個部門的合作是另一個部門合作的結果，又是另一個部門合作的動機。當幾個國家建立共同市場後，就會產生一種壓力與要求，推動在價格、投資、保險、稅收、工資、銀行以及貨幣政策等方面的合作。最後這些功能性合作將形成互賴網絡，逐漸擴展到政治部門，使民族國家的獨立行動能力降低，甚至影響政治領域[45]。

　　第二點有關人民對國家認同態度的改變方面，功能主義基本上不認為國家可以為世界帶來和平，以及為人民帶來福利。民族國家固然曾經取代家庭，提供人民某些福利，但是國家有時也為了追求威望及基本利益，如國家安全，犧牲公共福利。相對地，某些跨國組織或超國家組織，因不受狹隘的國界限制，反而較能為人民謀福利。所以國家應該由更能滿足社會與經濟需求的國際機構所取代，就如家庭以前被國家所取代一般。而當人民覺得從功能性的國際機構可以得到從民族國家所不能得到的需要時，會將原來對國家的忠誠轉移到對功能性組織的效忠，如此將有利於國際整合[46]。

---

44 洪德欽，「歐洲聯盟統合理論」，《歐洲聯盟：理論與政策》，（台北：中央研究院歐美研究所，87年），頁32-33。
45 張亞中，「新功能主義」，《歐洲統合》，（台北：揚智文化，87年），頁14。
46 張亞中，同前註，頁14-15。

　　新功能主義成立於1950年代末及1960年代間，主要的代表人物為哈斯（Ernst Haas, 1958）及林柏格（Leon Lindberg）。在新功能主義古典的陳述中，主要係擴溢的概念，有兩種形式。第一種形式為功能的擴溢，源自現代經濟相互連結的性質，很難將整合限制在特殊的經濟部門。而是，在一個部門的整合造成壓力，使整合附加到其他相關的部門。第二種形式為政治的擴溢，大體上跟在經濟整合之後，而且有一些範圍：會員國菁英份子逐漸地轉移注意力到超國家層次的活動及決策；這些菁英變成贊同朝整合過程發展，及提升共同利益；超國家機構及非政府的行為者變成在整合過程更有影響，會員國及政府的行為者的影響相對的降低；整合的重要性增加造成壓力及在超國家層次政治性控制及負責任的需求。

　　早期的新功能主義因此主張，雖然歐洲整合並未被視為不可或缺，但是有日益增進的發展。該主張大體上依賴煤鋼共同體（ECSC）的經驗，因煤鋼共同體為歐洲經濟共同體（EEC）鋪路扮演重要部分，促進進一步整合。整合過程隨著1965-1966年歐洲共同體（EC）危機而遲緩，而1970年代初期世界經濟蕭條也因此動搖了新功能主義的主張。政策整合並非快速進行以及政治行為與決策逐漸變成超國家性質，政策整合在某種程度上並未發展。當政治行為及決策本質上維持以國家為基礎時，其結果是，新功能主義失去原有的光澤與吸引力，新功能主義的代表人物哈斯及林柏格從原有立場退卻，並且建議，未來的整合理論應該考量更多民族主義的立場及政治領導人的角色。

　　1980年代末期以來，整合的步調再度加速，新功能主義被重新評估，並且部分的回復，雖然通常以隱匿的方式。如史密特（Phillippe Schmitter, 2004）所指出的，「新功能主義者或許外表受到傷害，但是新功能主義者的思想依然健在。」

　　麥克森（Jeppe Transholm-Mikkelsen, 1991）認為，1980年代中期在西歐的許多新動力，可以被解釋為新功能主義者的關係，雖然他們也強調原動力的重要性，那並不是最初新功能主義者的立場，就如強有力的政治行為者，及對外安全環境的改變。其主要結論是，雖然新功能主義或許只能處理部分問題，但是該部分卻是重點。雖然原先的新功能主義或許有其限制及錯誤，最值得注意的是過於決定論及在歐洲整合過程中，未給予會員國足夠利益及其代表適當的空間，這仍然是最新及修改後的重要理論價值。在功能性擴溢方面，最值得參考的關係是，強調政府的關鍵角色在於決定國家之間的關係，政府間協商的結

果本質上可視為透過協議權力決定及經由簽署協定及條約增加其優勢[47]。從《單一歐洲法》、《馬斯垂克條約》、《阿姆斯特丹條約》、《尼斯條約》、《歐盟憲法條約》及最近通過的《里斯本條約》來探討，在談判及簽署過程中「政府間會議」的確扮演了重要的關鍵角色，也就是「政府間主義」為歐洲整合創造深化的條件。換言之，無論是共同體內功能的擴張，或各部門間功能的擴溢，政府間協商才是決定性的因素。「擴溢」已經從原來「原因性的角色」（casual role）退居為次要的「條件性的結果」（conditional consequence）[48]。

第三節　交流理論（Communications Theory）

聯邦主義及功能主義均超越民族國家或至少容納民族國家。其他研究方法如政府間主義等，則尋求理論化民族國家體系穩定的條件。從此一特質看來，如果較高當局或國際組織有其正當的位置，則可以提供創造與維持平衡的狀態。透過所有在國際間經濟、社會及文化互動方式的過程，禮儀及相互尊重的結果。由地方到國際關係的支配性難題是戰爭的問題，整合成為在地區內安全方面的成就，以致戰爭被排除作為解決國際衝突的方法，但是民族國家不必要解散[49]。

交流理論作為國際整合的研究方法，以陶意志（Karl W. Deutsch）的著作及論述最具代表性。陶意志係國際政治及建設國家的知名學者，在許多方法上，他著作中的兩項領域集中於其整合理論中。在其以「民族主義與社會交流」為題的著作第二版的引言中（初版發行於1953年），陶意志清楚表示，民族主義的研究及國家社區的整合與超國家整合間共享許多理念。在其著作中有關民族主義的部分強調溝通的重要性，作為社區社會動員的關鍵機制，必然也為國家發展的歷史過程負責。類似的過程被考慮為以國際領域為環境的特色，在該環境中國家在其間建立安全社區。因此，國際整合被界定為一個區域內或在一群國家間的安全成就。成功的整合意指，大幅降低國家使用武力解決衝

---

[47] Neil Nugent, "Conceptualising and Theorising", in *the government and Politics of the European Union*, (Palgrave Macmillan: New York, 2006), pp. 562-564.

[48] 張亞中，「新功能主義」，頁30。

[49] Ben Rosamond, "Federalism, Functionalism and Transactionalism" in *Theories of European Integration*, (New York: St. Martin's Press, 2000), p. 42.

突【50】。

　　德國社會學學者托尼斯（Ferdinand Toennies）指出國際政治觀點有關共同體Gemeinschaft（community）與社會Gesellschaft（society）的重要區別，共同體表示一種情況，當人民透過共同的情感與共同的忠誠堅守在一起。與團體中非會員的關係比起家族在團體中發展的意義，明顯地較不重要。社會是一種束縛人民的一種情況，較少經由信任，而較常經由自我利益的混合，區分勞動與契約。特徵是通常被考量作為非契約的忠誠與類似契約的義務間的對稱。陶意志對共同體作為整合的一種情況很感興趣，從整合最終目的之觀點看來，是一種共同體的意義：在國家之間從公約、條約及聯盟一種量的跳躍。陶意志的工作即為研究透過此一共同體出現的情況與過程【51】。

　　交流主義者有關整合的主要假設為，會員國間成立共同體的意義可能為了會員間溝通層次的功能。以國際共同體為目的之途徑係建立互相溝通的網絡，如果國與國之間有更多的互動，則彼此間互惠的重要性就會增加。互動是有益的感覺，將促進國與國之間的信任感。由於信任會使互動進一步發展，經驗主義的任務成為衡量互動變化的流動量，及在體系內相互回應的程度兩者的比率。陶意志認為，整合的潛力會發生在高度國際互動的情況下，而整合的事實會在相互回應盛行時出現。回應並非只是部分行為者互動意願的結果，它也與行為者互動的實際能力有很大的關係。有效促進交流的科技顯然在此很重要，但是可發展的能力也受影響。需求是一種必要的功能，經由工業、經濟及科技的改變；移居；消費品味的改變；文化的發展與變遷；以及國際的挑戰而產生。因此，為了達成整合，可發展的能力事實上需要維持必要的發展【52】。

　　強調必要暗示與功能主義的連結。但是陶意志對功能主義邏輯的特殊觀點持批評立場，特別是他視經由功能性國際組織所採取的溝通層次為不足以在大眾間產生必要的忠誠，及因而確保持久的和平。國際性的公職人員（即共同體機構的幕僚人員）傾向與會員國政府溝通，而非與他們應直接負責的人民。因此，他們難以直接從大眾得到溝通及回應，更別提有任何回響。在此情況下，對國際機構的忠誠很難成長，而民族主義者的形象與象徵的吸引力則不容易弱化，功能主義者的整合方法很難滿足必要的條件。

　　交流理論乃以陶意志為代表，基於社會學理論，強調各國人民與社會團體

---

50 Ibid., pp. 42-43.
51 Ibid., pp. 43-44.
52 Ibid., p. 44.

交流互動之重要，並以此交流數據來測試整合程度。交流理論不像功能主義，單純以上層組織結構、功能合作效益作為評估整合程度之主要標準。交流理論重視實質關係的全面性交流，以作為整合之基礎，包括貿易、人員、投資、觀光、文藝、教育、體育、工會團體、政黨、民意代表、政府官員等不同社會階層之交流，以增加相互間互信，建立共同價值理念，排除區域內各種障礙，以形成一政治聯盟。其次，交流理論認為下列幾項因素將影響各國民意以及整合功效：一、地理區位；二、各國民族性；三、運輸暨通訊設施；四、各國間民族情結；五、共同利益點；六、整合動機與目標；七、組織建制與權力結構；八、會員國主權退讓程度；九、政府效率；十、以往合作或整合經驗。

歐盟受到交流理論之影響，執委會自1974年起即定期舉行社會暨民意調查——Eurobarometer，透過該民調數據，釐清問題，勾勒出民意輪廓，作為歐盟整合政策與方向之參考[53]。

第四節　新自由制度主義理論（Neoliberal Institutionalism）

近年來，許多國際關係學者以新自由制度主義理論作為詮釋歐洲聯盟的研究方法，Robert Keohane認為，世界政治的「制度化」將對各國政府的行為產生重大影響，國家的決策和行為只有透過合作與衝突的模式分析，才能加以準確的界定及評估[54]。

後冷戰時期在國際關係理論產生相當大的演進，尤其在1990年代的全球化成為時髦的名詞，就如1970年代的相互依存一般。在這個時代，國際關係理論除了繼續有主流學派承襲1950年代以來的辯論外，另有非主流學派對主流學派的批判，又可稱為反思主義學派對理性主義學派的批判，走在中間的則有社會建構主義為橋樑[55]。

主流學派在1990年代以後，新現實主義與新自由制度主義辯論不停外，也各自有新的理論建構取向。不過，基本上，只是使其內部更為嚴謹，例如偶發的現實主義（contingent realism）、成熟的無政府狀態（mature anarchy）、攻

---

53 洪德欽，前揭文，頁36-37。
54 倪世雄，「新現實主義與新自由主義」，當代國際關係理論，（台北：五南圖書公司，92年），頁205。
55 蔡政文，「國際關係理論及其適用」講稿，94年月，頁1。

勢的現實主義（offensive realism）、守勢的現實主義（defensive realism），其主要是修改現實主義中難以合作的理論，使其較具彈性。

1989年，Robert Keohane發表《國際制度與國家權力——國際關係理論文集》（*International Institutions and State Power*: *Essays on International Theory*），在與Joseph Nye合撰的「權力與相互依存」基礎上，進一步提出新自由制度主義關於國際關係理論的主張。Keohane指出，雖然新自由主義和新現實主義均贊成通過把握國際體系的性質來解釋國家行動，但是新現實主義的結構概念過於狹隘、過於局限。他認為，世界政治的「制度化」將對各國政府的行為產生重大影響，國家的決策和行為只有透過對合作與衝突的模式分析，才能加以準確的界定和評估。他稱這分析觀點為「新自由制度主義」（Neoliberal Institutionalism）[56]。

新自由制度主義的理論主張如下：

一、新自由制度主義關切的主要問題

（一）國家是國際社會的主要行為者，它們是獨立而理性的。國家尋求增進廣泛物質利益，涵蓋安全、財富及權力。新自由制度主義認為，國家是理性的利己主義者。

（二）有關國際體系的假設是，無政府狀態、權力及資源分配。國際制度是國際體系結構的重要成分。

（三）Keohane認為，制度是堅持與連接法規的設定，指定及禁止行為，限制活動及形成有關可能行為的期待。國際制度的實例如聯合國、歐盟、北約組織、國際貨幣基金。國際典則通常指：編成法典的協定及條約形式的國際制度，與特殊議題範圍有關，如蒙特婁及京都議定書、北美自由貿易區（NAFTA）、戰略武器裁減條約（START）及反彈道飛彈條約（ABM）。

二、主要含意

無政府狀態並非總是所有人對抗所有人的戰爭。在國際體系中有足夠的鬆懈力量，容許國家追求範圍廣泛的目標，不僅是單一的安全議題。因此，合作比現實主義者的假設更容易及更普通。新自由制度主義同意現實主義者對衝突

---

56 倪世雄，前揭文，頁205。

的解釋。一致的合作或和諧，起於理性國家的獨立行動。行為者必須合作以避免次佳的結果（互賴；相互依存）。

三、反對合作的主要問題

對新自由制度主義而言，反對合作的主要問題是欺騙。為何欺騙是一個問題？因為它通常是國家的自我利益；沒有能力監督及發現欺騙；高層次的不確定性由於缺乏核心行為者，及可靠的承諾問題（無政府狀態）。

四、在新現實主義與新自由制度主義間，有關相對利益與絕對利益的辯論

如果國家主要的關切為有關絕對利益，則合作較容易，欺騙是唯一要解決的問題。如果國家關切有關相對利益，則有一較狹窄範圍的協定將滿足兩邊參與者。只有受較強的一方強迫，或當兩邊利益均等時合作才會出現。

五、國家如何克服欺騙的問題

主要透過互動、連結及制度。在國家間反覆的互動，使未來的問題得以解決，要付出聲望的代價可以阻止叛離。連結一個地區的合作到另一個地區，這將增加叛離的代價。制度使合作的可能性增加，因為它們創造穩定的論壇及協商的程序；傳播資訊、監督行為，因此協助阻止欺騙；創造行為準則，提供合作與叛離的共同定義；促進議題連結，提供反覆互動同樣制度性的環境。

六、制度怎麼會出現

對新自由制度主義而言，制度是在無政府狀態下克服次佳結果的解決辦法。制度出現之初，如果各方所期待的利益超過建立及維繫制度互動及資訊的代價，而這些利益是獨有的或非實質被叛離者暗中破壞的，如霸權、利益團體及先存在的制度。

七、制度是否會改變國家行為

新自由制度主義認為，制度促進合作，塑造未來的行為，改變利益代價的估算[57]。

---

[57] Neoliberal Institutionalism (Modified Structural Realism), www.policy.umn.edu/courses/summer

　　新自由制度主義的主要命題為：國家是國際社會的主要行為者，是獨立而理性；制度促成合作，塑造未來行為；遵守國際典則。英國學者Simon Bulmer及Stephen Padgett認為，歐盟運作有三種形式，即層級組織、磋商及促成的片面主義。經研究發現，政策轉移較有力的形式發生在高制度化的運作典則。跡象顯示，少數制度的可變性造成轉移結果，權力自然增加到超國家制度、決策法令及國家行為者間的交流密度。層級組織的運作發生在政策領域，如單一市場，在該領域歐盟機構運用超國家權力領導強制的轉移形式；第二種運作形式發生在歐盟尋求藉共識或多數決同意共同法令或規範。歐盟在與個別或多個會員國經由磋商達成轉移形式，以尋求規範的模式並非少見；第三種形式為會員國保留主權，但是藉歐盟機構（如在司法及內政事務）協調政策，政策轉移將由歐盟促成片面的、自願的交流，就稱為促成的片面主義[58]。

　　由上述政策轉移模式，可以清楚看出新自由制度主義的主要論點，即國家（如歐盟會員國）為國際社會的主要行為者，是獨立而理性的（會員國保留主權，但是藉歐盟機構協調政策）；在歐盟機構中重視相互依存的互賴關係、制度促成合作，塑造未來行為（層級組織的運作發生在政策領域像單一市場，在該領域歐盟機構運用超國家權力領導強制的轉移形式）；重視國際典則（少數制度的可變性造成轉移結果，權力自然增加到超國家機構、決策法令；歐盟尋求藉共識或多數決同意共同法令或規範）。

　　新自由制度主義認為，制度促進合作，塑造未來行為，改變利益代價的估算。《里斯本條約》的主要內容，有關改變歐盟制度架構及決策程序，進一步朝超國家的方向邁進之措施，如賦予歐盟法律人格、通過《基本權利憲章》、重新規範歐洲議會、部長理事會及執委會的角色與權責、重新制定決策程序，將輪值主席改為常任制，增設歐盟外交及安全事務最高代表等均屬政策轉移模式範圍，涉及制度變革與共同利益，可經由新自由制度主義的論點加以詮釋。

---

[58] Simon Bulmer and Stephen Padgett, "Policy Transfer in the European Union: An Institutionalist Perspective", *B.J. Political Science 35*, pp. 103-126.

　　德國因為在50年內涉入兩次世界大戰而在近代西洋史上舉世矚目，對德國人而言，德國歷史可以從神聖羅馬帝國（所謂第一帝國）談起，歷經鐵血宰相俾斯麥（Otto von Bismarck, 1815-1898）推動建立德意志帝國（稱第二帝國），其後第一次世界大戰德國戰敗，成立威瑪共和（Weimarer Republik），1929年以後，由於世界經濟發生衰退，德國民生日困，使政治陷入極度不安狀態，希特勒迅速利用各種機會控制政府，並建立「第三帝國」（das dritte Reich）。1945年第二次大戰結束，德國遭美、俄、英、法四強分區佔領，西德於1949年在美、英、法支持下成立德意志聯邦共和國（Bundes Republik Deutschland, BRD），東德在俄國占領下成立德意志民主共和（Deutsche Demokratische Republik, DDR），德國於焉分裂。到1990年10月3日東西德統一，原東德恢復原有五邦建制，連同東柏林併入西柏林，申請加入德意志聯邦共和國。德國有長久的聯邦傳統，除了納粹德國是獨裁政體，完全偏離聯邦制度外，從1866年普奧戰爭普魯士戰勝後，成立北德聯邦起，已經是實質的聯邦體制。

　　要瞭解德國聯邦制度，要先釐清何謂德意志人及德意志歷史？本章第一節德意志聯邦共和國的聯邦傳統及德意志聯邦共和國，從德意志人與神聖羅馬帝國、從神聖羅馬帝國淪亡到「德意志帝國」成立、從德意志帝國到威瑪共和、從威瑪共和到第三帝國、從第二次世界大戰到德意志聯邦共和國，闡釋德國聯邦制度發展的歷史沿革。在第二節德國聯邦制度的特性及運作，分別就德國聯邦制度的特性、運作、邦政府的運作及其與聯邦政府的關係、政黨及利益團體在聯邦制度中的角色，加以說明。

第一節　德意志帝國的聯邦傳統及德意志聯邦共和國

本節計有六部分：德意志人與神聖羅馬帝國；從神聖羅馬帝國淪亡到「德意志帝國」成立；從德意志帝國到威瑪共和；從威瑪共和到第三帝國；從第二次世界大戰到德意志聯邦共和國；德國聯邦制度發展的歷史沿革。

壹、德意志人與神聖羅馬帝國

探討德意志帝國的聯邦傳統，首先要釐清德國人及德意志的歷史。有史以來，「德意志」始終不是典型的中央集權的單一國家，而是採取聯合各邦國及地方部落，向外謀求發展的統治形式。所以德國人在對自己的歷史、民族和祖國的認同上，與英國人、法國人不同，甚至與義大利這個較晚成立的民族國家也不一樣。德國「一分為二」，由來已久。那些先天下之憂而憂的詩人早就為認同問題而困擾。席勒（Friedrich von Schiller, 1759-1805）在1796年就問：「德國（Deutschland）在哪裡？我找不到那塊地方。」海涅（Heinrich Heine, 1797-1856）也提出同樣的問題：「德意志從哪裡開始？到哪裡為止？也許人們只能指出，德意志人很能喝啤酒……」歌德（Johann Wolfgang von Goethe, 1749-1832）也曾在1830年，民族運動進入高潮的年代痛苦的說：「我們沒有一個城市，甚至沒有一塊地方，可以使我們能堅定的指出：這就是德國！如果我們在維也納這樣問，答案是：這是奧地利！如果我們在柏林問，答案是：這裡是普魯士！」所以，歌德把他出生的城市——法蘭克福視為他的「祖國」也就不足為奇了[1]。

日耳曼人是德意志人的老祖宗，但是德意志人並不就是日耳曼人。有些專門研究「德意志帝王」的著作，從卡爾大帝（Karl der Grosse, 768-814）開始，認為他是德意志歷史上最偉大的德意志人。但是卡爾大帝擁有「雙重國籍」，他也是法國人的祖先和皇帝，德國人不能據為己有。一般史學家認為，從西元919年薩克森王朝建立，德意志人才有自己的歷史和「帝國」。

911年，卡羅林王朝最後一位統治者逝世後，東法蘭克的貴族選舉法蘭克

1　郭恒鈺，《德意志史話》，（台北：三民書局，81年11月）頁3-4。

公爵為國王，稱康拉德一世（Konrad I., 911-918）。在他統治的7年中，全力對抗南夷北蠻。當時的王朝是由不同的日耳曼部族所構成的一種軍事組織，權力就在那些稱為公侯的軍事領袖身上。西元900年已經有了強大的諸侯，如薩克森（Sachsen）、巴伐利亞（Bayern）、史瓦本（Schwaben）等。康拉德一世在他逝世前，就指定薩克森公爵亨利（Herzog Heinrich von Sachsen）為接班人。919年5月12日，亨利被選為王，稱亨利一世（Heinrich I., 875-王919-936），是為薩克森王朝之始。據傳述，這個由東法蘭克日耳曼部族所開創的王朝被稱為「德意志人的王朝」（Reich der Deutschen）。從日耳曼南下大遷徙到亨利一世的王朝，經過一千多年，第一次出現「德意志」這字眼[2]。

936年，亨利一世之子繼位，稱奧圖一世（Otto I. Der Grosse, 912-王936-帝962-973），962年他被加冕為帝，是「羅馬帝國」（Romanum Imperium）的皇帝。經過了195年之後，又在「羅馬帝國」這個名稱上冠以「神聖」（sacrum）一字。換言之，到了1157年才有「神聖羅馬帝國」這個名稱。這個帝國包括三個獨立王國：德意志、義大利和勃艮第（Burgund/Arelat）。自1438年起，神聖羅馬帝國的統治以德意志王朝領土為限，所以從1486年起，在文獻中開始使用（英譯The Holy Roman Empire of the German Nation）這個名稱。從實質上言，「德意志王朝神聖羅馬帝國」，就是「德意志帝國」，也是德國史上的第一帝國[3]。

「德意志帝國」（德意志王朝神聖羅馬帝國）沒有疆界、也沒有固定領域，在這個帝國內生存的人又不是清一色的德意志人。這個帝國沒有首都，沒有中央機構、帝國軍隊、司法和關稅主權。這個帝國是1,800多個大大小小擁有獨立主權的「領邦共同體」（其中314個帝國諸侯領邦，1,475個帝國直屬騎士領邦）。這個帝國雖然有領域，但無國境；國境是這300多領邦的「國境」，而這些「國境」又因領邦的分割、繼承、收購而時時在變。

1804年拿破崙（Napoleon Bonaparte, 1769-1821）稱帝，在他一手導演下，於1806年7月，成立「萊茵聯盟」（Rheinbund），南德16個領邦加入，到1808年已有39個之多。法國是保護國，同盟成員向法國提供軍隊。拿破崙拒絕對「德意志王朝神聖羅馬帝國」給予外交上的承認，並發出最後通牒：奧皇弗蘭茲二世要在1806年8月10日前摘下帝國皇冠，否則開火。同年8月6日，奧皇放

2　同前註，頁4-10。
3　同前註，頁10-14。

棄皇位。有800多年歷史的「神聖羅馬帝國」就此壽終正寢[4]。

貳、從神聖羅馬帝國淪亡到「德意志帝國」成立

　　1815年在反拿破崙戰爭勝利結束後，德意志愛國者的願望是克服民族國家四分五裂的局面，重建帝國的統一，而各邦諸侯，尤其是梅特涅（Prince Klemens von Metternich, 1773-1859）把普魯士要求德意志民族統一看成是對歐洲和平的威脅。在梅特涅一手導演，及德意志領邦的推波助瀾下，於1815年6月8日在國際會議上決議成立「德意志領邦同盟」（Deutscher Bund）。在1806年萊茵同盟的基礎上成立的這個組織，共有34個諸侯及4個自由市（事實上有35個諸侯，因為當時匆忙把Hessen-Homburg忘了，1817年才加入）。這個組織沒有元首、首都、軍隊、中央政府，只有一個常駐代表的議會（Bundestag），奧國擔任主席。這個議會只能諮商、表決，如果代表意見不一致，就沒有執行決議的能力。事實上，只有在普、奧兩國意見一致的情形下，才能有所行動。像這樣的一個鬆散的政治組織，不是我們今天所瞭解的「聯邦」，也不是「邦聯」，而是一個「領邦共同體」，或稱為「德意志領邦同盟」。

　　普魯士王國的領土在1818年就開始實施統一稅制。1828年更率先成立一個關稅同盟體制，解決其與鄰邦間的貿易問題。此一措施引起其他邦國效法，例如巴伐利亞與伍騰堡（Wuerttenberg）間開始商談關稅協定事宜，而漢諾威（Hannover）與薩克森等地也在1828年簽訂「德意志中部地區貿易同盟」（Mitteldeutscher Handelsverein）協定。由於經濟發展的需求，例如交通建設、運輸事務等問題，雖然各邦對普魯士強權地位頗有戒心，仍必須與之合作，遂有成立共同關稅同盟的計畫。1834年正式成立了「德意志關稅同盟」（Deutscher Zollverein），而德意志中部地區貿易同盟的許多成員，也以個別身分加入。由於德意志關稅同盟誕生在工業革命期間，造成的影響逐漸明顯，德意志地區經濟迅速發展之際，讓許多人對同盟的運作模式相當具備信心，也願意擴張到其他領域，如治安、國防等，使得「小德意志」的概念逐漸成形[5]。

4　同前註，頁110-115。
5　周惠民，《德國史—中歐強權的起伏》，（台北：三民書局，93年10月），頁124-125。

　　在1848年的歐洲革命中，德意志統一問題再次被提出。各邦國代表在法蘭克福召開國民議會，國民議會雖然並沒有解決任何問題，但卻討論了未來德意志帝國朝邦聯或聯邦發展的議題。首先是關於帝國的幅員問題，國民議會分裂成大德意志派和小德意志派。小德意志派主張德國應在普魯士領導下，建立一個以普王為世襲皇帝的較小聯邦，而大德意志派則相反，它們主張建立包括奧地利境內德意志人居住的部分地區，甚至涵蓋整個哈布斯堡君主國（奧匈帝國）在內的帝國。1849年3月27日通過「帝國憲法」，第1條指出帝國憲法的適用範圍是「德意志領邦同盟」的統治區域。第2條規定帝國成員不得與非德意志領邦的國家（Laender）合併為一個國家。帝國憲法的這兩個條文，表示國民會議拒絕了「大德意志方案」，因為奧地利是非德意志的多民族國家[6]。

　　在爭奪德意志地區的主導權時，普魯士首相俾斯麥一手主導了兩次對外戰爭，即丹麥戰爭與普奧戰爭，成功的達成其建國的第一步。並且運用高明的外交手腕，立即恢復了與鄰邦的友好關係，並重建德意志同文同種的兄弟友誼，以預防對法作戰時兩面作戰之險境。普魯士隨即與法國會談，提出解散德意志同盟；奧地利退出德意志事務；以緬茵河（Main）為界，成立「北德聯邦」（Norddeutscher Bund）；尊重南德諸邦主權等計畫。拿破崙三世接受美茵河為界（Mainlinie）的條件，不再干涉德意志境內的發展，俾斯麥成功的將其建立德意志帝國計畫，往前推動一步[7]。

　　「北德聯邦」是根據俾斯麥與17個北德領邦簽署的「八月協議」（August-Buendnis, 1866）在普奧戰爭的砲火聲中誕生。它以普魯士為主，有22個北部中小領邦加入。普魯士在聯邦中共有2,400萬人口，其他領邦成員人口總共不過600萬。北德聯邦是在德意志統一前一個過渡性的領邦共同體。它的憲法是在此前提下制訂的，是俾斯麥的精心傑作。這部憲法一直適用到1918年。北德聯邦是一個「聯邦」組織，但它的憲法卻稱「帝國憲法」（Reichsverfassung），議會稱「帝國議會」（Reichstag），最高行政長官又稱「帝國首相」（Reichskanzler）。北德聯邦不是帝國，所以最高元首稱「聯邦主席」（Bundespraesidium）。帝國憲法規定，帝國議會根據普選、直接、平等原則選出，有審核、通過預算權，與「聯邦參議院」共同行使立法權。聯邦最高權力機構是由各領邦代表所組成的「聯邦參議院」，有權參與立法，發布行

6　郭恒鈺，前引書，頁158-160。
7　周惠民，前引書，頁125-127。

政命令，調解領邦間的糾紛。在「聯邦參議院」中，普魯士有43票中的17票（以領邦大小計算），等於擁有否決權，因為修改憲法要三分之二票數才能通過。領邦成員仍擁有司法、文化、教育、建設等權限。北德聯邦的最高元首是主席，同時也是普魯士國王，掌握軍事大權，也有權宣布戒嚴，這是主席與議會、憲法衝突時的一張王牌。主席也有權宣戰、媾和、結盟；在與「聯邦參議院」聯合行動的情形下，又有權召集、中止或解散議會。主席任命「帝國首相」，而帝國首相不對帝國議會負責，只以王命是從。

普法戰爭（1870年7月19日—1871年1月28日）由普魯士獲勝，德意志帝國於1月18日在凡爾賽宮的明殿正式成立，普魯士國王威廉一世稱為德意志皇帝，德國完成統一，也因此改變了歐洲的面貌[8]。

「德意志帝國憲法」於1871年4月16日公布生效。它是北德聯邦憲法的翻版，僅作文字上必要的修改，基本精神不變。「北德聯邦」改為「德意志帝國」，「聯邦主席」改稱「德意志帝國皇帝」。德意志帝國是一個聯邦國家，共有成員25個領邦，即4個王國、6個大公國、5個公國、7個諸侯領邦及3個自由市[9]。各邦及地方代表組成的參議院有權參與立法，中央政府主管國防外交，教育、文化、經濟、建設甚至司法的權力仍歸諸各邦。

參、從德意志帝國到威瑪共和

1871年德意志帝國成立後到1890年威廉二世（Wilhelm II）親政之前，主導德國政治發展者為俾斯麥，他主要政治目標在穩定新成立的帝國，避免外力之可能危害，故在對外政策上希望法國將其德法戰爭之恥在他處求償，所以對法採綏靖政策，並表示支持法國對外殖民擴張，更與俄、奧等國結盟以抗法。此時期之政治考量均以歐洲政治發展為著眼點[10]。

8　郭恒鈺，前引書，頁173-187。
9　德意志帝國的成員共有25個領邦，計4個王國（Preussen、Bayern、Sachsen und Wuerttenburg）；6個大公國（Baden、Hessen、Mecklenburg-Schwerin、Mecklenburg-Strelitz、Oldenburg und Sachsen-Weimar-Eisenach）；5個公國（Anhalt、Braunschweig、Sachsen-Meiningen、Sachsen-Altenburg und Sachsen-Coburg-Gotha）；7個諸侯領邦（Reuss aeltere Linie、Reuss juengere Linie、Schwarzburg-Rudolstadt、Schwarzburg-Sonderhausen、Lippe、Schaumburg-Lippe und Waldeck）及3個自由市（Hamburg、Bremen und Luebeck），同前書，頁187。
10　周惠民，前引書，頁149。

　　威廉二世原本對俾斯麥極為尊敬，但即帝位後，卻不容許俾斯麥獨自決定政務，不但凡事掣肘，1890年還迫俾斯麥辭職，此後帝國首相所享有的政治決定權，相當有限。威廉二世認為世界歷史的舞台擴大，德意志帝國如果要往強權方向發展，必須建立強權所必備的工具——一支強大的艦隊，所以任命海軍上將卡普利維（Admiral Leo von Caprivi, 1831-1890）為相，宣示其擴張海軍的決心。他推行的「新路線」政策原本為內政措施的口號，卻轉變成為一對外擴張的政治概念。當時，歐洲各強權仍積極推行「新帝國主義」政策，爭奪海外殖民地，由於英國仍是獨大，俄、法兩國計畫聯手合作，並於1892年成立「法俄同盟」；英、俄之間又為達達尼爾海峽（Straits of the Dardanelles）及近東問題而有矛盾存在，歐洲局勢一時間頗為緊張[11]。

　　1912年至1913年間，巴爾幹地區戰事不斷。當時各國認為應自行約束，所以戰事並未擴大。1914年6月28日，原本支持斯拉夫民族在奧匈帝國中權益的奧國皇儲法蘭茲・斐迪南大公（Franz Ferdinand von Oesterreich Este, 1863-1914），前往塞爾維亞首府薩拉耶佛（Sarajevo）訪問，斯拉夫民族主義者擔心他繼位後，會喪失獨立的訴求，反而將其刺殺，以鼓動民族情緒。事件發生後，奧地利的主戰份子要求政府立刻出兵。但奧國政府明白，若無德意志帝國牽制俄國，則戰事不利，故派人前往柏林，以了解德國的態度。

　　德國政府認為，此事奧國名義正當，出兵時不致引起英、法抗議，也會要求俄國自制，因此同意支持奧國。奧國對塞爾維亞出兵後，俄國首先動員，德國勸阻無效，只好依同盟協定，對俄宣戰。法國軍方也要求政府宣戰，此時德軍已經進入比利時，英國也以同盟為由，對德宣戰，遂爆發第一次世界大戰。

　　1918年9月底，德國軍方領導魯登道夫（Erich Ludendorff, 1865-1937）承認戰事已無獲勝可能，提出停戰要求。後威廉二世宣布退位，將政權交給國會多數黨社民黨黨魁艾伯特（Friedrich Ebert）。同年11月艾伯特組成一個「人民代表委員會」（Rat der Volksbeauftragten），負起臨時政府的任務。人民代表委員會決定先組織一個由全民普選產生的國民大會（Nationalversammlung）成為正式的政權中心，再由國民政府推動相關政務。1919年2月，國民大會選出艾伯特擔任第一任總統，同年8月公布憲法。

　　這部憲法乃人民代表委員會委託柏林行政法學者普羅伊士（Hugo Preuss）負責設計，參考原來法蘭克福國民大會所制訂的憲法架構，基本架構是民主代

---

11 同前註，頁154-156。

議制，國會由代表各邦利益的參議院及由人民直接選出的帝國議會組成。每四
年一次，由人民經祕密投票選出聯邦議員，組成帝國議會，代表人民制訂法
律，行使政權。國會中執政者應當獲得半數以上支持，才能決議，所以又是一
種責任政治。學者習慣將1919年到1933年這十多年，稱為「威瑪共和」。威瑪
憲法規定，德國國號不更改，但國家元首為人民直接選出的「總統」，任期7
年，並不受國會監督，但可以任免帝國首相，也可以解散國會。總統同時是軍
隊的最高統帥，必要時可以發布戒嚴令，也可以凍結憲法的規定[12]。

肆、從威瑪共和到第三帝國

　　威瑪共和可概分為三個階段，第一個階段為從1919年到1923年，由於國土
變遷，人口遽減，而面臨產業結構必須調整，且大量軍隊復員、巨額賠償等問
題，使得經濟蕭條、失業增加，社會因而動盪不安，叛亂暴動時有所聞，許多
地方派系也對中央抱持不合作的態度。1923年初，法國以德國無法償付戰爭賠
款為由，突然派遣軍隊佔領魯爾工業區。此舉激起德國之民族意識，許多人願
意放棄成見，建設國家，而當時主政者史特雷斯曼（Gustav Stresemann）與各
國協調，重新修訂《凡爾賽和約》中的一些規定，簽訂《盧卡諾（Locarno）
公約》，人民受到相當激勵，經濟也日漸好轉，從1923年到1929年這個階段又
稱為「史特雷斯曼時期」。第三個階段為從1929年到1933年國社黨出現，並建
立所謂「第三帝國」。1929年以後，由於世界經濟發生衰退，德國民生日困，
使政治陷入極度不安狀態，從1930年以後，國會一直無法產生一個可以控制過
半席次的政府，總統因而有相當多操控的空間，使民主政治受到極大的考驗，
才會有國社黨的出現[13]。

　　1933年1月，興登堡總統（Paul Ludwig H. A. von Hindenburg, 1847-1934）
任命希特勒（Adolf Hitler, 1889-1945）為首相，組織內閣，希特勒迅速利用各
種機會控制政府，並建立「第三帝國」。所謂「第三帝國」是希特勒政權成立
後，為吸引群眾，而強調要建立一個新的「帝國」[14]。這個概念並非希特勒

---

12 同前註，頁158-165。
13 同前註，頁167。
14 第一次世界大戰後，德國雖制訂新憲法，成立共和國政府，但「帝國」名稱並未取消，例如
　德國總統仍稱帝國總統（Reichspraesident），使用的貨幣稱帝國馬克（Reichsmark），其他

所創，1923年莫樂（A. Moeller van den Bruck）出版一本以「第三帝國」為題的書，即預言在神聖羅馬帝國及德意志帝國國之後，「第三帝國」將會出現。希特勒利用德意志人民在第一次世界大戰後遭到許多政治及經濟的困難，積蓄已久的民族情緒無法宣洩，強調他希望建立一個新的帝國，以重振德意志往日的光榮。雖然希特勒政權建立後，不再強調「第三帝國」的說法，但許多史學家仍使用「第三帝國」來描述希特勒控制下的德國[15]。

伍、從第二次世界大戰到德意志聯邦共和國

　　自1939年以迄1945年的第二次世界大戰，可分三期：第一期始自德國閃電攻擊波蘭，並於1939至1940年冬在東邊看似建立了一個穩定的邊界；第二期是德國在西邊發動攻擊，經過荷蘭和比利時而迅速擊潰法國，以及英國退出歐洲大陸；第三期是俄國和美國先後因受到德國和日本的攻擊而捲入戰爭，使戰爭擴及到全世界，最後則導致德國、義大利和日本的崩潰[16]。

　　戰爭爆發的真正原因，是「軸心國家」對巴黎和會所決定的和平條件不滿，納粹德國欲建立歐洲「新秩序」（New Order），法西斯義大利醉心光榮，以及日本企圖在東亞建造「共榮圈」（Co-prosperity Sphere）[17]。

　　1945年第二次世界大戰結束，德國戰敗遭美、俄、英、法同盟國四強分區占領，至1949年美、英、法三占領區合併，分裂成東、西德。1949年西德制定「基本法」，基本法第20條規定，西德是一個民主、法治的聯邦福利國家[18]。

　　1989年11月東德開放西德邊界，揭開了兩德統一的序幕，德國統一被列入議程。東德在德國統一問題的態度，經歷曲折變化，由最初主張統一到反對統一，最終又主張統一。1950年11月，東德向西德建議，成立由兩德代表對等組成的制憲委員會，還一度表示準備接受全德選舉的主張。1957年，東德又建議

名稱如帝國議會（Reichstag）、帝國首相（Reichskanzler）、帝國鐵路（Reichsbahn）等均依然照舊。

[15] 周惠民，前引書，頁168。

[16] William R. Keylor, *The Twentieth-Century World* (New York: Oxford University Press, 1984), p. 185.

[17] 王曾才，《世界現代史》，（台北：三民書局，民81年3月），頁51-52。

[18] 邵建東&陳曉律，《德國新史》，（台北：五南出版社，民82年），頁155-157。

兩德成立邦聯，作為恢復德國統一的第一步。1963年執政的統一社會黨（Sozialistische Einheitspartei Deutschland, SED）宣布，統一不切實際，從而放棄統一的口號。1971年該黨又提出東、西德是兩個民族的理論，稱西德是「資本主義的民族」，東德是「社會主義的民族」，強調兩個德國都是主權國家，德國的分裂是歐洲和平、安全與穩定的重要保證，認為德國永遠不可能統一[19]。

1985年歐洲政治有重大變革，新任俄共總書記戈巴契夫（Mikhail S. Gorbachev）放棄布里茲涅夫（Leonid Brezhnev, 1906-1982）建立的基本原則，採取新的政策，一方面實施經濟「重建」（Perestroika），另一方面提出「開放」（Glasnost）的口號，希望改變俄國原本對世界事務的干預政策。除了採取較為平和的國際政策外，也允許其附庸國進行有限度的改革措施。兩德關係的發展，就在這樣的氣氛下，有了較為大幅度的調整。

1989年11月9日柏林圍牆倒塌，東德政權面臨重大危機，政府改組，宣布全面開放邊界，停止射擊逃亡者。1990年3月，東德進行國會選舉，選舉結果，基民黨獲勝，第一任總理為德梅齊（Lothar de Maiziere），並開始與西德進行統一協商。兩德統一，並非單純的國家統一問題，兩德分屬兩個不同陣營，即北大西洋公約組織（NATO）與華沙公約組織（Warsaw Treaty Organization）。經美、英、法、俄四國加上兩德的「四加二會談」，1990年6月，戈巴契夫同意東西德合併後，德國仍可留在北約組織中，並同意承認統一後的德國為主權國家。四強也同意結束占領狀態，並配合德國統一時程，於10月3日前恢復德國國家主權[20]。1990年10月3日兩德簽署國家條約，正式宣告統一。在條約序言中指出，按照西德基本法第23條規定，東德恢復原來五個邦建制，由各邦申請加入西德，就這樣完成了德國統一的內部問題。

陸、德國聯邦制度發展的歷史沿革

回顧德意志帝國歷史，從德國史上第一帝國（神聖羅馬帝國）到德意志帝國（第二帝國）成立，經威瑪共和到第三帝國，二次大戰後德國分裂，為德意

---

19 同前註，頁210-211。
20 周惠民，前引書，頁208-213。

志聯邦共和國（西德）及德意志民主共和國（東德），到1990年10月3日統一。德國很清楚的有其聯邦傳統，謹以其歷史發展過程加以說明。神聖羅馬帝國時代，這個帝國沒有首都，沒有中央機構、帝國軍隊、司法和關稅主權。這個帝國雖有領域，但無國境；國境是這300多領邦的「國境」，而這些「國境」又因領邦的分割、繼承、收購而時時在變。1815年反拿破崙戰爭勝利結束後，德意志愛國者期望重建帝國的統一，而在國際會議上決議成立「德意志領邦同盟」，這個組織有35個諸侯及4個自由市，沒有元首、首都、軍隊、中央政府，只有一個常駐代表的議會[21]。這個議會只能諮商、表決，像這樣鬆散的政治組織，不是我們今天所瞭解的「聯邦」，也不是「邦聯」。

1828年普魯士王國率先成立一個關稅同盟體制，解決其領土間的貿易問題，並於1834年正式成立「德意志關稅同盟」，德意志中部地區貿易同盟的許多成員，也以個別身分加入。許多人對同盟運作具備信心，願意擴張到其他領域，如治安、國防等。1848年，德意志統一問題再次被提出，各邦國代表在法蘭克福召開國民議會，討論未來德意志帝國朝邦聯或聯邦發展的議題。國民議會分裂成大德意志派和小德意志派。小德意志派主張德國應在普魯士領導下，建立一個以普王為世襲皇帝的較小聯邦；而大德意志派則主張建立包括哈布斯堡君主國在內的鬆散邦聯。1849年3月通過的「帝國憲法」，第2條規定帝國成員不得與非德意志領邦、國家合併，明白拒絕了「大德意志方案」。

1866年普奧戰爭後，俾斯麥與17個北德領邦簽約成立「北德聯邦」，後有22個北部中小領邦加入。北德聯邦是德意志統一前一個過渡性的領邦共同體。它的憲法是在此一前提下制定的，這部憲法一直適用到1918年。北德聯邦是一個「聯邦」組織，它的憲法稱「帝國憲法」，議會稱「帝國議會」，最高行政長官又稱「帝國首相」，北德聯邦尚不是帝國，所以元首稱「聯邦主席」。帝國憲法規定，帝國議會根據普選、直接、平等原則選出，有審核、通過預算權，與「聯邦參議院」共同行使立法權。

1871年，普法戰爭普魯士獲勝，普魯士王威廉一世稱德意志皇帝，德國完成統一。德意志帝國憲法於1871年4月16日公布，它是北德聯邦憲法的翻版，僅作文字上必要的修改。「北德聯邦」改為「德意志帝國」，「聯邦主席」改稱「德意志帝國皇帝」。德意志帝國是一個聯邦國家，共有25個領邦，即4個王國、6個大公國、5個公國、7個諸侯領邦及3個自由市。

---

[21] Bundestag名稱即為聯邦議會，顯見當年已有「聯邦」的概念。

　　1918年11月，第一次世界大戰結束後，臨時政府組織由全民普選產生的國民大會。1919年2月，國民大會選出艾伯特擔任第一任總統，同年8月公布憲法，即著名的威瑪共和憲法，基本架構是民主代議制，國會由代表各邦利益的參議院，及由人民直接選出的帝國議會組成。每四年一次，由人民經祕密投票選出聯邦議員，組成帝國議會，代表人民制定法律，行使政權。國會中執政者應當獲得半數以上支持，才能決議，所以是一種責任政治。威瑪憲法規定，德國國號不更改，但國家元首為人民直接選出的「總統」，任期7年，並不受國會監督，但可以任免帝國首相，也可以解散國會。總統同時是軍隊的最高統帥，必要時可以發布戒嚴令，也可以凍結憲法的規定。

　　1933年3月5日德國舉行大選希特勒的國社黨獲43.5%的席次，與「德意志國家民眾黨」組聯合政府。希特勒就任總統後，向國會提出「授權法」草案，要求未來四年內，政府可以不經國會同意，頒布包括修憲等法令[22]。該授權法經過多次延長，直到1945年納粹政權覆亡時，仍然有效。納粹掌權期間因授權法，已經變成獨裁政權，完全偏離聯邦制度。

　　1945年東西德分裂，西德於1949年制定「基本法」，基本法第20條規定，西德是民主、法治的聯邦福利國家。1990年10月3日，兩德統一。在簽署國家條約序文中指出，按照西德基本法第23條規定，東德恢復原來五個邦建制，由各邦申請加入西德，完成德意志聯邦共和國的統一。

第二節　德國聯邦制度的特性及運作

　　本節有四個部分：德國聯邦制度的特性；德國聯邦制度的運作；邦政府的運作及其與聯邦政府的關係；政黨及利益團體在德國聯邦制度中的角色。

壹、德國聯邦制度的特性

　　德國聯邦制度的特性除了德國聯邦主義的特色外，與美國聯邦制度相較明

---

22 納粹政權所提出的「授權法」需有三分之二出席，出席者三分之二同意才能通過，當時國會中出席的538個席次，有444票同意。社會黨出席者94席反對，另有26席社民黨議員與81席共產黨議員或被捕或在逃，無法表示意見。

顯不同的是「選舉制度」與多黨制度，德國的單一選區兩票制，以及聯邦議會一半按多數選舉制原則選出，另一半按比例選舉制原則選出，是小黨能生存及多黨制形成的主要原因。此外「政黨制度」及國家補助競選費用，亦為德國聯邦制度的重要特性。謹就此兩點加以說明：

一、選舉制度

　　1956年5月7日頒布的《選舉法》涵蓋第一（1949）及第二部（1953）臨時選舉法的核心內容，增加了通信選舉的規定。隨著政治形勢的需要，後來又進行了三次修訂，最近一次是1993年7月21日。較大的修訂是調整選區的劃分，對公民享有選舉權和被選舉權的年齡作了新規定。該選舉法全文共9章55條。

　　德國現行選舉法具有三大特色：（一）選民依法擁有兩票，一票投給選區的候選人；另一票投給政黨。（二）聯邦議會議員總數的一半按多數選舉制原則選出，另一半按比例選舉制原則選出。聯邦議會每4年選舉一次，以1994年第13屆為例，總議席656席，其中一半即328席，由選民按相對多數原則在選區內直接選出，稱為「直選議員」。全國劃分為328個選區，每個選區平均不得少於22.6萬人。實行單一選區制，每個選區只可選出1名議員；每個參加競爭的政黨只可推出1名候選人。另一半（328席）由選民投給參加競選的政黨，即第二票政黨票。但各競選政黨按得票百分比得到的議席數必須減去該黨按第一票得到的議席數，如果一個政黨在各選區中得到的直選議席多於第二票分得的席位，則可保留這些席次，稱為「滯留議席」（Ueberhangmandate）。按《選舉法》規定，第一票實際選出的「直選議員」人數是不能改變的。政黨按第二票有效得票率所分得的議席是可變的，即按有效得票率分得的席次超過原來規定的（另一半）數目，則按超過部分增加席位。在第13屆聯邦議會選舉，基督教民主聯盟（CDU）和社會民主黨（SPD）分別得到12個及4個滯留議席，因而使聯邦議會總席次由656席增加到672席。（三）對參選政黨實施5%的限制性條款：參加競選的政黨所得選票，以全國為統計單位，少於5%或未獲得3個直選議席者，便沒有資格參加聯邦議會議席的分配。第13屆聯邦議會選舉，民主社會主義黨（PDS）只獲得4.4%有效選票，未跨越5%的門檻，沒有資格按比例選舉原則分配聯邦議會席次，但該黨在原東德選區獲得4個直選議員，因此可以按其所獲4.4%的比例分得30個席次[23]。

---

23 顧俊禮，《德國政府與政治》，（台北：揚智文化，民90年），頁256-258。

德國《政黨法》對政黨經費的規定，在第四章與第五章即第18條至第31條條文中，明白規定聯邦與邦競選費用的補助、政黨會計報告的提出、政治捐款以及其他收入等，其中有關國家對政黨競選貼補的規定，則為《政黨法》第四章第18條至第22條。就此，國家對政黨競選貼補遂成為德國政黨體系中主要的特點。以政黨法中競選貼補制度的內涵言，當政黨秉持自己競選主張參與聯邦競選時，能夠獲得適當的競選活動所需經費，這種競選貼補費是以每一有選舉權者撥出2.5馬克計算，有資格領取競選貼補費的政黨，必須獲得全部選區內2.5%的「第二票」（Zweitstimme）；如果有政黨未提出「邦候選人名單」時，則該黨必須獲得一個選區內10%的「第一票」（Erststimme），才能夠領取競選貼補費。有資格領取競選貼補費的政黨，必須計算出其所應得的款項，而且於新的聯邦議會集會起兩個月內，以書面向議長提出申請，再由議長核發。政黨競選貼補費由聯邦預算提撥，並且採取分期付款方式支付，分四年進行，第一年發放10%、第二年發放15%、第三年發放35%、其餘40%則於下屆聯邦議會選舉後立即發放，以避免政黨收入劇烈波動。政黨領取競選貼補費後，必須每年以帳冊公開說明收支情況。此外，《政黨法》對於1965年9月聯邦議會選舉追加提撥政黨競選貼補費。政黨法對於各邦議會的選舉活動，也准許由邦預算提撥政黨競選貼補費，其分發辦法比照聯邦的規定[24]。

二、政黨制度

1949年5月23日頒布的基本法第21條明確規定：（一）政黨在人民政治意志形成的過程中發揮重要作用。政黨的建立是自由的，它的內部制度必須與民主的基本原則一致，必須公開說明自己的資金來源和使用情況及其財產狀況。（二）根據其目標和成員的表現，旨在危害和推翻自由民主的基本制度，或危及德意志聯邦共和國的存在之政黨違憲。政黨違反憲法的問題，由聯邦憲法法院裁決。（三）有關政黨的具體問題由聯邦法律規定。

除了基本法對政黨活動作原則的規定外，還透過《聯邦選舉法》和《政黨法》對政黨活動作周密的規範[25]。聯邦選舉法明確規定政黨參加競選、提名

---

24 郭秋慶，《德國選舉與政黨政治》，（台北：志一出版社，民85），頁106-107。

25 請參閱 張安藍譯，Kurt Sontheimer, Wilhelm Bleek著，《德國政府與政治》，（台北：五南出版公司，民88），頁169。德意志聯邦共和國將政黨的地位、組織原則及責任明列於基本法，主要原因有二：其一，基本法立法者希望避免重蹈威瑪憲法覆轍，因此欲在事先即製造空間，必要時禁止政黨暗中破壞民主秩序，或甚至毀滅民主秩序，如先前的納粹主義者。彼等深信，如果能夠藉此禁止政黨某些作為，即能確保民主政黨的發展。其二，他們認為在基

候選人的程序、候選人在選舉委員會登記的程序以及政黨參加選舉委員會的有關事項。按照聯邦選舉法之規定，政黨不但參加競選，而且擁有提名候選人的特別權利，還可以享受國家的財政補貼、分享國家的公用設施和稅收優惠。因此，政黨的法律地位不但得到有效維護，而且法律實際上還鼓勵政黨在總體活動的結構上積極參與組織選舉、努力提高競選的成功率[26]。

　　政黨是現代議會憲政體制的基礎和決定因素。《聯邦政黨法》在規定政黨的憲法地位和任務時強調：「政黨是合乎憲法為自由民主基本秩序不可或缺的一部分。它們透過自由、持續的影響人民政治意志的形成，完成基本法賦予並確保的公共任務[27]。」聯邦憲法法院（Bundesverfassungsgericht）在說明政黨特色時，把政黨視為德國政治機構中「執行憲法性機關職能之機關，甚至視其本身就是國家性、憲法性或憲政制度要素性」機關。政黨法第1條第2項認為：政黨的使命是透過影響公眾意見的形成，促使公民積極參與政治生活；培養有能力承擔公共責任的公民；推舉候選人參加聯邦、邦及地方選舉；影響國會和政府之政治發展；把政黨制訂的政治目標引進國家意志形成的過程；關注人民與國家機構間經常而有生氣的聯繫，參與公共生活各個領域中人民政治意志的形成。

　　代表人民參加聯邦、邦及地方的選舉，是政黨在國家政治生活中幫助形成公民政治意願的最重要形式，如果一個政黨連續6年沒有提出候選人參加聯邦議會或邦議會選舉，該政黨「就失去作為政黨的法律地位」（第2條第2項）；如果一個政治團體的大部分成員或其理事會的大部分成員是外國人，或者其領導機構在國外，那麼它就不能成為政黨（第2條第3項）。

本法中將政黨確立為建立政治意願的機關，實屬必要。事實上在威瑪共和時代，確有法律學者有荒誕的觀念，認為政黨乃超出憲法之外，亦即政黨為國家憲法之外的機構。然而在經議會辯論後，卻發現政黨雖然已經穿透整體政治生活，但在憲法中卻從未出現過。為了避免「典型的德國災難」再度發生，立法者因此將政黨「憲法化」，以明確表示，只承認法律中所確認有關政黨的事項。

26 顧俊禮，前引書，頁273-275。

27 《政黨法》第1條第1款。請參閱郭秋慶所撰《德國選舉制度與政黨政治》，附件二：德意志聯邦共和國政黨法，（台北：志一出版社，民85年4月），頁304。

貳、德國聯邦制度的運作

基本法規定的憲法機構有「聯邦總統」（Bundespraesident）、「聯邦議會」、「聯邦參議院」、「聯邦政府」（Bundesregierung）以及「聯邦憲法法院」。因此，透過該有關機構探討德國聯邦制度的運作。

一、聯邦總統

《基本法》第54-61條規定聯邦總統的選舉、職權和任務。聯邦總統不是全國武裝力量的統帥，未擁有基本法第37條規定的聯邦強制權，更無單獨宣布國家進入緊急狀態的權力。聯邦總統未握有國家政治大權，而完全超越黨派政治鬥爭和權力政治，只是國家權力的象徵性代表、在不同的「組織機構和利益集團」之間扮演「獨立的平衡」作用，聯邦總統是虛位元首，但是在政治上具有不可忽視的影響力[28]。

《基本法》第54條第1項規定：「聯邦總統由聯邦大會不經討論選舉產生。」根據該規定，聯邦總統不由全國選民直接選舉產生，而由聯邦大會選舉產生。聯邦大會是專為選舉總統而設的機構，其成員由聯邦議會全體議員和全國16個邦議會選出同等數量的代表組成。每個邦議會選出的代表人數按該邦人口比例而定。各邦議會選舉其代表時，並非僅限於該邦議會議員，只要聯邦大選時，具有選舉資格者就有被選舉權。各邦代表名額由各邦議會按該邦議會中議會黨團的實力自行分配。現任聯邦總統為柯勒（Horst Koehler），基民黨籍，於2004年5月23日選舉中產生，當時第15屆聯邦議會有601名議員，各邦議會選出代表亦為601名，因此第15屆聯邦大會全部成員為1202名，柯勒總統獲得604票，社民黨候選人Gesine Schwan獲589票[29]。2009年5月23日柯勒於聯邦大會選舉中獲得613票在第一輪選舉中即當選連任，任期至2014年5月23

---

28 請參閱張安藍譯，《德國政府與政治》，前引書，頁282-283。即使聯邦總統的直接政治介入能力有限，但是在政治上具有不可忽視的影響力。聯邦總統通常經由建議及警告向其他國家機關施行其影響力。而此種事佬及調解人的角色，往往是以祕密方式在幕後發揮。同時他亦可藉由向公眾呼籲來對國民作訴求，以及對國民教育提供協助。因此從德國聯邦體系中的聯邦總統功能可以看出，政治影響力不僅存在於政治決策及權力執行方，也存在於公開討論的過程中，以及確認政治決策及責任的過程中。聯邦總統的責任，只有從國家主權至上的責任來看，才會覺得不重要，但是如果以國民民主政治的觀點來詮釋，確具有十分重要的意義。

29 FRG Public Administration Country Profile, Federal Government of Germany – Function and constitutional basis (2006), p. 7.

日[30]。2010年5月31日柯勒總統召開記者會宣告辭去總統職務，理由是：柯勒總統對基本法上有爭議的派部隊投入阿富汗戰鬥任務，以保護德國經濟利益的論點難以辯解，各界的批判使聯邦總統的職務失去應有的尊重[31]。柯勒總統在任內因失言而辭職，且即刻生效，德國在二次世界大戰後的歷史中未曾發生過，依據德國基本法規定繼任人選需於一個月內產生[32]。

　　2010年6月30日聯邦大會選舉第10任聯邦總統，執政聯盟基民黨／基社黨及自民黨推舉下薩克森邦邦總理兼基民黨第一副主席伍爾夫（Christian Wulff）為候選人，社民黨及綠黨推出前東德人權主義者高克（Joachim Gauck），左派黨則支持記者游琴聲（Luc Jochimsen）女士為候選人，選舉結果由執政聯盟候選人伍爾夫勝出[33]。

　　按《基本法》第57條之規定，如果聯邦總統在任期內去世；或因病、因故（外出渡假或出國訪問）不能履行職務時；或因受聯邦議會或聯邦參議院彈劾而被聯邦憲法法院宣布解除其聯邦總統職權時，則由聯邦參議院議長代行聯邦總統職權，該項規定突顯德國的聯邦制度的特色[34]。

　　《基本法》對聯邦總統的彈劾與罷免有很嚴密的規定。聯邦總統不對議會負責，但按照《基本法》第61條規定，如果聯邦總統故意違反《基本法》或其他聯邦法律，聯邦議會或聯邦參議院可以向聯邦憲法法院提出彈劾。彈劾動議必須至少有四分之一聯邦議會議員或聯邦參議院議員投票同意才可提出。彈劾需經聯邦議會議員三分之二或聯邦參議院議員三分之二多數投票通過。1957年豪斯總統（Prof. Dr. Theodor Heuss, 1949-1959）簽署成立「普魯士文化遺產基金會」的法律時，聯邦參議院因該項法律未徵得它的同意而提出彈劾；另外3個邦也就該項法律的標準化監督問題提出聯邦總統違憲。但上述彈劾均遭聯邦憲法法院駁回，聯邦參議院敗訴。1983年柯爾總理（Dr. Helmut Kohl）提出「信任投票」案，假手聯邦總統解散聯邦議會，提前舉行聯邦議會大選，4位聯邦議會議員控告當時聯邦總統卡斯登（Prof. Dr. Karl Carstens, 1979-1984）違憲，也被聯邦憲法法院駁回。德意志聯邦共和國自1949年成立以來，還未發生

---

[30] Lebenslauf von Bundespraesident Horst Koehler, http://www.bundespraesident.de/. (17/11/2009)

[31] AFP/DDP/DPA, "Ueberraschung in Berlin: Bundespraesident Koehler tritt zurueck", Spiegel Online, http://www.spiegel.de/politik/deutschland. (03/08/2010)

[32] Ibid.

[33] Lebenslauf von Bundespraesident Christian Wulff, http://www.bundespraesident.de/. (02/08/2010)

[34] Die Wahl des Bundespraesidenten, http://www.bundespraesident.de/Amt-und-Funktion/Verfassungsrechtliche-Grundlage/ (22/6/2005)

過聯邦總統因遭彈劾而下台【35】。

　　聯邦總統是德意志聯邦共和國的國家元首。對外代表德意志聯邦共和國與外國締結條約、接受外國使節遞交到任國書、委任及派遣駐外使節、代表國家進行國是訪問及參加各種慶典和紀念活動。任命和罷免聯邦法官、聯邦官員、軍官和軍士職務。總統有赦免權。審查議會制定的法律是否符合憲法，簽署並公布法律。向聯邦議會提名聯邦總理，並根據聯邦總理建議任免部長。如果聯邦總理的信任案在聯邦議會沒有通過，總統可根據聯邦總理的建議解散聯邦議會【36】。

二、聯邦議會

　　謹分為聯邦議會的特色；聯邦議會的職權；聯邦議會對歐洲政策的監督及國際合作；聯邦議會的結構與功能，四項加以說明。

（一）聯邦議會的特色

1. 聯邦議會議員享有的獨立性受限：《基本法》第38條第1款規定，聯邦議會議員「由普遍、直接、自由、平等及祕密的選舉產生」。所有在選舉日年滿18歲且至少在德國居住3個月以上未被剝奪選舉權的德國人，都有選舉權；到選舉日年滿18歲且至少在選舉日之前1年就已經取得德國國籍者，都有被選舉權。依據《基本法》第38條第1項規定，「聯邦議會議員是全體人民代表，不受委託和指令的約束，只服從自己的良心」。因此，理論上在聯邦議會作決議時，議員們完全根據自己的良心和全體人民的福祉行事，因為《基本法》保障他們對行政機構、聯邦議會、選民、政黨、議會黨團和利益集團的法律獨立性。實際上，《基本法》保障的法律獨立性和議員們事實上的政治義務相牴觸。在一般情況下，每位議員都是政黨和議會黨團的成員，投票時立場必須與所屬黨團一致，並且希望其黨團在政治角力中獲勝。議員本身是借助政黨的推薦而當選，因此在重大問題上必須接受黨團的指揮，否則要接受黨紀制裁，下次選舉不能獲得提名，甚至被開除黨籍。美國國會雖然也是依照

【35】 Verfassungsrechtliche Grundlagen, http://www.bundespraesident.de/Amt-und-Funktion/Verfassungsrechtliche-Grundlag/ (22/6/2005)

【36】 吳振逢，「歐盟統合模式與德國聯邦制度之比較」，《立法院院聞》，第31卷第20期，（92年12月），頁98。

政黨組織運作，但全國性政黨只是一個鬆散的政治聯盟，對本黨議員不能進行紀律制裁；加上初選制的實施，政黨更失去對公職候選人提名的控制。美國國會議員享有比德國聯邦議員更大的獨立性[37]。

2. **聯邦議會與英國及美國國會有別**：基本法中的聯邦議會既不像美國國會獨立於國家元首，總體上形成對總統的抗衡力量；也不像英國下議院般，議會和政府一致，議會和政府都受執政黨及其領袖的領導和控制。在美國，國會本身能積極制定國家政策法令（工作型議會）；而英國下議院只是政府手中的工具，在下議院中政府和反對派經常發生對抗，討論重要的政治問題都是為了給選民們聽（演說型議會）。聯邦議會是這兩種類型的混合體，它既滿足了聯邦議會中多數黨支持政府的需要，又滿足了聯邦議會中的少數黨（也包括多數黨中的少數人）對政府保持一定獨立性的需要，顯示了高度的平衡[38]。

3. **聯邦議會與聯邦政府間的制衡**：國會對付政府方面，聯邦議會只可依循其全體議員的絕對多數投票選出聯邦總理繼任人，並請求總統免除總理職務的程序，對總理表示不信任，完成倒閣；總統必須應允此項請求，並任命總理當選人。此合憲程序被稱為「建設性不信任投票」。政府對付國會方面，聯邦總理請求聯邦議會對他表示信任的提案未獲得議員多數同意時，總統得基於總理的提議，在21天期限內宣布解散聯邦議會；然而只要聯邦議會在此期限內以多數選出另一位聯邦總理，總統的解散權便消失[39]。此合憲程序被稱為「信任提案」程序。倒閣與解散國會彰顯德國政府體制中立法權與行政權的互動及制衡關係[40]。

（二）聯邦議會的職權

聯邦議會的主要職權有四：1.是由人民直接選出的民意機構，係國家政策討論及表達的場所；2.最重要的職權是立法及監督政府施政；3.聯邦議會議員審查聯邦預算及決定軍隊在國外投入戰鬥任務；4.選舉聯邦總理，組成內閣政府[41]。依據《基本法》第63條規定，德意志聯邦共和國總理形式上經總統提

---

[37] 顧俊禮，前引書，頁127-128。

[38] 同前註，頁126-127。

[39] 基本法第67、68條。

[40] 葉陽明，「西德因應德國分裂時期（1949-1990）之憲政安排」，《國際關係學報》，第22期，（95年7月），頁28-29。

[41] Deutscher Bundestag: Ausdruck aus dem Internet-Angebot des Deutschen Bundestages, http://

名，由聯邦議會選舉產生。實際上，聯邦總理候選人是在聯邦議會選舉前由參加競選的政黨所提出，通常都是該黨的領袖，根據選舉結果以及選後結成聯盟關係準備執政的政黨間達成協議的結果。聯邦議會是代議制機構，它對聯邦總理的選舉具有全民投票的性質，並直接影響內閣組織。

聯邦議會雖然並非僅為專責立法的機構，但它卻是立法過程中的核心機構。德國的立法過程經由聯邦政府、聯邦議會以及代表各邦利益的聯邦參議院而完成。原則上，上述三機構都有立法提案權，事實上聯邦參議院很少提案。大約四分之三的議案由聯邦政府提出，即由與議案有關的聯邦政府各部會提出，其餘由聯邦議會提出。聯邦議會在立法過程中所起的中心作用，對執政黨（執政聯盟）和反對黨之間的關係，以及對整個聯邦議會的工作都有重要的影響。聯邦議會的執政黨（含執政聯盟黨團）對聯邦政府認為必須的、所有重要法律措施並非完全接受，兩者間有合作也有協調與妥協。在重大問題上，聯邦政府雖然不擔心會被執政聯盟黨團所背棄，但與英國相較，聯邦政府得考慮其所提出的法律案會遭聯邦議會修改。

（三）聯邦議會對歐洲政策的監督及國際合作

聯邦議會在委員會及全體委員會議中，執行其對聯邦政府歐洲政策的監督工作。聯邦政府將就歐盟的立法計畫廣泛及儘速告知聯邦議會。聯邦議會議員所表達的意見，將受到聯邦政府在歐盟部長理事會中的重視。德意志聯邦共和國的外交政策傳統上是聯邦政府的職權，它在國會層次上受聯邦議會的監督。國會外交政策的傳統領域除了在聯邦政府政策執行上的監督外，主要在國際法條約、歐盟立法記錄及軍隊投入國際維和任務的參與權，也包含促進民主與人權、和平與穩定及不同文化的對話，增加經驗交流及與其他國家國會及國際組織間保持接觸等[42]。

（四）聯邦議會的結構與功能

第17屆聯邦議會於2009年9月27日選舉產生，有5個政黨跨越5%門檻，最大黨係基民黨／基社黨聯盟有239席，其次為社會民主黨有146席，自由民主黨有93席，左派黨（Left Party）有76席，綠黨（The Greens）有68席，總計622

---

www.bundestag.de/ (21/6/2005)

[42] Europaeische und internationale Beziehungen, http://www.bundestag.de/internat/ (21/6/2005)

席[43]。由議員中選出一位議長，按照議事規則每一黨團至少一位副議長，目前有5位副議長。議長是Nobert Lammert（CDU/CSU），副議長為Wolfgang Thierse（SPD）、Gerda Hasselfeldt（CDU/CSU）、Hermann Otto Solms（FDP）、Petra Pau（the Left Party）、Katrin Goering-Eckardt（The Greens）[44]。議長及副議長組成主席團，並且依照各黨團成員比例推派包含各黨團總召集人在內的23位成員與議長、副議長共同組成元老委員會。元老委員會協助議長處理業務，商量聯邦議會的工作計畫、聯邦議會全會議程，每個新會期協議分配各黨團擔任委員會主席、副主席之席次、委員會及次級委員會數額及成員。除議長、副議長所保留的權限外確定議會內部各項事務，如議會空間的使用、提出有關議會預算之概算，就圖書館、檔案及其他文件（或文獻資料）等事務指定成立次級委員會等。元老委員會不作決議，只是聯邦議會的顧問機構。

聯邦議會常設委員會在每一屆新的議會均重新組成，惟訴願委員會及國防委員會在《基本法》中已有強制性規定不得變更，在第16屆聯邦議會除上述2個委員會外，計設有22個委員會如下：勞工與社會；外交；教育、研究及技術；糧食、農業及消費者保護；歐盟；家庭、老人、婦女及青年；財政；健康；預算；內政；文化與媒體；人權與人道援助；法制；運動；觀光；環境、自然保護及核能安全；交通、建設及城市發展；調解；選舉審查；選舉審查、特赦及工作秩序；經濟科技；經濟合作與發展。各委員會人數為13至41人，委員會除負責審查法案、預算外，並監督對口政府部門之施政措施[45]。

三、聯邦參議院

德國聯邦參議院不是《基本法》的創舉，而是德國長期以來的聯邦傳統。神聖羅馬帝國時雷根斯堡（Regensburg）的帝國議會（1666-1806），1815年維也納和會建立的德意志邦聯議會，1849年法蘭克福保羅教堂憲法設計的議會，1866年的北德聯邦，都是現在聯邦參議院的雛型。1871年的《德意志帝國憲法》及1919年的《威瑪憲法》也都有聯邦參議院的設置，只是其法律地位與職權有所不同。第二次世界大戰後，西德制憲會議為了成立聯邦制度曾經有過爭

---

[43] Das Ergebnis der Wahl des17. Bundestages, http://www.spiegel.de/politik/deutschland/ (30/9/2009)
[44] 第16屆聯邦議會有6位副議長，社民黨（SPD）有2位，目前僅有1位。第17屆聯邦議會議長及5位副議長均係續任。
[45] Function and Role, *The German Parliament,* http://www.bundestag.de/(21/6/2005)

論，究竟要選擇何種模式？一種是美國參議院模式，即由選民直接選舉產生。另一種是傳統的德國議會模式，即聯邦參議院由各邦政府通過任命，代表各邦在聯邦的利益，而非選舉產生。制憲會議最後選擇了後者。德國聯邦主義的獨特背景，或許可以解釋為重要歷史性妥協的產物，但是其基本結構則可被描述為幾個世紀制度性發展的沉澱物，在行為者的層次上作為政治社會化所獲得的貯藏，並且從一個世代傳遞到另一個世代的結果[46]。

聯邦參議院是德意志聯邦共和國五個常設憲法機構之一，是由各邦政府代表組成、代表各邦利益。透過聯邦參議院各邦直接參與聯邦意志的形成，並藉以影響聯邦政策。另一方面，聯邦透過聯邦參議院有效利用各邦政策及行政經驗，及藉由聯邦參議院對法律、法規及一般行政命令的同意權，以及間接經由歐盟的規章對各邦的領域產生影響。所以聯邦參議院是地方邦的聯邦院，同時也是聯邦的地方院。聯邦參議院維護地方邦的利益，同時也兼顧整體國家的需求。聯邦參議院在聯邦立法工作上的參與，扮演很重要的角色。若無聯邦參議院的參與，沒有聯邦法律可以完成。許多法律只有在聯邦參議院明確表示同意下，才能生效[47]。

聯邦參議院不是通過選舉產生，而是由各邦政府成員或全權代表組成。基本法第51條規定，每個邦至少有3席，居民人數超過200萬的有4席，超過600萬的有5席，超過700萬的有6席。16個邦，共計69席。每個邦在投票時必須採取一致的立場。聯邦議會通過的法案，若涉及各邦的利益，例如有關各邦財政、行政權限的法律，必須經過參議院同意。對毋需聯邦參議院同意的法律，聯邦參議院有權提出異議，但聯邦議會可以多數票加以否決，聯邦參議院與聯邦議會意見不一時，由一個經兩議會成員組成的調解委員會進行調解，通過談判達成妥協。聯邦參議院由各邦總理輪流擔任參議院議長，任期1年。按照《基本法》第57條之規定，聯邦總統不能行使職權時，由聯邦參議院議長代理[48]。

隨著歐洲整合的不斷發展，聯邦參議院對歐洲事務的參與也跟著加強。依據基本法第23條第2項、第4項及第7項規定，聯邦議會和各邦通過聯邦參議院對歐洲事務施加影響，對聯邦政府的歐洲聯盟政策有共同參與權與監督權。聯

---

[46] Gerhard Lehmbruch, "The Institutional Framwork: Federalism and Decentralisation in Germany", http://www.uni-konstanz.de/ (3/7/2008)

[47] Bundesrat, Struktur und Aufgabe & Mitwirkung an der Verwaltung des Bundes, http://www.bundesrat.de/ (21/6/2005)

[48] 吳振逢，「歐盟統合模式與德國聯邦制度之比較」，《立法院院聞》，（台北，92年12月），頁98。

邦政府有義務即時向聯邦參議院全面通報有關歐洲聯盟的意圖，請聯邦參議院表態，作為制定歐洲政策的參考。凡是涉及聯邦或各邦的的立法權限及根本利益時，聯邦政府必須事先徵求聯邦參議院的意見。如果歐洲聯盟擬議中的決定涉及德國各邦的立法權範圍，則要由聯邦參議院指定一位聯邦參議員，代表德國到歐洲聯盟部長理事會投票。有關歐洲聯盟的一些緊急或者機密事務，則交由聯邦參議院下設的「歐洲聯盟法案組」處理[49]。

　　雷歐納迪，下薩克森邦駐聯邦辦公室代表，對聯邦議會「聯邦與地方邦關係委員會」（Federal-State Relations Committee）解釋聯邦參議院的角色指出：聯邦參議院，德國國會第二院，是德國聯邦制度最獨特的部分，因為它是世界上唯一由行政體系成員組成的國會第二院。聯邦參議院是由各邦政府總理（或城市邦市長如柏林市長）及該邦部長（或該市局長〔Senator〕）所組成，意即邦議會的反對黨在參議院沒有代表。也意味該參議院成員並非由直接選舉產生。這第二院代表聯邦制度具有政府間主義的成分，這是德國聯邦主義的特色，與歐盟的（部長理事會）功能相近。聯邦參議院與聯邦政府無直接的監督關係，聯邦政府僅對聯邦議會負責，不對聯邦參議院負責。與英國國會（Westminster）相較，德國聯邦議會功能如同英國國會，不用與聯邦參議院商議。這也反映出一項事實，聯邦參議院成員不可能同時也是聯邦政府成員。同樣的聯邦參議院不能對聯邦政府提出「不信任案」，這是聯邦議會的專屬領域。此外，聯邦參議院在就議案投票時，並非聽從黨團的指揮，而是聽從各該邦的指揮。當然，社民黨陣營及基民黨／基社黨陣營間有密切的黨團協商，但是在很多情況下，邦的利益優先，而且在各邦的利益間，即使同一政黨也有利益衝突[50]。

四、聯邦政府

　　《基本法》第62條規定，聯邦政府由聯邦總理和聯邦各部部長所組成，其任務是治理國家。依據《基本法》之規定，對整個德國的大政方針作出決定並實施行政管理。不僅軍隊、警察、情報機構、監獄等直接受聯邦政府的指揮，而且聯邦總統、聯邦議會以及各地方邦和地方權力機構，也越來越受聯邦政府

[49] Bundesrat, Mitwirkung in Europaeischen Angelegenheiten, http://www.bundesrat.de/ (21/6/2005)

[50] Christine Daestner, Federal-State Relations Committee Report on "Federalism and the Role of the States: Comparisons and Recommendations", Chapter 3, pp. 6-7, http://www.parliament.vic.gov.au/fsrc/report3/body/chapter3.htm (29/8/2008)

的影響。聯邦政府是國家權力的「神經中樞」。此種以聯邦總理為國務領導及決策中心的民主政治運作被稱為「總理式民主」（Kanzlerdemokratie）。限制國家元首的權力、相對加重聯邦總理的權責，是《基本法》立法者的刻意安排，其主要目的在避免重蹈「威瑪共和」時期國家元首濫權誤國的覆轍[51]。

聯邦政府的結構顯示，它是遵循《基本法》所設定的三個原則：即總理負責原則、部長自主原則及內閣原則。首先，按照基本法規定，總理應獨自對政府的政策負責。總理決定的政策方針，內閣部長必須遵循；在法律上，這些政策方針就是命令。部長們可以提出和補充與總理的方針一致的政策。因此，與英國的分享責任內閣制相較，德國的內閣在政策方面服從總理。其次，只要政策與政府的方針一致，每個部長都有權負責本部內部工作，不受干涉。部長應負責監督本部的活動，指導本部政策之制訂，並在本身權限內監督政策之執行。聯邦部長監督地方邦官僚機構執行聯邦法律。最後，當各部之間在司法問題或預算問題上發生衝突時，按基本法規定，必須在內閣裡解決[52]。

根據聯邦總理個人的領導能力和權威，總理原則實際上可強可弱。根據《基本法》第65條規定，聯邦總理制定政府政策方針，並為政策負責。惟依據職權範圍原則（Ressortprinzip），每一位聯邦部長均能獨立並單獨的負責領導其職責範圍，聯邦總理不能繞過聯邦部長直接向各部門官員下達指示，他不能「伸展其治理範圍」至各聯邦部長的事務，這就是部長自主原則。如果聯邦部長間發生意見分歧，按照內閣原則，聯邦總理不能單獨解決糾紛，而必須與整個內閣一起解決。對一切重要問題進行共同討論和審議的程度，則視聯邦總理的領導角色而定[53]。

總理由聯邦議會選舉產生，並為聯邦政府的行為對聯邦議會負責，此過程賦予總理相當大的權力。總理代表著聯邦議會中的多數，一般可望取得他們對政府立法提案的支持。總理通常是自己所屬政黨的領導人，指導黨的策略並在選舉時領導該政黨。總理權力的第二個來源是控制內閣，基本法賦予總理決定內閣部長的數量及其職責的權力[54]。

聯邦內閣會議是聯邦政府的決策機構。聯邦總理、副總理和聯邦政府各部部長為內閣會議正式成員。內閣會議由聯邦總理主持，通常每星期三舉行。聯

[51] 葉陽明，前揭文，頁28。
[52] 彭懷恩，《德國政治體系》，（台北：風雲論壇出版社，89年8月），頁47。
[53] 張安藍譯，Kurt Sontheimer, Wilhelm Bleek著，《德國政府與政治》，頁270。
[54] 彭懷恩，前引書，頁45。

邦內閣會議決定聯邦內政、外交、經濟、社會、財政和文化方面的事務，包括起草法律草案、聯邦預算、聯邦高級官員的任免、協調聯邦各部的工作和調解各個聯邦部長之間的分歧。內閣會議所作之決定對全體內閣成員都有約束力。為起草內閣會議決定，有時還需設立若干內閣委員會。內閣會議由聯邦總理府負責籌備，其決定必要時由聯邦政府發言人向新聞界介紹[55]。

2009年聯邦議會第17屆大選結果，基民黨／基社黨聯盟與自民黨組成執政聯盟，由基民黨黨魁梅克爾（Angela Merkel）繼續擔任聯邦總理，只設14個聯邦部，連同聯邦總理及總理府部長，內閣總計16人，即總理梅克爾（CDU）、副總理兼外長威斯特衛勒（Guido Westerwelle）（FDP）、內政部長德麥契爾（Thomas de Maiziere）（CDU）、司法部長絲納玫貝爾格（Sabine Leutheusser-Schnarrenberger）（FDP）、財政部長修伯樂（Wolfgang Schaeuble）（CDU）、經濟暨科技部長布魯德（Rainer Bruederle）（FDP）、勞工暨社會部長馮德萊（Ursula von der Leyen）（CDU）、農業、糧食及消費者保護部長艾葛娜（Ilse Aigner）（CSU）、國防部長谷登貝爾格（Karl-Theodor zu Guttenberg）（CSU）、家庭、老人、婦女及青年部長柯勒（Kristina Koehler）（CDU）、健康部長魯斯樂（Philipp Roesler）（FDP）、交通、建設及城市發展部長藍紹爾（Peter Ramsauer）（CSU）、環境、自然保護及核能安全部長雷特根（Norbert Roettgen）（CDU）、教育暨研究部長夏琬（Annette Schavan）（CDU）、經濟合作暨發展部長倪博（Dirk Niebel）（FDP）、總理府部長普法拉（Roland Pofalla）（CDU）[56]。

德國聯邦部長的職務與英國相較相對穩定，英國歷屆首相經常改組內閣，有時甚至沒有明顯的理由也更換內閣部長。德國情況則不同，原則上聯邦總理在位多久，其聯邦部長也大致可以任職多久；聯邦部長因為反對聯邦總理政策或因聯邦總理建議而辭職的情況很少，因建設性不信任案投票成功，而導致聯邦部長跟著聯邦總理一起下台的事更是罕見。為促進聯邦部長累積更多從政經驗而進行的聯邦部長的部際交流，在70年代中期之前實行過，近20年來很少發生，此次基民黨／基社黨與自民黨組成的聯合內閣，有多位基民黨及基社黨部長留任，只是換成不同的部門，似乎又回到70年代部際交流的情況[57]；惟現

---

55 Die Kanzlerin und ihr Kabinett, http://www.bundeskanzlerin.de/ (22/6/2005)

56 Merkels schwarz-gelbes Kabinett - Spiegel Online - Nachrichten , http://www.spiegel.de (10/26/2009)

57 2009年9月27日聯邦議會大選後，由基民黨／基社黨與自民黨所組的聯合內閣有多位部長留

在較強調的是聯邦部長應該成為該部門的專家，成為熟悉一個部門業務的行家。因此，聯邦部長一方面要作為部門負責人，按照專門標準監督和管理該部門的工作；另一方面又要作為該部門的政治領導人，為該部門各種政治利益的代表。《基本法》雖然沒有規定聯邦議會可以對聯邦部長提出不信任案，但是聯邦總理對聯邦議會負責，聯邦議會對選民負責，內閣部長對聯邦總理負責，這就是德國的議會內閣制[58]。

五、聯邦憲法法院

德國是有聯邦傳統的國家，歷史上司法權都由各邦行使。《威瑪憲法》第108條規定，成立全國統一的國事法院（Staatsgerichtshof），負責審理帝國議會對帝國總統和帝國首相的彈劾案等訴訟。第二次世界大戰後，西德重新建立其國家權利，憲法審判權的問題又告發生。戰後的憲法審判權因《聯邦憲法法院法》（Gesetz ueber das Bundesverfassungsgericht v. 12.3.1951）的制定而告確立。在起草西德基本法時，霍倫金湖草案（Herrenchiemsee-Entwurf）在第88條已列舉出憲法法院的廣泛權限，後來經制憲委員會在波昂聚會，加以刪除修正後，成為現行《基本法》第93條與94條規定，這兩條規定即為聯邦憲法審判權的最高依據。1949年10月聯邦司法部起草《聯邦憲法法院法》，成為政府提案的基礎。同年12月14日社會民主黨也向聯邦眾議院提出該黨的草案。聯邦議會對此二草案詳加審查，並經聯邦參議院提出修正意見。《聯邦憲法法院法》於1951年3月12日由聯邦總統簽署，同年4月16日刊登於《聯邦法律公報》，並於4月17日生效[59]。

聯邦憲法法院於1951年9月在卡斯魯爾（Karlsrule）成立。它是立憲機構，也是法院，在德國的司法管轄中占有特殊地位。作為立憲機構，聯邦憲法法院與基本法直接產生的最高國家機關（即聯邦總統、聯邦議會、聯邦參議院、及聯邦政府）享有同等地位。聯邦憲法法院有權對其他立憲機構進行限制，有權將立法機關作出具有普遍約束力的法律宣布無效。作為法院，聯邦憲法法院把憲法秩序作為法律秩序加以維護，是憲法的保衛者，也是聯邦範圍內

任，包含原內政部長修伯樂、家庭、老人、婦女及青年部長馮德萊、教育暨研究部長夏琬、經濟暨科技部長谷登貝爾格、總理府部長德麥契爾，在新內閣中德麥契爾任內政部長、修伯樂任財政部長、谷登貝爾格任國防部長、馮德萊任勞工暨社會部長，僅夏琬留任原職。

58 顧俊禮，前引書，頁163-164。

59 施啟揚，《西德聯邦憲法法院論》，（台北：商務印書館，民60年），頁12-16。

裁判權的最高機構。它有權取消所有其他法院作出的違憲裁決。聯邦憲法法院不從屬於任何權力機關，亦不從屬於聯邦司法部，在組織上是獨立的法院，其訴訟程序不同於專門法院的訴訟程序，它只行使憲法管轄權[60]。

　　聯邦憲法法院對行政權的制約機制包括三方面。首先，當聯邦政府與聯邦議會、聯邦總統，或聯邦政府與邦政府發生權限爭執時，由聯邦憲法法院審理裁決上述各類權限爭執。聯邦憲法法院通過裁定這些權限爭執，可以對聯邦政府可能出現的某些侵犯聯邦議會、聯邦總統權力的行為，以及對侵犯邦政府權力的行為作出相應的監督制約。其次，聯邦憲法法院違憲審查的適用客體，也包括聯邦政府的執政行為。聯邦憲法法院有權對聯邦總理以及聯邦政府其他成員的執政行為是否違憲作出裁決。其裁決對聯邦總理、聯邦政府其他成員都具約束力，必須服從。此外，聯邦憲法法院有權對聯邦政府與外國締結的條約作出「限制性解釋」。該「限制性解釋」，對聯邦政府行使外交權的行為具有制約作用。聯邦憲法法院對聯邦總統的制約是透過審理彈劾總統案來實現。根據《基本法》第61條第2項規定，聯邦憲法法院在受理彈劾總統案後，如認為聯邦總統有故意違反基本法或其他聯邦法律之罪嫌，可宣布聯邦總統被依法彈劾；此外，聯邦憲法法院還可以發出臨時決定，阻止聯邦總統試圖繼續行使權力[61]。

　　根據《基本法》第93至100條之規定，聯邦憲法法院的管轄權包括六個領域：

（一）**憲法訴願**（constitutional complaint）：《基本法》第93條第1項第4款（a）及第94條第2項規定，任何人因主張其基本權利遭受公權力（act of public authority）之侵害，且已用盡其他所有的法律救援方法，得提起憲法訴願。

（二）**聯邦政府部門間之爭議**（Organstreitigkeiten）：根據《基本法》第93條第1項第1款之規定，聯邦機關間遇有爭議，如聯邦總統、聯邦議會、聯邦參議院、政黨、聯邦議會內之黨團，或甚至聯邦議會議員等，因涉及基本法之解釋問題時，可提交聯邦憲法法院仲裁。唯當基本法所賦予之權利已遭侵害時方可提出。

（三）**抽象的法規審查制度**（abstract norm-control procedure, abstraktes

---

[60] Aufgabe des Bundesverfassungsgerichts, http://www.bundesverfassungsgericht.de/ (21/6/2005)
[61] 顧俊禮，前引書，頁221。

Normkontrollverfahren）：《基本法》第93條第1項第2款規定，當聯邦政府之內閣或聯邦議會三分之一議員之提議，認為國會制定之法律可能與基本法有衝突時，而向聯邦憲法法院所聲請的審查。此一制度之所以稱為「抽象」的法規審查，乃為對法律之效力純係「假設性」的懷疑，並無實際上發生法律爭訟所引起，或是實質上即為一樁法律爭訟才得為聲請審查。

（四）**具體的法規審查**（concrete norm-control procedure, konkretes Normkontrollverfahren）：《基本法》第100條第1項規定，任何法院於審理非憲法案件，認為據以裁判之法規必須要先探求是否符合基本法之規定時，可以將此案件移送憲法法院，由憲法法院對此法規是否有效的初步問題作出判決。

（五）**聯邦與邦之間的爭議**：《基本法》第93條第1項第3款及第4款規定，當聯邦與邦之間或各邦相互間，有關其在基本法之下各自的權利及義務遇有爭議時，所提交憲法法院決定的案件。

（六）**黨禁**（party bans）：《基本法》第21條第2項規定，聯邦政府及聯邦參議院或聯邦議會，確信某一政黨乃是反憲法的，則可將此問題提交聯邦憲法法院，以決定該黨是否應該被禁制而解散。此一程序自1949年以來，只執行過兩次，一次是在1952年解散新納粹社會主義帝國黨（SRP），另一次在1956年解散德國共產黨（KPD）[62]。

　　依施啟揚引述Lechner的說明，聯邦憲法法院的管轄權，依其性質大致可分為五類：

（一）**準刑事案件**：包括褫奪基本權利案、確認政黨違憲而加以解散案、總統彈劾案、法官彈劾案。除總統彈劾案外，均係第二次世界大戰後新創者，原來德國憲法制度無此傳統。

（二）**選舉審查案件**：對聯邦議會選舉爭議案件的最後確認，這是憲法法院管轄權的擴大。

（三）**固有的憲法審判案件**：包括機關爭議、抽象的法規違憲審查、聯邦與邦的權限爭議，以及各邦間的憲法爭議案件等。

（四）**法規違憲審查案件**：除抽象的法規審查外，尚有具體的法規審查案件。

---

62 桂宏誠，「德國聯邦憲法法院憲法解釋權之研究」，《立法院院聞月刊》，第22卷第9期，（83年9月），頁21-39。

具體的法規審查確認法官審查權，此與威瑪憲法比較係憲法審判權的重要擴張。

（五）憲法訴願案件：在聯邦制度上言，這是產生較晚的一種案件[63]。

聯邦憲法法院的法官共16名，由聯邦議會及聯邦參議院各選舉8名。任期12年，不得連任，最高可任職到68歲。聯邦憲法法院法官通常是德國著名的法學家。

聯邦憲法法院是德國憲法原則的真正捍衛者，它的司法活動無疑已經為深化自由民主的立憲國家的思想作出貢獻。它的裁決受人尊重，它的權威引人注目。它的存在使德國民主的憲法秩序至今未遭到嚴重破壞[64]。

德國各邦原則上都設有邦憲法法院。各邦憲法法院稱謂不同，有的稱憲法法庭，有的稱國家法庭。聯邦憲法法院與各邦憲法法院間無隸屬關係[65]。

參、邦政府的運作及其與聯邦政府的關係

謹就邦政府的運作及與聯邦政府的關係兩項加以說明。

一、邦政府的運作

德國強而有力的地方邦有很長遠的歷史，邦的文化及政治認同很強。它們有廣泛參與德國政府的傳統。聯邦參議院是一個令人印象深刻及有效率的政府機構。聯邦參議院的成員是各邦政府的總理及部長，他們的角色是在聯邦層次代表各邦。基本法確保聯邦參議院在聯邦決策占有重要地位[66]。

每一個邦有其自己的議會，稱邦議會（Landtag）及直接民選的議員與議長。邦政府的領導人稱邦總理（Ministerpraesident），或城市邦市長如柏林、漢堡及布萊梅市市長。邦政府只有有限的立法權，即在聯邦法律授權下處理與地方有關的事務。以下領域為聯邦與邦共有立法管轄權：法律、協會及議會、懲戒及司法行政；居民出生、死亡、婚姻之登記；外國人居住、難民收容、驅

---

63 施啟揚，前引書，頁49-51。

64 Organisation des Bundesverfassungsgerichts, http://www.bundesverfassungsgericht.de/ (21/6/2005)

65 施啟揚，前引書，頁26。

66 Dr. Christian Daestner, Federal-State Relations Committee Report on "Federalism and the Role of the States: Comparisons and Recommendations", pp. 4-10, http://www.parliament.vic.gov.au/fsrc/report3/body/chapter3.htm (29/8/2008)

離；健康、公共福利、教育、訓練及研究；戰爭損害及復原、戰爭紀念及戰士退休金；單獨課稅或部分歸聯邦、經濟事務、基本工業、核能及污染控制；勞工關係；徵收、國家化及邦的義務；以及道路交通、非聯邦鐵路、船務、航海及氣象[67]。

聯邦有專屬立法權，在聯邦未執行其立法權的情況下，邦才可在該事務上行使立法權。聯邦得在國家利益必要，為創造全國相同生活條件，或維持法律及經濟一致性的情況下立法。

邦政府在教育、內部安全（警察）、文化（包含公共電視及廣播電台的管理）、地方稅等領域負主要責任[68]。Dr. Daestner對聯邦議會「聯邦與地方邦關係委員會」強調，邦立法權的範圍很有限：幾乎所有的立法都集中在聯邦層次。邦政府立法管轄權只有學校教育、科學政策及警察事務，其他的立法權則均集中在聯邦層次，德國的聯邦制度傾向很強的內部關係。邦本身沒有太多自己的立法權，但是透過聯邦參議院在聯邦層次的立法上有積極的參與。究竟有哪些事務應該在邦層次上處理的現在由聯邦層次處理？或許不易獲得實際的答案，以貿易為例，貿易是國際性的，不可能各邦訂定不同的貿易法規。競爭是國際性的，至少在歐盟層次，不可能把經濟事務交給地區、各邦。邦所擁有的主導權是文化，但是即使在該領域，教育體系必須可以讓學童在不同的邦之間就學不會遭遇困難；即使各邦學制有些不同，高中畢業會考的成績在鄰近邦的大學也可以接受，如此邦際之間的連結才行的通[69]。

在德國聯邦制度中，邦是很強的夥伴。聯邦政府有廣泛的立法權，但是這些法律要經由邦來執行。透過聯邦參議院，邦也參與國家立法。

德國稅制提供每一層級政府：聯邦、邦、市募集及管理自己的稅。《基本法》指定一些稅為聯邦、邦及地方政府所獨有。例如，主要的稅：所得稅、公司稅及營業稅，由聯邦與各邦分享，邦以下的地方政府則在邦的稅款下獲分配。《基本法》確保各級政府獲得足夠稅收，以完成其所承擔的責任。德國有某種程度垂直的財政不平衡，因此有財政平等化的設計，透過共同使用的稅收由較富有的邦所繳交的稅額分配給較窮的邦；聯邦也藉一部分附加加值稅提供補助[70]。1990年德國統一後為了德東五邦的重建，除了提供特別預算計畫

---

67 基本法第74條。
68 基本法第105條（2a）。
69 Dr. Christian Daestner, op. cit., p.12.
70 《基本法》第107條。

外，自1995年起在所得稅及公司稅加徵7.5%的團結稅（Solidarity Surcharge），未設定廢止期限[71]。

在德國政府間關係的制度，基於對共識決策的尊重。巴伐利亞聯邦事務部長Prof. Ursula Maennle認為，德國社會中多少有一種印象，需要妥協，意即各邦之間不要彼此相互競逐。需要協調的表決權與對聯邦立法的回應，及各邦執行大多數聯邦法律的事實，意味聯邦與邦及各邦間的合作是廣泛的。德國政府間的關係有三個層次：國家整體（whole state）、聯邦（federal state）及邦際間的合作及協調（third level）[72]。

國家整體層次包含聯邦與各邦機構以平等地位代表，在這些機構中所有的決定必須透過共識或尊重不同意者之意見。在國家整體層次所做的決定，可能需要聯邦或邦立法的同意。在此一機制下有以下運作方式：（一）聯邦政府及各邦政府總理會議（Conference of the Heads of Government of Bund and Laender）；（二）政黨主席會議（Conferences of Party Leaders）；（三）永久條約委員會（Permanent Treaty Commission），包含各邦派代表及從外交部或相關部會獲得資訊，如果國際條約衝擊到邦的權限。

聯邦是政府間關係的第二個層次，此一層次乃基於聯邦與邦的憲法性機構，其決定有賴多數決。在此一層次上唯一的決定是，有關聯邦權限的領域或涉及聯邦程序，如聯合任務。聯邦參議院是在聯邦層次的重要機構。聯邦參議院的運作及其在聯邦立法的角色，請參閱前述第二章第二節聯邦參議院。聯邦參議院的功能透過各邦駐聯邦辦事處協調、聯繫。此一層次的運作方式：（一）聯合任務（Joint Tasks）；（二）各邦駐聯邦辦事處（Missions of the Laender to the Bund）。

邦際間的合作與協調是第三層次。雷歐納迪指出，各邦之間橫向協調，如在內政部、財政部及教育部等部門範圍的定期會議。這些機構在第三層次的會議不是由聯邦政府的相關主管擔任主席，而是由有關邦的部長主持會議，通常是由各邦輪流，聯邦部長有時也會參加，以顧問身分提供諮詢或參與討論。此一層次的運作方式有：（一）邦總理會議（Conference of Minister-Presidents）；（二）其他第三層次機構（Other Third Level institutions）。例如邦議會議長會議，每年於春、秋召開兩次，在共同利益上，交換政治及實際工作的經驗[73]。

---

[71] Dr. Christian Daestner, op. cit., p. 13.

[72] Ibid., pp. 16-17.

[73] Ibid., pp. 17-20.

　　德國憲法改革的過程，再度強調邦際合作對德國聯邦制度穩定的重要性。統一的過程需要大量聯邦基金的承諾；這個過程不是透過聯邦來控制，而是依賴邦政府間協調所達成。

　　依據歐洲經濟共同體條約第235條歐盟法令對邦的權限有效力，經過多年的運作，這些權力亦涵蓋教育、廣播及其他邦的權限。直到1980年代中期，各邦在邦際協調事務，才非正式派代表參與歐盟及聯邦政府。這個過程在1986年正式化，當單一歐洲法批准的法規同意增加聯邦參議院在政府有關歐盟事務決策上的參與。聯邦參議院獲得的權力如下：（一）有權即時獲得通知；（二）各邦有權派自己的代表到歐盟參加影響它們權限的談判；及（三）有足夠的時間與資源以提出有關對歐盟事務的意見，倘該事務影響邦獨有的權限[74]。

　　各邦已經展現它們對多元合作、全球化及在歐盟政策發展等議題的回應。熱心的維持它們在所有層次的角色，政府間關係文化的力量和德國聯邦制度的結構能支持它們在這方面的努力[75]。

二、與聯邦政府的關係

　　聯邦與邦的關係在《基本法》中有明確的規範。相關條文如下：

（一）聯邦地位高於各邦。《基本法》第31條規定：「聯邦法律優於各邦法律。」；基本法第37條還明確規定：「執行聯邦法律是各邦的義務」，「聯邦政府或其委任機關，有對各邦及其機關發布命令之權。」等。

（二）聯邦與各邦實行分權，有關雙方權力劃分之爭議，透過聯邦憲法法院裁決。《基本法》第2章明確劃分聯邦與各邦單獨享有的立法權限及共有立法權的範圍，還劃分了行政管理權、司法權以及財政權的範圍。此外，根據基本法第93條，當聯邦與各邦對其權利和義務發生爭執時，雙方均可提請聯邦憲法法院裁決。

（三）聯邦與外國簽訂條約如涉及某邦利益時，必須聽取該邦的意見。《基本法》第32條規定，處理與外國的關係是聯邦職責，但聯邦「在締結涉及某一邦的特殊利益的條約前，應及時聽取該邦的意見」。各邦在其立法權限範圍內，經聯邦政府同意也可以與外國簽訂條約。

（四）各邦透過聯邦參議院參與聯邦的立法和行政。《基本法》第50條規定：

---

[74] Ibid., pp. 23-24.
[75] Ibid., p. 26.

「各邦透過聯邦參議院參與聯邦立法和行政。」而且依《基本法》第53條規定，聯邦政府成員必須隨時準備回答聯邦參議院議員的質詢，「聯邦政府應隨時向聯邦參議院報告聯邦事務之處理」。

（五）在特殊情況下，聯邦擁有強制權。《基本法》第37條規定，在邦不執行聯邦法律或某邦發生內亂而無力或無意平息的情況下，聯邦有權強制執行聯邦法律。

根據上述憲法原則，聯邦與各邦的權力劃分主要從立法權、行政權和司法權三方面進行。請參閱本書第一章第一節德國聯邦主義理論（聯邦與地方之權限劃分）[76]。

肆、政黨及利益團體在聯邦制度中的角色

謹依政黨在德國聯邦制度中的角色；利益團體在德國聯邦制度中的角色兩部分加以說明。

一、政黨在德國聯邦制度中的角色

就（一）聯邦之運作（第一個層面）；（二）國家整體運作（第二個層面）；（三）各邦間之運作（第三個層面），三個層面加以說明。

依據《基本法》第21條規定：1.政黨在人民政治意志形成的過程中，發揮重要作用。政黨的建立是自由的。它的內部制度必須與民主的基本原則一致，必須公開說明自己的資金來源和使用情況及其財產狀況。2.根據其目標和成員的表現，旨在危害和推翻自由民主的基本制度，或危及德意志聯邦共和國的存在之政黨違憲。政黨違反憲法的問題，由聯邦憲法法院裁決。3.有關政黨的具體問題由聯邦法律規定。

德國政黨法中有5%得票率的限制條款，只有在相應的選區獲得5%以上選票的政黨，才有資格選派代表進入議會，惟在聯邦議會選舉中，若政黨在選區有三席以上直接當選，則該黨可按得票率獲分配不分區席次，不受5%條款的限制。

目前德國在聯邦及地方有5個政黨，即基民黨／基社黨聯盟、社會民主

---

[76] 請參閱本書第一章，頁7-9。

黨、自由民主黨、綠黨、左派黨。社會民主黨歷史最悠久，1933年被納粹政權取締，戰後重建。基民黨／基社黨聯盟及自由民主黨係第二次世界大戰後新成立的政黨。綠黨產生於60年代激進的環境保護組織，1979年才有全國性組織。民主社會黨（PDS）於兩德統一後，由原東德共產黨改組而成，在德東5個邦議會及地方層級議會及民意機關中為第三大黨，約可獲20%選票，2005年聯邦議會大選民社黨黨主席Gregor Gysi與社民黨前黨主席Oskar Lafontaine共組左派黨，在大選中獲得8%以上選票，擁有54席，超過綠黨的51席，為聯邦議會第四大黨團。2009年9月聯邦議會大選左派黨獲11.9%選票，擁有76席，超過綠黨的68席，仍居聯邦議會第四大黨團[77]。

　　德國各級議會代表均為普遍、直接、自由、平等及祕密選舉產生。候選人由各政黨推薦。凡年滿18歲的德國人，均有選舉權及被選舉權。聯邦議會的選舉採「候選人——政黨比例混合制」，原則上，一半由全國選區中直接選出，另一半由各政黨提出的名單中產生[78]。

　　政黨在德國聯邦制度中的角色，原則上可分三個層面：第一個層面為聯邦、第二個層面為國家整體的運作（即聯邦與地方各邦在平等的基礎上協調、合作）、第三個層面為各邦間橫向協調與合作（有時透過聯邦共同參與）。德國聯邦制度如同一個緊密相連的網絡，這個網絡由聯邦與各邦政府機構與政黨制度結合而成，透過政黨的運作，使立法計畫及施政之議題得以順利進行[79]。以下謹就不同層面加以說明：

（一）聯邦之運作（第一個層面）

　　政黨在聯邦層面之運作含聯邦參議院、聯邦議會及聯邦政府三個機構。

1. 聯邦參議院在德國基本法的觀念中，無論是立法或行政功能均為第二國會，其成員是邦政府的代表，在德國聯邦制度中聯邦參議院是政府間主義的制度，其主席團及運作就反映政府間主義的特色，如參議院議長任期一年，由各邦總理輪流擔任，以及有關之運作等。依據《基本法》第52條第3項規定，聯邦參議院之決議採絕對多數制。也就是說，總額69參議院席次，每一次決議至少須要35票贊成。在這種情況下，棄權票與反對票具有同樣效果。又，依據《基本法》第51條第3項規定，各邦在投票表決時必須採取一致的

[77] Fraktionen des 17. Bundestages, http://www.bundestag.de/. (30/9/2009)

[78] 邵建東&陳曉律，前引書，頁161-163。

[79] Uwe Leonardy, op.cit., p.192.

立場。以往邦聯盟政府在遇到決議與政黨的利益衝突，無法採一致立場時，均投棄權票。因此，若遇爭議或法案無法過關，必須透過政黨協商來協調解決。聯邦參議院本身沒有黨團組織，其政黨協商會議有以下三種方式：

(1) 各政黨之邦政府代表、各政黨聯邦議會黨團幹事長或代表，以及各政黨聯邦黨部代表，分別於聯邦參議院全會期間召開協商會議。

(2) 聯邦參議院委員會召開前之政策協商會議，通常由相同政黨之各邦政府代表於會議前協商其策略及投票之指示。

(3) 聯邦參議院調解委員會召開前之協商會議，按照德國《基本法》第77條（立法程序）第2項規定，為解決聯邦參議院與聯邦議會之衝突，得組成調解委員會，於調解委員會召開前朝野政黨當然要分別舉行協商會議。在協商會議中只有聯邦參議院及聯邦議會的重要代表參加，即除了調解委員會成員外，僅相關邦部長或邦總理參加[80]。

2. 聯邦議會是德國最重要的民意機關。以下依議會結構與功能、黨團制度、黨團組成現況，及黨團間的互動加以說明：

(1) 聯邦議會之結構與功能：（請參閱本章第二節貳、德國聯邦制度的運作【四】）。

(2) 黨團制度：德國聯邦議會黨團涵蓋執政聯盟黨團及反對黨黨團。目前聯邦議會執政黨黨團為基民黨／基社黨聯盟及自民黨。依據執政聯盟協議，兩黨共同承擔執政聯盟整體政治責任。聯邦議會執政聯盟黨團主要成員定期聚會，在聯邦議會及其他各有關會議中，聯盟黨團成員投票時採一致立場，即使涉及問題並非經兩黨所協議之政策議題，亦包含在內。排除改變執政聯盟對象之可能。對聯邦議會之程序及各項工作，聯盟黨團要協調出一致的意見。無論提案、提出新法律案以及黨團層級有關事務亦均經協商採一致立場。

反對黨黨團為社民黨、左派黨及綠黨，反對黨黨團的功能為在立法及監督基民黨／基社黨與自民黨聯盟施政方面，發揮制衡之角色。

(3) 黨團組成現況：聯邦議會按照黨團大小，有基民黨／基社黨聯盟239席、社民黨146席、自民黨93席、左派黨76席、綠黨68席，共622席。各黨團依其黨團大小而有區別。基民黨／基社黨聯盟黨團有1位總召（Volker Kauder）、9位副總召、1位幹事長、4位副幹事長；社民黨

---

80 Ibid., pp.183-185.

有1位總召（Dr. Frank-Walter Steinmeier）、9位副總召、1位幹事長、4位副幹事長；自民黨有1位總召（Birgit Homburger）、6位副總召、1位幹事長、3位副幹事長；左派黨有1位總召（Gregor Gysi）、6位副總召、1位幹事長；綠黨有2位總召（Renate Kuenast、Juergen Trittin）、1位幹事長[81]。

3. 政黨在聯邦參議院、聯邦議會及聯邦政府間之協調整合功能，該協調整合功能有以下數種方式：

（1）各政黨在參議院之運作：如同前述，聯邦政府的有關主管部長或代表，固定參加在聯邦參議院調解委員會召開前的協商會議。

（2）各邦政府有關主管部長或代表參加聯邦議會的黨團會議：基民黨／基社黨執政的邦政府代表參加聯邦議會基民黨／基社黨黨團會議；社民黨執政的邦政府代表參加聯邦議會社民黨黨團會議；自民黨、左派黨及綠黨籍邦政府部長或代表參加該黨聯邦議會之黨團會議。

（3）各邦政府有關主管部長或代表參加聯邦議會相關委員會工作小組會議（各政黨參加其所屬政黨之聯邦議會委員會工作小組會議）。

（4）聯邦法院法官任命同意權之政治協商會議：依據《基本法》第95條第2項規定，聯邦最高法院、聯邦行政法院、聯邦財政法院、聯邦勞工法院及聯邦社會法院法官之任命，由各該事務領域有管轄權之聯邦部長與法官選舉委員會共同決定；法官選舉委員會由對各該事務領域有管轄權之各邦部長，及同額由聯邦議會選出之成員組成。政治協商會議由法官選舉委員會成員（含有關之各邦部長及聯邦議會議員）與相關黨團成員共同參與。

16位聯邦憲法法院法官由聯邦參議院及聯邦議會各選出8名法官。其政治協商會議由聯邦議會執政聯盟黨團、聯邦議會司法委員會，與聯邦政府同政黨之地方各邦司法部長，及聯邦總理府部長辦公室共同參與。

（5）在各級民意機構間之聯繫與協調功能：聯邦議會黨團的聯邦/地方協調組織係政黨最高層級的協調機制，其功能不僅擴展至聯邦議會及聯邦參議院有關事務，而且涵蓋與所有各邦議會之協調，以及與歐洲議

---

81 第17屆聯邦議會黨團幹部人選有異動，總召除基民黨／基社黨外，社民黨、自民黨總召均換人，左派黨Oskar Lafontaine辭總召職，僅留Gregor Gysi 1人，綠黨由Juergen Trittin取代Fritz Kuhn。"Bundestag", http://www.bundestag.de/parlament/fraktion/. (05/11/2009)

會相關黨團德國議員工作小組之連繫等。主要運作為透過聯邦議會黨團總召與各邦議會黨團總召會議，以及聯邦議會幹事長與各邦議會幹事長會議，以促進共識。

（6）聯邦參議院與聯邦議會合組共同憲法改革委員會：該共同憲法改革委員會成員包含聯邦議會黨團、聯邦參議院委員會及有關各邦[82]。

（二）國家整體運作（第二個層面）

第二個層面國家整體運作，聯邦與各邦在平等的基礎上協調、合作。例如，聯邦總理與各邦總理會議及聯邦總理府部長，與各邦總理府祕書長間之預備會議，雖然由聯邦總理及聯邦總理府部長擔任會議主席，但是基於地位平等之原則，有關決議並非如聯邦議會之多數決，而是一致決或尊重不同意者意見（agreeing to disagree）之原則，依據《基本法》第91條之1（共同任務）第3項規定，「將一計畫納入規範規劃需獲得該計畫施行地邦之同意」，所以事涉計畫相關的地方邦在決議時有否決權，此點與歐盟部長會議及執委會目前決議之性質類似。在此一層面中屬於行政系統之範圍，包含聯邦總理與各邦總理會議、聯邦總理府部長與各邦總理府祕書長預備會議、專業部長會議（含財政、內政、司法、文化、健康、環境、農業、交通、資訊、住宅、勞工、青年與婦女等）及財政計畫會議等。

另外，屬於議會範疇在聯邦與各邦議會間的黨團會議有以下三種：

1. 聯邦議會黨團總召與各邦議會黨團總召會議，約每季召開一次。
2. 聯邦議會黨團幹事長與各邦議會黨團幹事長會議，約每季召開一次，為聯邦與各邦議會黨團總召會議之預備會議。
3. 專業會議，為特定需要而召開，例如專業部長會議之協調會等[83]。

（三）各邦間之運作（第三個層面）

第三個層面各邦間之運作，採橫向協調與合作，除開會時由各邦代表輪流擔任主席，與第二個層面由聯邦總理或聯邦總理府部長擔任會議主席不同外，會議之有關決議原則為政治性決議，為一致決或尊重不同意者意見之原則。例如，財政部長會議（Finanzministerkonferenz）除非聯邦財政部長應邀與會，否

---

82 Uwe Leonardy, op.cit., pp. 186-188.
83 Ibid., pp. 189-192.

則聯邦政府通常僅派代表列席，會議由各邦財政部長輪流擔任主席[84]。

　　雖然雷歐納迪認為，德國聯邦制度如同一個緊密相連的網絡，這個網絡由聯邦與各邦政府機構與政黨制度結合而成，透過政黨的運作使立法計畫及施政之議題得以順利進行[85]。事實上，幾個主要政黨組織的權力都是由黨的少數上層份子所把持，普通黨員的意志對制訂黨的路線和政策起不了什麼作用。在這些政黨中掌握實權的是聯邦議會黨團，黨內的民主相對的很少，所謂黨代表大會往往只是擺擺樣子，裝飾門面罷了[86]。

二、利益團體在德國聯邦制度中的角色

　　美國學者在政治生態學個案研究，比較美國與德國、英國及法國在環保法令決策過程中，利益團體所扮演的角色，發現相較於在歐洲尋求共識的文化，美國決策的特色是利益團體間強烈的競爭。德國被認為是透過法治的共識民主（consensus democracy by rule of law），強烈依賴專家所組成的委員會。德國的新組合主義政治（neocorporatist politics）大致說明，什麼人將是這些委員會的會員，很難讓新的利益團體滲入決策過程。德國通常被界定為，是法治超越多元主義制度及競爭的國家。專家們一起討論形成普遍的共識，並使其成為法律。法律在執行過程中再透過專家團體分析、評估。這種制度的根源可以被追溯到啟蒙專制主義早期的思想。特別是德國哲學家康德（Immanuel Kant, 1724-1804）的主張，道德的真諦是，只有成為一般的法律，並強烈影響德國法律與政治文化時，才能獲得合法性[87]。

　　德國行政法要求政府官員在制訂新政策時與利益團體接觸。有些蹉商確保政府可以從利益團體代表的專長中獲益。在某些場合，利益團體的行為模式接近執政的行為。1970年代中期，政府、企業和勞工代表在會議上碰頭，討論經濟問題，試圖就提高工資和物價達成共識，並商討政府的經濟政策。這些參與協商者之後達成協議，而協議的執行是得到政府批准的。政府和利益團體間的這種合作模式就是所謂「組合主義」（corporatism）[88]。

---

[84] Ibid., p. 189.

[85] 請參閱本書第一章第三節，頁23。

[86] 彭懷恩，前引書，頁261。

[87] Richard Muench, "Democracy at Work: A Comparative Sociology of Environmental Regulation in the United Kingdom, France, Germany, and United States", in *Journal of Political Ecology: Case Studies in History and Society,* Volume 9 (2002), pp. 2-3.

[88] 彭懷恩，前引書，頁100。

這種組合主義模式，鞏固了利益團體在制訂政策過程中的作用。政府覺得，它們與這些團體協商，就是對公眾的要求作出回應，而利益團體的成員則依靠組織表達他們的看法。因此，重要利益團體的領導人在制訂政策的過程中扮演重要角色[89]。此外，德國社會中的利益團體在二次大戰後以驚人的速度成長，並建立穩定的多元化。德國利益多元化之所以能夠建立穩定的基礎，乃因德國社會成功藉由廣泛分工促使利益結構合理化。通常對於某一具支配地位的特定社會利益，僅允許一個有關協會存在。因此德國利益團體極少在爭取會員時被迫彼此互相競爭[90]。

德國聯邦議會和聯邦政府都強調利益團體的重要性。聯邦議會議事規則第73條規定，各委員會應注意傾聽公眾、特別是利益團體的意見。該條第3項a明確規定，委員會在作出決議前要給利益團體發表意見的機會。聯邦政府也一向十分重視、關心利益團體，聯邦政府法規標準法第10條強調，聯邦總理和聯邦部長有義務聽取各利益團體領導人意見。聯邦各部也把行業的代表人士和利益團體的代表當作專家和顧問，其法規甚至規定，在起草法律草案時應告知相關行業的代表或利益團體，請提供意見和背景材料。許多單項法律也都肯定利益團體的法律地位，如1958年的食品法、1967年的經濟穩定法、1977年的醫療保險與阻止醫療費上漲法等。總之，利益團體實際上是德國權力結構重要的一環[91]。

以下謹就利益團體的形態、特色及作用分別加以說明：

（一）利益團體的形態

利益團體在德國十分普遍，但學術界對利益團體的形態有不同的說法。1985年阿雷曼（Ulrich von Alemann）根據活動領域，將利益團體分成下列五種：商界與勞工界的利益團體；社會保障類利益團體；業餘與休閒類利益團體；社會政治類利益團體；宗教、文化與藝術類利益團體。

1. **商界與勞工界的利益團體**，其中雇員與獨立職業者的利益團體、工會組織以及消費者利益團體都屬於這一類。
2. **社會保障類利益團體**，其中包括需要提供社會保障與提供社會保障者的利益團體以及自助者利益團體。
3. **業餘與休閒類利益團體**，包括各類體育協會、交遊性聯合會和通訊方面

---

89 同前註，頁100-101。
90 張安藍譯，Kurt Sontheimer, Wilhelm Bleek著，前引書，頁210。
91 顧俊禮，前引書，頁334-335。

的社團。

4. **社會政治類利益團體**，包括國際特赦組織、人道主義聯盟、環境保護、反戰與和平運動、婦女運動、兒童保護等方面的社團。

5. **宗教、文化與藝術類利益團體**，包括教會及其教派組織、科學界、教育界與藝術界的社團[92]。

（二）利益團體的特色

德國利益團體的組織規模、經濟實力相差很大，代表的人群、追求的目標也不同，但具有共同的特色。可分為：機構化；多樣化；法制化，三項。

1. 機構化

各利益團體與政府部門及民意機關都普遍建立非正式和正式聯繫。1991年1月柯爾政府組織的「保障就業和投資環境聯盟」就包括了企業界和工會。1998年11月施若德的社民黨／綠黨聯盟政府為解決長期居高不下的失業問題而組成三方「圓桌會議」，也包括著名利益團體──德國雇主聯邦聯合會（Bundesvereinigung der Deutschen Arbeitgeberverbaende, BDA）、德國聯邦工業協會（Bundesverband der Deutschen Industrie, BDI）及德國工會聯合會（Deutscher Gewerkschaftsbund, DGB）。此外，利益團體還透過選舉派代表進入聯邦議會，參加各委員會，支持、參與立法，擴大利益團體的影響力[93]。

2. 多樣化

德國企業界與勞工界的利益團體最重要的有四，即德國聯邦工業協會（BDI）、德國聯邦雇主聯合會（BDA）、德國工商總會（Deutscher Industrie und Handelskammertag, DIHT）、德國工會聯合會（DGB）。德國聯邦工業協會是代表德國工業界的業主階層，也是德國雇主組織中最有政治影響力，也最強勢的組織。目前總部已遷至柏林新的德國商業大樓（The House of German Business），與另兩個重要的企業團體德國雇主聯合會及德國工商總會共同使用同一棟大樓[94]。德國聯邦工業協會的目標是以創新、投資及成長使德國維持國際經濟競爭力的領導地位，確信企業精神及市場經濟，需要更少官僚作風、政府干預及法令，更多自我責任、競爭及個體的自由。德國聯邦工業協會會員包括16個邦協會及34個職業協會，及眾多基層聯合會和行業公會。該協會

---

[92] Ulrich von Alemann und Leo Kissler, *Organisierte Interessen in der* Bundesrepublik, (Opladen: Lestke Verlag + Budrich GmbH, 1989).

[93] 顧俊禮，前引書，頁337。

[94] BDI, http://www.bdi-online.de/en/3812.htm. (1/9/2008)

的主要任務是，持續影響國家經濟政策；其活動範圍不僅限於首都柏林，也擴展至歐盟層次[95]。

　　德國聯邦工業協會雖然是德國最大的企業協會組織，工資談判卻並非由其主導。此一任務乃由德國聯邦雇主聯合會之下的雇主協會所負責。德國聯邦雇主聯合會的主要工作為，對會員提供資訊、建議及協調，並影響政府的決策；在社會政策領域，代表雇主面對政府、國會、工會及國際組織；推薦榮譽法官到聯邦勞工法院及聯邦社會安全理事會。它也是德國企業界業主在其權限範圍內，於國際層次上的代表團體，特別是關於歐盟及國際組織，如國際勞工組織（ILO）及國際經濟合作及發展組織（OECD）。同時也是歐洲工業雇主聯合會（UNICE）、OECD商業及工業顧問委員會及雇主國際組織（IOE）的會員[96]。

　　德國工商總會（DIHT），是企業界利益團體的第三大組織。由80個地方工商協會所組成，它主要的工作是，就所屬協會關心的聯邦政策及其他涉及工商企業界權益與發展的各項政策，向聯邦議會及聯邦政府提供訊息和政策建議，對聯邦政府的政治決策施加影響，維護與保障企業家在歐盟層次及國外的經濟權益。與其他經濟團體及產業協會不同的是，工商總會在廣泛企業體的基礎上代表經濟的整體利益。工商總會擁有360萬工商業界會員，使總會超出個別企業利益，以致於對有關當局有特別的影響力[97]。

　　德國工會聯合會，是經濟與勞工界第二大的利益團體，1949年成立於慕尼黑，由16個行業工會共同組成。1990年德國統一後，前東德工人併入該聯合會。德國工會聯合會主要是藍領工人的組織，但也包括許多白領工人及文職人員。它避免與政黨聯繫，但是政策上它傾向支持社會民主黨。1991年會員總數約1,180萬（包括前東德併入的約380萬工人），約占德國全部勞動力的三分之一[98]。企業和工會儘管利益不同，但在德國它們卻顯示不尋常的合作能力。由於勞資雙方都默認經濟發展是首要之務，只有經濟發展才能使他們興旺發達，「經濟奇蹟」才有可能出現。由於罷工而失去的工作時間，在德國要比西歐大多數國家少[99]。

---

[95] BDI, http://www.bdi-online.de/. (1/9/2008)

[96] BDA, http://www.bda-online.de/. (3/9/2008)

[97] DIHK/Infos zum DIHK/Wir ueber uns, http://www.dihk.de/inhalt/dihk/index.html.(3/9/2008)

[98] Deutscher Gewerkschaftsbund（DGB）, Britannica Online Traditional Chinese Edition, http://wordpedia.eb.com/tbol/. (3/9/2008)

[99] 彭懷恩，前引書，頁104。

　　除上述經濟與勞工界的四大利益團體外，還有社會領域的利益團體，如德國婦女委員會（Deutscher Frauenrat）、德國紅十字會（Deutsches Rotes Kreuz e. V.）；業餘休閒領域的利益團體，如德國體育聯合會（Deutsche Sport Bundesverband, DSB）；文化、宗教、政治、科學領域的利益團體，如德國基督教會大會（der Deutsche Evangelische Kirchentag e. V.）、天主教徒中央委員會（das Zentral-Komitee der Katholiken e. V.）、德國科學家聯盟（der Bund Deutscher Wissenschaftler e. V.）和德國作家協會（der Deutscher Schriftstellerverband PEN）等。它們在國家與公民的中間環節、組織社會多樣化利益、補充代議制民主等方面都發揮了重要作用[100]。

3. 法制化、規範化

　　德國是高度法制化的社會，所有利益團體都必須依法向國家有關部門註冊登記。人們在利益團體的名字後面常加註"e. V. (eingetragener Verein)"兩個縮寫的字母，意即已「註冊登記」之社團。國家對已註冊登記的利益團體實行「權利與義務統一」的原則，依法管理。大部分利益團體，如德國工會聯合會，都是私法組織，自由組建、依法註冊。少數利益團體屬於公法組織（Oeffentlich-rechtliche Koerperschaft），它們接受國家委託，履行行業管理職責。公法組織社團主要包括：工商協會（Industrie-und Handelskammer）、律師協會（Rechtsanwaltskammer）、手工業同業公會（Innungen）以及疾病保險組織的醫生聯合會（Kassenaerztliche Vereinigungen）等。

　　根據相關法律或行政規則，利益團體與國家機構建立正式聯繫，如全國總會性質的利益團體（Spitzenverbaende或Dachorganisationen）大都擁有比一般利益團體高得多的權利和義務，實現了利益團體「體制化」。政府和議會都把跟這些利益團體磋商視為一種必須履行的責任。而採取各種方式和管道對國家政治決策施加影響，則已經成為這些利益團體的法定權利[101]。

（三）利益團體的作用

　　在德國利益團體數量龐大，在國家事務的管理過程中，發揮著程度不同的作用，其社會功能是其他政治組織無法取代的。它的社會功能主要有四：利益結合作用；利益聚集與選擇作用；利益協調作用；利益監督作用。

---

[100] 顧俊禮，前引書，頁342-343。
[101] 同前註，頁343-344。

1. **利益結合作用**：利益團體為保護其成員的利益，經常從自身的角度出發，蒐集各種意見和訊息，向政治體系的決策機構傳遞利益，反映不同的利益和要求，提供各種建議和諮詢，使政府與社會的各利益群體保持經常的接觸和聯繫，既有利於政府掌握全社會的脈動、及時彌補政府工作中的疏漏，在國家與公民間發揮橋樑作用，並刺激公民增強利益意識，起宣傳和教育作用。

2. **利益聚集與選擇作用**：利益團體廣大成員的利益是多方面的。它首先蒐集各種利益、要求和願望，然後按照該利益團體的宗旨，把各種要求加以歸納與劃分，進行過濾，充分考慮該利益團體的行動能力，以及對口機構在政治決策體系中的影響力。經過此一過濾過程，不但可明確該利益團體近期、中期至長期的利益訴求，而且可以減輕政府政治決策量的負擔，提高工作效率。

3. **利益協調作用**：政府與公眾的立足點不同，利益訴求也不盡相同，利益團體往往在二者間扮演利益協調的角色，尤其在雙方矛盾尖銳時，這種作用就更行重要。在關鍵時刻，有時是對政府的重要支持。涉及全國經濟、社會的重大問題，在聯邦政府的主持下，由經濟界與勞工界的利益團體共同努力，獲得富有協調成效的例子，不勝枚舉。

4. **利益監督作用**：這種監督主要表現在對執法情況的監督，和法律之外對社會影響重大的事務之監督。社會、經濟的迅速發展，加上政府工作千頭萬緒，管理和執法工作難免有疏漏，利益團體正好在這方面發揮獨特作用。如環境污染問題最初就是由綠黨前身德國北部的利益團體所提出，但是這個問題雖被提出，卻長期得不到應有的重視，以致生態環保團體屢次發動遊行、抗議活動，迫使政府採取嚴格的環保措施[102]。

第三節　結　語

第一節德意志帝國的聯邦傳統及德意志聯邦共和國，內容為闡述德國歷史及其聯邦傳統，德國很清楚的有其聯邦傳統，1834年正式成立「德意志關稅同盟」，係德意志統一的重要步驟，其後各領邦由經濟統合逐步邁向政治統

---

102 同前註，345-346。

合。1866年普奧戰爭後，俾斯麥與17個北德領邦簽約成立「北德聯邦」。它的憲法是在此一前提下制訂的，這部憲法一直適用到1918年。

1871年，普法戰爭普魯士獲勝，普魯士王威廉一世稱德意志皇帝，德國完成統一。德意志帝國憲法於1871年4月16日公布，它是北德聯邦憲法的翻版，僅作文字上必要的修改。「北德聯邦」改為「德意志帝國」，「聯邦主席」改稱「德意志帝國皇帝」。1918年11月，第一次世界大戰結束後，臨時政府組織由全民普選產生的國民大會。1919年2月，國民大會選出艾伯特擔任第一任總統，同年8月公布憲法，即著名的《威瑪共和憲法》，基本架構是民主代議制，國會由代表各邦利益的參議院及由人民直接選出的帝國議會組成。

1933年3月5日德國舉行大選希特勒的國社黨獲43.5%的席次，與「德意志國家民眾黨」組聯合政府。納粹掌權期間已經變成獨裁政權，完全偏離聯邦制度。

1945年東西德分裂，西德於1949年制定《基本法》，《基本法》第20條規定，西德是民主、法治的聯邦福利國家。1990年10月3日，兩德統一。在簽署國家條約序文中指出，按照西德《基本法》第23條規定，東德恢復原來五個邦建制，由各邦申請加入西德，完成德意志聯邦共和國的統一。

第二節壹及貳分別闡述德國聯邦制度的特性及運作。德國聯邦制度的特性除了德國聯邦主義的特色外，與美國聯邦制度相較明顯的不同是選舉制度與多黨制度，德國的單一選區兩票制以及聯邦議會一半按多數選舉制原則選出，另一半按比例選舉制原則選出，是小黨能生存及多黨制形成的主要原因。此外，政黨制度及國家補助競選費用，亦為德國聯邦制度的重要特性。《基本法》規定的憲法機構有聯邦總統、聯邦議會、聯邦參議院、聯邦政府以及聯邦憲法法院。因此，透過該有關機構探討德國聯邦制度的運作。

參則是探討德國地方邦及其與聯邦政府的關係。德國強而有力的地方邦有很長遠的歷史，邦的文化及政治認同很強。它們有廣泛參與德國政府的傳統。聯邦參議院是一個令人印象深刻及有效率的政府間機構。聯邦參議院的成員是各邦政府的總理及部長，他們的角色是在聯邦層次代表各邦。基本法確保聯邦參議院在聯邦決策佔有重要地位。

聯邦與邦的關係在基本法中有明確的規範。相關條文內容如下：（一）聯邦地位高於各邦；（二）聯邦與各邦實行分權，有關雙方權力劃分之爭議，透過聯邦憲法法院裁決；（三）聯邦與外國簽訂條約如涉及某邦利益時，必須聽取該邦的意見；（四）各邦透過聯邦參議院參與聯邦的立法和行政；（五）在

特殊情況下，聯邦擁有強制權。

　　肆是闡述政黨及利益團體在聯邦制度中的角色。依據《基本法》第21條規定：1.政黨在人民政治意志形成的過程中發揮重要作用。政黨的建立是自由的。它的內部制度必須與民主的基本原則一致，必須公開說明自己的資金來源和使用情況及其財產狀況。2.根據其目標和成員的表現，旨在危害和推翻自由民主的基本制度或危及德意志聯邦共和國的存在之政黨違憲。政黨違反憲法的問題，由聯邦憲法法院裁決。3.有關政黨的具體問題由聯邦法律規定。

　　德國政黨法中有5%得票率的限制條款，只有在相應的選區獲得5%以上選票的政黨，才有資格選派代表進入議會，惟在聯邦議會選舉中，若政黨在選區有三席以上直接當選，則該黨可按得票率獲分配不分區席次，不受5%條款的限制。雷歐納迪認為，德國聯邦制度如同一個緊密相連的網絡，這個網絡由聯邦與各邦政府機構與政黨制度結合而成，透過政黨的運作使立法計畫及施政之議題得以順利進行。實際上，德國政黨制度的運作與德國聯邦制度結合，其組織與運作極為嚴謹，優點是穩定，缺點則為基層民主的聲音較難有效傳達黨中央，黨內很難產生與政黨中央對抗的力量。

　　德國行政法要求政府官員在制訂新政策時與利益團體接觸。有些蹉商確保政府可以從利益團體代表的專長中獲益。在某些場合，利益團體的行為模式接近執政的行為。1970年代中期，政府、企業和勞工代表在會議上碰頭，討論經濟問題，試圖就提高工資和物價達成共識，並商討政府的經濟政策。這些參與協商者之後達成協議，而協議的執行是得到政府批准的。政府和利益團體間的這種合作模式就是所謂「組合主義」【103】。

103　彭懷恩，前引書，頁100。

　　學者對歐洲整合過程的階段有不同的詮釋，Desmond Dinan在其專書《永遠緊密的聯盟》（*Ever Closer Union*）將歐洲整合分成六個階段：第一階段（1945-1957）再建設、和解及整合；第二階段（1958-1972）不確定的年代；第三階段（1973-1984）變遷中的歐洲共同體；第四階段（1985-1993）從歐洲共同體到歐洲聯盟；第五階段（1994-2005）歐盟東擴；第六階段（1994-2005）憲法的改變[1]。Philip Ruttley在其所撰的專文「法律對1945年以來歐洲整合過程的貢獻」（The Contribution of Law to the Process of European Integration）將歐洲整合分成五個階段：第一階段（1945-1955）從馬歇爾計畫到成立「西歐聯盟」（West European Union, WEU）的《巴黎條約》（Treaty of Paris）生效；第二階段（1955-1968）從歐洲煤鋼共同體（European Coal and Steel Community, ECSC）外長會議提出建立歐洲經濟共同體（European Economic Community, EEC）及歐洲原子能共同體（European Atomic Energy Community, EURATOM）主張到《合併條約》（Merger Treaty）；第三階段（1965-1987）從《合併條約》到《單一歐洲法》；第四階段（1987）1987年的《單一歐洲法》；第五階段（1992-1997）從《馬斯垂克條約》到《阿姆斯特丹條約》（Amsterdam Treaty）[2]。本書分為五個階段，與Desmond Dinan 及 Philip Ruttley不同的是，略過戰後重建的階段直接從1952年《巴黎條約》開始，並將最新的發展階段《里斯本條約》納入，其餘有關影響歐洲整合的重大事件與變遷差別有限。以下謹分五節依五個階段：1952-1975年；1975-1992年；1993-1997年；1997-2000年；2001年至迄今，加以闡述。

1　Desmond Dinan,「History」,Ever Closer Union, Third Edition, (Europe: Palgrave Macmillan, 2005), pp. 11-128.

2　Philip Ruttley, "The Long Road to Unity: The Contribution of Law to Process of European Integration since 1945", in *The Idea of Europe From Antiquity to the European Union*, edited by Anthony Pagden, (Cambridge: Woodrow Wilson Center, 2002), pp. 229-235.

第一節　從《巴黎條約》生效到歐洲議會改為直選
（1952-1975）

1948年的歐洲會議（Congress for Europe），歐洲各國在荷蘭海牙集會協商一個涵蓋全歐洲的合作形式。因為英國反對，結果建立一個較小的組織，稱為「歐洲理事會」（the Council of Europe），設有部長委員會（每6個月開會1次）及議會大會（僅有限的權力對部長理事會提供建議）。歐洲理事會自從1949年創設以來，主要活動是在文化、科學及經濟合作的範疇，最重要的是1953年的歐洲人權公約。該公約創設執委會及人權法院，透過公約確保及處理與人權有關事務，其原始簽約國包含歐洲共同體會員國加上瑞士及土耳其。

因為英國拒絕同意進一步的歐洲整合，其他歐洲國家決定進行不含英國的跨國整合。在此一邁向整合行動背後的理論是，在歐洲戰爭的根本原因是德國及法國的經濟競爭。法國聯邦主義的政治家莫內建議，大膽計畫合併法國及德國的煤礦及鋼鐵的生產，特別是高度工業化的魯爾河及薩爾河的邊境地區，該地區自從1870年普法戰爭以來，一直處於戰爭狀態。法國外交部長舒曼強烈支持這項計畫。他主張全新的「歐洲煤鋼共同體」，歐洲煤鋼共同體不僅是政府間的論壇，它還創設超國家的執行機構「高級公署」（High Authority），擁有廣泛的權力，一個擁有立法權的理事會，一個政治代表性的議會，以及司法功能的「歐洲法院」。這是朝向歐洲整合邁進一大步，第一次歐洲國家創造了一個超國家實體，其獨立機構有權約束ECSC的會員國。1951年在巴黎簽署的「歐洲煤鋼共同體條約」，簽署國為法國、德國、義大利、荷蘭、比利時及盧森堡六國。ECSC的明確意圖是作為更廣闊歐洲整合的模式，條約內容涵蓋的不僅有關結合煤礦及鋼鐵的生產。《巴黎條約》於1952年7月25日生效[3]。

1955年歐洲煤鋼共同體在義大利梅西納（Messina）舉行外長會議，英國婉謝參加。在會議主席比利時總理史派克（Paul-Henri Spaak）建議下，提出「歐洲經濟共同體」及「歐洲原子能共同體」的主張。EEC的基本理由是創造一個貿易集團，以關稅同盟及排除內部貿易的障礙（如人員、貨物、服務及資金等自由流通）。此共同市場會調和6個參與國的國家經濟、財政及社會政策。1957年的《羅馬條約》建立歐洲經濟共同體，該條約涵蓋大多數經濟活動形式，調和稅制、排除內部關稅障礙及建立經濟活動的共同法規（如競爭、自

---

[3] Philip Ruttley, Ibid., pp. 229-235.

由流通及機構、公司行號等的設立權）[4]。

為了完成創立共同市場所指定的「共同政策」，EEC建立根基於ECSC的機構結構模式。因此，立法權歸屬於理事會（由會員國代表）；行政權授予執委會；歐洲議會為政治代表的議會；有關監督EEC行為的合法性則由歐洲法院負責。這四個機構是超國家機構，擁有源自1957年簽署《羅馬條約》的權力。

歐洲經濟共同體像其先驅歐洲煤鋼共同體一樣，擁有國際法人格。因此EEC可以著手處理外交及條約關係，與傳統主權國家的方式一樣。歐洲原子能共同體的理論基礎，當然與煤鋼共同體及經濟共同體不同。本質上，6個經濟共同體及煤鋼共同體會員國承認，它們個別會員國在核子能源的範疇內，沒有能力與美國及蘇聯的投資及工藝力量抗衡。因此，最佳選擇是合併個別力量到共同的機構，即歐洲原子能共同體。歐洲原子能共同體條約複製與其他兩個共同體一樣的機構，即理事會、執委會、議會及歐洲法院[5]。

1965年的合併條約決定將三個共同體機構合併，成為一個共同的理事會、執委會、議會及歐洲法院。因此，執委會變成單一執委會，擁有所有三個共同體在條約範圍內所有的權力。

歐洲經濟共同體條約在其原始的形式上，是範圍廣泛的經濟及政治合作條約，其目標為增進EEC會員國公民的財產。為了達成該目標，EEC條約授權追求幾項共同政策，如共同農業政策、共同運輸政策、共同關稅同盟及共同商業政策。為了完成該目標，共同體機構如執委會被授予立法權，及行政機構以規則（Regulation）、指令（Directive）及決定（Decision）的形式運作。法規直接適用法律，自動變成會員國國內法的一部分，或如英國經過轉化的程序變成國內法。指令為會員國詳細說明目標，它們要在確定的日期內完成。每個會員國可以自由處理有關立法計畫，以達成目標。依據傳統定義的邦聯，邦聯的立法必須轉化為會員國國內法，以約束會員國公民及法律制度[6]。共同體法的三種法律形式，其中規則及決定直接適用會員國內國法，已經脫離邦聯形態，而屬聯邦的範疇[7]。

4　Ibid., p. 235.

5　Ibid., pp. 235-236.

6　依據John F. Knutsen之論述：傳統定義的邦聯是一個政治聯盟組織，其法律僅對主權國有約束力。意即邦聯的立法必須轉化為會員國的內國法，以約束會員國公民及其法律制度。相較於傳統的邦聯，聯邦立法可直接擴展權利與義務到每一會員國公民；聯邦的法律對會員國內國法有優越性。John F. Knutsen, "Confederation and Federation", http://www.basiclaw.net/Principles/Confederation

7　Ibid.

　　為了促進共同市場的目標，EEC條約因此創造四項基本自由，即居民在會員國間遷徙之自由（第48-51條）；居民在其他會員國居住的自由（第52-58條）；在其他會員國提供服務的自由（第59-66條）；資金自由流通（第62-73條）[8]。

　　1965年當最初EEC條約的轉型條款屆滿，戴高樂（Charles de Gaulle）領導的法國與其他五個會員國間的衝突，爆發全面的危機。導致部長理事會的表決模式，由一致決變成加權多數決。執委會在當時向部長理事會提出財政建議，共同體應從農業及對外貿易直接稅收中籌募基金，而非依賴會員國捐贈基金。戴高樂批評執委會的建議為聯邦主義邏輯，企圖說服其他部長理事會的夥伴，沒有成功。法國因此杯葛理事會會議，從1965年6月至1966年1月，長達7個月，即所謂空椅危機，直到簽署盧森堡協議（Luxembourg Accords）達成妥協，對法國讓步為止。盧森堡協議主張，若事涉會員國重大權益，理事會需採取一致決，即個別會員國擁有否決權，一般事務則以加權多數決的方式決定。盧森堡協議將重要權力從共同體的核心機構，特別是執委會的權力轉移到會員國[9]。

　　1960年5月3日部分西歐國家為對抗整合主義的歐洲共同體，英國、瑞典、丹麥、瑞士、奧地利、挪威及葡萄牙創立「歐洲自由貿易協會」（EFTA）。後來冰島及芬蘭亦加入EFTA。EFTA會員國地理及商業上有相當大差異，成效不佳。英國於1961年申請加入EEC，遭法國戴高樂否決。後英國於1967年再度提出申請，1968年5月戴高樂下台，英國、愛爾蘭、挪威及丹麥申請成為EEC會員國，除挪威因1973年公民投票否決而未成為EEC會員國外，英國、愛爾蘭及丹麥於1973年1月加入EEC。

　　1975年12月歐洲高峰會議在羅馬召開，決議舉辦「歐洲議會」直接選舉。1979年歐洲議會首度直接選舉，平均投票率只有62%，歐洲議會議員選舉，雖僅擁有有限權力，但是在歐洲整合的過程中，卻是向前跨進一大步。歐洲議會是共同體機構中最富聯邦主義精神的，因為其權力及活動的理論基礎，按照定義是超國家與會員國國家議會扮演相反的角色[10]。

　　1952-1975年歐洲整合的第一個階段，由建立歐洲煤鋼共同體開始，在制度上創設超國家的執行機構高級公署、一個擁有立法權的理事會、一個政治代

8　Ibid., pp. 236-237.

9　Ibid., p. 238.

10　Ibid., pp. 238-242.

表性的議會、以及司法功能的歐洲法院，第一次歐洲國家創造了一個超國家實體，其獨立機構有權約束ECSC。至1965年《合併條約》將ECSC、EEC、EURATOM三個共同體機構合併，成為一個共同的理事會、執委會、議會及歐洲法院。執委會成為單一執委會，擁有所有三個共同體在條約範圍內所有的權力。1975年高峰會決議，「歐洲議會」改為直接選舉，代表直接的民意，朝聯邦主義的發展邁進一大步。

在政策整合方面，1957年的《羅馬條約》所建立的EEC，其條約涵蓋大多數經濟活動形式，調和稅制、排除內部關稅障礙，以及建立經濟活動的共同法規，如競爭、自由流通及機構、公司行號的設立權等。1965年合併條約後，歐洲經濟共同體條約在其原始形式上，是範圍廣泛的經濟及政治合作條約，其目標為增進EEC會員國公民的財產。為達成該目標，EEC條約追求幾項共同政策，如共同農業政策、共同運輸政策、共同關稅同盟及共同商業政策。共同體機構如執委會被授予立法權，及行政機構以規則、指令及決定的形式運作，法規直接適用會員國國內法，或經轉化程序適用國內法，創造歐洲共同體法即時適用、直接適用及優先適用原則之特性[11]。歐洲共同體法在經濟範疇所創造的即時適用、直接適用及優先適用原則之特性，為傳統聯邦特性，即聯邦立法可直接擴展權利與義務到每一個會員國[12]。

第二節　從歐洲議會直選到簽署《馬斯垂克條約》（1975-1992）

英國、愛爾蘭、丹麥於1973年1月加入EEC，希臘於1980年，葡萄牙及西班牙於1986年亦分別成為EEC會員國。歐洲共同體經過兩次擴大，基本上修正了共同體政治及社會的組成成分。英國反對任何政治的主權進一步轉移到共同體，整合主義者選擇聰明的策略，集中在更經濟的整合面向。其目的是增加向經濟、貨幣及財政整合的推動力，將帶來一個核心的內部市場，而非為較大的政治合作提出有爭議的計畫。

1987年《單一歐洲法》（SEA）引進制度的改變。共同體的決策程序隨著

---

11 請參閱王泰銓，《歐洲共同體法總論》，（台北：三民書局，民86年5月），頁180-202。
12 請參閱王泰銓，「國際條約在歐盟法及其會員國內國法上的地位」，《歐洲聯盟法總論》，（台北：台灣智庫，民97年6月），頁99-137。

引進合作程序而改變，由於議會在通過新法案之前，必須透過歐洲共同體先協商。歐洲議會在新會員國加入及與共同體以外的國家締結協定時，被賦予否決權。此外，加權多數決被引進理事會的決策程序，該領域決策以往為一致決。「獨有的共同體權限」，意味保留對共同體的獨有行動及禁止會員國單獨行動的權利，被延伸到許多領域，如經濟及貨幣聯盟、社會政策、經濟及社會凝聚力、研究及工藝發展及環境政策，這些議題原為會員國專屬領域[13]。

事實上，《單一歐洲法》改變了歐洲共同體的政治。它打破了霸權透過理事會的運作，歐洲機構可以全然勝任地超越狹隘的國家利益。《單一歐洲法》因此成功的執行值得注意的政治成就，在共同體歷史的重要階段，調和歐洲意識形態兩種相對的理念。歐洲整合的基本領域是金融、財政及貨幣政策。它發生在國家主權的核心位置，因此共同體為了在這些領域的集中管理，無可避免的會造成激烈的辯論[14]。

1970年的《預算條約》及擁有資源的決定，是重要的聯邦主義元素，它使共同體的財源由會員國獨立出來。為了監督共同體的歲收及支出，1993年設置審計院，並要求每年年終提出財政報告。面對更實際的貨幣整合必須等待10年，俟10年後10個共同體會員國建立歐洲貨幣體系，以相互保護國家貨幣價值的機制，及兌換率機制。更象徵性的，會員國也同意統一的貨幣計算單位（ECU），每日依據一籃共同體貨幣估計[15]。

在歷經多次歐洲高峰會及政府間會議，歐洲共同體會員國領導人於1991年12月在荷蘭馬斯垂克舉行高峰會議，通過了經濟暨貨幣同盟及政治同盟兩項草約，即《歐洲聯盟條約》又稱《馬斯垂克條約》。「歐洲聯盟」包括三根支柱：

一、第一支柱為三個「歐洲共同體」即「歐洲煤鋼共同體」、「歐洲 原子能共同體」及「歐洲經濟共同體」

其中「歐洲經濟共同體」在「歐洲聯盟條約」生效後稱「歐洲共同體」，是一個經濟性質的「超國家組織」，主要目標有下列五項：

（一）調和各會員國的經濟政策；

（二）創造一個穩定的經濟環境與規模；

---

[13] Philip Ruttley, op.cit., pp. 242-243.

[14] Ibid., pp. 243-244.

[15] Ibid., pp. 244-245.

（三）提升各會員國的生活水準；

（四）創造就業機會以達成完全就業的目標；

（五）維護經濟與貨幣政策的穩定。

　　至目前為止，「歐洲共同體」最大的成就之一，就是推行廣泛的「共同政策」，如「共同農業政策」、「共同貿易政策」、「共同交通政策」、「共同工業政策」、「共同漁業政策」、「共同競爭政策」、「共同電訊政策」、「共同開發政策」、「共同能源政策」、「共同貨幣政策」、「共同對外關稅」等。會員國將這些經濟領域的權限交給「歐洲共同體」，「歐洲共同體」則統一制訂對會員國具有約束力的「共同政策」。而會員國在不違反「共同政策」的規定下，仍然可以自行制訂相關政策。經由這些「共同政策」的「統合」，「歐洲聯盟」會員國逐漸形成一個經濟合作網，整體經濟的發展與競爭力大為提升[16]。

　　「歐洲共同體」除上述「共同政策」之成果外，還有兩項：第一，「歐洲單一市場」；第二，「歐洲貨幣聯盟」。

二、第二支柱為「共同外交暨安全政策」

　　隨著「歐洲共同體」經濟上的發展，會員國對共同合作的面向也及於政治層面。1970年初「歐洲共同體」成立了一套「歐洲政治合作」制度，以統籌對外政治議題的合作，並協調會員國間的外交政策。「歐洲政治合作」是一套獨立於「歐洲共同體」之外的合作模式，運作上有兩項基本原則：

（一）**政府間的合作方式**：也就是決策權操於各會員國代表手中。雖然執委會自1981年起參與所有「歐洲政治合作」的決策程序，「歐洲議會」也可以對「歐洲政治合作」的問題提出質詢，但是皆未能產生直接的影響力。

（二）**「共識規則」**：也就是所有「歐洲政治合作」的決議應採「一致決」，任何會員國都擁有「否決權」。

　　為了消除眾多會員國間很難達到一致立場的問題，及「一致決」的表決方式造成的困境，「歐洲共同體」在不同的改革階段中，逐步設法改進與加強。首先是1987年生效的「單一歐洲法」把「歐洲政治合作」條約化，「歐洲共同體」的合作，正式從經濟層面跨越到政治層面。其次，1993年生效的《馬斯垂克條約》更是一個重大的轉折，「歐洲政治合作」的位階獲得晉級，「歐洲共

---

16 張福昌，《邁向「歐洲聯盟」之路》，（台北：三民書局，91年1月），頁132。

同體」各會員國除了要繼續以前的密切接觸外，還要更進一步的在外交合作上，形成「共同的」外交與安全政策[17]。

「共同外交及安全政策」的制訂主要由「部長理事會」及「執委會」共同合作而成，「歐盟理事會」決定外交及安全政策的基本原則與方針，「歐洲議會」則具監督功能。

「歐洲聯盟」的「共同外交暨安全政策」，主要運作方式有四：「共同立場」；「共同行動」；「共同聲明」；「共同策略」。

（一）「共同立場」：根據《馬斯垂克條約》規定，「部長理事會」可以對「歐洲聯盟」所涉及的外交事務制訂「共同立場」，各會員國應該以此「共同立場」為其外交政策的準繩，並且以此「共同立場」為出發點，相互協調外交政策，以期能產生一個較一致的因應措施。

（二）「共同行動」：根據《馬斯垂克條約》規定，「部長理事會」亦可制定「共同行動」，「共同行動」的作用並不局限於作為各會員國外交政策的準繩，還要進一步使歐盟各會員國對其所涉及的外交事務採取共同的行動。「部長理事會」盡可能將「共同行動」的目的、範圍、方法和過程詳細規定，以便能徹底而迅速的執行。

（三）「共同聲明」：對於某些國際事務的處理，歐盟也經常以發表「共同聲明」的方式因應。由於歐盟擁有雄厚的經濟與政治實力，因此這種公開的「共同聲明」也具有影響力。就使用範圍而言，這種純粹意見表達的「共同聲明」，經常被歐盟用作為處理某國內部爭端、人權問題及國際衝突的初步反應。

（四）「共同策略」：除上述三項方式外，根據《阿姆斯特丹條約》規定，涉及歐盟會員國重要共同利益領域，「歐盟高峰會」應制訂由歐盟負責執行的「共同策略」，其內容應明載執行的目的、期間及方式。

三、第三支柱為「在司法暨內政領域合作」

目前社會所面臨的內部安全問題並非僅限於庇護問題、移民問題及社會治安問題，其他不同形式的國際犯罪行為，如恐怖組織、跨國性犯罪、非法軍火及毒品買賣等，也直接、間接影響社會內部安全。自歐盟廢除邊境管制後，這些跨國性和組織性的犯罪更加便於流通，單一會員國的力量漸漸無法預防或解

17 同前註，頁176-178。

決這些複雜的問題，內部安全問題在歐盟內演變成為一個歐洲性的問題，因此唯有一個「全歐性的共同安全政策」，才能有效的保障歐盟會員國的內部安全。

「歐洲聯盟」推展共同的內部安全政策已經多年，仍然不能建立內政事務上的「共同政策」，因為內部安全政策與外交政策一樣，是主權國家的核心部分，主權國家為維護主權的獨立性，不容其他國家干涉敏感的內部安全事務政策。由於各會員國不願意將管理內政事務的權力轉讓給歐盟，要在這個領域制訂一個共同政策就比較困難，因此歐盟有關內政事務的合作，仍然維持會員國與會員國間的合作關係[18]。

歐盟「在司法及內政領域合作」主要作法有四：《申根協定》；「歐洲警政總署」；簽證與庇護政策；毒品政策。

（一）《申根協定》

1980年代初期，「歐洲共同體」會員國熱烈討論建立一個無疆界的內部市場，讓「歐洲共同體」內的人員、貨物、服務及資金能夠自由流通，此構想漸漸被共同體會員國接受。一些會員國便計畫廢除彼此間的邊界管制，作為將來「歐洲共同體」全面廢除邊界管制的準備。

1985年6月14日德國、法國、荷蘭、比利時、盧森堡等五個共同體會員國，在盧森堡境內的申根簽署《申根協定》（Schengen Agreement），計畫逐步廢除彼此間的邊界管制。按照《申根協定》計畫，1990年1月1日將全面性廢除所有邊界管制措施，但是基於內部安全系統和資料保護系統尚未準備妥當，因此該項計畫被迫延後。1990年6月《申根協定》的會員國通過一項補充性的執行協定，稱為《第二申根協定》，計畫於1993年1月1日與歐盟的單一市場計畫同時實施，但是因為資訊系統尚未完成，致拖延到1995年3月26日才正式生效[19]。

《申根協定》的會員數目近幾年不斷增加，先是西班牙和葡萄牙於1991年加入，接著奧地利和義大利於1998年4月1日加入，希臘於1999年12月1日成為第10個會員國。2001年3月25日丹麥、瑞典、芬蘭、挪威、冰島等5個「北方護照聯盟」會員國宣布加入，會員國總數增為15個。因此，歐盟在東擴前15個會員國只有英國和愛爾蘭還沒有開放邊界的意願。

---

18 同前註，頁192-193。
19 同前註，頁194。

（二）「歐洲警政總署」

　　歐盟歐陸內部邊界管制廢除後，如何聯合會員國的警力有效打擊跨國的刑事犯罪，成為歐盟推行「在司法及內政領域合作」的重點目標。1993年生效的《馬斯垂克條約》，使歐盟「在司法及內政領域的合作」上獲得突破性的進展，根據該條約歐盟會員國於1995年7月26日簽署「歐洲警政總署協定」，設立一個專門處理跨國刑事案件的警組織──「歐洲警政總署」。其宗旨在預防及打擊恐怖主義、非法毒品交易以及其他重大國際犯罪行為。

　　「歐洲警政總署」的主要任務如下：

1. 建立資料庫；
2. 對所蒐集的資料進行評估與運用；
3. 有效的結合各會員國的預防犯罪計畫，以減少共同合作過程中，因彼此差異而產生的障礙；
4. 規劃歐洲警政人員的訓練和研究，以改善刑事案件的辦案技巧。

　　「歐洲警政總署」和各會員國的警察單位保持著密切合作關係，各會員國開放警察資料系統給「歐洲警政總署」使用，而「歐洲警政總署」則協助各會員國的警察或安全單位辦案。這種歐洲層次和會員國層次的警政單位合作，將可促進警政資訊的流通與運用，可以形成一個涵蓋整個歐盟的警政調查網[20]。

（三）簽證與庇護政策

　　「在司法暨內政領域合作」的工作項目中如庇護政策、移民政策、毒品政策，調和簽證政策的成效算是比較顯著。根據《歐洲共同體條約》的規定，部分簽證領域事務已經屬於「歐洲共同體」的權限，意即歐盟的會員國已經將部分簽證權力轉讓給「歐洲共同體」。從1995年3月26日起，「第三國」人民只要持有某一《申根協定》會員國發給之簽證，即可進出其他會員國。申根簽證可以說是未來統一的歐盟簽證範本。

　　歐盟目前並沒有共同的庇護政策，因此審查庇護申請案件時，缺乏一套統一的標準。1990年6月歐盟都柏林高峰會議中通過決議：「第三國人民在會員國邊界上或在其領土內提出庇護申請時，會員國有義務對該庇護申請進行審查。而申請案將由受理申請的會員國，根據其國內法規和國際義務單獨進行審

---

20 同前註，頁197-198。

查。」由歐盟各會員國按照其國內的庇護政策或規定，來審理庇護申請案件，是一項過渡辦法，將來歐盟將以各會員國的政治庇護法為基礎，制訂一套統一的政治庇護政策和審查辦法[21]。

（四）毒品政策

「歐洲聯盟」內有許多從事有關毒品犯罪研究的組織或機構，由於語言障礙，使得這些資料的應用受到限制，因此歐盟乃自1990年起開始籌劃一個專門負責資料分析的單位，於1993年在里斯本成立「歐洲毒品管制中心」。

「歐洲毒品管制中心」負有以下任務：

1. 蒐集及分析資料；
2. 解析毒品專業資訊並且協助建立資料庫；
3. 提供歐盟及各會員國、國際組織和其他國家有關毒品的資料；
4. 與歐洲和國際的組織或機構以及「第三國」充分合作，以達到將歐盟毒品資料更廣泛應用到國際社會的目的。

「歐洲聯盟」內打擊毒品交易的合作：歐洲聯盟的毒品政策可追溯至1987年生效的「單一歐洲法」，當時「歐洲共同體」正計畫建立一個人員、貨物、服務和資金自由流通的「單一內部市場」。鑑於內部安全的考量，「歐洲共同體」乃採取相關措施，以防範不法商人利用內部自由流通之便，進行非法的毒品買賣。「歐洲警政總署」的成立是歐盟打擊非法毒品交易的里程碑，在「歐洲警政總署」中設立一個「反毒品單位」，專門負責毒品資料的蒐集與分析。歐盟會員國在反毒品單位的支持下，實行許多合作計畫，如毒品常識教育、聯合防止洗錢事件等。由於「歐洲警政總署」和歐盟會員國有關當局的合作，歐盟內打擊組織犯罪和非法毒品交易的效率獲得改善。此外，執委會還參加一個國際性的「財政行動計畫」，該計畫是由「經濟合作與發展組織」於1989年成立，主要目的在聯合防止國際間的洗錢行為。「歐洲警政總署」職權涉及會員國人民，非邦聯權限，係聯邦主義及超國家元素。

歐洲整合的第二階段由歐洲高峰會決議「歐洲議會」改為直選到簽署《馬斯垂克條約》，「歐洲議會」議員由各會員國普選而直接選出，並在共同體的立法程序中代表共同體人民。歐洲議會議員保護各種不同的利害關係，如共同體利益、國家利益、政治及社會理想以及其選民，但是有時也會因其個人利益

---

21 同前註，頁198-199。

而搖擺不定，且受遊說團體的影響。然而，由於歐洲議會是共同體中唯一具有直接民意基礎的機構，在歐洲整合中，如果朝向聯邦歐洲的方向發展，歐洲議會將扮演下議院（或眾議院）的角色，其影響力將日漸擴張[22]。歐洲議會議員由各會員國普選而直接選出，並在共同體的立法程序中代表共同體人民，在理論與實踐上均為聯邦形態。又，《馬斯垂克條約》簽署後，於條約中明文規定「輔助原則」之目標與範圍；並創設「區域委員會」使歐盟正式有了聯邦的架構，使歐盟很明顯的由邦聯正式邁入聯邦。

而1987年生效的單一歐洲法則改變了歐洲共同體的政治。它打破了霸權透過理事會的運作，歐洲機構可以全然勝任的超越狹隘的國家利益。單一歐洲法因此成功的執行值得注意的政治成就，在共同體歷史的重要階段，調和歐洲意識形態兩種相對的理念。1986年《單一歐洲法》簽署後，增加第一審法院，並有了上訴機制。而第一審法院的增加是為了解決日益增加的訴訟案件，也因此，歐洲法院與第一審法院所管轄的事項，有明顯的區別。任何自然人或法人，於相同要件，對直接下達其決定，或雖係以規則下達於第三人之決定，但與其有直接、間接之關係者，均得於法院提起訴訟。亦即執委會之法令，如決定、規則、指令等，如果對私人造成直接或間接的影響時，得向歐洲法院（由第一審法院所管轄）提出審查該項法令的合法性。自然人得以向歐洲法院針對執委會之法令造成之影響，提出訴訟，這是很明顯聯邦機制[23]。

最後，1992年簽署的《馬斯垂克條約》建立歐洲聯盟的三支柱，就像美國學者葛漢所言，使歐洲聯盟進入一個新的階段。歐盟不斷的擴展與深化合作，不僅影響歐洲也使世人相信，歐盟組織正在影響國際社會主要行為者國家的利益，改變原有無政府狀態下的國際體系，從區域整合開始進而向更高層次的整合方向發展[24]。

第三節　從《馬斯垂克條約》到《阿姆斯特丹條約》（1993-1997）

此一階段對歐洲整合有重要影響的事件有：1993年1月1日完成大部分「歐

---

22 王泰銓，前引書，頁274。
23 王泰銓，《歐洲聯盟法總論》，前引書，頁239、243。
24 倪世雄，「新現實主義與新自由主義」，《當代國際關係理論》，（台北：五南圖書公司，92年），頁220。

洲單一市場計畫」,「歐洲共同體」內部實行人員、商品、服務及資金四大自由流通;1995年1月1日奧地利、瑞典、芬蘭加入「歐洲聯盟」,歐盟完成第四次擴大,會員國總數增加為15個;以及1997年歐盟15個會員國國家元首與政府領導人決議通過《阿姆斯特丹條約》。

依據「歐洲聯盟條約」規定,歐盟各會員國政府應於1996年集會討論修改「歐洲聯盟條約」。這項以修改「歐洲聯盟條約」為宗旨的「政府間會議」,由「部長理事會」主席負責召集,各會員國外交部長和執委會代表出席參加,每月集會一次。

1996年3月29日在義大利圖林(Turin)召開第一次「政府間會議」,討論的重點包括:提升「歐洲聯盟」組織機構的行政與決策效率、檢討歐盟與歐洲人民的關係、加強歐盟外交與安全政策上的談判能力、強化司法與內政的合作。歷經一年半的討論,各會員國國家元首和政府領導人,於1997年6月16日──17日在荷蘭阿姆斯特丹召開歐盟高峰會,宣布完成修改「歐洲聯盟條約」。同年10月2日各會員國外交部長簽署《阿姆斯特丹條約》後,交由各會員國依據各國憲法程序進行批准,於1999年5月1日正式生效[25]。

《阿姆斯特丹條約》新增或修改的主要內容如下:

一、「三個歐洲共同體」:自由遷徙、庇護政策、簽證及移民政策、民事案件司法合作、打擊詐欺、海關合作、調和就業政策、促進決策透明化等。

二、共同外交暨安全政策:主要有七項,分別說明如下:

成立「戰略計畫與預警單位」(Strategieplannungs- und Fruehwarneinheit)以協助制訂外交及安全政策。

除「共同聲明」、「共同立場」及「共同行動」等三項方式外,增加「共同策略」。歐洲聯盟第24條新增訂,將來並得由理事會基於一致決由主席建議與第三國或其他國際組織,針對共同外交與安全政策事務締結國際協定。

採用「建設性棄權」以改善決策過程。即在理事會為採取共同行動時,得以條件多數決作成決議,但針對軍事或防衛政策有關事務仍需適用一致決。如果在極特殊與有限之情況,涉及重要國家利益,成員國亦可行使否決權。

「三人組合」(Troika)改為「部長理事會主席」、「共同外交暨安全政策祕書長」及「執委會負責委員」;新的「三人組合」可以任命外交及安全事務特使。

___

25 陳麗娟,《阿姆斯特丹條約解讀》,(台北:五南書局,民88年)。頁7。

安全政策方面：將「彼得堡任務」即人道救援、維持和平及危機處理等任務納入《阿姆斯特丹條約》中。

共同防衛政策為《阿姆斯特丹條約》的新方向，而西歐聯盟可視為歐洲聯盟發展的重要構成部分，在議定書（Protokoll zu Artikel J.7 des Vertrages ueber die Europaeische Union）中並規定阿姆斯特丹條約生效後一年內，歐洲聯盟應草擬與西歐聯盟間加強合作的規定。

在歐洲議會、理事會及執委會的協議中，將執行共同外交暨安全政策的支出明文規定為非強制性支出[26]。

在共同外交暨安全政策上，《阿姆斯特丹條約》作了重大的組織修訂，特別是以新的任務分配與新的組織規定，創設一個使歐洲聯盟在外交政策上更具有行為能力（Handlungsfaehigkeit）的法律基礎[27]。

共同外交暨安全政策最主要的工作，是要在會員國間建立一致的外交暨安全政策，以期達成會員國間的定期合作、確定共同立場、階段性地實現對會員國有重要利益的範圍內，採取共同行動；針對外交暨安全問題，會員國應互相告知與配合，且協調對第三國的行為[28]。

三、「在司法暨內政領域合作」：在刑事案件警察與司法合作範圍，發展會員國的共同行為，以及預防與防制種族主義與排外行為。加強警察、海關與司法當局的合作，特別是預防與防制恐怖主義、人口販賣、對兒童之犯罪行為、非法毒品交易和武器買賣、行賄與收賄，以及詐欺；強化歐洲警政總署的功能，促進犯罪追訴與偵察機關間的合作機制；加強司法合作，在訴訟程序與判決執行時，加速會員國的權責機關、司法機關或相關機關間的合作，並簡化引渡程序[29]。

另，依據《阿姆斯特丹條約》第五部分規定：不參與合作計畫的會員國，不可以阻礙願意參與合作計畫會員國之行動；「部長理事會」所有成員都可以參與討論合作計畫，但只有願意參與合作計畫的會員國才具備表決權。

如果議案須以「條件多數決」表決時，通過議案的票數比照《歐洲共同體條約》第148條第2項的規定，即部長理事會總票數87票中，要有62張同意票才算通過；如果須以「一致決」表決時，就只計算願意參與合作計畫會員國的票

---

26 同前註，頁16-21。

27 同前註，頁15。

28 請參閱歐盟條約第12-16條、第19條、第20條。

29 請參閱歐盟條約1997年10月2日阿姆斯特丹條約修正版，第29條、第30條及第31條。

數。

　　此一彈性條款對部長理事會的決議效率具有正面的影響。在此之前，有關政治、安全與內政政策，都需要所有會員國一致同意，才可以實行，也就是只要有一個會員國反對，該政策就無法實施。《阿姆斯特丹條約》中提出「彈性條款」，讓多數支持整合政策的會員國可以在不損及歐盟整體運作的情況下，避開少數會員國的阻撓，繼續推展整合政策[30]。

　　《阿姆斯特丹條約》還特別改革歐盟主要機構，其中歐盟高峰會、歐洲議會、及執委會之權限均有增強。

一、歐盟高峰會

　　歐盟高峰會自從成立以來，便是歐洲共同體／歐盟真正最高決策中心。在實際運作上，高峰會是歐盟統合方向的指引者、重要政策的決定者，及會員國間重大紛爭的仲裁者。甚至在歐盟多層次決策體系中，高峰會扮演決定「高層政治」（high politics）之「製造歷史」（history-making）者角色。而就法律言，歐盟高峰會成立初期一直是體制外的機構。單一歐洲法僅略提其存在，《馬斯垂克條約》則正式承認其統領歐盟的角色。《阿姆斯特丹條約》更進一步將其權力明白延伸至第二支柱及第三支柱，使高峰會處於許多新設計或決策程序之樞紐。新增職權有四項，分別說明如下：

（一）擬訂共同外交策略：《阿姆斯特丹條約》在歐盟第二支柱內，引進有別於宣示性共同立場之「共同策略」（common strategy）。

（二）徵召「西歐聯盟」：西歐聯盟目前雖屬歐盟體制外組織，但其目標在最終能完全併入歐盟機制運作。在此大原則下，西歐聯盟隨時待命準備支援歐盟有關外交及安全政策之執行。

（三）懲戒「違反人權」之會員國：由於歐盟即將接納東歐國家加入，《阿姆斯特丹條約》特別設置違反人權之懲戒條款。若有三分之一會員國或執委會提案，且在歐洲議會表示同意後，歐盟高峰會得以一致決議，確定某一會員國是否出現嚴重，且持續違反基本人權及民主自由的狀況發生（TEU Art. 7e-1）。

（四）裁決「緊急煞車」條款[31]。

---

[30] 請參閱第205條有關理事會之決議。

[31] 藍玉春，「解析歐盟阿姆斯特丹條約」，《政治科學論叢》，第15期，（台北：民90年12月），頁24-25。

二、歐洲議會

　　歐洲共同體／聯盟三次修改基礎條約，均賦予歐洲議會更多實權。《馬斯垂克條約》引進「共同決策」程序後，歐洲議會已成為雖不完全但具民主國家實質意義的立法機關。然與部長理事會相較，其立法權始終呈不對稱狀態。《阿姆斯特丹條約》更進一步增加歐洲議會之立法權限：一方面在質上簡化「共同決策」程序，另一方面又在量上擴張歐洲議會的立法範圍，而使歐洲議會成為相對於部長理事會，較對等的共同立法者（co-legislator）。其作法如下：

（一）**簡化「共同決策」程序**：將原先「共同決策」程序複雜、冗長、耗時的規則，大幅簡化，且加強歐洲議會在每個立法階段均有與部長理事會同等的權力。歐洲議會不再只有諮詢權或修正權，而具有全程的否決權。此設計類似一般民主國家兩院制之國會立法程序，只是二者孰為下院或孰為上院，在學界尚有爭議。

（二）**擴張歐洲議會立法範圍**：歐洲議會對部長理事會之「同意意見」（avis conforme, assent），《馬斯垂克條約》規定適用於四個範圍：1.新會員國之加入；2.與第三國之合作協定；3.結構基金政策；4.內聚政策。《阿姆斯特丹條約》則賦予歐洲議會在前述理事會決定，對嚴重違反人權會員國進行制裁時，亦可給「同意意見」（TEC Art. 7e-1, 5）。

　　亦即當理事會在議決此五項範圍時，歐洲議會並無權介入；但議決前或議決後，歐洲議會皆可以議員總額過半數投票，出席議員三分之二多數之可否意見，贊成或反對部長理事會之決定[32]。

三、執委會

　　在《馬斯垂克條約》將外交及安全政策納入歐盟架構時，即已賦予執委會若干參與權。誠然，第二支柱之共同立場、策略及聯合行動，完全由理事會及高峰會決定。但隨著後冷戰時期歐盟及其會員國之對外政策，常涉及對開發中國家及東歐國家之經濟援助；且歐盟之對外貿易政策、援外合作及加入談判等，均由執委會決定及執行，故執委會介入歐盟共同外交及安全政策之制定，乃屬必要之安排。重點是其介入後是否產生質的變化？執委會介入第二支柱，主要在兩方面：

---

32 同前註，頁25-26。

（一）參與「三人小組」（Troika）：執委會委員與輪值國之外交部長，及新設之最高外交代表，共同對外代表歐盟，參與國際事務或國際組織、會議。在此之前的「三人小組」，係由前、後及現任輪值主席國之外長組成。由於每半年更換一位，易使政策及態度缺乏一致性。故阿姆斯特丹條約重整「三人小組」成員，保留現任外長，加上任期較久的最高外交代表，及專業的執委會委員。

（二）提出共同外交建議：在後冷戰時期，國際政治與國際經濟議題高度連結，故雖然是由部長理事會議決外交共同行動，但《阿姆斯特丹條約》特別規定理事會可要求執委會先提出草案（TEU Art. 14e-4），以便聯合行動能有效落實。其實，不只是聯合行動之執行草案，針對「任何」共同外交或安全上的問題（TEU Art. 22e），執委會皆可提案；甚至在緊急情況下，執委會還可主動要求理事會在48小時，或必要時更短時間內，召開緊急會議。可見《阿姆斯特丹條約》賦予執委會在第二支柱相當廣泛的主導空間。

不只在第二支柱，《阿姆斯特丹條約》亦賦予執委會對第三支柱尚未規劃共同體化的其他領域之提案權。其預舖長期將共同體化之意甚明，只是與第二支柱同，執委會是與會員國分享而非壟斷提案權[33]。

歐洲整合的第三階段（1993-1997）從《馬斯垂克條約》生效到簽署《阿姆斯特丹條約》，最重要的整合進程除簽署阿姆斯特丹條約為「深化」的目的外，1995年1月奧地利、瑞典、芬蘭加入歐盟完成第四次擴大則為「廣化」的實現。

《馬斯垂克條約》首度將民主原則、透明化原則與效率原則納入共同體法體系內，《阿姆斯特丹條約》對於其他憲法發展有更重要的規定，例如：在司法及內政合作範圍，加強會員國間的合作，因應單一市場的措施，將歐洲警政總署與申根公約納入共同體法內，並希望發展一個自由、安全與法律的區域；藉由實施歐洲議會廣泛的共同參與立法權及對執委會主席任命的同意權，而使得歐洲共同體更民主化；將共同外交暨安全政策的組織納入歐盟的組織範圍內；針對法治國家的各項改善措施，普遍的改善與修訂歐洲聯盟條約與歐洲共同體條約的相關規定，以有利於人民[34]。

---

33 同前註，頁26-28。
34 陳麗娟，前引書，頁38-39。

第四節　從《阿姆斯特丹條約》到《尼斯條約》
（1997-2000）

在此一階段與歐洲整合有關的重大事件包含，1997年歐盟15個會員國決議通過《阿姆斯特丹條約》，並經15國外交部長簽署。同年7月執委會提出「2000年議程」（Agenda 2000），內容陳述執委會的未來角色；歐盟農業政策、結構政策及財政政策的改革建議案；以及與波蘭、捷克、匈牙利、愛沙尼亞、斯洛維尼亞、塞浦路斯等6國展開入盟談判之建議。同年10月各國負責單一市場的權責部會首長通過決議，於1999年1月1日前將所有單一市場法令，轉換為適合各國的國內法。1998年3月中、東歐10國和塞浦路斯共同出席歐盟會議；塞浦路斯、波蘭、捷克、匈牙利、愛沙尼亞和斯洛維尼亞6國首先與歐盟進行雙邊會談。1999年6月舉行第5次「歐洲議會」議員直接選舉，投票率為60%。2000年12月歐盟會員國政府首長於尼斯舉行高峰會，通過馬斯垂克修正版，即《尼斯條約》。《尼斯條約》於2003年2月正式生效[35]。

《馬斯垂克條約》歷經《阿姆斯特丹條約》及《尼斯條約》的兩次大幅增修，顯示歐洲整合之進展成果及面對未來之挑戰。如何在制度面同時因應深化及廣化問題，是《尼斯條約》修訂的主要因素。《尼斯條約》由三大主要部分組成：即《馬斯垂克條約》及《阿姆斯特丹條約》之修訂條文、有關條約本文相關安排之議定書，其中最重要者為「歐盟擴大議定書」（Protocol on the Enlargement of European Union）及經政府間會議及尼斯高峰會通過之宣言[36]。

《尼斯條約》的主要內容如下：

一、有條件擴大條件多數決適用範圍

自單一歐洲法重新引進加權多數決（Qualified majority voting, QMV）以來，如何更有效實施四大流通之共同政策，始終是各國及執委會檢討共同體政策執行成果時之重點。雖然第二及第三支柱小幅援引加權多數決，但加權多數決最主要的適用範圍皆在內部市場的相關政策上。2000年政府間會議談判時，有四大議題涉及加權多數決之適用：移民政策、區域政策、外貿協定及財稅政

---

35 張福昌，前引書，頁257-258。
36 藍玉春，「歐盟尼斯條約評析」，《問題與研究》，43卷第4期，頁75。

策。前三項議題雖仍有局部保留，但大多以加權多數決取代，而財稅政策由於某些會員國強力反對而仍維持一致決。

二、因應擴大之機構改革

因應擴大之機構改革：重計加權票數及通過門檻；調整歐洲議會席次及歐洲政黨之規範；確定執委會委員之配額及主席之權力。說明如下：

（一）**重計加權票數及通過門檻**：1991-1992年及1996-1997年兩次政府間會議時，歐盟面臨重大外在環境改變壓力，即兩德統一及東歐諸國急切要求加入歐盟。該兩次會議談判主軸就是，如何重新計算加權多數決票數，以反映德國實力及分配東歐新會員國之加權票數。《尼斯條約》針對加權多數決之票數，做出五項重大修正及安排：全面重新分配票數、配套設計四項決策通過門檻、總贊成票的最低比例、阻撓少數之門檻、贊成國之下限及總人口比例原則。

（二）**調整歐洲議會席次及歐洲政黨之規範**：1992年愛丁堡高峰會為因應德國統一後人口增加及北歐國家之加入，首度打破五大國在各機構所占名額齊頭式平等，增加德國在歐洲議會席次，並調整總額為626名。《阿姆斯特丹條約》僅訂出未來不得超過700名之上限，但未確定擴大後東南歐諸會員國所擁有之席次。《尼斯條約》不僅按人口比例原則重新分配第六屆直選席次（2004-2009），且由700名調高至732名為上限。

　　另一相關安排是有關歐洲政黨之財務。長期以來，在歐洲議會之政黨組成及財務運作，均屬各會員國之「國內」層次。《尼斯條約》要求理事會及執委會立法規範，並規劃提撥「歐盟」預算給所有在歐洲議會擁有席次之各歐洲政黨，且該經費不得用於各國之國內政黨。理事會與執委會按條約訂出相關歐洲政黨之規範及預算，即使未能直接促進「歐洲意識」之形成，至少將首度在歐洲層次上組成之政黨與與歐盟機構建立直接關係，並逐步將其納入規範[37]。

（三）**確定執委會委員之配額及主席之權力**：自1995年奧地利、芬蘭、瑞典加入歐盟後，執委會共有20名委員。五大國各2名，其餘會員國各1名。20個官署使執委會呈現功能過度分割現象，但《阿姆斯特丹條約》未解決執委會精簡問題，將問題延至尼斯會議，故《尼斯條約》在解決加權票

---

37 藍玉春，同前註，頁79。

數時,亦需解決執委會委員配額問題。

《尼斯條約》確定執委會委員「1國1名及平等輪值原則」,2000年以前五大國仍維持2名,但《尼斯條約》要求自2005年執委會重新任命且改組後,各國僅能指派1名執委會委員。此原則將實施至歐盟達27個會員國為止。屆時委員將少於27名,且依「平等輪值」原則選出。究竟歐盟滿27個會員國後,執委會將有多少名委員、按何種方式輪值?將由理事會以一致決方式決定。

而在強化執委會主席權力方面,由於桑特(Jacques Santer)主席任內爆發的貪瀆案,所引發主席與委員間的權力劃分,以及是否須因各別委員行為而全體辭職之爭議,《尼斯條約》亦修改共同體條約第217條,進一步強化執委會主席之「內部領導權」。其內涵有:1.可決定執委會內部組織之調整安排;2.可分派職務及權責給委員,並可在任期間改組內閣幕僚;3.可要求委員辭職。雖然執委會強調「同僚平權」精神,但歷次對基礎條約之修改,均逐次提高執委會主席的權力,例如執委會主席與高峰會共同商議委員之任命等。《尼斯條約》的新設計,明白加強執委會主席對其委員的實質影響力,而進一步增強其領導權威[38]。

歐洲整合的第四階段(1997-2000)從《阿姆斯特丹條約》到《尼斯條約》,主要重點是《尼斯條約》的修訂。而《尼斯條約》修訂的主要因素則是,如何在制度面同時因應深化及廣化問題。檢視《尼斯條約》的內容除因應會員國增加,為使歐盟機構的運作更有效率而調整歐洲議會席次、執委會委員由1國1名調整為未來的「平等輪值」、重計加權多數決票數外,尚要求理事會及執委會立法規範有關歐洲政黨之財務,且該經費不得用於各國之國內政黨,以及強化執委會主席權力,進一步加強執委會主席之「內部領導權」,均有利於超國家及歐洲聯邦方向的發展。

第五節　從《尼斯條約》到《里斯本條約》(2001-迄今)

在此一階段與歐洲整合有關的重大事件包含,2001年1月1日希臘加入「歐洲貨幣聯盟」,「歐洲貨幣聯盟」會員國總數增為12個。同年3月丹麥、瑞典、芬蘭、挪威、冰島等五個「北方護照聯盟」會員國加入《申根協定》,

---

38 同前註,頁79-80。

《申根協定》總數增為15個。2002年1月1日「歐元」紙鈔和硬幣開始發行,並開始回收「歐元」會員國貨幣。同年7月1日「歐洲貨幣聯盟」會員國紙鈔與硬幣無效,「歐元」成為各會員國的唯一法定貨幣。2002年12月中東歐10國完成入盟談判。2003年4月16日中東歐10國在希臘雅典與歐盟正式簽訂入盟條約(the Treaty of Accession)。2004年5月1日波蘭、匈牙利、捷克、斯洛伐克、愛沙尼亞、拉脫維亞、立陶宛、斯洛維尼亞、塞浦路斯及馬爾它正式加入歐盟。同年6月舉行「歐洲議會」選舉,選出732位歐洲議會議員。6月17日、18日在布魯塞爾高峰會通過《建立歐洲憲法條約》,歐盟東擴與憲法的制訂密切關聯,東擴是歐盟「廣化」的進程,憲法則是進一步「深化」的實踐。

2005年5月及6月法國及荷蘭在批准《歐盟憲法條約》公民投票中均未能通過,歐盟開始《歐盟憲法條約》的反映期(reflection phase)。2007年1月1日,羅馬尼亞及保加利亞正式成為歐盟會員國。2007年10月19日歐盟各會員國元首及政府首長在里斯本通過取代「歐盟憲法」的改革條約,即《里斯本條約》。同年12月13日歐盟各國元首及政府首長在里斯本正式簽署《里斯本條約》。在歐盟各成員國批准後,條約將於2009年1月生效。2008年6月12日,歐盟27個成員國中唯一就條約舉行全民公投的愛爾蘭以46.6%贊成,53.4%否決《里斯本條約》。截至目前已有18個會員國批准,但一些仍未完成批准條約程序的國家,如西班牙和荷蘭均表示,將繼續推動批准條約。

《歐盟憲法條約》於2004年10月29日由25個會員國與3個申請國在羅馬簽署。依據《歐盟憲法條約》第IV-447條規定,在全部歐盟會員國完成批准程序後,最快將於2006年11月1日生效;或於前述期限屆滿後,在最後一個會員國批准二個月後生效。

《歐盟憲法》發展之背景,源自歐洲議會於1990年就歐洲聯盟之建立需有一部「憲法」之決議。歐洲議會認為,制訂一部歐盟憲法主要目標為:1.提高歐盟之民主性與合法性;2.強化歐盟機構之效率;3.確保歐盟經濟、貨幣與政治事務之協調性與一致性;4.建構與執行一項共同外交暨安全政策。歐盟憲法之終極目標乃為架構1950年5月8日「舒曼宣言」(the Schuman Declaration)所揭示之「歐洲聯邦」(a European Federation),並以歐盟公民更緊密之聯盟為基礎[39]。

---

39 洪德欽,「歐盟憲法之法理分析」,《歐美研究》,第37卷第2期,(台北:中央研究院歐美研究所,96年6月),頁256。

　　謹就一、《歐盟憲法》前言及本文四編；二、歐盟憲法主要特色加以說明。

　　《歐盟憲法》包括前言、本文四編（Parts）共448條、36項議定書（Protocol）、2項附件、最後協定（Final Act），以及最後協定之50項附件宣言（Declaration）等文件。重要內容包括：

（一）前言揭示歐盟之政治目標與政策理念，包括：基本歐洲文化、宗教與人文遺產，以發展人權、自由、平等與法治；強化公共事務之民主與透明性，並追求普世和平、正義與團結；尊重各會員國國家認同與歷史，同時努力創設一更加緊密與共同命運之聯盟。

（二）第一編主要規定歐盟機構之設置與權限，包括9章：1.歐盟之定義與目標；2.基本權利與歐盟公民權；3.歐盟職權；4.歐盟機構；5.歐盟職權之行使；6.歐盟之民主生活；7.歐盟財政；8.歐盟與鄰邦；9.歐盟會員。

（三）第二編主要規定「歐洲聯盟基本權利憲章」，包括前言與7章：1.人性尊嚴；2.自由；3.平等權；4.團結；5.公民權利；6.司法權；7.一般條款。

（四）第三編主要規定歐盟之政策與功能，包括7章：1.總則；2.不歧視與公民權；3.內部政策與行動；4.海外國家與地區之聯繫關係；5.歐盟之對外關係；6.歐盟之功能；7.一般條款。歐盟有關內部市場、經濟及貨幣同盟、自由、安全與司法領域、共同外交暨安全政策、歐盟機構功能與決策流程等事項，皆規定於第三編。

（五）第四編乃就《歐盟憲法》之一般與最後條款加以規定，包括條約生效、修改程序，以及歐盟相關條約之廢止等事項[40]。

二、歐盟憲法主要特色

　　其包含：歐洲聯盟法律人格（legal personality）地位之建立；歐洲政府雛型之建置；擴大歐洲議會權力；提高執委會效率；簡化決策流程；強化民主與透明性。說明如下：

（一）**歐洲聯盟法律人格（legal personality）地位之建立**：法律人格使歐盟得以正式成為法律主體，在法律上取得享有權利與負擔義務以及享有於執行職務以達成其宗旨所需的法律能力。歐洲聯盟也合併目前的歐洲聯

---

40 洪德欽，前揭文，頁259-260。

盟及三個共同體，成為單一的法律體系。法律人格也有利於建立以「歐洲聯盟」為核心的「歐洲認同」（European Identity）。歐洲認同對內強化會員國與歐盟公民對歐盟的向心力與凝聚力，對外提高歐盟單一形象與國際地位[41]。

（二）**歐洲政府雛型之建置**：增設一位全職歐盟高峰會主席，以強化歐盟活動與政策持續性。主席由條件多數決推選，任期兩年半，以取代現行半年輪值主席制。設立一位歐盟外交部長，由歐盟高峰會以條件多數決指定人選。歐盟外長將取代目前共同外交及安全政策最高代表（the High Representative）、執委會外交事務執行委員，及歐盟外交部長理事會主席三人之職位。歐盟外長同時擔任執委會副主席，主要負責推動共同外交暨安全政策[42]。

（三）**擴大歐洲議會權力**：共同決策（the co-decision）範圍包括司法、內政及理事會共同控制預算。95%之歐盟法律將由歐洲議會與部長理事會經由共同決策程序所通過。

（四）**提高執委會效率**：執委會執行委員總數在2014年前，維持目前每個會員國選派一位執行委員。2014年以後，執委會委員總數將減為會員國數的三分之二。執行委員依據《尼斯條約》將由會員國以「平等輪值」（equal rotation）方式產生。

（五）**簡化決策流程**：條件多數決在2009年以後將採用「雙重多數」（double majority）方式，理事會決策必須取得55%會員國，同時代表65%人口數同意才能通過。條件多數決的重新定義是為了擴大適用範圍，並限制少數會員國之封鎖或否決理事會決策。歐盟在賦稅、健保、教育文化、媒體、外交暨安全政策仍維持一致決[43]。

（六）**強化民主與透明性**：歐盟公民與基本權利之入憲[44]。

　　2005年法國及荷蘭在《歐盟憲法條約》公投遭否決後，歐盟進入反映期，各國提出修正意見，經溝通、整合後，各國領袖於2007年12月13日正式簽署《里斯本條約》。該條約接受荷蘭、英國及捷克之建議，刪除原歐洲憲法草案若干重點，包括放棄「憲法」一詞、不出現外交部長頭銜、去除象徵歐盟統一

---

41 同前註，頁261。
42 同前註，頁262。
43 同前註，頁262。
44 同前註，頁262。

的國旗及國歌等。

　　《里斯本條約》的主要內容及政經意涵如下：

一、《里斯本條約》的主要內容

　　設立「常任歐盟高峰會主席」，取消目前每半年輪替一次的歐盟高峰會主席機制。任期2年半，可連任一次；將歐盟負責外交暨安全政策最高代表（目前為索拉納）和歐盟執委會負責外交的委員（目前為費瑞蘿・華特娜，Ms Benita Ferrero-Waldner）的職務合併，設立「歐盟外交事務最高代表」，全面負責歐盟對外政策，並兼任執委會副主席；將更多政策領域劃歸「加權多數決」決策範圍，以簡化決策過程。司法及內政等敏感領域的一些政策也將以「加權多數決」表決，會員國不再能「一票否決」。但在稅收、社會制度、外交暨安全事務等事涉主權的相關領域，仍維持「一致決」；各會員國在「加權多數決」下的加權票數重新調整，2014年至2017年之間逐步實施；確立雙重多數決的規範，並擴大實施範圍，以「雙重多數決」取代目前的「加權多數決」，即有關決議必須至少獲得55%的成員國和65%的歐盟人口的贊同，才算通過。新表決制將從2014年開始實施，到2017年之前的3年為過渡期；精簡歐盟執委會組織，自2014年起，由一國一代表（27人）改為包括主席、副主席共18人，委員會主席功能將加強；歐洲議會的權力將增強。此外，議會席次將從目前的785席減至751席，部分會員國議席將根據其人口數作調整；會員國議會將在歐盟決策中發揮更大作用。例如，如果一項歐盟立法草案遭到三分之一會員國反對，將退回歐盟執委會重新考慮；新生效的《里斯本條約》將確認「歐盟基本權利憲章」對會員國的法律約束力。惟英國和波蘭將獲得部分豁免，以免與其內國法相牴觸；加強反恐合作，並共同致力改善全球暖化與能源問題等[45]。

二、《里斯本條約》的政經意涵，說明如下

　　該條約稱為修正條約（Lisbon Treaty modifying the Treaty on European Union and the Treaty establishing the European Community），僅是修改現行條約，而不是取代。

---

45 請參閱 The Lisbon Treaty 10 easy-to read fact sheets, Foundation Robert Schumann, December 2007, www.robert-schuman.eu （22/01/2010）及行政院經建會，「歐盟通過《里斯本條約》的政經意涵」，http://www.cepd.gov.tw/，頁2。（3/3/2009）

修正條約重視民主協商、精簡組織架構，並強化決策力：對若干個別國家雖然讓步、妥協過多，但至少已使歐盟從制度面困境脫身，也是歐盟統合多樣性的特色。另，主要國家領袖展現務實與包容的風範，宣示出各會員國肯定歐盟的發展方向及既有架構之功能。

確立歐盟的國際法人地位：將《歐洲共同體條約》與《歐洲聯盟條約》的整併，拉近歐盟機構與人民的距離；尤其歐盟主席的制度化及外交代表的設置，將使歐盟在國際事務上決策更整合、更有影響力[46]。

法國前總統季斯卡（Valery Giscard）與執委會前主席戴洛（Jacques Delors）等多位聯邦主義者對《里斯本條約》採批判的看法，認為《里斯本條約》與歐洲整合的理想不符，例如排除原有的社會憲章以及歐盟國旗、國歌；修正條約務實與妥協的作法，為未來運作埋下不確定性，例如雖然設置常設主席與外交代表，但27個會員國各有考量，整合不易；條約中明訂會員國可以在若干領域自行決定加入（opt-in）與退出（opt-out），未來歐盟整合進程可能爭辯不休[47]。

《里斯本條約》簽署前，歐盟對內面臨整合50週年來因憲法批准危機所引起的困境，對外則面臨全球化與新興經濟體快速崛起的壓力。為凝聚與爭取內部民意對歐洲整合的支持與認同，歐盟發展策略已明顯轉為有效地因應外在環境的挑戰。外在環境的挑戰包括：創造就業、提升競爭力、全球暖化、能源問題，以及跨國反恐等[48]。

歐盟通過《里斯本條約》的政經意涵，是因應歐盟目前面臨困境的藍圖。在努力追求歐洲整合時，必然面臨主權讓渡的爭議、各國利益的調和；條約中經協調、整合的具體措施，將成為未來整合的驅動力。惟條約中因若干國家的特殊利益考量，而妥協，並留下許多模糊空間，為整合進程帶來不確定性，但終究也是向前邁進一大步[49]。

歐洲整合第五階段（2001-迄今）從《尼斯條約》生效到簽署《里斯本條約》，歐盟的深化與廣化都有大幅進展，同時亦面臨嚴峻的挑戰。此一階段在廣化方面首先是2004年5月1日完成東擴，波蘭、捷克、斯洛伐克、匈牙利、斯洛維尼亞、愛沙尼亞、拉脫維亞、立陶宛、塞浦路斯、馬爾它10國加入歐盟，

---

[46] 同前註，頁2-3。
[47] 同前註，頁3。
[48] 同前註，頁3。
[49] 同前註，頁3。

接著2007年1月1日羅馬尼亞及保加利亞加入歐盟，使歐盟會員國擴增至27名。

此外，希臘於2001年1月加入「歐洲貨幣聯盟」；同年3月丹麥、瑞典、芬蘭、挪威、冰島等5個「北方護照聯盟」會員國加入「申根協定」；2002年1月1日「歐元」開始發行，同年7月1日「歐元」成為各會員國唯一法定貨幣；2004年6月17日、18日在布魯塞爾高峰會通過《歐洲憲法條約》，都是歐洲整合進程重要的步驟，尤其是《歐盟憲法》之終極目標乃為架構1950年5月8日「舒曼宣言」所揭示之「歐洲聯邦」，並以歐盟公民更緊密之聯盟為基礎。《歐盟憲法》的主要特色如歐洲聯盟法律人格地位之建立、歐洲政府雛型之建置、擴大歐洲議會權力、提高執委會效率、簡化決策流程及強化民主與透明性等均為制度性整合的重要措施。

2005年法國及荷蘭在《歐盟憲法條約》公投遭否決後，歐盟進入憲法條約的反映期，經溝通、協調、整合後，於2007年12月13日簽署《里斯本條約》，《里斯本條約》是因應歐盟面臨困境而修改現行《歐盟憲法條約》，具有歐盟統合多樣性的特色。惟因愛爾蘭第一次公投未過，波蘭總統卡欽斯基（Lech Kaczynski）及捷克總統克勞斯表示，不願簽署《里斯本條約》，直到2009年10月3日愛爾蘭舉行的《里斯本條約》第二次公投通過後，波蘭及捷克才分別簽署批准該條約。

第六節　結　語

本章主題為歐洲整合過程的回顧，第一節第一階段（1952-1975）從《巴黎條約》生效到歐洲議會改為直選，由建立歐洲煤鋼共同體開始，在制度上創設超國家的執行機構高級公署、一個擁有立法權的理事會、一個政治代表性的議會以及司法功能的歐洲法院，第一次歐洲國家創造了一個超國家實體，其獨立機構有權約束ECSC。至1965年《合併條約》將三個共同體機構合併，成為一個共同的理事會、執委會、議會及歐洲法院。執委會成為單一執委會，擁有所有三個共同體在條約範圍內所有的權力。1975年高峰會決議，「歐洲議會」改為直接選舉，代表直接的民意，朝聯邦主義的發展邁進一大步。

在政策整合方面，1957年的《羅馬條約》所建立的EEC，其條約涵蓋大多數經濟活動形式，調和稅制、排除內部關稅障礙及建立經濟活動的共同法規，如競爭、自由流通及機構、公司行號的設立權等。1965年合併條約後，歐洲經

濟共同體條約在其原始形式上，是範圍廣泛的經濟及政治合作條約，其目標為增進EEC會員國公民的財產。為達成該目標，EEC條約追求幾項共同政策，如共同農業政策、共同運輸政策、共同關稅同盟及共同商業政策。共同體機構如執委會被授予立法權，及行政機構以法規、指令及決定的形式運作，法規直接適用會員國國內法，或經轉化程序適用國內法，創造歐洲共同體法即時適用、直接適用及優先適用原則之特性[50]。

第二節第二階段（1975-1992）從歐洲議會改為直選到《馬斯垂克條約》簽署，歐洲議會議員保護各種不同的利害關係，如共同體利益、國家利益、政治及社會理想以及其選民，但是有時也會因其個人利益而搖擺不定，且受遊說團體的影響。然而，由於歐洲議會是共同體中唯一具有直接民意基礎的機構，在歐洲整合中，如果朝向聯邦歐洲的方向發展，歐洲議會將扮演下議院（或眾議院）的角色，其影響力將日漸擴張[51]。

而1987年生效的《單一歐洲法》則改變了歐洲共同體的政治。它打破了霸權透過理事會的運作，歐洲機構可以全然勝任地超越狹隘的國家利益。《單一歐洲法》因此成功的執行值得注意的政治成就，在共同體歷史的重要階段，調和歐洲意識形態兩種相對的理念。

而1992年簽署的《馬斯垂克條約》建立歐洲聯盟的三支柱，使歐洲聯盟進入一個新的階段，不僅影響歐洲也使世人相信，歐盟組織從區域整合開始進而向更高層次的整合方向發展[52]。

第三節第三階段（1993-1997）從《馬斯垂克條約》生效到《阿姆斯特丹條約》簽署，此一階段，最重要的整合進程除簽署《阿姆斯特丹條約》為「深化」的目的外，奧地利、瑞典、芬蘭加入歐盟完全第四次擴大則為「廣化」的實現。

《馬斯垂克條約》首度將民主原則、透明化原則與效率原則，納入共同體法體系內，《阿姆斯特丹條約》對於其他憲法發展有更重要的規定，例如：在司法及內政合作範圍，加強會員國間的合作，因應單一市場的措施，將歐洲警政總署與申根公約納入共同體法內，並希望發展一個自由、安全與法律的區域；藉由實施歐洲議會廣泛的共同參與立法權及對執委會主席任命的同意權，而使得歐洲共同體更民主化；將共同外交及安全政策的組織納入歐盟的組織範

---

[50] 請參閱王泰銓著《歐洲共同體法總論》，前引書，頁180-202。
[51] 同前註，頁274。
[52] 倪世雄，《當代國際關係理論》，前引書，頁220。

圍內；針對法治國家的各項改善措施，普遍的改善與修訂歐洲聯盟條約與歐洲共同體條約的相關規定，以有利於人民[53]。

第四節第四階段（1997-2000）從《阿姆斯特丹條約》到《尼斯條約》，此一階段，主要重點是《尼斯條約》的修訂。而《尼斯條約》修訂的主要因素則是，如何在制度面同時因應深化及廣化問題。檢視《尼斯條約》的內容除因應會員國增加，為使歐盟機構的運作更有效率而調整歐洲議會席次、執委會委員由一國一名調整為未來的「平等輪值」、重計加權多數決票數外，尚要求理事會及執委會立法規範有關歐洲政黨之財務，且該經費不得用於各國之國內政黨，以及強化執委會主席權力，進一步加強執委會主席之「內部領導權」，均有利於超國家及歐洲聯邦方向的發展。

第五節第五階段（2001-迄今）從《尼斯條約》生效到《里斯本條約》批准問題，此一階段，歐盟的深化與廣化都有大幅進展，同時亦面臨嚴峻的挑戰。此一階段在廣化方面首先是完成東擴，波蘭等10國加入歐盟，接著2007年1月1日羅馬尼亞及保加利亞加入歐盟，使歐盟會員國擴增至27名。

此外，希臘加入「歐洲貨幣聯盟」；丹麥、瑞典、芬蘭、挪威、冰島等5個「北方護照聯盟」會員國加入「申根協定」；「歐元」開始發行，成為各會員國唯一法定貨幣；2004年在布魯塞爾高峰會通過《歐洲憲法條約》，都是歐洲整合進程重要的步驟，尤其是《歐盟憲法》之終極目標乃為架構《舒曼宣言》所揭示之「歐洲聯邦」。《歐盟憲法》的主要特色如歐洲聯盟法律人格地位之建立、歐洲政府雛型之建置、擴大歐洲議會權力、提高執委會效率、簡化決策流程及強化民主與透明性等均為制度性整合的重要措施。

2005年《歐盟憲法條約》公投遭否決後，歐盟進入憲法條約的反映期，經溝通、整合後，於2007年12月13日簽署《里斯本條約》，《里斯本條約》是因應歐盟困境而修改現行《歐盟憲法條約》，具有統合多樣性的特色。愛爾蘭於2009年10月3日第二次公投通過《里斯本條約》後，不久即完成批准程序。並且即將由歐盟高峰會推舉第一任常設主席及外交政策最高代表。攸關歐盟未來建置與發展的《里斯本條約》，已於2009年12月1日起正式運作。

以下以因果分析檢視本章「歐洲整合過程」中的相關進程：

一、1950年6月韓戰爆發，東西方緊張情勢升高，美國認為重建西德軍備以增強歐洲戰力確有需要，但法國深恐德國軍國主義復活，折衷的方法就是

---

53 陳麗娟，前引書，頁38-39。

「歐洲防衛共同體」（European Defense Community, EDC）。1950年10月，在《巴黎條約》成形之前，法國總理普利文（Rene Pleven）在對法國國會的演說中，提出建立共同體或成立一個「歐洲政治共同體」的構想。「歐洲防衛共同體」是為「創造一個受歐洲政治機構權威管轄的歐洲軍隊，以共同防衛」。當時最主要的目標即將西德軍隊納入「超國家的歐洲軍隊」內，以防止西德軍隊單獨活動。1952年5月，歐洲煤鋼共同體的六個會員國簽署了《歐洲防衛共同體條約》。1952年3月條約簽署前俄共總書記史達林死亡，同年7月條約簽署後不久，南北韓停戰協定簽署，國際情勢緩和，外在環境的改變使法國批准條約的意願降低。儘管其他五國的國會通過了該條約，1954年8月，法國國會拒絕批准《歐洲防衛共同體條約》。歐洲防衛共同體的失敗對歐洲整合的發展有絕大的影響。此後，政治議題在歐洲整合議程的重要性降低，直到1992年簽署《馬斯垂克條約》，才有「共同外交及安全政策」出現[54]。由於國際情勢的重大變化，使法國國會拒絕批准《歐洲防衛共同體條約》，造成歐洲政治整合的挫敗。「國際情勢的重大變化」即為以因果分析檢視歐洲整合的自變數。歐洲防衛共同體的失敗，使政治議題在歐洲整合議程的重要性降低，為依變數。

　　二、1960年代初期法國總統戴高樂掌權時，反對國家主權受到侵害，他對歐洲整合理念與莫內完全相反，他認為歐洲應該是「祖國的歐洲」而不是「將歐洲作祖國」，歐洲應該是主權國家的歐洲；他不認同歐洲經濟共同體需要擴大，並包括英國在內的看法；他反對有超國家組織的權威，共同體的運作應該以政府間合作為主；在外交上，他認為歐洲應該獨立於美國之外，法國應該是歐洲外交政策的領導者，由於英、美的特殊關係，他不認為英國會離美靠歐。1963年1月14日，法國總統戴高樂對英國欲加入共同體的動機公開表示懷疑，否決英國加入歐洲共同體的申請案。由於戴高樂的主張，英國加入歐體晚了7年，共同體的一致決（unanimity）成為往後20年的決策原則[55]。在本事件中，戴高樂的態度為以因果分析檢視歐洲整合的自變數，戴高樂的態度包括「會員國對主權的堅持」、「會員國政府領導人的偏好」，其結果造成歐洲整合的廣化與深化均減緩的依變數。

　　三、1965年當最初《EEC條約》的轉型條款屆滿，法國總統戴高樂與其他五個會員國的衝突，爆發全面的危機。導致部長理事會的表決模式，由一致決

---

54 參閱張亞中「歐洲聯盟的演進」，前揭文，頁30-31。
55 同前註，頁34。

改為加權多數決。執委會在當時向部長理事會提出財政建議，共同體應從農業及對外貿易直接稅中籌募基金，而非依賴會員國捐贈基金。戴高樂批評執委會的建議為聯邦主義邏輯，企圖說服其他部長理事會的夥伴，沒有成功。法國因此杯葛理事會會議，從1965年6月至1966年1月，長達7個月，即所謂的「空椅危機」（"empty chair" crisis）。直到簽署《盧森堡妥協》（Luxembourg Compromise），對法國讓步為止。盧森堡妥協主張，若事涉會員國重大權益，理事會需採取一致決，即個別會員國擁有否決權，一般事務則以加權多數決的方式決定。盧森堡妥協將重要權力從共同體的核心機構，特別是執委會的權力轉移到會員國[56]。法國歐洲整合重要推動者莫內認為，法國的空椅政策事實上已經中斷了共同體條約。在本事件中法國「空椅危機」，造成歐洲整合進程的挫敗。「會員國對主權的堅持」、「會員國政府領導人的偏好」即為以因果分析檢視歐洲整合的自變數。1960年代末期，由於法國總統戴高樂的態度，使共同體無法擴大，也無法增加共同體機構的效能的依變數。

　　四、1980年代前半期，英國首相柴契爾（Margaret Thatcher）為了預算與共同農業政策問題，與歐體及法國有嚴重的歧見。當時只有德國與英國對歐體的預算分擔大於從歐體的獲利。西德的經濟情況為歐體最佳者，但是英國的經濟狀況並非良好，英國因此呼籲能徹底改革歐體的預算機制及共同農業政策。柴契爾政府從1979年都柏林高峰會議上即公開要求解決這一問題，表示要「要回我們的錢」（get our money back），開啟了為期5年與歐體談判有關預算政策的改革，1984年英國與歐體終於在楓丹白露（Fontainebleau）高峰會議上達成協議，設立一個每年調整各會員國比率的預算機制。柴契爾在預算與共同農業政策上不願意讓步的態度，讓其他國家感覺到英國是統合的一大阻力，故被稱「英國問題」（the British problem）。英國在預算與農業政策問題上的堅持，使得英國與歐體，特別是與法國的關係降至1970年代與1980年代的最低點，並使歐體「瀕臨災難的邊緣」[57]。所謂「英國問題」，乃基於英國的國家利益及柴契爾首相的堅持，是以因果分析檢視歐洲整合的自變數，造成歐體「瀕臨災難的邊緣」的依變數。

　　五、2005年5月及6月法國及荷蘭在公投中，分別以54.87%反對，45.13%贊成（投票率70%）及61.6%反對，38.4%贊成（投票率62.8%）否決《歐盟憲

[56] Philip Ruttley, op. cit., p. 238.
[57] 張亞中，「歐洲聯盟的演進」，前揭文，頁41。

法》。歐盟執委會所作的調查結果顯示，法國選民在歐盟憲法公投中投下否決票的主要原因是：《歐盟憲法》對法國失業及產業出走問題有負面影響31%、法國本身經濟情況太惡劣，特別是失業問題26%、憲法條約在經濟面向上太過自由化19%、反對法國總統、政府、部分政黨18%、《歐盟憲法》欠缺社會福利內涵16%、《歐盟憲法》太複雜12%、不希望土耳其加入歐盟6%、害怕失去國家主權5%、缺乏資訊5%等。荷蘭選民否決《歐盟憲法》之主要原因是：資訊的缺乏32%、害怕失去國家主權19%、反對荷蘭政府或部分政黨14%、歐洲太昂貴13%、反對歐洲、歐盟、歐洲整合8%等。除法國及荷蘭的內政及經濟問題外，害怕失去主權是重要因素[58]。可以說「會員國堅持主權」係法國與荷蘭在因果分析解釋《歐盟憲法》批准程序遭遇困境的自變數。

　　六、2007年簽署《里斯本條約》，《里斯本條約》是因應目前困境而修改現行《歐盟憲法條約》。歐盟通過《里斯本條約》是因應目前面臨困境的藍圖。在努力追求歐洲整合時，必然面臨主權讓渡的爭議、各會員國利益的調和。條約中經協調、整合的具體措施，將成為未來整合的驅動力，惟條約中因若干國家的利益考量而妥協，為整合帶來不確定性。法國前總統季斯卡及前執委會主席戴洛批評，《里斯本條約》對部分國家作過多的讓步，如取消條約中的憲法名稱及歐盟的旗、歌，已不符聯邦主義精神。此次《里斯本條約》的修正意見，主要來自英國、荷蘭及捷克的堅持。英國一貫堅持主權，故迄未參加共同貨幣：歐元，及《申根協定》；荷蘭在公民投票否決憲法條約，在執委會所委託的調查結果指出，19%的荷蘭選民害怕失去主權，係公民投票否決憲法條約的重要因素；捷克於兩次大戰中遭德、俄佔領的歷史，影響其對主權的堅持。《里斯本條約》的簽署顯示對部分堅持主權會員國的讓步，在此一整合進程中，「會員國對主權的堅持」仍然是因果分析的自變數。

　　七、2008年6月12日《里斯本條約》唯一需經公投批准程序的愛爾蘭，公投結果以46.60 % vs. 53.40% 未通過，使批准進程受挫。但此後舉行的歐盟高峰會強調，尚未批准該條約的國家應繼續批准程序。為使歐洲整合能持續推動，愛爾蘭於2009年10月2日舉行的第二次公投已通過《里斯本條約》的批准程序。歐盟民意調查中心Eurobarometer調查結果顯示，第一次公投投反對票的受訪者中有12%表示，為維護愛爾蘭的國家權力與國家認同，僅次於22%缺乏對條約內容資訊為主要反對理由的受訪者。由公投後的資料分析指出，「主權

---

58 引自盧倩儀，「從歐盟制憲經驗看歐盟之民主赤字問題」，前揭文，頁110。

與國家認同」及「缺乏知識與資訊」是解釋該投票行為的關鍵變數[59]。愛爾蘭對《里斯本條約》的第一次公投未過,「會員國對主權的堅持」仍然是因果分析的自變數。

　　八、2008年爆發全球性金融危機以來,中歐和東歐的經濟情勢愈來愈嚴峻。這些歐盟新成員國的貨幣貶值、工廠倒閉,社會出現示威和動盪。新入盟的中、東歐會員國除了斯洛維尼亞和斯洛伐克已成為16個歐元區國家,在這次金融風暴中,受到保護外,其他成員,包括匈牙利、愛沙尼亞、拉脫維亞、立陶宛、羅馬尼亞、保加利亞,除向世界銀行和國際貨幣基金求助外,真正得到歐盟的支援,非常有限。歐盟27國領袖2009年3月1日在布魯塞爾召開緊急會議,因應經濟惡化可能為歐盟帶來的分裂災難,匈牙利呼籲歐盟對中、東歐國家提供1,800億歐元紓困基金,卻遭德國拒絕,匈牙利總理吉爾特桑尼(Ferenc Gyurcsany)警告說,「隨著經濟危機加深,歐洲大陸正出現一個新鐵幕」。歐盟面對此次金融危機,除了突顯27國開發速度不一外,更大挑戰還在於各會員國基於本國利益,不得不採取保護政策,對歐洲整合的未來投下不確定因素[60]。在此一國際性金融危機中,「各會員國領導人基於維護本國利益的偏好與堅持」,是因果分析的自變數。

　　上述相關整合進程的自變數有1960年代初期「法國總統戴高樂的偏好」、1965年的「空椅危機」因「會員國政府領導人的偏好」、2005年法國及荷蘭《憲法條約》公投失敗因「會員國堅持主權」、2007年簽署《里斯本條約》,對部分堅持主權會員國的讓步,主因為「會員國堅持主權」、2008年唯一需公投批准程序的愛爾蘭公投未過,亦因「會員國對主權的堅持」、2008年爆發全球性金融危機,各會員國基於本國利益採取保護政策,因「會員國領導人偏好與堅持」,以及1954年「國際情勢的重大變化」,使法國國會拒絕批准歐洲防衛共同體條約,這些自變數,均造成整合進程停頓或延宕。

[59] John O'brennan, "Ireland says No (again): the 12 June 2008 Referendum on the Lisbon Treaty", *Parliamentary Affairs*, Vol. 62 No. 2, (2009) , pp. 258-277.

[60] 江靜玲,「西歐拒金援東歐,新鐵幕成形?」,《中國時報》,(98年3月3日),A2。

　　從1957年《羅馬條約》簽署到1980年代中期，歐洲共同體除了1965年的《合併條約》外，幾乎沒有簽署什麼條約。然而，從1980年代中期起，每隔數年就簽署新的條約或作條約修訂，包含1986年的《單一歐洲法》、1992年的《馬斯垂克條約》、1997年的《阿姆斯特丹條約》，及2001年的《尼斯條約》。此外，2004年的《歐盟憲法》，雖經會員國政府同意，但是因為未完成批准程序，而尚未生效。2007年12月13日簽署《里斯本條約》，乃因應歐盟面臨困境而修改《歐盟憲法條約》，又稱《改革條約》，於愛爾蘭第二次公民投票通過後，終於完成批准程序。以上這些條約對歐盟的發展均影響深遠[1]。

　　從瞭解歐盟成立、發展及重要性質的角度言，透過條約可以清楚的解讀。因為它們突顯及確認歐盟長期所建立的特色及整合過程的背景。從《單一歐洲法》以來的重要條約特色為：經濟考量優先於政治、有彈性、漸進主義、可變的步調、超國家性與國家行為者間的互動、菁英份子推動的過程[2]。

　　對聯邦主義學者言，歐洲整合代表當代聯邦主義的主要特性：即以和平的方式，在諸多歧異情況下，透過多重談判，充滿妥協方案的變動及適應過程。歐盟是尚未完成的建設，是最終建立聯邦的基石。隨著歐盟法律秩序的建立及鞏固，會員國主權按部門分割轉移，歐盟將擁有合法權威及實際權力而形成一政治主體。歐洲人民將習慣將其對國家的忠貞及期望轉移至決定其集體利益的另一權威中心，即歐盟，並進一步向其個別政府施壓，要求更多更深的整合行動。有幾項指標可建立歐盟「聯邦」的架構：即超國家性、輔助原則及區域主義[3]。

1　Neill Nugent, *The Government and Politics of the European Union,* (New York: PALGRAVE MACMILLAN, 2006), p. 77.

2　Ibid., pp. 77-146.

3　藍玉春，「有關歐洲統合的論戰及其實踐: 聯邦派vs.主權派」，《政治科學論叢》，第11期，

　　要分析歐盟制度整合趨勢可以從條約及歐盟機構兩個範圍來探討。以下謹依超國家性、輔助原則及區域主義，來闡述歐盟制度整合的聯邦主義趨勢。

第一節　超國家性

　　謹就兩部分加以說明：由歐洲整合過程的不同階段探討；由歐體／歐盟機構的功能探討。

一、由歐洲整合過程的不同階段探討

　　1952-1975年歐洲整合的第一階段，由建立歐洲煤鋼共同體開始，在制度上創設超國家的執行機構高級公署、一個擁有立法權的理事會、一個政治代表性的議會、以及司法功能的歐洲法院，第一次歐洲國家創造了一個超國家實體，其獨立機構有權約束ECSC。至1965年《合併條約》將ECSC、EEC、EURATOM三個共同體機構合併，成為一個共同的理事會、執委會、議會及歐洲法院。執委會成為單一執委會，擁有所有三個共同體在條約範圍內所有的權力。1975年高峰會決議，「歐洲議會」改為直接選舉，代表直接民意，朝聯邦主義的發展邁進一大步[4]。

　　1975-1992年歐洲整合的第二階段由歐洲高峰會決議「歐洲議會」改為直選到簽署《馬斯垂克條約》，歐洲議會是共同體中唯一具有直接民意基礎的機構，在歐洲整合中，如果朝向聯邦歐洲的方向發展，歐洲議會將扮演下議院（或眾議院）的角色，其影響力將更為擴張。而1987年生效的《單一歐洲法》則改變了歐洲共同體的政治。它透過理事會的運作，使歐洲機構可以全然超越狹隘的國家利益。1992年簽署的《馬斯垂克條約》建立歐盟三支柱，使歐盟進入一個新的階段，歐盟組織正在影響國際社會主要行為者國家的利益，改變原有無政府狀態下的國際體系，從區域整合開始進而向更高層次的整合方向發展[5]。

　　1993-1997年歐盟整合的第三階段從《馬斯垂克條約》生效到簽署《阿姆

（台北：民88年12月），頁188-189。

4　請參閱本書第三章第一節第一階段（1952-1975）從《巴黎條約》生效到歐洲議會改為直選，頁76。

5　請參閱本書第三章第二節第二階段（1975-1992）從歐洲議會改為直選到《馬斯垂克條約》簽署，頁79。

斯特丹條約》，《馬斯垂克條約》首度將民主原則、透明化原則及效率原則納入共同體法體系內，《阿姆斯特丹條約》對於其他憲法發展有更重要的規定，例如：在司法暨內政合作範圍，加強會員國間的合作，因應單一市場的措施，將歐洲警政總署與《申根公約》納入共同體法內，並希望發展一個自由、安全及法律的區域；藉由實施歐洲議會廣泛的共同參與立法權，及對執委會主席的同意權，而使得歐洲共同體更民主化；將共同外交暨安全措施的組織納入歐盟組織範圍內；針對法治國家的各項改善措施，普遍的改善與修訂《歐洲聯盟條約》與《歐洲共同體條約》的相關規定，以有利於人民。上述這些更民主、更透明化、更有效率及有利於人民的規範，使歐盟由超國家與政府間主義的互動朝超國家的方向傾斜，並更接近聯邦主義的特色（共同外交及安全措施即係顯例）[6]。

　　1997-2000年歐洲整合的第四階段從《阿姆斯特丹條約》到《尼斯條約》，主要重點是《尼斯條約》的修訂。該條約的修訂主要因素，是如何在制度面同時因應深化及廣化問題。為因應會員國增加，及使歐盟機構的運作更有效率而調整歐洲議會席次、執委會委員由一國一名調整為未來「平等輪值」、重計加權多數決票數外，尚要求理事會及執委會立法規範有關歐洲政黨之財務，且該經費不得用於各國之國內政黨，以及強化執委會主席權力，進一步加強執委會主席之「內部領導權」，以上之各項變革均有利於超國家及歐洲聯邦方向的發展[7]。

　　2001-2007年歐洲整合第五階段從《尼斯條約》生效到《里斯本條約》，歐盟的深化與廣化都有大幅進展，同時亦面臨嚴峻的挑戰。2002年1月1日「歐元」開始發行，及2004年6月17、18日在布魯塞爾高峰會通過《歐盟憲法條約》，都是歐盟整合的重要步驟，尤其是憲法的終極目標乃為架構1950年5月8日《舒曼宣言》所揭示的「歐洲聯邦」，並以歐盟公民更緊密之聯盟為基礎。2005年法國及荷蘭在《歐盟憲法條約》公投遭否決後，歐盟進入《憲法條約》反映期，經溝通、協調、整合後，於2007年12月13日簽署《里斯本條約》，該條約是因應歐盟面臨困境而修改《歐盟憲法條約》，使其具有歐盟統合多樣性的特色。檢視歐盟第五階段的發展，在制度整合上已經十足超國家

6　請參閱本書第三章第三節第三階段（1993-1997）從《馬斯垂克條約》生效到《阿姆斯特丹條約》簽署，頁86。

7　請參閱本書第三章第四節第四階段（1997-2000）從《阿姆斯特丹條約》到《尼斯條約》，頁92。

性，並接近「歐洲聯邦」的目標。

二、由歐體／歐盟機構的功能探討

　　歐洲共同體的運作、發展需要共同設置機構加以配合。因此，共同體設立了以權力分立形式、互相監督、制衡之一系列機構，成為共同體焦點之所在。從1951年的《巴黎條約》和1957年的《羅馬條約》到1986年的《單一歐洲法》及1992年的《馬斯垂克條約》，從1997年的《阿姆斯特丹條約》到2000年的《尼斯條約》，從2004年的《歐盟憲法條約》到2007年的《里斯本條約》，共同體的機構從創始條約的架構，歷經多次條約之修訂，其職權與關係都有關鍵性的調整。歐體／歐盟機構組織功能之不斷演變，突顯出歐洲五十餘年來在政治、經濟等方面整合的結果。本節之重點，著眼於歐體／歐盟主要機構：執委會、部長理事會、歐洲議會、歐洲法院，及歐盟高峰會之組織及職權之變革，由歐體／歐盟主要機構的變革與發展，探討歐盟制度整合的聯邦主義趨勢。

　　歐洲聯盟不同於美國的聯邦制度，也不是像聯合國一樣的政府間合作組織。事實上，它是獨特的。歐洲聯盟由會員國所組成，會員仍維持獨立的主權國家，但是它們把主權集中在一起，以獲得力量及任何會員國所沒有的世界性影響力。集中主權，意味著會員國授權某些決策權力予它們所創造的機構，因此在特殊事務上共同利益的決策，可以在歐盟層次上以民主的方式決定。歐盟一般的決策程序及共同決策程序特別地包含在三個主要機構：（一）歐洲議會：它代表歐盟的公民，並由歐洲公民直接選舉產生；（二）歐盟部長理事會：它代表各別會員國；（三）歐盟執委會：它追求歐盟整體利益。這三個機構創造適用於全歐盟的政策及法令。原則上執委會提出新的法令，經由歐洲議會及部長理事會通過。其他兩個機構也扮演很重要角色：歐洲法院職司歐盟司法權，兼具國際法院、行政法院與憲法法院之功能，監督會員國及歐盟機構之行為，確保條約之有效執行；歐盟高峰會是歐盟多層次治理之最高決策中心，代表歐盟及會員國整體利益。

（一）歐洲議會

　　歐洲議會是歐洲聯盟唯一直接選舉的機構。從歐洲議會歷史的演進看來它是相較弱勢的機構，但是自1979年第一次直接選舉以來，其職權與地位快速成長。它有權決定大多數歐盟法案內容，與理事會擁有共同立法權。此外，可以任命執委會及其主席，因而改變了歐盟機構間的關係結構。《憲法條約》的危

機也帶來問題，是否歐洲議會的權力要繼續擴張？。雖然歐洲議會權力已大幅成長，在歐盟民主赤字的議題仍然存在，要瞭解歐洲議會的結構，它如何行使職權及運用影響力，在歐盟擴大成27個會員國後，它會變成什麼樣的機構？以下謹就歐洲議會的沿革加以說明。

沿革

（1）1950年《ECSC條約》：選舉方式介於直接選舉及由國家議會選出代表；有權解散高級官署。

（2）1957年《羅馬條約》：通過直接選舉特別條款；在立法及預算權方面，有權被諮商及對部長理事會提供意見。

（3）1970年及1975年《預算條約》：有權拒絕預算，修正支出水準及同意或不同意帳目。

（4）1986年《單一歐洲法》：「合作程序」提供二讀之立法程序；「同意程序」通過歐體擴大及某些國際協定。

（5）1992年《馬斯垂克條約》：引進共同決策程序；有權邀請執委會報告立法建議；有權通過執委會全體委員；任命歐盟監察使（European Ombudsman）；歐洲中央銀行總裁向歐洲議會委員會報告。

（6）1997年《阿姆斯特丹條約》：簡化及擴大共同決策程序到32個法律基礎；有權通過執委會主席。

（7）2000年《尼斯條約》：擴大共同決策程序到32個法律基礎。

（8）2004年《憲法條約》：擴大共同決策程序到90個法律基礎，並且被稱為「正常立法程序」；可以廢止委託立法。

（9）2007年《里斯本條約》：擴大共同決策程序到新的政策領域，並且成為正常立法程序。歐洲議會議員總額（MEPs）會永久性的減少至750席，如果在2009年之前條約未生效，則議員總額回到《尼斯條約》的732席。《里斯本條約》亦將會員國議員人數最高額由99席減少至96席（適用於德國），最低額由5席增加至6席（適用於愛沙尼亞、塞普路斯、盧森堡及馬爾它）。在預算方面，歐洲議會在歐盟整個預算上獲得較大權力。其權限從義務性的支出擴大到包含全部預算。此外，執委會不再先行將預算草案送交部長理事會，而是直接將預算案送交歐洲議會[8]。

8　Treaty of Lisbon, Wikipedia,. http://en.wikipedia.org/wiki/Treaty ofLisabon, pp. 9-10.（13/10/2008）

　　由歐洲議會的沿革及發展，可以清楚發現歐洲議會之職權已從草創時所具有的諮詢權，擴充到「共同決策程序」下的立法權，已成為不折不扣的共同立法者。此外，其管轄範圍也不斷擴大，從早期對歐體政策的諮詢，擴充到對準會員國協定及新增會員國之同意權，甚至影響歐盟共同外交及安全政策。除了立法權外，歐洲議會之預算權已與一般民主國家議會的預算權無異。又，在任命、監督、控制、宣達、代表等古典議會功能上，歐洲議會一樣也不缺，因此目前歐洲議會被稱為「議會」絕對是名符其實。如果觀察歐洲議會之組織及黨團運作，雖然早期歐洲議會組織鬆散、黨團運作常有激情脫軌演出，黨團成員流動性高，但仍有民主議會的形態。晚近歐洲議會內部組織專業化、委員會林立、黨團運作日趨嚴謹，充分彰顯民主議會本質，逐漸成為政治折衝（political contestation）之場所。基於上述，歐洲議會實與一般民主議會無異[9]。

（二）歐盟部長理事會

　　對歐洲聯邦運動支持者而言，歐盟部長理事會是未來聯邦參議院，代表各國在中央協調折衝。2003年3月德國外長費雪即據此，在他著名的「邁向歐洲聯邦」為題的演講中，主張建立一個兩院制的歐洲議會。對歐洲進一步整合抱持疑懼者，則期望理事會扮演國家利益的悍衛者，對抗超國家功能的執委會及歐洲議會。儘管單一歐洲法以降，理事會上有歐洲高峰會監督決策，旁有歐洲議會分享立法權，但據1997至2001年間歐盟具有拘束力的立法結果統計，其中近89%法案仍係由理事會單獨立法通過，僅一成由歐洲議會與理事會共同立法。顯然，理事會迄今仍是歐盟最主要的立法及決策機構[10]。

沿革

（1）1957年及1965年《羅馬條約》《EEC條約》及《合併條約》中的理事會：理事會由會員國部長所組成，可分為總務理事會（General Council Meetings）及特別理事會（Specialized Council Meetings）。前者由外交部長出席，後者由業務相關部長出席。雖然理事會有立法權，但由於各國部長事務繁忙，不可能常駐共同體，故大部分的工作由「常駐代表委員會」（Committee of Permanent Representatives,

9　黃偉峰，「歐洲議會」，黃偉峰主編，《歐洲聯盟的組織與運作》，（台北：五南出版公司，92年），頁317-318。
10　蘇宏達，「歐盟理事會」，黃偉峰主編，《歐洲聯盟的組織與運作》，前引書，頁149。

COREPER）完成。在《EEC條約》中理事會擁有協調權、決定權、立法權、預算權及其他權力（如以條件多數決同意確定執委會主席、委員、法院成員之薪水、津貼、退休金等）【11】。

（2）1986年《單一歐洲法》中的理事會：在組織方面，無重大變革。在職權方面有下列重要變革：a.表決方式：擴大條件多數決適用範圍。b.立法程序：採取「合作程序」（Cooperation Procedure），使理事會立法過程加速。c.執行權：理事會對其通過之法案賦予執委會執行之權利。且在特定情況下理事會亦得保留此執行權，由其直接行使（《單一歐洲法》SEA第10條）【12】。

（3）1992年《馬斯垂克條約》中的理事會：在組織方面，理事會由總祕書處祕書長為首的幕僚人員提供人力支援，祕書長由理事會以一致決之方式任命。理事會決定總祕書處之組織。理事會主席因應新加入之會員國而調整輪流順序。在職權方面，有以下變革：a.立法程序：增加共同決策程序（Co-decision），在此程序下，歐洲議會由「參與立法」之角色，成為與理事會相當的決議機構。即理事會須與議會分享決議權。（EC條約第189b條）。b.EU條約亦提供相關機構協助理事會之職權運作：例如貨幣委員會（Monetary Committee）協助理事會某些經濟或貨幣之立法準備工作【13】。

（4）1997年《阿姆斯特丹條約》中的理事會：在組織方面，無重大變革。在職權方面，有以下變革：a.擴大加權多數決的法律基礎。b.擴大共同決策程序到更多政策領域。c.創造加強合作程序【14】。

（5）2001年《尼斯條約》中的理事會：在組織方面，改變會員國在歐盟機構的代表，為歐盟東擴作準備。在職權方面，有以下變革：a.改變加權多數決的份量。b.擴大加權多數決的法律基礎。c.在共同決策程序的適用上，小幅成長。d.使加強合作程序較易適用【15】。

（6）2004年《歐盟憲法條約》中的理事會：在職權方面，有以下變革：a.成立「法律及總務理事會」（Legislative and General Affairs Council）

11 王泰銓，《歐洲共同體法總論》，前引書，頁213-217。
12 同前註，頁217-219。
13 同前註，頁219。
14 Neil Nugent, *The Government and Politics of the European Union*,（New York: Palgrave Macmillan, 2006）p. 140.
15 Ibid.

以確保決策之延續及一致。b.成立「外交事務理事會」（Foreign Affairs Council），由歐盟高峰會以條件多數決通過並徵得執委會主席同意後，任命歐盟外交部長。歐盟外長除擔任「外交事務理事會」主席外，也兼任執委會副主席，負責推動仍採共識決的共同外交及安全政策，及執行歐盟整體對外關係。c.2009年11月1日起簡化條件多數決門檻，取消各國加權投票數制度[16]。

(7) 2007年《里斯本條約》中的理事會：設立類似歐盟外交部長職務，惟職稱為「外交事務最高代表」。確立雙重多數決的規範，並擴大實施範圍[17]。

歐盟部長理事會迄今仍是歐盟最重要的決策機制，具有下列特色：

(1) 理事會機制的設計和運作，確實提供了會員國代表協商並尋求共識的場所。但其中最重要的機制，不是理事會會議本身，而是為數眾多的工作小組和各級委員會，尤其是常駐代表委員會，甚至祕書處。據學者統計，至少有近七成的議題在送達理事會議前就達成妥協，大幅提升理事會的政策產出和共同體的整合進展。這些組織架構，是在共同體成立之後隨著整合進程，不斷的調整、增減才日趨完備。由於理事會係依議題而由各國派遣不同的代表組成，使這些常設組織反而成為理事會體系中最穩固的基礎。不但有助議事的進行，更形成特有的共同體文化，引導理事會的運作脫離一般國際組織的多邊談判模式。

(2) 部長理事會依議題組成不同的專業理事會，推行不同的政策，即使採行「超國家治理模式」如農業及單一市場理事會，卻不一定符合共同體的整體利益，也不一定代表會員國的個別利益。換言之，特定議題組成的理事會，即使建立了「超國家治理模式」，卻極可能既非國家利益代言人，也不是共同體利益的悍衛者，而是執著於某一議題或領域的理想或利益。根本否定了整合理論有關國家和共同體機構在「國家利益」與「共同體利益」兩端間拔河，以及理事會只是國家利益競逐場所的假設。

(3) 1987年《單一歐洲法》既擴大了部長理事會多數決機制應用範圍，也

---

16 王萬里，「簡析歐盟憲法草約對決策程序改變之影響」，《立法院院聞》，（台北：92年11月），頁89。
17 參閱本書第三章第五節第五階段（2001-2007）從《尼斯條約》生效到《里斯本條約》，頁94。

賦予歐洲高峰會合法地位；1997年《阿姆斯特丹條約》授權理事會在
共同外交及安全事務上可動用條件多數決，卻又允許任一會員國得中
止上述程序，然後訴諸歐盟高峰會裁決。

（4）《單一歐洲法》生效以來，「執委會──部長理事會」夥伴關係愈向
　　後者傾斜，「理事會──歐洲議會──歐盟高峰會」三角關係漸成為
　　歐洲整合運動的核心結構。如今，理事會仍擁有龐大的決策權，卻必
　　須承命於歐盟高峰會，受限於「輔助原則」，同時和歐洲議會分享立
　　法權。

（5）歐盟不斷深化的結果，使愈來愈多的議題納入理事會決策體系，既擴
　　大了理事會權限，也使理事會呈現多元模式的運作。

（6）政治菁英對整合路線的抉擇，加上廣化與深化，決定了部長理事會在
　　歐洲整合運動中的角色；議題特性、決策環境和政策產出則左右了理
　　事會的運作模式。如何明確界定理事會角色，改善理事會運作模式，
　　提高效率，以因應東擴，同時順應「民主化」及「透明化」的要求，
　　是歐盟當前重要議題[18]。

（三）歐盟執委會

　　歐盟官員認為，「執委會」係歐洲整合發展過程中的馬達；是由關稅同盟
演變至經濟政治同盟的變換引擎；是一個獨特的多國公共行政組織。弩根特
（Neill Nugent）指出，歐盟的組織架構將執委會擺在歐盟治理機制（system of
governance）的核心位置；執委會觸及歐盟所有相關事務，並全面、直接參與
歐盟的政策和決策制定過程。克瑞斯帝安森（Thomas Christiansen）則認為，
整部歐洲整合的歷史可被視為一部執委會的發展史，而執委會之設立不但是史
無前例，且其制度發展之最終目標為何亦無人知曉[19]。

沿革

（1）1957及1965《羅馬條約》及《合併條約》中的執委會

　　a. 組織

　　在《合併條約》簽訂生效前，三共同體：ECSC、EEC、EAEC有各自之執
委會。只是在ECSC的《巴黎條約》中稱之為「高級公署」（High Authority）。

---

18 蘇宏達，前揭文，頁184-186。
19 宋燕輝，「執委會」，黃偉峰主編，《歐洲聯盟的組織與運作》，前引書，頁201。

《合併條約》第10條第1項規定執委會由17人組成，理事會得以一致決變更執委會成員人數。各會員國至少有一委員，同國委員不得超過兩位。執委會委員必須經過理事會一致同意任命，任期4年，得連任。此外，執委會設主席一人，副主席6人，由理事會同意自執委會委員中選任，任期2年，得連任。以上規定，《歐洲聯盟條約》在歐洲議會擴權及新會員國加入的情形下，有所變更。

　　執委會的組織架構可由二個層級說明。第一個是政治層級的組織架構，此包括執委會主席（the President）、執委會（the Commission）、執委團（the College of Commissioners），以及每位執委的「內閣」（cabinet）或稱「專屬辦公室」（privat office）。第二個是屬於行政層級的組織架構，此包括24個類似政府部門的「總署」（Directorates-General），以及特別行政單位[20]。

　　b. 職權

　　在《羅馬條約》中，執委會的權限包括：（a）執行權；（b）提案權；（c）立法權；（d）監督權；（e）其他職權：執委會在國際法院中代表共同體；在共同商業政策或依羅馬條約之規定，有需要對外簽訂條約時，執委會代表共同體於理事會之授權下，與第三國或國際組織進行談判，以及在理事會之指導下交涉國際協定；但無締約權。

（2）1986年《單一歐洲法》中的執委會

　　a. 組織：重點在調整共同體機構之職權，執委會之組織結構未變。

　　b. 職權：

　　（a）執行權：依SEA第10條之規定，擴大理事會授權執行法規之範圍，增加理事會執行之權限，使執行權不再只是執委會本身的權力。

　　（b）提案權：《單一歐洲法》賦予歐洲議會在執委會提案權方面有更多參與立法的機會。又，根據《單一歐洲法》執委會應考慮歐洲議會之修正意見，故執委會在提案權方面受到歐洲議會的箝制。

　　（c）增加執委會在政治合作範圍之參與：在新增之政治合作架構下，各會員國外交部長及一名執委會委員在歐洲政治合作架構下，每年至少集會二次，並可在理事會會期討論外交政策。然執委會雖可出席政治合作會議，但不具有提案權。

---

20 宋燕輝，前揭文，頁213。

(3) 1992年《馬斯垂克條約》中的執委會

a. 組織

（a）執委會委員人數，由17位增加為20位，其任期依EU條約修正後之規定，由原來4年延長為5年。

（b）執委會委員及執委會主席的提名與任命方式，依EU條約之規定，會員國首先必須針對主席的提名諮詢歐洲議會、會員國及被提名之主席諮商後，提名其欲任命之人選。上述被提名人須經歐洲議會同意後，再經會員國政府共同同意任命之。副主席之人數亦改為1至2名。

b. 職權

（a）提案權：在提案之範圍有相當重要的擴張，例如在衛生、教育、文化及消費者保護方面；就改善全歐通訊提出指導原則；以及有關工業創新與尖端科技等事項。但是EU條約之共同決策程序，則削弱了執委會的提案權。據EU條約之規定，「歐洲議會於其多數成員通過下，可要求執委會提出其認為履行本條約目的而需制定之共同體法相關事項之適當提案[21]」。可見歐洲議會已具有要求執委會提出議案之權力，相形之下執委會的提案權愈受限縮。

（b）監督權：執委會除仍保有EEC條約第169條之監督、意見提供、追訴等權限外，依EU條約規定，執委會有權對未依條約履行之會員國課以總額一次付清之罰鍰或罰金[22]。亦即擴大了執委會之監督措施。

(4) 1997《阿姆斯特丹條約》中的執委會

a. 組織

《阿姆斯特丹條約》以附帶關於歐洲聯盟擴大後共同體機構議定書的方式，解決將來因新會員國的加入，對於共同體機構組成可能產生的問題，即自歐洲聯盟擴大生效時起，在理事會中各會員國票數比例已經以一個令所有會員國均能接受的方式變更時，則每個會員國在執委會中均占有一名執委；此議定書第2條明確規定：一旦歐洲聯盟會員國增加至20國以上時，應召集會員國政府代表會議，以廣泛檢討條約中關於機構組成與工作方式的相關規定。

---

[21] EU條約第138條b。

[22] EU條約第171條第2項。

　　b. 職權

　　《歐洲共同體條約》第214條明文規定，必須透過歐洲議會認可執委會主席的方式與由執委會主席同意其他委員的任命，而加強執委會主席的角色；依據《歐洲共同體條約》第219條之新規定，以歐洲議會的同意權在任命程序、對於執委會委員選擇上的共同參與權，及明確地在條約上分派政治領導的職權，加強執委會主席的地位。

(5) 2001年《尼斯條約》中的執委會

　　a. 組織

　（a）至2005年1月1日及該日之後首任執委會每一會員國應有一位執委。歐盟高峰會經一致決議，得更改執委會成員之數目。

　（b）當歐盟達27個會員國時，執委會成員數目應少於歐盟會員國數目。執委會之成員應依據平等原則，採輪流制度選任；此種安排之執行應由歐盟高峰會採一致決議方式訂之。

　（c）執委會成員之數目以平等原則為基礎，按照制度輪流安排；此制度包含所有自動決定後續幾任執委團組成的必要標準與規則，且依據以下原則：i.就決定國之公民擔任執委會成員之順序及任職期間而言，會員國應受到嚴正平等之對待；同時，任何兩個會員國所擔任執委任期次數總數差距絕不可大於一。ii.依據上述i項之規定，每一後續執委會執委團應如此組成，以確實反映所有歐盟會員國人口與地理之分布。

　　b. 職權

　（a）執委會應在其主席的領導下運作，而主席應決定執委會內部組織事宜，以確保執委會能持續、有效率以及在執委團整體性之基礎下行使職權。

　（b）現任執委會所擔負政策領域責任應交由主席建構之，並由主席分配給執委。主席在任職期間可重新調整責任之分配。執委會成員應履行主席依據其職權所交付之任務。

　（c）經執委團通過，主席應由執委中任命執委會副主席。

　（d）倘若主席提出要求，且經執委團通過，執委會之成員應辭職。

(6) 2004年《歐盟憲法條約》中的執委會

　　a. 組織

　（a）由歐盟理事會以條件多數決通過並徵得執委會主席同意後，任命一

位歐盟外交部長（Union Minister for Foreign Affairs）並兼任執委會副主席，負責推動共同外交暨安全政策，及歐盟整體對外關係。外交部長將執行目前共同外交暨安全政策最高代表、執委會對外關係執委的功能，及主持新設立的「對外關係理事會」。

（b）執委會方面，在2014年以前維持目前一國一位執委制度，2014年之後執委人數將以三分之二的會員國為計算標準，由各國採平等輪流方式產生。

（c）在共同安全暨防衛政策上，由於英、法的支持，條約規定2003年年底前在布魯塞爾設立軍事計畫指標所，及儘速建立歐盟「快速反應部隊」，以強化歐盟的整體軍事能力，及減少歐洲安全對北約的依賴。

b. 職權

（a）重新規範歐洲議會、部長理事會及執委會的角色與權責，特別是承認執委會的多重任務，包括原則性的立法獨占權、執行歐盟法令以及對外代表歐盟等權限。

（b）在政策面，會員國對稅制、社會安全、歐盟預算及外交政策仍然享有否決權，換言之在上述領域內，決策仍然採取共識決而非條件多數決。但是在司法暨內政領域方面則大幅更新，以建立一個更自由、安全及公平的歐盟。

（c）同意部分會員國為加速歐盟整合，得以在某些領域先行提升合作。

（7）2007年《里斯本條約》中的執委會

a. 組織

（a）歐洲共同體執委會將正式更名為歐盟執委會。

（b）執委會委員人數由現有27名減為18名，自1957年以來每一會員國至少占有一席執委的情況結束。

（c）執委會委員每一任期5年。

（d）在新的制度下每一會員國（不論國家大小）每15年將有5年沒有執委。

b. 職權

（a）《里斯本條約》合併共同外交暨安全政策高級代表及歐盟對外關係執委兩個職務，以減少執委數目及以較大強度協調聯盟的外交政策。

（b）新的外交暨安全政策高級代表也會成為執委會副主席，歐盟防衛總

署行政官及外交部長理事會祕書長，可以採取外交行動及有權建議派遣軍事任務團。《歐盟憲法條約》稱該職務為歐盟外長。

當情況有利時，執委會在歐盟體系的地位及其影響整合過程的能力無疑的更有力。在許多有利情況中，如部長理事會有加權多數決的決議程序（因為該決議程序而較少受到會員國控制），部長理事會和歐洲議會沒有強烈的衝突（因為意見團體被其本身的建議所反對的可能性有限），以及在決策者中有關最適宜政策的不確定性（因為他們是最有可能影響執委會領導人的）。但是就算上述有利的情況不存在，不僅為了政策履行的目標，執委會仍然是最重要的機構。總之，執委會對整個歐盟體系是核心而不可或缺的[23]。

（四）歐洲法院

1951年簽署的《巴黎條約》中，歐洲法院即為ECSC四大機構之一。1952年2月1日部長理事會對法院的組織達成協議，任命7位法官。ECSC法院於1953年4月受理第一個案件，惟至1954年12月才作出第一個判決。

因《羅馬條約》欲建立之EEC及EAEC亦有其各自的法院，故《羅馬條約》簽訂時，亦附帶簽訂「歐洲共同體特定共同機構協定」（Convention on Certain Institutions Common to the European Communities），將 ECSC、EEC及EAEC三個共同體之三個法院合併為一，歐洲法院自此成立。

歐洲法院之主要任務，乃在保障《歐洲共同體條約》之有效解釋及適用（《EEC條約》第164條）。其所監督之活動，包含整個共同體的經濟、原子能及煤鋼等事項[24]。

沿革

（1）《羅馬條約》（EEC條約）中的歐洲法院

a. 組織

（a）法官：歐洲法院由7名法官及2名輔佐法官（Advocates General）組成（EEC條約第165條及第166條）。後因共同體四次擴大，法官人數隨之調整。目前歐洲法院有法官15名，法官的遴選係由各會員國推薦，經理事會一致決任命，任期6年，連選得連任，每3年重選二分之一。法院設院長一人，由全體法官相互推選產生，任期3年，

---

[23] Neill Nugent, *The Government and Politics of the European Union*, (New York: Palgrave Macmillan, 2006) p. 190.

[24] 王泰銓，《歐洲共同體法總論》，前引書，頁229。

負責法院事務之分配及行政事務之處理。

（b）輔佐法官：輔佐法官原先只有2人。共同體擴大的結果，輔佐法官人數也逐次增加。目前歐洲法院設置8名輔佐法官；其任用資格、宣誓用語、程序、待遇、義務等，皆與法官相同。輔佐法官之職權主要係在公判庭提公平合理之意見，協助法官執行《EEC條約》所規定的職掌。

（c）書記長（Registrar）：法院設有書記官處（Registry），由書記長統籌管理；書記長由全體法官及輔佐法官共同任命，任期6年，得連選連任，遇有不適任得隨時免職。書記長的工作主要有二：i.有關法院訴訟程序事項（如案件之受理、案件之移送及卷宗之管理等）；ii.有關法院內部行政事項（如預算、行政管理工作等）。

（d）法律祕書（legal secretaries）：每位法官及輔佐法官均有3位法律祕書協助其從事法律研究工作，其工作內容繁忙且專業，類似英美法高等法院中，協助法官之法律書記官（law clerk）。

b. 職權

（a）確保共同體所有法律爭議之解釋及共同體法之適用被遵守。

（b）先行裁決（Preliminary Ruling）。

（c）作為共同體機構之法律諮詢者。

（d）就仲裁委員會之仲裁結果，於當事人於法院提出時，就仲裁形式上的合法性與本條約的解釋作一判決。

（e）審理共同體侵權行為之損害賠償案件[25]。

（2）《單一歐洲法》中的歐洲法院

a. 組織：《單一歐洲法》對歐洲法院最大的影響，為「第一審法院」（Court of First Instance）之設立。由於訴訟案件急速增加，歐洲法院欲做徹底審理力不從心，造成案件堆積，所以由歐洲法院提議，經與執委會及歐洲議會諮商後，理事會以一致決方式同意設立附屬於歐洲法院之第一審法院，審理自然人及法人所提起之訴訟案件。

b. 職權：《單一歐洲法》新增之歐洲政治合作規定，歐洲法院依據三個共同體條約所享有之權力，只能行使於單一法第二篇內（即修改共同體條約部分）及第32條。從《單一歐洲法》涉及諦約之當事國時，在

---

25 王泰銓，《歐洲共同體法總論》，前引書，頁229-239。

第二篇內採會員國之用語，在第三篇則採「最高諦約各方」（High Contracting Party）之國際法字眼。由於歐洲法院乃是共同體會員國紛爭解決之唯一機構，而第31條將歐洲法院排除，自是將政治合作方面之紛爭交由國際機構或其他國際方法解決。歐洲法院向為歐洲整合悍衛者，而《單一歐洲法》明文將歐洲法院對政治合作之管轄權排除，可見共同體徘徊於超國家組織及政府間合作之心態[26]。

(3)《馬斯垂克條約》中的歐洲法院

　　a. 組織：EU條約規定，歐洲法院原則上以全會型式審理，亦即由全體15名法官審理繫屬案件。但在例外情形下，可由3至5名法官組成法庭，根據相關法律進行偵查或就特殊類型之案件予以審判（第165條第2項）。又，訴訟當事人為會員國或共同體機構時，得請求歐洲法院以全會型式審理。亦即條約使歐洲法院之法官能彈性審理案件，分工進行，以增進效率（第165條第3項）。

　　b. 職權

　　（a）EU條約刪除第一審法院不受理會員國及共同體機構所提出案件之規定（第168a條）。條約亦增加歐洲法院之權力，即法院認定會員國未執行其判決時，法院得課以罰金（第170條第2項）。法院並擁有罰金之管轄權。

　　（b）關於審查法規合法之權限，以詳細列舉的方式為之，包括歐洲議會與部長理事會共同制定之法規、理事會之法規、執委會及歐洲中央銀行之法規，以及由議會制定對第三者產生法律效力之法規。

　　（c）在共同體機構訴訟管轄權方面增加了對歐洲議會及歐洲中央銀行之管轄，以及對輔助原則適用上之司法裁判權[27]。

(4)《阿姆斯特丹條約》中的歐洲法院增進第三支柱事務下之司法權。

(5)《尼斯條約》中的歐洲法院

　　a. 組織：第一審法院得附設新的裁判機關（judicial panels），接受個人直接訴訟（direct actions），如有法律問題，可上訴至第一審法院。

　　b. 職權：藉由新的措施，可望增進第一審法院的地位與功能，並減輕歐洲法院的案件負荷量。

(6)《憲法條約》中的歐洲法院依據現行條約及歐洲憲法的規定，共同體或

---

26 同前註，頁239-242。

27 王泰銓，《歐洲共同體法總論》，前引書，頁242-243。

歐洲聯盟法律僅在歐盟行使其職權時，才享有優先適用地位。目前，歐體必須依照共同體條約第5條的授權原則，或第308條（原第235條）的擴權條款，才能取得並行使職權，並主張歐洲聯盟法優先適用原則。優先適用原則確立了歐洲聯盟法優於內國法律的原則，並在倡議制訂歐洲憲法以前，就賦予歐洲聯盟名符其實的憲政秩序，使歐洲整合的理想能在缺乏龐大跨國治理機器的情況下，逐步獲得實踐，並成為建構未來歐洲憲法優位性的紮實基礎[28]。

（7）《里斯本條約》中的歐洲法院

《里斯本條約》重新命名歐洲共同體法院為歐洲聯盟法院（中文譯名維持不變，仍為歐洲法院）。新的緊急程序將被引進到先行裁決體系，該程序僅容許歐洲法院在處理上最低限度的耽擱，若某一案件涉及個人遭到扣押。歐洲法院的管轄權將繼續排除外交事務，雖然歐洲法院對審查外交強制措施，將有新的管轄權。此外，歐洲法院也將對特定的自由、安全與司法領域，無關政策及犯罪合作之事務有管轄權[29]。

《歐洲共同體創始條約》之目的在完成各種功能性的歐洲整合，各機構之設立即在執行這些目標。歐洲法院職司歐洲共同體司法權，兼具國際法院、行政法院及憲法法院之功能，用以監督會員國與共同體機構之行為，確保條約之有效執行。歐洲法院可以受理直接訴訟，糾正會員國與共同體機構違反條約之行為，審查各機構所頒法令之合法性，並透過「先行裁決」之特殊程序解釋共同體法律，俾使共同體法律能在會員國一體適用，加速各會員國法律整合，對歐洲整合目標之達成，貢獻良多。

（五）歐盟高峰會

要研究歐洲聯盟整體機構之運作，必須從歐盟高峰會著眼，它是歐洲聯盟之「最高權威」（the highest authorities）。由於其組成份子乃各成員國內掌實權的最高政治領導人及歐盟機構最有影響力的執委會主席，歐盟高峰會儼然成為「歐洲最獨特的俱樂部」（Europe's Most Exclusive Club）。自成立以來，歐盟高峰會的發展史便是歐盟的大事紀。其會議的成敗，亦相當程度標誌著歐洲

---

[28] 蘇宏達，「論歐洲憲法的優位性」，洪德欽主編，《歐盟憲法》，（台北：中央研究院歐美研究所，96年），頁133-172。

[29] Treaty of Lisbon, Wikipedia, p. 8. http://en.wikipedia.org/wiki/Treaty of Lisbon (13/10/2008)

整合的成敗。

　　舉凡歐盟之重大突破或成就皆由歐盟高峰會完成，或至少需經其認可：如准許英國加入、確定歐洲議會採直接選舉、通過六大條約（實現內部市場之《單一歐洲法》、成立歐洲聯盟的《馬斯垂克條約》、《阿姆斯特丹條約》、《尼斯條約》、《歐盟憲法條約》及《里斯本條約》）、決定二十世紀末結束前發行單一貨幣並制定其時間表、擬定歐盟東擴之策略及篩選申請國、將外交安全面向擴及至具高度主權敏感之軍事防禦範圍等。

　　由於歐盟高峰會定期集合各國之最高政治負責人，儼然如同歐盟的「執政團」（Board of Directors），不僅成為歐盟集體領導之最高決策中心，亦象徵著歐盟重大政策之最後決定權仍由主權國家掌握，而平衡（或調整）歐盟諸多類聯邦制度之設計[30]。不過歐盟高峰會不但代表歐盟整體利益，亦代表各會員國利益，具有德國聯邦制度中聯邦參議院的特色（既代表各邦利益，又代表聯邦及國家整體利益）。

沿革

(1) 1961-1974年間的醞釀期間

　　成立高峰會機構並不在共同體初始計畫中。1960年代初法國總統戴高樂曾提出傅樹計畫（Plan Fouchet），建議將高峰會模式制度化，負責商討國際外交事物，但遭其夥伴國反對。整個1960年代期間，對戴高樂統治下法國霸權企圖之疑慮，使其他5個創始會員國排除將高峰會制度化之可能。

　　雖然共同體會員國1969年12月在海牙、1972年10月在巴黎及1973年12月在哥本哈根舉辦的高峰會，曾決定若干共同體重大事件，如英、愛、丹之加入，但成立定期舉行的高峰會，仍排除在議程之外。直到1970年代中期，由於內外環境有利因素[31]配合，高峰會才得以正式成立[32]。

---

30 藍玉春，「歐盟高峰會」，《歐洲聯盟的組織與運作》，前引書，頁97-98。

31 藍玉春於「歐盟高峰會」專文中指出，1970年由於以下因素才使歐盟高峰會得以成立：1.法國新任總統季斯卡與西德總理施密特合作推動成立高峰會，而即將加入共同體的英國採溫和立場。2.共同體之父莫內支持該提案；莫內正面回應之態度亦成功化解義、荷、比、盧等國對法、德主導的疑慮。3.共同體的決策機構——部長理事會在「盧森堡妥協」後陷入議事癱瘓，亟需更高權威作裁決。4.國際貨幣體系（Bretton Wood）崩潰及第一次石油危機後，共同體經濟成長遲緩，經濟已高度互賴的會員國亟需更高權威以尋求對策。5.德、義、荷、比、盧五國以廢止歐洲議會議員之政府委任制，改由公民直接選舉為交換條件，獲原先堅持反對意見的法國同意。

32 同前註，頁101。

（2）1975-1985年的成熟期

　　1974年12月在巴黎，以聯合公報的方式正式宣布成立高峰會。巴黎公報並不具法律拘束力，未明訂屬性，亦未釐清其與共同體機構之關係。但無論如何，第一次高峰會在都柏林召開。在高峰會成立後的10年間，其法律屬性模糊，仍非共同體的機構。對此一時期高峰會的功能與發展，由以下有關文件可以清楚觀察：「丁得曼報告」指出，高峰會上各國首長之政治共識是共同體重大政策不可或缺之前提（preamble indispensible）；「三人小組報告」特別關切高峰會之運作對執委會所可能產生的負面影響，並要求執委會參與高峰會，以維持執委會——理事會——歐洲議會之三角平衡；「道奇委員會報告」建議高峰會一年召開兩次，以確保其政治領導的策略地位，避免陷入瑣碎的日常事務紛爭[33]。

（3）1986-1991年的合法期

　　《單一歐洲法》雖正式將高峰會納入共同體體制，惟僅在總條文中簡短說明高峰會之組成分子及年度集會次數：「由會員國之元首或政府首長及執委會主席組成，每年至少舉行兩次」。出席之元首或政府首長由外交部長陪同，執委會主席則由一名執委會委員陪同。

　　除了執委會主席之參與符合實際運作外，高峰會之功能及職權均未規定，與其他機構關係亦付之闕如，亦未設置會議所在地或祕書處。《單一歐洲法》簡短條文暗示高峰會之屬性仍具爭議，各會員國未能達成共識[34]。

（4）1992-1997年的強化期

　　《馬斯垂克條約》及《阿姆斯特丹條約》正式賦予高峰會重要權力。高峰會不僅列於《馬斯垂克條約》前言中，以顯示其為橫跨歐盟三大支柱之角色，更明列其職權。1992年高峰會討論匯率機制的危機等議題，高峰會的主要功能有：a.提供歐洲整合進程中的政治推動力；b.決定各項有利歐體／歐盟整合以及歐洲政治合作事務上的大政方針；c.研商與歐體／歐盟事項相關的問題；d.提出新的合作事宜；e.在對外事務上採取共同立場。

　　根據《阿姆斯特丹條約》，歐盟高峰會之具體職權有五：a.以一致決，決定對會員國具有重大共同利益的對外「共同策略」（Common Strategy）；b.徵召及吸納「西歐聯盟」（未被尼斯條約納入組織）；c.裁決違反人權之會員國；d.裁決「緊急煞車」條款；e.仲裁「加強合作」條款上之爭議。此外，歐盟高

---

33 同前註，頁102-103。

34 同前註，頁103-104。

峰會也擁有重要的人事提名權，如執委會主席和歐洲中央銀行總裁等[35]。

　　歐盟高峰會之成功與否，往往與每半年輪值一次之輪值主席國有密切之關係：（1）高峰會之輪值主席皆由輪值主席國之總統、首相或總理擔任；（2）高峰會以往都在輪值主席國之首都或是該國其他城市舉行，此點特別對於歐盟「非核心國家」有特別重要意義，同時也考驗主席國組織會議之能力；（3）由於高峰會並無專屬人士與常設機構，因而輪值主席國將擔負高峰會所有之行政工作，例如會場安檢、通訊事項與翻譯、與各會員國之高層官員進行溝通，針對重要議題事先諮詢其立場、與總務理事會協調會議之議程設定等。

　　每屆歐盟高峰會之決議由輪值主席在會議結束後，舉行記者會向媒體公布主席結論部分（Presidency Conclusions），為歐盟整體運作之方針，同時也是歐盟機構、會員國政府等立法與施政的依據[36]。

　　歐盟高峰會得以在共同體成立20年後制度化，且成為歐盟最高決策中心，有其必然因素。若無高峰會之認可及推動，難以想像會員國及其他共同體機構能超越1950年代之初始設計、或1960年代及1970年代中期幾乎陷癱瘓之機構運作，而有今日歐盟諸多歷史性之決定。無論是扮演「領航者」、「仲裁者」、「危機處理者」、「公關者」之角色，高峰會皆具有其他機構所難以抗衡的無可取代性[37]。

第二節　輔助原則

　　自從歐洲聯盟條約生效後，輔助原則已正式成為共同體法上重要的法律原則[38]，是共同體與會員國間權限劃分的準則。輔助原則非經由歐洲法院的案例法（case law）衍生，而係直接由歐洲共同體條約規定的，但是輔助原則並非歐洲共同體所創設。該原則之產生先於歐洲整合運動，具有歷史和制度的成因，並具有法律及政治的雙重性質，與權限分配及權力的制衡相關，使學者在邦聯或聯邦的歐洲議題上，引發爭論[39]。

---

35 王泰銓，《歐洲聯盟法總論》，（台北：台灣智庫，97年6月），頁187。
36 同前註，頁188。
37 藍玉春，「歐盟高峰會」，前揭文，頁127。
38 補助原則規定在《EU條約》第3b條，而《ECSC條約》和《EAEC條約》並未將補助原則納入規範。
39 王泰銓，《歐洲聯盟法總論》，前引書，頁113。

　　何謂輔助原則？學者間並無一致的通說定論。一般而言，輔助原則可以解釋為「唯有任務無法有效地立即執行，或地方無法有效地執行時，則中央應有輔助執行之功能」。此一解釋由於運用的差異，產生兩種不同的效果：一是由上而下，另一則是由下而上。前者是指，中央機關享有特定事項範圍的權限，但僅限於為達成既定目標所必要，而予以介入或採取措施；後者是指，相對於地方，中央機關則具有補充或輔助之性質，亦即當地方不足以達成既定目標時，中央得以介入之[40]。以下謹就「輔助原則的意義及內涵」及「輔助原則之適用」兩部分加以說明：

一、輔助原則的意義及內涵

　　實施輔助原則本身並非目的，其實質意義是在追求蘊涵其中所代表的民主價值。因為最接近民眾的地方政府單位最能有效代表民意。經由此管道所制定的法律與政策最能反映民眾的利益，對政策制定與執行之不滿，民眾也較能有效表達。讓民眾有機會參與，可增強個人在社會中自主與受尊重的感覺，也因而維護了個人與地方的尊嚴與特性，並提高地方政府的政治責任。而且藉由權力分散與下放，可避免權力過度集中，抑制政治壓迫與獨裁暴政，增加政治自由，與民主制度中之分權（separation of power）制衡機能相同。輔助原則對歐洲共同體另一項重要價值為，尊重組成份子（包括會員國與其下區域）達成同樣目標的能力與機會，保持採聯邦制的會員國中央與地方原有之均勢。[41]

　　一般人對輔助原則這名稱或許不太熟悉，但在實務上對其精神並不陌生，它與聯邦主義具有類似的意涵。輔助原則可作為在聯邦體制內不同層級政府權力分配之準則，上級政府只在下級政府無法有效解決問題時才出面協助，如此在最低層的單位，如各社區、各地方政府均能獨立自主，竭盡所能去處理地方事務，依次而上，以至各地區、各會員國，最後到共同體。

　　聯邦主義之精神即要求下級政府之地位與責任應盡可能發展，彼此形成一個既合作又競爭的組織結構。所有決策盡可能接近民意，把根留在地方，保全地方社會文化的多樣性，更能滿足個人的需要。例如美國及德國為典型的聯邦國家，聯邦權力採列舉方式，規定於憲法，未列舉之權力保留給各州或各邦。歐洲聯盟權限亦採列舉方式，規定於條約中。聯盟只擁有非常有限的部分國家

---

[40] Nicholas Emiliou, "Subsidiarity: An Effective Barrier Against the Enterprises of Ambition？" （1992）17-5: 383-407 *E.L.Rev.*, pp. 383-384.

[41] 王玉葉，「歐洲聯盟之輔助原則」，《歐美研究》，第30卷第2期，（民89年6月），頁8。

主權，不像完全獨立國家擁有強而有力之中央政府，所以做了決策後，執行資源不足，大部分須靠各會員國政府去執行。在歐洲聯盟體系內，各會員國國家主權是原則，聯盟權力則為例外，於此適用輔助原則，除了可限制聯盟對會員國不必要之干預外，也同時減輕聯盟各機構的工作負荷量[42]。

與一般法律原則不同的是，輔助原則是藉由歐洲共同體條約規定產生，並非經由歐洲法院歷來判決的見解所形成。而歐洲共同體條約之輔助原則雖然引入了先前寺院法基於社會原理建立的價值觀，由於條文規定賦與該原則新的意義和適用範圍，因此必須以實證法學（Positivism）的觀點，對條文作文義解釋，以瞭解輔助原則的意義以及相關的權限問題。

輔助原則的具體內容，依照EC條約第3b條規定：「（1）共同體應在本條約所賦予之權限以及對其所指定之目標範圍內，執行職務。（2）在非共同體專屬權限內，共同體應根據輔助原則採取措施；但僅限於會員國無法達成擬定措施之目標，且基於該擬定措施的規模或效果，由共同體達成者更為適當之情形。（3）共同體之任何措施，不應逾越為達成本條約所定目標之必要範圍。[43]」

二、輔助原則之適用

藉著《歐洲聯盟條約》生效，輔助原則因而獲得明文的法律基礎。該原則基本上希望建構一個聯邦性質的共同體，以除去共同體內部過分中央集權與決策不符民主程序的現象。對德國各邦而言，輔助原則就是防止共同體權力擴增的一種表達方式。共同體之官員則堅持彈性運用原則，傾向於限制各會員國權限者，會著眼在會員國不能或不足以有效達成任務；傾向於擴大共同體權限者，則著眼在共同體較各會員國更有效或較易達成任務。而且此原則僅適用於共同體與會員國共同權力（concurrent power）範圍，並非適用於所有共同體權力，所以可發揮的作用較為有限[44]。

---

42 王玉葉，前揭文，頁8-10。

43 其原文為："The Community shall act within the limits of the powers conferred upon it by this Treaty and of the objectives assigned to it therein. In areas which do not fall within its exclusive competence, the Community shall take action, in accordance with the principle of subsidiarity, only if and in so far as the objectives of the proposed action cannot be sufficiently achieved by the Member States and can therefore, by the reason of the scale or effects of the proposed action, be better achieved by the Community. And action by the Community shall not go beyond what is necessary to achieve the objectives of this Treaty."

44 王玉葉，「歐洲聯盟之輔助原則」，前揭文，頁15-16。

　　按歐洲共同體權限分專屬（exclusive）、共同（concurrent）及潛在權力（potential power）三種形式。所謂「專屬權限」即共同體條約明文授權共同體行使的權限，包括創建單一市場與貿易、關稅、交通、農業、漁業及競爭政策等事項。所謂「共同權限」包括共同體與會員國均有權行使之領域，但並非指兩者均可同時行使。共同權限與專屬權限一樣，是條約授權給共同體的權限，所不同者是專屬權限在條約生效時共同體即可行使，而共同權限被暫緩直至滿足某種實質或程序條件後才能行使。在聯盟尚未行使該權力時，會員國仍保有自由行使該權力之空間。惟一旦聯盟決定行使該權限時，即等於其專屬權限，會員國即刻喪失該權力，除非聯盟授權其訂定施行細則。所謂「潛在權限」，包括原為會員國之權限，但在適當時期則歸於聯盟之權限[45]。

　　輔助原則只在共同體行使共同權限時才有其適用。在共同權限範圍內，共同體考量是否要行使權力，須通過兩項標準：（1）較佳效果試驗（the more effective attainment test），判斷由共同體執行任務效果是否較佳，須依社會、經濟、科技與法律性質的客觀標準來決定。較佳效果意指較令人滿意，不只是技術上效益，也包含其他價值，有可能包括集權化的效益，取得價值之平衡顯屬政治判斷。（2）超越邊境效果（the cross-boundary dimension effect），指任務之規模或效果超越國界方由共同體執行，是以如果國家層級之行動對會員國顯然較有效益，或者共同體層級之行動較不利於會員國，就不能通過此試驗，此標準有分權化傾向[46]。

　　為了使輔助原則能順利運作，1992年10月歐洲共同體執委會發表一則輔助原則通訊（a communication on the principle of subsidiarity）給理事會與歐洲議會，強調聯盟與會員國權責如何劃分，屬條約決定的範圍。輔助原則只決定共同體機構如何依良知（the simple principle of good sense）來行使職權。對何種形態的措施可以分散權力，執委會表示將繼續尋求可能的更精確的定義，以使輔助原則能更順利運作[47]。

　　1992年12月愛丁堡高峰會向會員國說明如何保證輔助原則在共同體體制內確實執行。高峰會希望藉輔助原則作為會員國對歐洲聯盟建立信心的工具，保證在後1992年代歐洲聯盟將會真正尊重各會員國，及其屬各區域之不同利益與權限。為了表示輔助原則具有真正意義與實質作用，高峰會肯定輔助原則對歐

---

45 同前註，頁16。
46 同前註，頁16-17。
47 同前註，頁18。

洲共同體各機構之拘束力。其在立法功能的作用為：要求執委會在提案時，歐
洲議會或其他委員會在參與立法程序諮詢時，部長理事會在審核決定法案時，
都必須考慮該法案之措施是否符合輔助原則。在解釋功能的作用為：對已通過
之立法有疑義時，執法與司法者的解釋，應採用符合輔助原則之解釋。關於其
司法功能，高峰會並不欲使其在會員國法院有直接效力（direct effect），這表
示歐洲人民個人在會員國法院不得直接引用輔助原則起訴。但卻允許共同體機
構或會員國在立法通過兩個月內依《共同體條約》第173條向歐洲法院直接挑
戰其是否違反輔助原則而無效[48]。

　　1993年10月歐洲聯盟三個主要機構，理事會、執委會及歐洲議會在盧森堡
協議，每年由執委會負責撰寫一篇有關執行輔助原則情形之報告給議會和理事
會，供作議會公開辯論之參考資料。1993年11月，執委會應愛丁堡高峰會之要
求所提出之報告，列出現行法令中為符合輔助原則與比例原則，應加以修改部
分。1993年12月在布魯塞爾召開之高峰會對此報告表示贊同，並促請早日完成
修法工作。可見歐盟機構及會員國均認真看待輔助原則，檢討修改過去的立
法，以與未來的立法一致。因此，雖然條約並無此要求，卻使輔助原則之規定
有溯及既往的效力[49]。

　　以歐盟當前的情勢發展看來，輔助原則不大可能有效防範共同體暗中擴增
權力，也不大可能進一步削弱各會員國及各地區的權責，其未來的運作還是需
要經過各會員國的政治蹉商。整體而言，儘管輔助原則內涵過於空洞、語意亦
含混不清、約束力亦不甚強，但是它能夠依據各會員國的利益及處境作出不同
的詮釋，更不強求簽約國有效地履行義務，尤其保有各國自主決策權的彈性空
間，因此亦並非絕對窒礙難行。目前即有若干研究歐洲共同體的學者將輔助原
則中的不確定內涵，視為共同體政治運作的一大特色[50]。

第三節　區域主義

　　聯邦主義者在「歐洲」概念政治化的同時，也賦予各會員國次級行政區域

---

[48] 同前註，頁18-19。

[49] 同前註，頁20。

[50] 吳東野，「歐洲聯盟條約【輔助原則】條款之理論分析」，《問題與研究》，（民83年11
　　月），頁20。

（邦、省、州……）政治地位。各會員國大多依其內部需要，以經濟或社會標準來劃分各區域單位。聯邦主義者則欲將區域提升至與會員國同等地位。輔助原則亦適用在歐盟及各區域地方政府的權力劃分上。蓋與民族國家相較區域並不具威脅性，且符合人民所需。加強區域結構一來可實踐聯邦權力下放的精神，二來在保留國家層級的情況下，各區域單位的多元歧異性可充實聯邦豐富的實質內容【51】。

　　歐盟區域問題不但牽涉各會員國參與歐盟這個共同體所必須付出的成本與利益分配，反過來說，也是歐盟能否順利發展成經濟共同體的重要關鍵。因此，如何消除區域差異以確保各會員國在經濟、社會均衡協調發展，一直是歐盟必須正視和對待的現實問題。也是為何歐盟歷經50餘年來，從共同體6個會員國到現在27個會員國，區域政策議題只有愈來愈重要，投資經費也愈來愈多，預算額度目前僅次於農業政策【52】。

　　綜觀歐盟，除了會員國之間有差異存在外，會員國本身國內即存有區域差異現象，反映出會員國內部地理環境、經濟發展程度、社會問題。即使每個國家差異問題不盡相同，仍可歸納出三種基本差異類型：（一）實質環境的差異（與地理或自然的條件相關）；（二）經濟發展的差異（與一區域所表現的品質或產量差異有關）；（三）社會發展的差異（與居民所得和生活水準有關）【53】。以下謹就歐盟區域政策發展的歷程，以及歐盟區域政策的評估與展望加以說明：

一、歐盟區域政策發展的歷程

　　分析歐盟區域政策（Regional Policy）的發展歷程，就如同分析歐盟結構基金（Structure Fund）的發展歷程，因為結構基金是支撐歐盟區域政策的財政工具，結構基金每個時期的用途包括：優先目標、申請資格、經費額度、運作方式等，即反映當時歐盟區域政策的內涵與時空背景的特殊性。以下將歐盟區域政策與結構基金的發展歷程分萌芽期、成形期、第一次改革、第二次改革、第三次改革五個時期分別說明，最後並簡要說明2007-2013年歐盟面臨27個會

---

51 John Newhouse認為歐盟區域主義興起之主因在於民族國家在經濟全球化下權威的消退。詳見其作"Europe's Rising Regionalism", *Foreign Affairs*, V.76N. 1, January/February 1997. 參閱藍玉春，「有關歐洲統合的論戰及其實踐：聯邦派vs.主權派」，頁189-190。

52 謝敏文，「歐盟區域發展政策之研究」，《行政院經濟建設委員會出國報告》，（95年1月），頁3。

53 同前註，頁10。

員國區域差異明顯擴大的問題，重新調整其區域政策及結構基金的目標與經費運用。

（一）1951-1974年歐體區域政策的萌芽期

1951年《巴黎條約》並未涉及區域政策，而是在經濟合作的過程中，發現經濟整合的成效會因區域性差異問題而大打折扣。1957年簽署《羅馬條約》時，在條約序言中即已敘明透過縮小不同區域和發展落後遲緩地區間的差異，以強化共同體經濟，並確保共同體和諧發展。依據《羅馬條約》所建立的歐洲投資銀行（European Investment Bank），亦將其大部分資金借貸給經濟發展落後地區。

因此，在歐體發展初期已設下目標，期望在自由貿易下各會員國與區域利益能均衡發展，並希望以「共同分擔」的方式來幫助歐體國家內落後貧窮的地區，達到歐體團結的共識[54]。

（二）1975-1987年歐體區域政策的成形期

1975年3月，歐體部長理事會就全面實行共同區域發展政策達成一致意見，並設置歐洲區域發展基金（European Regional Development Fund, ERDF），作為歐體縮小區域差異的重要財政工具，以促進成員國經濟和社會的平衡發展。基金的使用基本採用定額管理辦法，即根據會員國製訂的年度和中期區域發展計畫，由部長理事會預先決定每個會員國應分配經費，用以支持有關各會員國內區域發展，其中80%的經費，用於基礎設施建設。

1981年希臘以及1986年西班牙和葡萄牙先後加入歐體，歐體會員國增為12個。由於這三個國家與其他成員國在經濟實力上有較大差距，再次突顯歐體區域差異問題。另一方面，為避免有限資金過度分散，歐體理事會於1984年6月決定，將區域發展基金由固定配額改為浮動配額管理，既確保會員國能夠獲得最低額度的資金分配，又給予歐體在基金運用上更大自主性，使會員國的區域發展計畫符合歐體區域政策的總體目標。

1985年7月，歐體部長理事會決定採納為期6年的整合地中海方案（Integrated Mediterranean Programs, IMP, 1986-1992），首次將歐洲區域發展基金、歐洲社會基金、歐洲農業指導與保證基金，以及歐洲投資銀行的資金集

---

54 謝敏文，前揭文，頁23-24。

中起來，用於支持地中海沿岸會員國的區域發展建設，如職業技能培養訓練、道路建設、農業灌溉及中小企業等，同時這也是歐體首次提出多年期整合發展行動計畫（Multiannual coordinated development actions）。

歐體這一時期的區域政策雖作了些許調整，並無清楚明確的發展策略，僅侷限於對會員國的區域政策作一指導或協調功能，同時提供會員國區域發展計畫之經費補助。不過，歐體區域政策的總體框架及運作方式已具輪廓[55]。

（三）1988-1993年歐體／歐盟區域政策的第一次改革

1988年2月在布魯塞爾舉行的歐體部長理事會決議成立結構基金，將歐洲區域發展基金（ERDF）、歐洲社會基金（European Social Fund, ESF）、歐洲農業指導與保證基金（European Agricultural Guidance and Guarantee Fund, EAGGF）中有關指導部分合併成結構基金（Structure Fund），同時結構基金金額在1989-1993年間大幅成長，共計600億歐洲貨幣單位，因此區域政策又被稱為結構政策。

1992年《馬斯垂克條約》簽署後不久，為加強會員國經濟的均衡發展歐盟於1993年新增漁業指導金融工具（Financial Instrument for Fisheries Guidance, FIFG）納入結構基金，同時設立團結基金（Cohesion Fund），專門用於促進希臘、葡萄牙、西班牙和愛爾蘭4個相對落後會員國的經濟發展，基金經費主要補助此四個會員國國內的環境與交通建設。此階段結構基金設定了6項目標如下：

目標一：協助低度發展地區發展。
目標二：協助因工業衰退而受影響的地區。
目標三：解決長期失業問題。
目標四：促進青少年的職業整合性。
目標五：加速調整農業結構。
目標六：促進鄉村地區的發展[56]。

（四）1994-1999年歐盟區域政策第二次改革

自1993年起歐盟執委會決定，區域政策採6年一階段計畫，預先設定該階段目標及結構基金的運用方式，包括經費分配，補助項目等。同時於1995年奧

---

55 同前註，頁24-25。
56 謝敏文，前揭文，頁25-26。

地利、瑞典和芬蘭三國正式加入歐盟，區域政策也對北歐成員國人跡稀少地區的發展問題，增訂6項目標。以下就歐盟區域政策改革後的目標、原則及財政手段等綜合說明之。

目標一：促進落後地區的發展和結構調整。所謂落後地區一般指平均每人GDP低於歐盟平均值75%的地區，如法國的科西嘉和海外省、德東地區（原東德）、英國的北愛爾蘭地區、義大利南部以及希臘、葡萄牙、愛爾蘭、西班牙四國的大部分地區。1994-1999年期間，結構基金總額為1,414.71億歐洲貨幣單位，其中68%用於目標一地區，受益人口占歐盟總人口的26.6%。

目標二：協助嚴重受工業衰退影響地區與邊界地區。所謂工業衰退地區的主要特徵是，工業部門的失業率高於歐盟平均值，並且工業部門的就業呈下降趨勢。1994-1996年間，結構基金中有74.21億歐洲貨幣單位用來資助目標二地區。該地區1994-1999年期間的人口占歐盟總人口的16.3%。

目標三：解決長期失業問題，並提供就職便利，特別是幫助青少年和社會弱勢團體融入歐盟的勞動市場，並推動男女同工同酬。

目標四：採取預防措施，協助勞工適應生產制度的變革與工業、新技術的變化。1994-1999年間，用於目標三和目標四地區的資金達152.06億歐洲貨幣單位。

目標五a：加速調整農業及漁業結構，促進共同農業政策的改革。1994-1999年，結構基金共提供64.02億歐洲貨幣單位的資金。

目標五b：協助農村地區的結構調整，推動經濟活動的多樣化。1994-1999年間，該地區人口占歐盟總人口的比例為8.8％。

目標六：促進人口密度過低的地區（每平方公里少於8人）、氣候嚴寒的北歐地區的發展。主要指芬蘭和瑞典的邊緣地區。1994-1999年間，該地區人口僅為歐盟總人口的0.4%。

為了便於區域政策的操作，並且充分發揮會員國政府及其各級地方機構，在參與區域發展事務方面的積極性，歐盟執委會在有關結構基金的規章中，特制定四項基本原則：

1. **集中原則（concentration）**：將結構基金集中用於最需要資助的地區，避免有限資金的分散及可能產生的資源浪費，確保資金的使用效率。

2. **夥伴原則（Partnership）**：加強歐盟執委會、會員國及各地方與區域機構在區域行動計畫中的協調與合作，使區域政策能彈性的適應不同地

區的實際需要。

3. **計畫原則（Programming）**：區域問題必須全盤考量，透過規劃多年的區域發展策略和中程行動計畫，以強化對結構基金使用的管理。一則減輕執委會的行政負擔，再則讓行動計畫的執行更有目標與一致性，使結構基金經費補助具穩定性和可預見性。

4. **附加原則（Additionality）**：結構基金並不是對會員國的一種補貼，更不是替代會員國在區域發展中的公共職能，會員國必須為歐盟資助的區域項目提供相對應的配套資金。

　　另《馬斯垂克條約》亦規定，歐盟與會員國關係採輔助原則，即歐盟只有在最需要其發揮作用的層面上提供支援，在結構基金的運作上亦不能違背此一原則[57]。

（五）2000-2006年歐盟區域政策第三次改革

　　隨著歐洲經濟與貨幣聯盟的不斷發展，要求加入歐盟的國家越來越多。1999年3月在柏林舉行的歐洲部長理事會中，一致決定對結構基金進行進一步調整。2000-2006年期間，廣義結構基金經費增加到2,130億歐元（其中狹義結構基金1,950億、團結基金180億元），另外，還增加近217億歐元係運用於新加入的十個會員國。整體言，歐盟更加提高對區域行動計畫的支持度，計畫期程改為7年一期。為使資金更集中運用並提升效率，將原先區域政策中的7項目標減為3項，結構基金絕大多數經費用於此3項，另5.3%經費，約115億元保留運用於歐盟自行提出與執行的4種類型區域發展計畫。結構基金3項主要目標如下：

　　目標一：促進落後地區的發展和結構調整。包括原先分類中的目標一和目標六。歐盟認為此地區有四項主要發展困境：1.總體投資過低；2.失業率通常高於歐盟平均值；3.缺乏商業和社區服務；4.缺乏針對經濟活動所需的基礎設施。

　　目標二：協助在經濟和社會轉型時，面臨結構性問題的地區。包括原先分類中的目標二和目標五b地區。歐盟認為此地區有四項發展困境：1.在工業和服務業中，主要部門產業面臨就業機會衰減；2.面臨社會與經濟危機，及都市鄰近地區衰敗；3.面臨傳統產業衰退及鄉村人口外流；4.以漁業為主要經濟活

---

57 謝敏文，前揭文，頁27-29。

動地區，面臨漁業部門的就業機會大幅衰減。

目標三：主要針對就業、改善勞動力市場條件和人力素質目標，支持教育、培養訓練和就業政策及體制的現代化，包括原先分類中的目標三和目標四。此項目標不是以區域為基礎，所有歐盟地區均可申請。

原先分類中的目標五a地區在2000-2006年被納入共同農業政策內。至於結構基金中保留5.3%經費，用於歐盟規劃的4種類型區域發展計畫如下：1.屬跨國或跨邊界或跨區域型計畫（Interreg），使歐盟全區均能平衡發展。2.屬面臨經濟和社會轉型的關鍵期計畫（URBAN），主要針對都市和城鎮地區。3.屬鄉村地區和漁業地區再發展計畫（Leader）。4.屬防止就業歧視、男女就業平等之跨國合作計畫（EQUAL）。在這次改革階段最值得一提的改革事項是分權管理（decentralised management）及強化監控（reinforced checks）。所謂分權管理就是計畫的審核權及預算的支付與證明，分別交由會員國負責，歐盟執委會只管訂定結構基金的運用原則、優先目標及各會員國的分配額度，但保留其預算最後審核權。至於強化監控是在1999年引進的一項新措施，以確保有效運用結構基金，即所謂的績效獎勵（The performance reserve）。即將原預定分配給每個會員國的預算額度中，控留4%經費，此項經費分配給當時監控評估最成功的計畫，執委會認為此一措施可以反映出效率、管理和財務執行的能力[58]。

（六）2007-2013年歐盟區域政策第四次改革

歐盟東擴後，使歐盟平均每人GDP下降15%。相較以往多次歐盟擴大這次降幅更為明顯。事實上，在中、東歐加入歐盟的國家中，50個區域中有48個區域平均每人GDP低於目前歐盟GDP平均值的75%。此外，還有外在環境的變化，如全球化後的經濟重組課題、科技技術革命、知識經濟與社會的重要性、人口老化、移民增加等社會議題。

因此，2000年3月里斯本歐盟部長理事會作出所謂里斯本策略（Lisbon Strategy）之決議，即：「在2010年以前，使歐盟成為世界上最具競爭力，以知識經濟為基礎、最具活力的經濟體，在提供更多且良好的就業機會和增強社會凝聚力的基礎上，實現可永續之經濟成長。」，2001年6月在哥特堡（Gothenburg）召開歐洲部長理事會決議再擴大里斯本策略的議題範圍，在經

---

[58] 謝敏文，前揭文，頁30-32。

濟和社會改革外，增加環境改革議題，即強調永續發展，希望歐盟所有重大政策，甚至會員國國內政策，都必須有永續性影響評估（a sustainability impact assessment），希望所有評估都能真實反映經濟、環境與社會成本，以確保永續環境發展。

根據2004年歐盟執委會公布2007-2013年歐盟區域政策（或亦稱團結政策，Cohesion Policy），為了解決歐盟東擴所導致的差異擴大問題，未來區域政策將集中以下三項目標：1.優先資助區域平均每人GDP小於歐盟平均值的75%，且所屬會員國的GNI需小於歐盟27個國家平均值90%的地區，這些地區人口數將占歐盟總人口的33%。2.強化區域競爭性和就業機會：加強區域吸引力且確保所造成未來社會經濟的變化，是在其他地區所預期的，而不要把歐盟劃分區域分類。3.歐盟領域合作：包括跨國境，橫貫國家和區域間三種類型，使全歐盟都能和諧、均衡發展。

有關歐盟自行提案辦理之四種類型計畫，至2007年即不再續辦，將資源完全提供會員國分配使用[59]。

二、歐盟區域政策的評估與展望

縮小歐體各區域發展差距及協助落後地區發展，係《羅馬條約》主要目標之一，但區域政策直到70年代中期才開始成形，1974年歐體開始使用財務工具投注在區域發展，以及支持各國的區域政策。根據經濟共同體條約第92條，執委會有權評估會員國的區域援助，以協調區域援助制度，以免會員國為吸引外資，而特別投資開發某地區。1992年的單一市場，加速了區域政策的發展，單一歐洲法確認區域政策對促進歐體經濟與社會凝聚、改革結構基金、促使其合理化及協調其運作有重要貢獻。1988年2月，布魯塞爾高峰會支持執委會至1993年增加一倍結構基金，此為執委會新的區域政策起點，主要奠基於財政工具及各國與歐體政策之協調，以協助相關地區的經濟繁榮。

結構基金的改革，有效地整合結構政策下的各項行動，同時有助於推動歐體經濟與社會整體及一貫的發展策略。改革的基本原則，包括集中力量，設定計畫，整體上已產生令人滿意的結果，尤其是工業衰退地區（目標二）。1993年7月1日修訂結構基金，目的在藉簡化計畫及決策程序及發展歐體與會員國的夥伴關係，以擴大結構政策。

---

59 同前註，頁36-37。

　　從1988年至1992年，歐體區域政策資源雖獲得額外增加，有助於完成內部市場，但對經濟及貨幣聯盟則顯得不足，蓋經濟及貨幣聯盟，會員國必須放棄以調整匯率為手段，以平衡本國經濟，所以沒有有效的區域政策，將足夠的資金轉移至貧窮地區，則區域政策勢必無法成功。落後地區發展困難之處，在致力穩定預算的情形下，需避免防礙對基礎建設、教育及訓練的投資，同時在尋求貨幣供給平衡時不致提高企業的信貸成本。

　　縮減區域不平衡乃是歐盟經濟與政治進步的前提，如果人民生活水準差異太大，或部分會員國以犧牲他國的利益為代價，則歐體不可能平順發展。進一步言，在區域政策架構下的資金轉移，不應被視為給予較貧窮地區的獻禮，事實上對富裕國家亦間接提供經濟利益，不僅可為其產品開發市場，並且符合生態利益，原因是歐盟經濟均衡可以減低生產問題的壓力。一般而言，結構性行動可刺激整個聯盟的成長。

　　愛丁堡高峰會同意，於1993年至1999年間，對四個國家的結構基金及團結基金增加近一倍，至本世紀末時，歐盟區域政策將可投入5%資金至目標一地區，而該區內四個最貧窮國家的團結基金將會增加7-13%，增加的資源將配合更有效的區域發展規劃。這些用於資助新基礎建設及生產投資，將可加速歐盟貧窮地區的轉化及現代化過程。且在經濟暨貨幣聯盟架構下，這些地區所面臨的挑戰，必須經由歐體的努力協助。但這並非取代會員國本身的工作，而是會員國必須調整政策及行為模式，以配合歐盟發展新情勢[60]。

　　歐盟執委會於1997年7月頒布「2000年日程表」，就已針對結構基金改革、經濟與社會團結、歐盟東擴以及2000年至2006年預算安排等問題提出了一些構想。由此，結構基金第三次改革即已進入醞釀階段。各會員國就這些問題展開廣泛討論，其中針對結構基金預算安排的爭論尤為熱烈。直到1999年3月召開歐盟部長理事會終於確定2000年至2006年新的預算安排，和新的結構基金管理規章，再經歐洲議會批准後，於1999年6月底正式實施。換言之，第三次區域政策改革的主要內容直接或間接都與歐盟東擴有關。結構基金從2000年起即開始撥出一定預算，事前協助這些候選國家的農業和環保、交通等基層建設，以使這些國家建設能達到一定水準，也就是預為歐盟東擴作準備。由以上敘述，可見歐盟區域政策是歐洲整合的重要配套工具，其政策目標與執行運用

---

60 王萬里譯，Nicholas Moussis著，《歐盟手冊前進歐洲》，（台北：中國生產力，民88），頁126-128。

方式的彈性，結合時勢發展，並且因地制宜而調整。

　　此外，自1984年區域發展基金在預算運用上改為定額與浮動二種配額管理，增加歐體在基金運用的自主性，並開始運用多年期的區域行動計畫後，至1988年創設結構基金起，就已完全確立歐體對區域政策與結構基金的主導權，且其經費完全針對目標設定地區進行資助與改造。然根據結構基金運用的基本原則，及基金實際運用的操作方式觀之，在區域政策與結構基金分配與運用上，歐盟執委會、會員國及區域或地方政府間分層負責，權利與義務劃分非常明確[61]。

第四節　結　語

　　本章主題為歐盟制度整合的聯邦主義趨勢。第一節超國家性透過歐洲整合過程中的五個不同階段與所簽署的條約，及歐體／歐盟運作及發展所需執行及配合的機構來探討。歐洲整合由建立歐洲煤鋼共同體開始，在制度上創設超國家的執行機構高級公署、一個擁有立法權的理事會、一個政治代表性的議會、以及司法功能的歐洲法院，第一次歐洲國家創造了超國家實體，其獨立機構有權約束ECSC。1979年歐洲議會改為直選，在歐洲整合中，如果朝聯邦歐洲方向發展，歐洲議會將扮演眾議院角色，其影響力更為擴張。1986年生效的《單一歐洲法》改變了歐洲共同體的政治，它打破了霸權透過理事會的運作，歐洲機構可以全然超越狹隘的國家利益。1992年簽署的《馬斯垂克條約》建立歐盟三支柱，使歐盟進入一個新的階段，歐盟組織正在影響國際社會主要行為者國家的利益，改變原有無政府狀態下的國際體系，從區域整合開始進而向更高層次的整合方向發展。

　　《阿姆斯特丹條約》使歐盟機構的運作更民主、更透明化、更有效率及更有利於人民的規範，使歐盟更接近聯邦主義特色（外交及安全即傳統專屬聯邦政府領域）。2002年1月1日「歐元」開始發行，及2004年6月17、18日在布魯塞爾通過《歐盟憲法條約》，都是歐洲整合的重要步驟，尤其是憲法的終極目標乃為架構1950年5月8日《舒曼宣言》所揭示的「歐洲聯邦」，並以歐盟公民更緊密之聯盟為基礎。雖然《憲法條約》因法國及荷蘭公投未過，因應歐盟困

---

[61] 謝敏文，前揭文，頁40-41。

境而修改《憲法條約》之《里斯本條約》，於2009年10月3日愛爾蘭第二次公投通過後不久，終於完成批准程序。檢視歐洲整合的發展，在制度整合上已經十足超國家性，並趨近「歐洲聯邦」的目標。

此外，由歐體／歐盟主要機構的變革與發展，可以清楚探討歐盟制度整合的聯邦主義趨勢。

至於第二節輔助原則，它與聯邦主義具有類似的意涵。輔助原則可作為在聯邦體制內不同層級政府權力分配之準則，上級政府只在下級政府無法有效解決問題時才出面協助，如此在最低層的單位，如各社區、各地方政府均能獨立自主，竭盡所能去處理地方事務，依次而上，以至各地區、各會員國，最後到共同體。

聯邦主義之精神即要求下級政府之地位與責任，應盡可能接近民意，把根留在地方，保全地方社會文化的多樣性，更能滿足個人的需要。例如德國聯邦主義，聯邦權力採列舉方式，規定於《聯邦基本法》，未列舉之權力保留給各邦。歐洲聯盟權限亦採列舉方式，規定於條約中。聯盟只擁有非常有限的部分國家主權，不像完全獨立國家擁有強而有力之中央政府，所以作了決策後，執行資源不足，大部分須靠各會員國政府去執行。

藉著《歐洲聯盟條約》生效，輔助原則因而獲得明文的法律基礎。該原則基本上希望建構一個聯邦性質的共同體，以除去共同體內部過分中央集權與決策不符民主程序的現象。對德國各邦而言，輔助原則就是防止共同體權力擴增的一種表達方式[62]。

關於第三節區域主義，聯邦主義者在「歐洲」概念政治化的同時，也賦予各會員國次級行政區域（邦、縣……）政治地位。各會員國大多依其內部需要，以經濟或社會標準來劃分各區域單位。聯邦主義者則欲將區域提升至與會員國同等地位。輔助原則亦適用在歐盟及各區域地方政府的權力劃分上。蓋與民族國家相較區域並不具攻擊性，且符合人民所需。加強區域結構一來可實踐聯邦權力下放的精神，二來在保留國家層級的情況下，各區域單位的多元歧異性可充實聯邦豐富的實質內容[63]。

歐盟區域問題，不但牽涉各會員國參與歐盟這個共同體所必須付出的成本與利益分配，反過來說，也是歐盟能否順利發展成經濟共同體的重要關鍵。因

---

62 同前註，頁15-16。
63 藍玉春，「有關歐洲統合的論戰及其實踐：聯邦派vs.主權派」，前揭文，頁189-190。

此，如何消除區域差異以確保各會員國在經濟、社會均衡協調發展，一直是歐盟必須正視和對待的現實問題。也是為何歐盟歷經50餘年來，從共同體6個會員到現在27個會員國，區域政策議題只有愈來愈重要，投資經費也愈來愈多，預算額度目前僅次於農業政策[64]。

因為歐體擁有超國家特質，歐體權限與會員國權限重疊時將形成專屬權限與共同權限之分野。對此，《共同體條約》之規範亦無明確之劃分準則，因而權限之專屬與否構成了具有爭議性之焦點，並引發會員國與歐體間之爭論。為了解決上述爭議，歐體決定設立區域委員會，藉此使次國家層級得以參與共同體的立法程序，進而表達區域人民的心聲與利益。《馬斯垂克條約》創設了區域委員會，在條約前言指出，繼續創造歐洲人民更緊密的聯盟之程序，並盡可能依據輔助原則採取接近人民的決定。而創設區域委員會即為轉換《歐洲聯盟條約》前言的重要步驟，藉由區域與地方團體參與實現歐洲聯盟，區域委員會建立公民的歐洲，因此可將區域委員會視為輔助原則之運用[65]。

歐盟與會員國權限劃分主要依據為條約中有關權限劃分的規定，此外，亦依據輔助原則的規範[66]。依據《里斯本條約》，聯盟與會員國權限劃分，基於以下規定：

一、在《里斯本條約》中聯盟享有會員國賦予的權限；

二、所有其他權限繼續維持在會員國的領域。

這賦予權力的原則保證，聯盟不會擴大其權限，不顧前項協議犧牲會員國。《里斯本條約》並且保留聯盟權限回歸會員國的可能性[67]。

《里斯本條約》劃分三種不同的權限：

一、聯盟的專屬權限，在該領域內只有聯盟能單獨立法，有以下種類：關稅聯盟、為內部市場功能運作建立競爭規則、貨幣政策（僅限於歐元區會員國）、在共同漁業政策下保護海洋生物資源、共同貿易政策。

二、聯盟與會員國共享權限，若聯盟在該相關領域未行使其職權，則由會

---

64 謝敏文，前揭文，頁3。

65 王泰銓，《歐洲聯盟法總論》，前引書，頁258。

66 歐洲聯盟條約第G（5）條輔助原則，條文內容如下：「聯盟於本條約所賦與之權限與指定之目標範圍內執行其職務。於非其專屬職權範圍內，聯盟依輔助原則採取行動，但僅限於會員國未能有效達成前項預定行動之目標，且由於預定行動之規模與影響，而由聯盟執行較易達成時。聯盟之任何行動不得踰越為實現本條約目標所需之行為。」

67 Foundation Robert Schuman, The Lisbon Treaty 10 easy-to-read fact sheets, www.robert-schuman. eu , p. 13.

員國行使職權，種類如下：內部市場、有關條約中特殊定義的社會政策、經濟、社會及區域的團結政策、農業和漁業，不包括保護海洋生物資源、環境、消費者保護、交通、運輸網絡、能源、自由、安全及正義領域、條約中定義有關公共健康的聯合安全議題、研究、科技發展及太空、發展合作及人道救援。

三、會員國專屬權限領域，但是聯盟可提供支援或協調，種類如下：保護和改善人民健康、工業、文化、旅遊、教育、職業訓練、青年及運動、公民保護、行政合作。會員國在聯盟內協調其經濟與發展政策，而共同外交及安全政策透過特殊體系執行[68]。

在《里斯本條約》中，聯盟並未獲得新的專屬權限，只是在共享權限及支援、協調和補充行動增加一些類別，如共享權限項下的太空及能源；支援、協調和補充行動項下的公民保護、智慧財產、旅遊、行政合作及運動。歐洲議會的共同決定權及部長理事會的加權多數決，適用於這些領域。

此外，《里斯本條約》加強聯盟在特定領域的角色，如自由、安全及正義領域，以及對外行動及安全領域[69]。

由以上《里斯本條約》有關歐盟專屬權限類別觀察，可以瞭解會員國賦予歐盟的權限集中在經濟範疇，因為貨幣政策屬較敏感的主權象徵，故只涵蓋歐元區，至於屬最敏感的外交及安全領域、司法及內政領域，即使為提升決策效率而在部長理事會全面引進加權多數決，取代一致決，而自由、安全及正義領域以及對外行動及安全領域，仍列在聯盟的特定領域，或聯盟與會員國共享權限領域。

歐洲聯盟權限與德國聯邦主義一樣，亦採列舉方式，規定於條約中。聯盟只擁有非常有限的部分國家主權，不像中央集權的國家，擁有強而有力的中央政府，所以作了決策後，大部分須靠會員國政府去執行。因此，歐洲聯盟體系內，各會員國主權是原則，聯盟權力則為例外，於此適用輔助原則，除可限制聯盟對會員國的不必要干預外，也同時減輕聯盟各機構的負荷[70]。

以下以因果分析檢視本章「歐盟制度整合的聯邦主義趨勢」之相關進程：

一、1986年所簽署的《單一歐洲法》，有部分部長理事會議事程序開始採用多數決取代原有的一致決制度，後來歐洲聯盟條約更推而廣之。但是會員國

---

[68] Ibid.

[69] Ibid.

[70] 王玉葉，「歐洲聯盟之輔助原則」，《歐美研究》，30（2），頁8-10。

擔心把權力移轉到共同體的超國家機構，會侵占原來屬於會員國的權力。為了對抗這種情勢，有些會員國主張分權化與區域化。尤其是採聯邦制的德國，將原屬於各邦的權限移轉至共同體，但各邦在共同體內並無有效的民意代表。各邦為減緩權力被侵蝕，極力爭取在歐洲聯盟條約內訂立輔助原則條款，同時將聯盟定位成一個能代表會員國各區域利益之機構。德國各邦總理在1987年召開的各邦總理會議上，聯名請求歐洲共同體應落實輔助原則。1988年歐體執委會主席戴洛為此與德國各邦總理在波昂會晤時，公開表示支持，甚至連英國也改變一貫反對的態度。1992年《馬斯垂克條約》不僅接受創設區域委員會，並採納德國《基本法》輔助原則精神，設一專章，以舒緩德國聯邦主義者的強烈抵制作用。由於「德國各邦總理的建議與堅持」，使《馬斯垂克條約》創設「區域委員會」及明文納入「輔助原則」。《馬斯垂克條約》創設「區域委員會」及納入聯邦主義特色的「輔助原則」，擴大了德國各邦及區域的參與度，並且由於「區域委員會」的設立，意味各會員國區域及地方組織被賦予合法地位，使歐盟有了聯邦的架構。以因果分析檢視歐洲整合，「會員國重要政治人物的偏好與堅持」是影響《馬斯垂克條約》納入「輔助原則」及創設「區域委員會」的自變數。

　　二、1992年2月《歐洲聯盟條約》在馬斯垂克由各會員國外交部及財政部長正式簽署。同年6月丹麥在公民投票中以50.7%對49.3%否決《歐洲聯盟條約》。丹麥反對《歐洲聯盟條約》的原因就是擔心歐盟發展成一個超國家組織，擔心國家主權與民族的特性會在整合過程中喪失。為了消除疑慮，歐盟不斷宣示將徹底執行條約中以區域主義為優先的「輔助原則」；1992年12月在愛丁堡舉行的高峰會中同意丹麥可以選擇性退出（opt-out）歐盟條約及任何未來的共同防衛政策，丹麥於1993年5月第二次公民投票時才批准《歐洲聯盟條約》，法國與英國也是勉強通過批准，德國則在1993年10月聯邦憲法法院宣告《歐洲聯盟條約》不牴觸基本法後，才同意批准。因此，《歐洲聯盟條約》遲至1993年11月1日才生效。丹麥及英、法、德國對「主權的堅持」是丹麥第一次公投未通過及《歐洲聯盟條約》延後通過的主要原因，亦為因果分析的自變數。

　　三、1997年10月由歐盟外交部長正式簽署《阿姆斯特丹條約》，條約涉及司法及內政領域合作的範圍，內容包括新的「第一支柱規定」、「縮小的第三支柱」、「密切合作」及「申根協定併入歐盟」等部分，事涉敏感的主權問題，在有關新的第一支柱規定，新的決策程序將邊界管制及簽證、庇護、移民

等領域及在公民事務司法合作轉移到第一支柱；在申根協定方面，以議定書附加到條約，提供申根併入歐盟的架構，以特別條款為非申根會員國英國和愛爾蘭接受某些或所有申根協定條款。因為英國決定維持對本國邊界的管制，在人員自由流動上從條約新的規定獲選擇性退出。愛爾蘭在原則上願意接受新規定，但在執行上由於期望維持與英國為一共同旅遊區，而選擇性退出。雖然該二國在視情況而定的基礎上批准在第一支柱上有關司法及內政事務議題的立法，實際上它們不能阻止其他會員國批准如此立法。丹麥政府選擇從《阿姆斯特丹條約》的司法及內政事務條款中退出，但是也可能以視具體情況而定的基礎上選擇性加入。英國、愛爾蘭及丹麥在有關人員自由移動的決策本質上寧可維持政府間的原則，而非超國家。在《阿姆斯特丹條約》有關新的第一支柱規定及申根協定方面，英國等國對「主權的堅持」使相關規範無法遍及所有會員國，選擇性退出及選擇性加入（opt-in）的作法造成政策協調的困難，及影響政策推動的效率。以因果分析檢視《阿姆斯特丹條約》，無疑「會員國對主權的堅持」是自變數。

　　上述相關整合進程的自變數，包括1987年德國各邦總理聯名請求歐洲共同體落實輔助原則，由於「會員國重要政治人物的偏好與堅持」影響《馬斯垂克條約》納入「輔助原則」及創設「區域委員會」；1992年2月《歐洲聯盟條約》，因「會員國對主權的堅持」，造成丹麥第一次公投未過，及《歐洲聯盟條約》延後通過；1997年簽署《阿姆斯特丹條約》，英國、愛爾蘭及丹麥由於「對主權的堅持」，對部分政策要求選擇性退出及選擇性加入的作法造成政策協調困難，及影響政策推動的效率。「政治人物的偏好與堅持」，致影響《馬斯垂克條約》納入「輔助原則」及創設「區域委員會」；而「會員國對主權的堅持」則造成整合延宕或影響政策推動的效率。

　　「超國家組織」是舒曼和莫內等歐洲整合運動倡導人所主張的組織型態。超國家組織是一個權力超越國家的國際性組織，權力來自會員國，會員國將其主權轉讓給超國家組織，由超國家組織制訂效力及於各會員國的「共同政策」。藉共同政策的推行，會員國的經濟、社會及政治的同質性逐漸提高，並以整合成為一個共同的「政治聯盟」為最終目標的唯一超國家組織。具有以下三個特點：一、超國家組織所制訂的法規具有直接效力和優越性；二、超國家組織可以制訂對會員國具有約束力的共同政策；三、超國家組織可以代表會員國與「第三國」簽訂條約[1]。

　　歐洲整合歷經50餘年的發展，經過不斷深化及廣化，2000年5月12日德國外長費雪在柏林洪堡大學演講時，提出一個歐洲的最終目標應是建立一個歐洲聯邦，擁有歐洲政府、直選的總統和設立兩院制的歐洲議會，塑造相當具體的未來藍圖，與1950年《舒曼宣言》所揭示之歐洲聯邦理想相呼應。歐洲整合是否有朝聯邦主義發展的趨勢，除了由整合過程所簽署的條約及歐盟機構探討制度整合外，亦需透過經濟與政治發展的關聯來探討，事實上，歐洲整合歷經關稅同盟、單一市場、單一貨幣、共同外交暨安全政策、在司法及內政領域合作等過程，才於2004年6月通過《歐盟憲法條約》，以下謹依經濟方面及其意涵、外交及安全方面及其意涵、司法及內政方面及其意涵，來闡述歐盟政策整合的聯邦主義趨勢。

1　張福昌，《邁向「歐洲聯盟」之路》，前引書，頁18。

第一節　經濟方面及其意涵

　　謹就條約簽署在政策方面的規範及發展；歐洲單一市場之實踐；歐洲經濟暨貨幣聯盟；歐盟政策的特色，四部分加以說明：

一、條約簽署在政策方面的規範及發展

　　1951年《巴黎條約》在政策方面建立在煤、鋼、焦炭、鐵及廢鐵的共同市場。1957年《羅馬條約》建立歐洲經濟共同體，在政策方面訂定關稅同盟的時間表，在貿易上排除內部障礙，並建立共同對外關稅；透過創造共同市場及某些共同政策——包括農業及運輸等，達成更深的經濟整合。

　　1957年《羅馬條約》建立歐洲原子能共同體，在政策方面提供在核原料共同市場的可能性，但是為了保護不可輕易移動。其他在核能範疇的活動是被提倡的。

　　1986年的《單一歐洲法》，在政策方面設定1992年完全內部單一市場的目標。新的政策領域附加到歐洲經濟共同體條約，重要的有環境、經濟及社會凝聚力，以及研究、發展。

　　1992年《馬斯垂克條約》，在政策方面創立經濟暨貨幣聯盟架構及訂定時間表，並且併入經濟共同體條約。幾項新的政策領域附加到經濟共同體，包括發展、公共衛生及消費者保護。

　　1997年《阿姆斯特丹條約》，在政策方面有幾項新的政策領域附加到經濟共同體條約，包括反歧視、促進就業、及消費者保護。

　　2001年《尼斯條約》，在政策方面在現有政策領域只有有限的擴充[2]。

　　2004年《歐盟憲法條約》，其中第三部分制定了歐盟的內部政策和對外行動政策，將現行歐盟三支柱架構內之內涵納入，廢除三支柱架構。這部分包括原歐體條約中的內部市場、共同貨幣、農業政策等項目，並將範圍擴展至研究和技術發展及太空、與第三國的合作及人道援助、強調經濟、社會和地方的凝聚力等。藉由設置歐盟外交部，使共同外交暨安全政策的制定、運行順暢與強化其功用；並藉由設立歐洲軍備總署（European Armaments Agency）、團結條

2　Neill Nugent, op. cit., pp. 138-139.

款、增進合作條款等逐步發展共同防衛政策[3]。

2007年《里斯本條約》，在政策方面明確界定歐盟與會員國間的權限分配。歐盟在以下領域有專屬權限：關稅同盟、建立為內部市場運作所需的之競爭規則、為實行歐元貨幣之會員國制定貨幣政策、在共同漁業政策之框架下保護海洋生物資源、共同商業政策；在以下領域為歐盟與會員國共享領域，如該有關領域歐盟已經涉入，則會員國不得行使該職權：內部市場、在本條約下定義的社會政策、經濟、社會與區域的協調一致、除保護海洋生物資源之農業和漁業、環境、消費者保護、運輸、歐洲網路、能源、自由、安全和正義領域、在本條約下所定義的公共衛生；在以下領域，歐盟可以支持、協調和補充會員國的行動：保護及改善人類健康、工業、文化、旅遊、教育、青年、運動及職業訓練、民事保護、行政合作[4]。

條約簽署只提供了政策發展的部分因素，另外，有三項主要因素，即執委會主席的領導；會員國的需求；會員國個別及集體轉變其感覺為實踐。執委會主席的優質領導，造成有利的環境對政策發展有正面的效益，例如戴洛領導的執委會協助通過關鍵的議題如歐洲單一市場計畫（the Single European Market program）、經濟及貨幣聯盟（EMU）及社會面向之領域。會員國的需求，與各國政府對情況利弊得失的評估有關，一般而言，有利的情況源自在日漸增加互賴及競爭的世界中，一個單一及保護的市場，一個共同對外貿易立場，與某些集體的行動及在特殊功能性的以及部門的領域某些資源共享。主要不利的情況是會員國國家的決策權及主權轉移至歐盟的損失。某些國家特別關心主權移轉的情況。至於各別會員國轉變其感覺為實踐的能力，有許多問題。在各別會員國層次，政府或許有意贊成歐盟的一項新政策，但是在部長理事會中由於國家內部利益的反對，或對選票不利而遭到阻止。在歐盟層次，即使只有一個會員國反對，不管是原則的或實際的，可使政策發展很難實現。若由歐盟高峰會作決定，只能透過一致決，在歐盟後續有關條約中，在部長理事會的某些議題仍然要求一致決，但是在理事會中特別是在主要議題，較喜歡透過共識決，即使多數決是合法容許的[5]。

3　王泰銓，《歐洲聯盟法總論》，前引書，頁614。

4　Treaty of Lisbon – Wikipedia, http://en.wikipedia.org/wiki/Treaty of Lisbon, pp. 11-12.（13/10/2008）

5　Neill Nugent, op. cit., pp. 353-354.

二、歐洲單一市場之實踐

經濟整合的階段可分為自由貿易區、關稅同盟、單一市場及經濟聯盟【6】。1956年史派克報告書（the Spaak Report）就提出在西歐建立單一市場的藍圖，該經濟計畫的構想與聯邦主義者的議程相契合（Laurent, 1970），即單一市場的概念遲早轉變為政治實體。1957年的《羅馬條約》在許多方面延續史派克報告的理念，其直接目標是促進與調和經濟活動建立共同市場，確保穩定與經濟發展，並提升生活水準。歐洲共同市場的核心計畫是創造關稅同盟。歐洲共同體轉型成為共同市場，耗時12至15年。1968年引進共同對外關稅（common external tariff），內部關稅減低也常常延伸到第三國（非會員國）。這限制了關稅同盟對非會員國差別待遇的效果，在歐洲共同體形成時期具有政治性的重要意義【7】。

歐洲單一市場的構想，源自1957年的《羅馬條約》，條約中提出消除「人員、貨物、資本、服務」四大自由流動的障礙。但是由於各種主客觀條件的限制，歐盟直到1985年6月才提出「白皮書」，作為整合歐洲單一市場的指導方針。這份白皮書總共詳列了279項法案，目的在消除下列三項障礙：（一）廢除實體障礙：主要是廢除各會員國邊界管制，歐體內部邊界的警察和海關人員都應撤除；（二）廢除技術障礙：法案中約有70%左右是針對廢除技術障礙而制訂，各國基於健康理由、工作安全等因素而設定的各種品質標準，如食品安全標準、機器安全標準等，都屬於這類障礙而應予廢除；（三）廢除稅務障礙：主要目標在於調和各國的營業稅、加值稅等。經過一年討論，歐體會員國於1986年通過「單一歐洲法」，1987年7月1日正式生效，並於1993年1月1日成為單一市場【8】。

單一市場的出現，有其正面的貢獻，對於歐洲的經濟成長、競爭力與就業，皆有提升的效力。具體的正面貢獻包括：創造超過250萬個工作機會、歐盟會員國生產毛額成長1.0%-1.5%、通貨膨脹率逐年下降、十年內歐盟國民所得增加 8,770億歐元。

雖然90%以上的歐盟法規已成功的轉移成各會員國的國內法，但因有些法律規範模糊不清，而損及歐盟境內的競爭力。歐盟「單一市場的影響與效率」

6　Michelle Egan, "The Single Market", in Michelle Cini's *European Union Politics*, (New York: Oxford University Press, 2007), Box 16.1, p.254.

7　Michelle Egan, Ibid, pp. 254-255.

8　張福昌，《邁向「歐洲聯盟」之路》，前引書，頁133。

評估報告指出，各會員國對於歐盟通過的相關規則與指令執行不佳，影響單一市場的正常運作，無法滿足境內各業界的需求[9]。以下謹分別就人員、貨物、資本、服務四大自由流通加以說明：

（一）人員自由移動

人員自由移動的障礙證明係1992年計畫最困難的部分。實質的要素，如護照及簽證規定會員國依然保留其專屬權限，某些國家同意在《申根協定》的主導下廢除所有邊界管制，超越條約架構。雖然1985年由法國、西德、義大利、荷蘭、比利時、盧森堡共同簽署《申根協定》，到1992年還未開始運作。執委會知道該協定效期將屆，乃於1992 年5月發布一份通告指出，「人員自由移動」迄無進展，令所有政治層級的相關人員都感到憂慮，並提醒會員國按照單一歐洲法規定下的承諾，在1992年年底廢止所有邊界的管制，沒有例外。人員自由移動法律上複雜、政治上引發爭論的問題，變成與《馬斯垂克條約》的規定有密切關係，該部分涉及第三支柱下，在司法暨內政領域的政府間合作[10]。

《阿姆斯特丹條約》將所謂「申根既有架構暨成果」（Schengen acquis）納入歐體條約中，其中將原本屬於第三支柱的簽證、庇護及邊界管制政策等領域移至第一支柱下，使共同體人員自由移動之範疇進一步擴大，亦即將人員自由移動之範圍，由原先最基礎之經濟領域，逐漸擴及至公民權及社會權領域。

在《歐盟憲法條約》及《里斯本條約》中，影響最深遠的是共同體權限與會員國權限之釐清，關於內部市場部分，《憲法條約》及《里斯本條約》將之界定為共同權限之範疇，亦即人員自由移動的原始概念，仍需受輔助原則及比例原則等基本法則之規範[11]。

在歐盟四大自由流通中，人員自由移動最容易涉及與政治權及社會權有關之面向，蓋因對共同體人民自由移動權利之限制，除了原先條約設定之目的外，隨著人員的自由移動所逐漸引申之邊緣概念，亦會隨著人員的自由移動而有所改變。而隨著內部邊界之消除，及共同簽證、庇護政策之實施，以及歐洲公民權概念之引進，共同體對人員自由移動的概念逐漸由原本之經濟權面向，轉向政治及社會權面向。尤其，在《馬斯垂克條約》賦予其他國籍之共同體會

9　王泰銓，《歐洲聯盟法總論》，前引書，頁303。
10 Desmond Dinan, *Ever Closer Union (Third Edition)*, (London: Palgrave Macmillan, 2005), p.393.
11 王泰銓，前引書，頁306-307。

員國，享有一定程度之地方自治團體選舉及被選舉權，強化了歐洲公民權之概念。因此，在多次條約修正後，一個具有濃厚政治權及社會權色彩的內部市場人員自由移動概念，成為整合的共識及成果[12]。

（二）貨物自由流通

要瞭解歐體條約貨物自由流通的內涵，首先必須知道共同體的共同市場與其他經濟整合區域的形式是不同的，其中自由貿易區是最單純的一環，基於會員國之間的妥協及協定取消相互間貿易的關稅及配額，進而建立關稅同盟（Customs Union），會員國同意對聯盟外之進口貨物採用同一標準的關稅，此稱為共同關稅稅則（Common customs tariff）或共同對外關稅，而對內建立的共同市場，達到內部市場中貨物、人員、資本及服務之自由流動[13]。

影響貨物自由流通的障礙因素很多，在「歐洲單一市場」計畫中，主要規劃五項改善措施：即運輸市場自由化、調和各國稅務規定、撤除技術障礙、保障智慧財產權與商標專利及公共採購自由化。

1. 運輸市場自由化

自1968年成立「關稅同盟」後，歐體會員國間的貿易往來即免除關稅，但是會員國間邊界檢查一直存在，耗費許多時間及金錢成本，因此執委會乃提出以下6項措施，以促進內部市場的自由化：

(1) 採行單一管理文件：自1988年1月1日起，廢除各國不同的通關文件，實施單一管理文件；

(2) 公路運輸自動化：1988年7月歐體交通部長在盧森堡一致決議，於1993年以前取消運輸數量限制，促使公路貨運自由化；

(3) 內河運輸自由化：河川運輸在歐洲境內也是一項重要的交通運輸方式，因此，「歐洲單一市場」運輸自由化中，內河運輸自由化也是一項必備的條件；

(4) 航空運輸自由化：「部長理事會」於1987年12月訂定許多航空自由化措施，如飛行路線、競爭規則、價格及容量等。1988年執委會提出進一步措施，如簡化航空運輸作業、調和各國航空經營狀況、加強飛行安全、對外共同航道的開闢及裝載客貨的權利等問題。1989年2月歐

---

12 同前註，頁341。
13 同前註，頁344。

洲航空協會著手研究歐洲境內22個航空管制系統，整合為單一的「航運管制系統」，以期能更安全及有效地利用歐洲領空，並降低航空運輸的營運成本；

（5）海上運輸方面：「歐洲單一市場」中有關海上運輸的規劃重點，主要是加強海上運輸的安全，並且提高歐體在國際海上運輸的競爭地位；

（6）歐洲運輸網的規劃：歐體的會員國並非都緊密地相連在一起，一些被非歐體國家所隔開的會員國如希臘，與其他歐體會員國的交通聯繫，需經非歐體國家的國境；而一些被海域隔開的會員國如英國、愛爾蘭、瑞典、芬蘭等，與歐洲大陸上各會員國間的交通聯繫，則需靠船舶、海底隧道[14]。

2. 調和各國稅務規定

調和「間接稅」是廢除稅務障礙的先決條件之一，如果能有效協調歐體各會員國的間接稅，則可簡化或便利其他「歐洲單一市場」計畫的推展，如交通運輸管制、歐體預算的收入、歐體金融政策的整合等。不過，有關稅務整合的決議，必須採取一致決，因此進展緩慢。其次，歐體各會員國的間接稅稅率相差頗大，使得調和間接稅面臨很大挑戰[15]。

3. 撤除技術性障礙

歐體15個會員國內存在著不同的技術標準或規定，因此實務經驗中，常常發生商品不准在某個或某些國家中銷售的情形，政府或經營者都曾因為這種貿易糾紛而向「歐洲法院」提出控告。1978年的「狄戎黑醋栗酒判決」（Cassis de Dijon）[16]不僅促使各會員國承認彼此的技術標準與規定，而且也為「歐洲

---

14 張福昌，前引書，頁135-141。

15 同前註，頁144。

16 Cassis de Dijon 案例背景與其指標性意義：德國法律規定黑醋栗酒（Cassis）的酒精濃度必須在25%以上，但是法國產的黑醋栗酒酒精濃度只有15-20%，當酒商想要進口法國產的黑醋栗酒時，因為不符合德國法律規定而無法進口，所以酒商認為德國政府的規定構成了與數量限制具有同等效力之措施。德國聯邦政府宣稱，制定最低的酒精濃度規範是為了維護大眾健康的利益，因為酒精濃度較低的飲料更容易為消費者接受，如果沒有加以規範最低酒精含量，將會使得酒類市場大為激增，由於德國對不同的酒精濃度飲料徵收不同的稅款，如果法國產的黑醋栗酒以較低酒精含量進口，較低酒精濃度所必須支付的稅收也較低，如此一來，將使得德國產的黑醋栗酒較不具競爭力，這些規定都是同等適用在國內產品與進口產品上，並沒有所謂的歧視性手段，因此沒有違反歐體條約；歐洲法院認為會員國可以基於維護大眾健康、商業公平交易等利益，而制定一些強制手段，儘管如此，德國消費者依舊可以在市面上購買較低酒精含量的飲料，而且德國政府欲以最低酒精濃度的規定，來安排市場上的酒類產品銷售，在歐洲法院的觀點是不符比例原則的，因為酒精含量可以經由產品包裝標籤來辨識，而且這個含酒精飲料已經在其他會員國合法地製造與銷售，明顯的，德國政府關於酒

單一市場」貨物自由流通奠定了穩固的基礎。有鑑於技術性障礙阻礙「歐洲單一市場」內貨物自由流通，執委會提出下列三項改善措施：（1）統一由「歐洲標準機構」處理技術性問題；（2）協調技術標準與規定；（3）避免產生新的障礙[17]。

4. 保護智慧財產權與商標專利問題

計有3項措施：（1）通過「共同體專利協定」以仲裁歐體與第三國的專利糾紛；（2）成立「共同體商標局」；（3）「著作權法綠皮書」，說明如下：

(1)「歐洲專利」與「共同體專利」：鑑於「歐洲專利組織」缺乏仲裁機構，以及「歐洲專利」不能普遍適用於「歐洲共同體」境內的缺點，歐體於1975年12月15日通過「共同體專利協定」，可授與效力及於歐體15個會員國的「共同體專利」，並將成立「共同體專利訴訟法院」，以仲裁歐體與第三國的專利糾紛，如此將可消除因專利法規不一所造成的貨物流通障礙。1985年歐體舉行政府間會議，當時12個會員國決議，「共同體專利協定」對愛爾蘭及丹麥以外的10個會員國生效。此後，在歐體會員國內申請專利的案件，均依照「共同體專利協定」的法規來審理。

(2)成立「共同體商標局」：執委會為了調和各會員國間的商標法，擬議由歐體制訂適合全體會員國的「商標法」，並設立「共同體商標局」，以處理有關歐體商標註冊與申請事務。

(3)「著作權法綠皮書」：執委會於1988年6月1日提出「著作權法綠皮書」，建立著作權保護制度的基本原則。至於一些有關特定生物科技發明的專利保護與電腦軟體保護的指令都已經制訂完成[18]。

5. 公共採購自由化

公共採購是政府為了執行其職務或達成其政策目的而進行的採購行為。根

最低含量的規定排除了其他國家產品順利在德國販賣的可能，因此，還是構成了與數量限制具有同等效果的措施，但是值得注意的是，即使Cassis及其他法國酒類在標示上標明酒精含量，有些消費者仍是會被誤導，因為這些消費者不知如何閱讀標示，有些則根本不會看標示，此時標示與消費者溝通的效用就被限制了。事實上法院在Cassis判決中決定德國政府預設消費者需要標示才不會受混淆之政策是合理的，而法院也接受標示可能無法完全與消費者互動的風險，此外，有關飲料添加物及公路上行駛之風險是不同的，公路上行駛之風險是可判斷的，一年之內有多少人在交通事故中傷亡是可預測的，而在Cassis中對標示風險的判斷是很難的。參閱王泰銓著《歐洲聯盟法總論》，前引書，頁359。

17 張福昌，前引書，頁145-147。
18 同前註，頁147-149。

據歐體「雪溪尼報告」（Cecchini Report），1986年歐體12個會員國中央及地方政府的「公共採購」總額達5,300億ECU，相當於歐體各會員國國內總生產毛額的15%，其中僅有約20%的採購案由其他會員國得標，80%則由發標國得標。

執委會於1988年6月向「部長理事會」建議，開放各會員國的能源、運輸、水利工程、電訊等公共採購市場，總計開放500萬ECU以上的公共工程採購案。自1992年起全面開放所有公共採購，由所有會員國參與投標[19]。

（三）資本自由流通

「部長理事會」為了促使資本自由化，於1988年5月通過下列5項決議：

1. 有關資本流通方面，歐體會員國人民可以在其他會員國的銀行開設帳戶，並可借款和購買短期債券。
2. 基於資本自由流通原則，對於歐體其他會員國的資本及歐體以外的資本，不得有任何的歧視待遇。
3. 由於歐體會員國經濟發展的程度不同，德國、法國、英國、義大利、荷蘭、比利時、盧森堡、丹麥八國，最遲要在1990年底前，完成資本自由流通作業；西班牙、葡萄牙、希臘及愛爾蘭則須在1992年底前完成資本自由流動作業。
4. 倘若某會員國的金融情勢出現嚴重困難時，其他會員國應主動干預，以防止歐洲共同體整體金融市場發生嚴重危機。惟此種干預措施最長不得超過半年。
5. 歐體以外的資本同樣可以在歐體內自由流通，但是為了防止世界金融市場發生危機時，資本大量流失或過分集中的現象，部長理事會決議設立一個預警與協調系統，以確保歐體金融市場的穩定發展。為了促進貨幣市場整合，歐體已經在1979年設立一個「歐洲貨幣制度」，將歐洲共同體會員國的貨幣結合成一個ECU貨幣籃[20]。

內部市場的建立，為歐洲整合的重要工作之一，而開放各國資本自由流通，更是建立內部市場不可或缺之關鍵。但由於資本自由流通同時涉及國際金融與各國經濟局勢問題，使得其整合工作歷經波折，1957年所簽訂之《歐洲經

---

19 同前註，頁149。
20 同前註，頁151-152。

濟共同體條約》僅規定有限度的開放資本管制，1970年代接踵而來的國際經濟局勢混亂，更使資本移動自由化工作一度停滯；所幸在各會員國努力下，至1980年代後期，全面性的資本移動自由化已現曙光，至《馬斯垂克條約》簽訂後，隨着經濟暨貨幣聯盟之實現，各國終於能解除其資本管制措施，使資本自由流通之目的能完全實現。由憲法條約並無更改太多歐體條約實質內容的趨勢看來，目前歐盟資本自由流通已接近完成階段，剩餘細節則有賴歐洲法院就實務案例做成更為精緻的闡明[21]。

（四）服務自由流通

　　服務業佔歐洲共同體國內生產毛額比重，從1975年的49%躍升到1985年的58%，工業卻從43%滑落到34%，顯示服務業在歐體經濟發展上的重要性有逐漸增加的趨勢。儘管如此，歐體會員國間的服務業貿易比例卻很低。以1986年為例，僅佔服務業貿易總額的33%，其餘的67%則是與其他非歐體國家進行。執委會為促進各會員國間的服務業貿易，提出下列措施：

1. **保險業**：按照歐體法規，保險公司可以在歐體會員國內設立分公司及子公司，使各國的保險機構更加密切的合作。不過，保險公司仍然必須接受歐體會員國國內法規的約束。
2. **金融機構**：根據歐體的法規，任何會員國的金融機構可以在其他會員國國內提供存款、放款、購買證券等服務，而這些業務接受其母國法律的管轄。而在歐體內設立的外國銀行也可以享受同樣的待遇，惟其母國也必須對歐體會員國的銀行提供同樣的互惠待遇[22]。

　　2000年里斯本歐盟高峰會決議，要在2010年前使歐盟成為最有競爭力和以動態知識為基礎的經濟體，並要求執委會針對如何排除服務自由流動的障礙，設計出一套有效的策略。執委會不久後提出了「關於服務的內部市場策略」（Internal Market Strategy for Services），該策略的目標是使服務在歐盟內的跨國流通如同在會員國國內一樣順暢。策略採二階段，第一階段確認造成內部市場服務流通障礙的困難情況，第二階段則發展出適當的解決方案。2002年執委會提出「內部市場服務業的發展情形報告」（the State of the Internal Market for Services），該報告指出可能存在的障礙，並且分析這些障礙的特性和它們對

---

21 王泰銓，《歐洲聯盟法總論》，前引書，頁415。
22 同前註，頁150-151。

經濟的影響。報告認為，障礙主要有兩種情況，其一是當服務提供者想要從一個國家到另一個國家設立營業處；其二是當一個服務提供者想要從本國提供服務給其他國家，特別是以暫時性的基礎移往他國。2004年5月執委會依上述報告，提出有關服務自由流動的提案，該指令的目標是建立一個法律架構，以促進服務提供者行使營業設立權及便利國家間的服務自由流通，提案的內容不僅要廢除法律上對服務自由流通的障礙，還要確保服務提供者和接受者的法律安定性[23]。

三、歐洲經濟暨貨幣聯盟

謹就以下創立「歐洲經濟暨貨幣聯盟」的背景；經濟暨貨幣聯盟的性質；經濟暨貨幣聯盟的重要性，三項加以說明：

（一）創立「歐洲經濟暨貨幣聯盟」的背景

雖然特定歐洲經濟共同體條款，與1969年及1972年歐體會員國政府首長聲明，他們有意在1980年建立經濟及貨幣聯盟，但是直到1980年代末期只有有限的實際行動。

相關的會員國部長及資深官員，確實定期集會協商及交換大經濟政策的理念，在會議中定期討論執委會提交仲裁有關共同綱領及短期及中期政策，但是最後還是由會員國自行決定要如何處理。例如，當執委會在1987年2月出版的《經濟季報》陳述，德國在策略上有最大的餘地可刺激內需，法國及英國在提高生產力方面還可再加強，但是不能保證，會員國政策會因此調整。

貨幣政策是會員國間經常接觸的主題，無論是部長、官員或中央銀行層次，但是如同與其他大經濟政策的分支，大多數意見交換只是勸誡或指導的性質。無論如何，1979年創設的歐洲貨幣體系（the European Monetary System, EMS）用某些重要的結構及某些權力提供共同體貨幣政策，其特色是：一個準備基金用來提供市場調解；歐洲貨幣單位（ECU）作為一項準備資產及一種解決的辦法；以及歐洲貨幣體系（EMS）的兌換率機制（the Exchange Rate Mechanism），固定參加貨幣的兌換率等。

直到1980年代後期歐體的大經濟政策才因此有相對較弱的政策工具。為了建立更有效的政策架構，歐體嘗試強化這些工具。傳統上至少會遇到四個障

---

23 王泰銓，《歐洲聯盟法總論》，前引書，頁460-461。

礙，首先，經濟與貨幣的差異應該先要調和；其次，歐體寧可劃分決策機制而禁止一種全面的、調和的方法；其三，對會員國而言經濟及貨幣整合的不同形態有不同的意涵，以致這些意涵受到不同程度的關注；其四，對某些會員國而言，轉讓重大經濟權力予共同體的可能性與基本的主權問題有關[24]。

雖然在政策發展的過程中有許多障礙，在1980年代末期關於「經濟暨貨幣聯盟」開始有實質的進展。它是經由兩項理論基礎來推動：

1. **政治的理論基礎**：對那些期望看到歐洲更進一步整合者，或許一個全然的歐洲聯邦，「經濟暨貨幣聯盟」是一個重要的建物。就像「關稅同盟」及「歐洲單一市場」之於「煤鋼共同體」，「經濟暨貨幣聯盟」有助於藉經濟手段創造政治整合。

2. **經濟的理論基礎**：「經濟暨貨幣聯盟」有幾項經濟的利益，包含較大的價格透明化及免除貨幣兌換費用，但是主要的經濟利益被多數執行者及觀察者視為係排除會員國間多變的的兌換率，這造成市場的穩定，並有利促進投資與成長[25]。

《馬斯垂克條約》有關「經濟暨貨幣聯盟」之條款及其隨後的適用，列在條約第3章及第5章， 敘述條約建立一個計畫及進行「經濟暨貨幣聯盟」的時間表。計畫的主要特色是增加所有會員國經濟及貨幣政策的協調與整合，引領到單一貨幣，其貨幣政策會在歐洲中央銀行體系（European System of Central Banks, ESCB）的架構內運作。時間表的主要特色是三階段轉型過程，引領到最遲在1999年1月採用單一貨幣。

單一貨幣按時在1999年1月發行，歐盟15個會員國中有11個會員國參與，丹麥、瑞典、英國選擇不參加，另外希臘未達合格標準，直到2001年才符合相關標準，並正式成為第12個單一貨幣體系的會員國。

在入盟條約的條件下，於2004年加入歐盟的會員國要入盟成為正式會員國兩年後，才能成為歐元區的會員。在此期間它們必須追求大經濟政策，以便符合馬斯垂克條約的整合標準。新會員國加入歐盟後，均表達加入歐元區的期望與意願[26]。

---

24 Neill Nugent, op. cit., pp. 362-363.

25 Neill Nugent, Ibid., p.363.

26 Ibid., pp. 363-364.

（二）經濟暨貨幣聯盟的性質

「經濟暨貨幣聯盟」有3項主要特色：

1. 歐元區會員國不再有國家貨幣。（從1999年1月起單一貨幣會員國間的兌換率將固定，不能撤回。2002年1月及2月會員國的國家鈔票及硬幣將被歐元鈔票及硬幣取代。）

2. 歐元區國家在貨幣政策上，包括其原本應追求的利率，不再作個別的決定。

  歐元區有共同貨幣政策，該政策經由歐元區自己的制度結構決定。這些貨幣政策的核心是強烈的反通貨膨脹。歐元區國家的大經濟政策必須密切的合作，雖然它們不是共有的作為貨幣政策。這個聯合的架構以穩定與成長公約聞名（the Stability and Growth Pact, SGP），該公約以馬斯垂克整合標準的預算及公共債務要素為基礎，並且約束會員審慎執行預算政策，更特別的是在經濟循環上，維持廣泛平衡的國家預算。關鍵的穩定與成長公約法規是，歐元區國家年度預算赤字不得超過國家國民生產毛額（GDP）的3%。不聽從SGP的條件可能導致財政的懲罰。

  到目前為止，SGP公約並未應用到財務的懲罰措施，即使如此有幾個歐元區的國家曾經違反SGP的法規。這些違反法規的情況造成歐盟執委會與歐洲央行間，以及某些歐元區國家與執委會及歐洲央行間嚴重的意見分歧。所以，在2002年2月執委會對德國發出預警，因為德國預算赤字已經變成無法維持，雖然德國預算赤字尚未達到違反公約法規的界限GDP的3%，但是預測當年的預算赤字將達2.7%。無論如何，德國財政部長在經濟及財政部長理事會中，成功的說服了英國、法國、義大利及葡萄牙的財政部長，理由是執委會太嚴苛，且不容許在經濟循環中足夠的波動。在妥協的情況下，德國承諾到2004年時打消其預算赤字，部長們未作出責難，亦未採用正式投票。很明顯的，政治凌駕公約嚴格的管理。

  在2003年，當執委會建議以正式行動，對付法國及德國連續違反預算赤字不得超過GDP的3%界限時，緊張情況變成更尖銳。在一次激烈的經濟及財政部長理事會中，法國及德國完成說服與會財政部長取消威脅對付它們的紀律行動，卻導致執委會為此向歐洲法院提出對理事會的控告。無論如何，政治現實不會引領到對有關國家採取紀律行動，但是卻導致在2005年3月公約的限制被部長理事會改變。關鍵的改變是，在例

外及暫時情況下可以違反3%的限制，而且不受到財務的懲罰。因為有某些國家要求，有關的限制措施並未取消，但是留給執委會自行決定如何判斷。最有可能的情況是，普遍認可當一個國家正經歷暫時的困難，經濟低成長及高失業，但是根本的結構是健全的[27]。

3. 因為非歐元區會員國並不受歐元區貨幣及會計年度政策的束縛，它們期待與歐元區協調經濟政策。它們不能接受因違反SGP法規而受到財政的懲罰，但是它們有義務遵守國家經濟的多元監督系統，該系統的建立與單一貨幣的準備工作有關，有義務努力避免過高的預算赤字。因為歐盟有10個新會員國有此義務，當然它們期待準備工作可以幫助它們最後成為歐元區的會員國。對三個選擇不成為歐元區的會員國：丹麥、瑞典及英國，它們接受歐盟限制預算赤字程序，意即如果它們預算赤字超過3%，或似乎可能超過該限制，執委會可以建議財政部長理事會，該國需要採取適當的修正措施（雖然執委會及經濟及財政部長理事會均不能陳述修正措施究竟應該如何）。此一嚴肅申戒情況曾於2006年1月通告過英國[28]。

（三）經濟暨貨幣聯盟的重要性

很明顯的，單一貨幣的建立在歐洲整合過程向前邁進很重要的一步。一方面，它有重要的象徵性意義，歐盟用歐元取代了法國法朗（franc）、德國馬克（deutschemark）、義大利里拉（lira）、西班牙銀幣（peseta）等會員國貨幣。歐元可能為共同的歐洲認同發展提供更多的原動力。另一方面，單一貨幣會員國已經轉移責任，兩項重要的政策工具：即兌換率及利率，到歐盟機構。並且會員國在預算及財務政策方面也接受嚴厲的限制。

雖然單一貨幣體系促進歐洲整合，但歐元是否將被認為成功，仍有待觀察。它的理論基礎是，藉創造一個更穩定的歐洲經濟及貨幣環境，可為投資及市場提供較大的預測性，單一貨幣將促進成長與繁榮。但是目前成長率令人失望，失業率在幾個歐元區國家仍然很高，會員國間在競爭措施先存的及重要的變化還持續著。

至於歐元是否可與美元一樣作為國際貨幣？目前看來答案是很明確而肯定

---

27 Ibid., pp. 364-365.

28 Ibid., pp. 365-366.

的。歐元確實具有很大的優勢，例如歐盟在GDP大小實力上及在人口總額上超過美、日，在經濟上更依賴國際貿易。不過，美元是比歐元區更開發的金融體系，歐元區有時因為意見衝突被視為是意見不同的，例如在執委會、歐洲央行、經濟及財政部長理事會及會員國間就有不同意見。此外，未來歐元區可能擴大加入許多新會員，多數新會員國是小國而且在經濟上比現有會員國成長快速，這些都是變數[29]。惟，自從2008年全球金融危機以來，隨著美國經濟不穩定、政府財政赤字高漲及失業率屢創新高，歐元、日元及中國人民幣在國際貨幣的重要性日增，目前歐元對美元兌換率來到1.5035：1（2009/10/23）的創紀錄高峰，歐元已經與美元一樣成為國際貨幣，雖尚未能取代美元地位，但是在國際貨幣市場的影響力日增。此點係弩根特等歐盟觀察者數年前所未能預估的。

四、歐盟政策的特色

歐盟政策有四項特色特別引人注目：歐盟政策的範圍與多樣性；立法的重視；歐盟政策涉入程度上的差異；歐盟政策不易調和及協調的本質。

（一）歐盟政策的範圍與多樣性

歐盟政策及法律的中心，有許多關於促進與保衛一個對內自由及對外保護的市場。因此，有政策規劃推動貨物、人員、服務及資本的自由流通；有競爭政策尋求在會員國境內及橫越邊境更便利的公平與開放競爭；及有共同對外關稅和共同商業政策。實際上，不是所有這些政策都已經完成或完全成功。還有如公司法及公司稅有關的障礙，使在不同會員國的公司很難從事聯合商業活動，以及雖然在有關調和及接近非關稅障礙方面費力的活動，對內貿易問題仍然存在。結果是，歐盟在某些方面還不如一般想像整合的內部市場。

但是在其他方面，它（歐盟）超過一個內部市場，在許多政策中它所關切的事務範圍遠超過一個內部市場的需求。歐盟政策所關切的不是僅撤除內部障礙與提供公平的貿易條件，另一方面代表共同對外陣線。有兩個主要論點：

其一，關於歐盟經濟政策，許多政策不是單獨以非干涉主義者／自由競爭（laissez faire）原則為根據，它們通常被認為是提供歐盟的思潮，或甚至歐盟的意識形態。在某些領域歐盟傾向朝干涉主義／管理主義規則，在處理時並非

---

29 Ibid., pp. 366-367.

總是限制「市場效率」政策。最明顯的是在區域、社會及消費者保護政策方面，加上共同農業政策，它們的正確目的，為排除與軟化國家不能接受或社會不公平的市場影響。在廣泛的面向，如與歐元有關的政策，特別是在歐元區國家，歐盟採取的態度遠超過一個內部市場，賦予許多經濟及貨幣聯盟的特性。

其二，歐盟已經發展出某些政策，不僅非以市場為焦點，而且非以經濟為焦點。如外交及防衛政策問題，此外，還有許多其他政策領域，就如公共健康、廣播、及打擊犯罪等[30]。

（二）立法的重視

政策類型中有一種古典的辨識方法，是以立法的、再分配的及分配的政策方式。立法的政策設計規則支配行為。再分配的政策從個別的團體（最普遍的社會階級）、地區或國家轉移財政資源到其他地方。分配的政策通常也包括財政資源的配給，但不是從一邊到另一邊，而是會員國從可利用的資源獲得，為分配的政策以適當的比例作出它們的貢獻。

這個政策類型的設計決不是完美無缺的。它是經常被使用的形式，而且是一個有助於明白歐盟政策職務的本質。

歐盟政策很重視立法。誠如Giandomenico Majone所建議的，歐盟可以被認為是一個立法的國家。歐盟政策對立法的重視，最明顯的是關於歐洲單一市場，該政策設計廣泛的立法架構支配行為者在市場的行為。這個架構不僅供給純市場活動，就如規則支配產品的特殊項目和市場的流動，但是也有許多政策部分為了自己的緣故而調整，但主要因為它們有市場的意涵。政策領域受到歐盟法令約束的例子有工作條件、消費者保護及環境。

歐盟立法政策範圍廣泛的原因，如Pollack（2000）所指出的，立法政策有供應和需求兩種類型。需求來自不同的地方，但是最主要來自大生意，它們要求盡可能整合成單一市場，意即在所有會員國中有共同規則，以便用最大的方便追求商業活動。供應主要來自執委會，執委會透過其政策及立法建議在設定立法架構時扮演重要角色。執委會供應立法政策有幾個原因，其一，因為比再分配及分配的政策更容易做。部分因為許多立法政策的技術性質，傾向比其他兩種政策類型較少爭執；另外則因為完成立法政策的費用大半不是由歐盟的預算負擔，而是由私人公司和會員國的有關當局承擔。其次，在公共選擇理論者

---

30 Neill Nugent, Ibid., p. 384.

的觀點，擴大歐盟立法權，也擴大執委會自己的權力[31]。

歐盟有再分配政策，最引人注意的是團結基金及共同農業政策，但是不像會員國的社會福利、健康及教育政策同樣程度的受到注意。為何歐盟再分配政策沒有發展的那麼好，有兩個主因：首先，沒有急迫的理由為了再分配政策呈獻自己轉移到歐盟層次，所以主權的轉移被認為不需要。其次，會員國政府期望在歐盟預算支出保持緊密的箝制，即意味歐盟只有適度的基金可以再分配。雖然於1988年在區域及社會基金的開支加倍，甚至於1992年增加到歐盟GDP的1.27%。自從1992年增加相關基金預算額度以來，團結基金的費用已經維持或多或少的水準，所有的費用曾經被小幅刪減，因為會員國數目增加對開支採取嚴格的態度。考慮這態度的主要因素是：它們符合意識形態的改變以利於對所有形式的公共開支採更嚴格的立場；自從歐盟1990年代初按照輔助原則衡量對抗歐盟預算的擴張；經濟暨貨幣聯盟集中和穩定及成長公約標準很重視預算的紀律；期望與許多較貧窮會員國加入歐盟，並為鼓勵歐盟15個會員國擴大再分配政策，從再分配政策中多數會員國獲得不多，但是為再分配政策它們必須負擔經費；德國長期以來是歐盟預算的淨貢獻者，已經罹患「捐贈疲倦」──主要為德國統一所產生的費用[32]。

分配政策在歐盟不是那麼發達。歐盟分配政策的例子包括研究與科技發展、教育（涵蓋某些訓練及交流計畫）及設置歐盟機構。有關最後一項「設置機構」，在最近幾年創設了許多專門機構，從歐洲醫療產品評估機構到歐洲警政總署，它們設置的地點為了分散在會員國間，總是偶爾會引起爭辯。為何分配政策在歐盟層次發展的不是很理想，有許多解釋其理由類似再分配政策低度發展的原因：即它們被視為是會員國基本的國家責任，所以僅有限的預算資源可供利用。以Pollack的觀點（1994）其他關鍵的理由是，分配政策在市場的運作上，不像立法的政策或再分配政策那麼受約束。鑒於立法的政策受經濟擴溢的影響很大，再分配政策最少在有特殊的市場困難時獲得補償或額外支付，而部分受會員國國家的影響，分配政策不是這麼有利益，且高度依賴執委會企業界的貢獻[33]。

---

[31] Ibid., pp. 385-386.

[32] Ibid, p. 386.

[33] Neill Nugent, Ibid., pp. 386-387.

（三）歐盟政策涉入程度上的差異

歐盟決策的責任及政策管理改變極大超越其政策利益的範圍。在重要責任執行的領域，計畫通常建立得很好，擁有有效率的政策工具，法律與財務往往都很健全。在這些領域歐盟涉入不多，政策過程的限制可能比利益團體間觀念與訊息的偶爾交流要多一些，當政策工具可能僅有勸誡性質時，就像在許多國際組織所常見的。以下列出就歐盟在不同政策領域涉入的不同程度之指標：

1. 歐盟政策涉入的程度

- 歐盟政策廣泛的涉入：貿易、農業、補魚權。
- 歐盟政策的涉入頗多：市場規則、貨幣（歐元區會員國）。
- 政策責任由歐盟與會員國分享：區域、競爭、工業、對外事務、環境、機會平等、工作條件、消費者保護、跨越對外邊界流動、大經濟（特別是歐元會員國）、能源、運輸、跨邊界犯罪。
- 歐盟政策的涉入有限：健康、教育、防衛、社會福利。
- 歐盟政策實際上未涉入：住宅、市民自由權、會員國內部犯罪。

2. 歐盟政策涉入的本質

- 嚴重依賴法律規則：貿易、農業、補魚權。
- 頗依賴法律規則：區域、競爭、消費者保護、工作條件、機會平等、市場規則。
- 法律規則與跨國合作的混合：工業、環境、運輸、跨越對外邊界流動、大經濟、能源。
- 一些法律規則但頗依賴跨國合作：社會福利、能源、防衛、法律與秩序。
- 主要以跨國合作為基礎：健康、教育、對外事務[34]。

歐盟在政策廣泛涉入的例子是共同商業政策（CCP）、共同農業政策（CAP）及共同外交政策（CFP）。在此領域，最主要政策決定如對外關稅、支持農業機制和付款、捕漁配額等政策決策權在歐盟層次。在這些所謂共同政策領域，事實上不是完全共同的，在共同農業政策與共同外交政策容許會員國政府有空間可以提供國家的援助與支持，任何重要的決定通常最少需要歐盟的許可。

在許多領域中歐盟的利益與權限雖然不像前述CCP、CAP及CFP的例子那麼廣泛，但是仍然很重要，可以補充國家的活動。競爭政策是一個例子，它尋

---

34 Ibid., pp. 387-388.

求鼓舞全歐盟的自由與公開競爭，例如發表規則，在該規則下公司可製造及出售產品；設定條件，在該條件下會員國當局可以支持公司，並對公司合併設定某些限制。社會政策是另一種例子，以在職訓練領域作為焦點及再訓練、勞工的流動、工作條件等，俾普遍提升就業。

在歐盟政策涉入有限的範圍，例如教育、健康、住宅、退休金及社會福利的支付。這些歐盟低度涉入的政策有許多是公共福利政策及有重要預算意涵的政策。

歐盟政策涉入經過多年不停的向整合主義者的方向移動，經過不同的時期，在政策領域內已經改變，但是方向維持不變。所以，如果有人回顧過去，指出1970年代中許多議題曾經列在政策涉入有限類別，如環境與外交政策，現在絕對不是邊緣的。環境政策已經產生政策計畫及立法，外交政策已經發展其本身的機構，且看到增加協調的政策發展，兩項政策都已獲得條約的認可。同時，在1970年代某些政策範圍，共同體不可能會想到該領域有一天會排上歐盟的政策議程，如防衛政策和司法及內政事務領域的合作政策[35]。

（四）歐盟政策不易調和及協調的本質

歐盟政策架構很難有清楚的模式或一致性。令人注意的是經由所謂的輔助原則認為，只有那些政策在歐盟層次處理較在會員國層次為佳時，才成為歐盟關切的政策。這項原則的問題是，作為目前現狀的描述及作為未來行動的規定，是模糊的以及以未決定之問題為論據。目前的描述和發展中的政策架構作為被集中在「支配與調整的資本主義」或「一個控制的公開市場」，或許更著眼於歐盟政策利益的本質，但是它們仍無法令人滿意，因為和歐盟政策利益的不同，也未注意衝突原則。

事實是，在歐盟令人注意的國家與政治的差異性，使以分享的原則和同意的目標為基礎的協調與團結政策，很難發展。因為在歐盟層次任何政策發展只有大多數行為者滿意時，才有可能。從會員國的觀點而言，這些問題包括：會員國國家利益是否被照顧到？政策發展的合作與整合在政治上是否被接受？如果政策範圍不需要與其他國家密切關聯，在歐盟這個最讓人滿意的場所應該存在嗎？像歐盟範圍廣泛的政策所顯示的，這些問題曾經被肯定的答覆，雖然通常僅提出警告及保留條件在旁邊加註，有時則相互衝突。但是往往回應是否定

---

35 Ibid., pp.387-389.

的，或至少在某方面以足夠的數量阻礙進步。

　　政策發展有什麼是可能的？有什麼是最令人滿意的？由於缺少權力核心與當局及內部的團結，以及採取歐盟需求的全面觀點，及使用命令的模式，政策傾向複合的結果和緩慢的相互影響，且通常訂合約、需求、偏好、保留條件及害怕等都有關係。其結果是，歐盟的全面性政策景象無可避免的不調和及粗糙。有些範疇像共同農業政策及歐洲單一市場的運作，發展得很好。其他範疇，雖然曾經期待會有發展，卻在不協調及偏頗的方式下而幾乎不能發展[36]。

第二節　外交暨安全方面及其意涵

　　謹依以下四部分加以說明：歐盟共同外交及安全政策（CFSP）成立之背景；共同外交暨安全政策的發展；決策機制；政策過程。

一、歐盟共同外交及安全政策（CFSP）成立之背景

　　《羅馬條約》簽署後，歐洲整合集中在經濟面向，例如建立共同市場。雖然在國際政策領域合作的觀念已經顯然可見，在歐洲整合近40年中，歐洲共同體有關條約找不出「共同外交政策」的措辭。從1970年10月起，歐洲共同體會員國彼此合作及竭力協調主要國際政策問題。無論如何，這是國際政府層次與「歐洲政治合作」（European political cooperation, EPC）有關。1986年《單一歐洲法》使這項國際政府間合作正式化，而沒有改變工作方法或性質。直到《馬斯垂克條約》首度併入「共同外交政策」的目標[37]。

　　自1993年11月1日《馬斯垂克條約》生效以來，歐盟在國際舞台上可以透過共同外交暨安全政策為其發聲，表達其在武裝衝突、人權及任何其他主題的立場連結到基本原則及共同價值，該原則與共同價值是歐盟組成的基礎，及必須防衛的承諾。《阿姆斯特丹條約》修正CFSP條款，並於1999年生效。《阿姆斯特丹條約》第11條至第28條為關於CFSP之條款。為了改善歐盟外交政策的效率及形象，《阿姆斯特丹條約》制定一項重要決策，任命負責CFSP的高

---

36 Ibid., pp. 389-390.

37 吳振逢，「歐盟東擴對歐盟共同外交及安全政策的影響」，《立法院院聞》，33卷9期，（94年9月），頁96-97。

級代表（High Representative）索拉納（Javier Solana）自1999年10月18日起接受該職務，為期5年。

　　2003年新的《尼斯條約》生效，包含新的CFSP條款。它值得注意的是增加條件多數決的決策範圍，及加強政治及安全委員會在危機處理的工作[38]。

　　共同外交暨安全政策是獨一無二的制度，其創建的目的是為了促進各會員國與歐盟在國際事務方面的合作機制。共同外交及安全政策的形式是歐盟第二支柱，也是各會員國政府為了在全球相互依賴的體系中，保護自己的國家利益而設立的體制。共同外交暨安全政策是為了保護歐盟共同的國際利益，建立一個可以交換國際政治事務的資訊、意見的共同決策機制[39]。

二、共同外交暨安全政策的發展

　　謹就以下三項加以說明：共同外交政策的發展；共同安全暨防衛政策的發展；政策內容及政策行動。

（一）共同外交政策的發展

　　歐體的外交政策開始時是在共同體條約的架構外，在敏感的基礎上，會員國於1970年代至1980年代間，透過彼此在外交事務上增加合作，到1980年代中，有幾個重要的國際議題歐體未表示意見。歐洲政治合作與單一歐洲法第三部分一致認同外交政策合作發展的重要性。單一歐洲法第三部分指出，歐洲共同體會員國，應努力共同陳述及執行歐洲外交政策。無論如何，不像某些在單一歐洲法中被認同的其他政策領域，第三部分並未被併入條約。主要因為會員國不願意容許正式共同體決策過程適用外交政策[40]。

　　雖然單一歐洲法指出歐體外交政策日增的重要性，並便利其進一步發展，直到1990年代初歐盟的國際地位持續維持一方面是經濟巨人，另一方面是政治上的侏儒。意即它在經濟方面頗有國際影響力，特別是在貿易事務方面，但是在政治方面卻無關重要，尤其在安全及防衛事務上。自1990年代初以來，這種情況已經改變，因為會員國已經同意，歐盟應該不只是發表一般的、無關痛癢的聲明，或是偶爾利用和緩的經濟懲罰措施，以表達歐盟在政策或行動上的不

---

[38] 同前註，頁97。並請參閱歐盟網站http://europa.eu.int/, "Foreign Policy, The Common Foreign and Security Policy (CFSP)". (19/5/2005)

[39] 王泰銓，《歐洲聯盟法總論》，前引書，頁505。

[40] Neill Nugent, op. cit., p. 493.

贊成。歐盟在外交政策上的改變有五項因素[41]：

1. 冷戰結束，共產主義在東歐蘇維埃集團崩潰，以及蘇聯轉型國際權力關係的本質。特別是：在國際政治情況下，歐洲發現歐洲本身情勢已經劇烈改變，隨著焦點的轉移，從全球性的東西範圍對抗到區域的議題和衝突；戰略上歐洲不再受到兩超強的逼迫，選擇與美國結盟多少有阿諛的行為；權力關係的基礎已經變更，由於核武與軍事能力變成不是那麼重要，經濟力和地理位置，特別在關於紛擾的中東變得更重要。在這新的世界，國際關係更易改變，歐洲大陸的本質與未來發展不是那麼明確，歐盟國家自然希望在引導及處理事件中扮演領導的角色。歐盟在參與國際事務上，受到美國鼓勵，雖然有時候當歐盟被視為表現太獨立而感覺困擾，渴望承擔某些國際性的承諾，特別是其歐洲的承諾。

2. 德國統一增加在外交與安全政策面向的壓力，就如在經濟暨貨幣聯盟面向，創設一個歐盟架構，在該架構內德國有清楚的定位，並緊密的連接。歐盟領導人經常引述的決定，不僅是德國領導人本身，保證寧願要歐洲的德國，而非德國的歐洲。被許多人視為，特別需要適用外交暨安全政策，引起敏感性聯想到德國過去及實際的與潛在德東及德國南部的政治暴動。許多人因德國在1991年底成功的逼迫其他歐盟國家在外交上承認克羅艾西亞（Croatia）及斯洛維尼亞（Slovenia），比國際上大多數其他國家對該二國的外交承認要早許多，因此強迫歐洲國家接受前南斯拉夫共和國（Former Republic of Yugoslavia, FRY）的分裂，而確認德國必須更緊密的被約束。

3. 1990-1991年波斯灣戰爭及其事件顯示，如果安全及防衛政策繼續維持與外交政策分開，則歐洲政治合作效力會受限制。歐體對伊拉克入侵科威特的回應是，協調外界行動及共同採取經濟懲罰措施，但是在關鍵的適當軍事回應，會員國以零碎的及不協調的方式反應。

4. 歐盟對後1991年前南斯拉夫共和國瓦解的回應及隨後在巴爾幹的戰爭，廣泛被認為未充分準備、發展及動員。歐盟國家以各種方式提供協助，透過不同的論壇表達政策及建立維和及人道救援行動，但是對戰爭情況沒有清楚的、一致的或協調的歐盟回應。國際間領導對付巴爾幹地區動亂的，主要來自美國。

5. 回應上述這些因素的就是《馬斯垂克條約》及《阿姆斯特丹條約》，該二條

---

41 Ibid., p. 493-494.

約提供在外交暨安全政策合作的重要建議，雖然在基礎上維持實質上政府間的性質及非歐體的地位。《馬斯垂克條約》提供共同外交暨安全政策組成歐盟第二支柱。第二支柱的關鍵要素是：

（1）確認共同外交暨安全政策的一般目標；

（2）歐盟會員國間在外交暨安全事務上建立制度性的合作，是會員國的普遍利益；

（3）如果政策上被認為有必要，部長理事會在一致決的基礎上，確定共同立場，該政策並需經會員國確認；

（4）由歐盟高峰會設定一般政策綱領的基礎上，部長理事會可決定共同行動的主題；

（5）共同外交及安全政策包括安全議題，包括實際共同防衛政策架構，該政策可能及時引導至共同防衛；

（6）西歐聯盟（WEU）是聯盟發展整合的一部分。

《阿姆斯特丹條約》在一些方法上，強化《馬斯垂克條約》的條款：政策工具被簡化及被延伸；加權多數決條款在執行決定上被擴充；建設性棄權機制被引進，容許一個國家不引用一項決定，否則限制歐盟決策；由於彼得堡任務，安全政策有一點進展，彼得堡任務於1992年首度在西歐聯盟會議中被認可，主要任務為危機管理、維和及人道救援，併入《歐洲聯盟條約》，並參考「可能的共同防衛政策架構」透過「共同防衛政策的進步架構」被取代；以創立在理事會內的共同外交暨安全政策高級代表、政策計畫及預警單位，加強支援機制。

《尼斯條約》進一步加強共同外交暨安全政策的潛力，主要藉加強合作，被使用作為執行共同行動與共同立場，並無軍事或防衛意涵。這個排除以軍事或防衛意涵的行動及立場顯示，共同外交及安全政策發展的主要弱點：即排除安全及防衛政策。無論如何，近年來這項缺點開始被處理。在共同外交暨安全政策的掩護下，許多議題與過程是高度特殊，它們最好分開來考量[42]。

（二）共同安全暨防衛政策的發展

安全及防衛政策是發展歐盟會員國間合作特別困難的領域。原因之一，是安全及防衛政策與國家主權的本質密切關聯。其次，會員國的安全及防衛能力

---

42 Neill Nugent, Ibid., pp. 494-496.

不同。其三，會員國被迫時，使用武力的意願程度不同。其四，會員國對國際間現存各種安全／防衛組織的態度及承諾的程度不同。針對上述第四項論點，北大西洋公約組織（NATO）及跨大西洋關係有特殊的問題，有四個歐盟國家（奧地利、芬蘭、愛爾蘭及瑞典）不是北約成員，及在歐盟會員國間有一種論點，究竟歐洲應該與美國維持多密切的關係？在大的會員國如英國採最支持美國的立場，例如自2001年911恐怖份子攻擊以來，英國對美國在阿富汗的軍事行動及2003年春入侵伊拉克行動表達強烈及積極的支持，而法國則是最緘默及歐洲獨立自主最有力的擁護者。

雖然有上述這些困難，歐盟從1990年代初開始從事安全及防衛政策，即使開始時有一些實驗性質。對波斯灣及後來的前南斯拉夫共和國戰爭，歐盟採取的行動大致上透過零星的及猶豫的回應，在這些行動中歐盟展現其對戰後穩定及重建貢獻的能力，但是戰爭期間對軍事干預只有邊緣性。對結束1990年代在柯索沃的危機表現出歐洲的弱點，及對美國在政治意志及軍事資產的依賴。柯索沃戰爭突顯了歐洲在軍事行動上較大獨立運作能力的需求。

在巴爾幹的衝突製造來自美國的壓力，要求歐洲人承擔更多責任，造成歐洲人必須注意，並使他們軍事地位不能令人滿意的特色產生影響。只要歐盟缺乏有效軍事行動的能力繼續存在，美國會採取政策引導對付在歐洲大陸的衝突；可能在某些情況下，歐盟會希望對衝突採取與美國不同的立場；衝突的處理需要快速及有效的決策過程，而在安全及防衛領域歐盟缺乏此機制。

上述這些考量，引導從1994年採取步驟發展歐洲安全及防衛實體（European Security and Defense Identity, ESDI）。穩固的以在北約架構內為基礎，歐洲安全及防衛實體本質上關切軍事再構造，以便使歐洲人能運用一個較大且必要時更獨立和更有影響力的軍事安全機制[43]。1998年當法英兩國於聖馬洛（St. Malo）舉辦高峰會時，在歐盟架構下大的防衛政策突破才出現。這兩個國家在結束有關外交暨安全政策應該朝歐洲或美國方向發展的辯論時，幾乎針鋒相對，表示它們在立場上的整合，透過要求在北約架構內創設一個明確的及強大的歐盟安全體系。整合有幾項因素，包括在波斯尼亞（前南斯拉夫共和國的一部分）成功的軍事合作，在巴爾幹戰火與美國領導人的怒氣，及挫折感——尤其是在英國首相布萊爾（Tony Blair）方面，布萊爾在1997年5月變成英國20幾年來最支持歐洲的英國首相。聖馬洛高峰會的重要性是，英國不僅中

---

43 Neill Nugent, Ibid., pp. 496-497.

止其對與歐盟有關聯之防衛政策的反對，而且明確表示英國希望鼓舞這樣的討論，及在此發展中的政策領域扮演領導角色。參考《歐盟條約》中的外交暨安全政策，在《馬斯垂克條約》及《阿姆斯特丹條約》中，該政策領域已經併入，因此開始某些實際的效應[44]。

自從《阿姆斯特丹條約》於1999年生效以來，每次歐盟高峰會CFSP都採取實際上繼續向前邁進的步驟。這項發展背後的原因，是期望將歐盟的影響力，提升到更能維持其在國際舞台上作為最大贊助者角色的層次。從1999年起，歐洲安全及防衛政策（ESDP）的能力與結構有重大發展，ESDP功能有三種要素，前兩項軍事危機處理與平民危機處理，即著名的彼得堡任務（Petersberg task）。預防衝突是第三項要素[45]。自聖馬洛事件後ESDP快速展開，有四次歐盟高峰會具關鍵性的意義：

1. **科隆高峰會**：1999年6月科隆高峰會，將危機管理及預防衝突列為共同外交暨安全政策及共同防衛政策的核心目標，「歐洲安全及防衛政策」機制的建立包括：「政治與安全委員會」（Political and Security Committee, PSC）、「軍事委員會」（EU Military Committee, EUMC）及「軍事幕僚參謀部」（EU Military Staff, EUMS）。其歷史意義為，歐盟所有會員國，包含中立國，第一次參與安全及防衛政策。

2. **赫爾辛基高峰會**：1999年12月赫爾辛基高峰會設定首要目標（headline goal），計畫在2003年底前建立一支為達成彼得堡任務所需5萬人至6萬人之快速反應部隊（Rapid Reaction Force, RRF）；指揮系統、情報能力、後勤以及其他海空戰鬥支援等方面相互合作，實際所需員額為18萬人；「政治與安全委員會」、「軍事委員會」、「軍事幕僚參謀部」正式成立；「首要目標成為指標」機制的建立與高階文官的互動，形成歐盟的防衛決策文化。

3. **尼斯高峰會**：2000年12月簽訂的《尼斯條約》授權理事會在危機發生時採取必要決策，以確保歐盟對危機的控制及領導地位；修改1992年的《歐洲聯盟條約》第17條有關歐盟與西歐聯盟關係的界定，使歐盟共同外交暨安全政策高級代表職務更為強化；將西歐聯盟相關機制納入，例如「特瑞恆衛星中心」（Torrejon Satellite Centre）與「安全研究所」（Institute of Security Studies）；賦予三個機制「政治及安全委員會」、「軍事委員會」及「軍事

---

44 Ibid., 497-498.

45 請參閱歐盟網站http://europa.eu.int/, "the common foreign and security policy: Introduction." (19/5/2005)

幕僚參謀部」永久資格。

4. **哥特堡高峰會**：2001年6月哥特堡高峰會，將優先處理程序改為衝突預防。1999年以來歐盟高峰會實際上竭力發展在ESDP下歐盟獨立行動的能力，它是CFSP整體的一部分。ESDP的目標是在2003年可以運作，該行動會給歐盟在國際上有獨特的地位，這歸功於歐盟範圍廣泛的手段（包含經濟、外交、軍事、警察及其他工具）。彼得堡任務已經併入《歐盟條約》第5條。這是向前邁進的重要步驟，當地區衝突再起造成對歐洲安全的真正威脅（如前南斯拉夫共和國軍事衝突），即使與冷戰時期相較，大規模衝突的危險已經大幅降低。彼得堡任務代表歐盟的適當回應，具體表現在會員國分享決定，經由軍事行動保障安全，工作項目包含：（1）人道救援工作；（2）維持和平工作；（3）危機處理的戰鬥部隊工作，包含促進和平[46]。

　　2003年12月CFSP的高級代表索拉納起草以"A Secure Europe in a Better World"為題的歐盟戰略。詳列歐盟面對的全球威脅與挑戰、歐盟的戰略目標、相關的政策意涵等部分，係歐洲整合50年來第一份有關歐洲安全的戰略規劃。歐盟作為一個經濟強權，應該負起全球角色（global player）的責任。在政策意涵方面主要有三項：1.在戰略目標的達成上更積極（more active）；2.必須建立一個在軍事方面更有能力的歐洲（more capable）；3.歐盟內部愈團結，則歐洲安全與防衛政策所能發揮的影響就愈大（more coherent）。歐盟與主要國家關係界定為美國、俄國、日本、中國、加拿大及印度，有意彰顯其獨立自主的外交策略[47]。

　　以下謹提出歐盟具軍事意涵的實際行動：

1. **CME 02——第一次軍事演習**：2002年5月以歐盟名義進行第一次軍事演習，假設狀況為發生在某大西洋小島上的種族衝突，目的在測試歐盟決策架構下軍事面向與平民面前的整合程度，同時也檢驗歐盟機制與會員國在面對危機處理時如何有效合作。演習結果呈現給當年6月在西班牙賽維爾（Seville）舉行的歐盟高峰會，其結果被認為成功。

2. **EUPM——第一次平民危機處理任務**：2003年1月歐盟警察任務取代聯合國國際警察任務編組，負責重建波士尼亞／赫塞哥維納（Bosnia-Herzegovina）當地秩序。超過500名警力與400名後勤支援人員，擔任監

---

46 吳振逢，「歐盟東擴對歐盟共同外交及安全政策的影響」，前揭文，頁97-98。
47 請參閱歐盟網站http://europa.eu.int/, "the common foreign and security policy." (19/5/2005)

督與調查工作，任務時間長達3年，年度預算3800萬歐元。雖然主要著重平民性質的警察任務，但也提供歐盟承擔「境外任務」時機制與會員國協調運作之機會。

3. Concordia——第一次具有軍事性質的任務：2003年3月聯合國安理會1371號決議，歐盟接替北約在FYROM的維和任務，代號為「和平女神」，維持馬其頓衝突後之秩序。任務時間為6個月，總預算為620萬歐元，歐盟當時15個會員國中，除丹麥和愛爾蘭外，有13個參與，計350位配備輕型武裝軍事人員。「和平女神」任務並非完全由歐盟獨力運作，乃依照歐盟與北約之協定，歐盟藉由北約提供的資產與軍力（assets and capabilities）進行任務。

4. Artemis——第一次在歐洲以外的軍事任務：2003年5月聯合國安理會1484號決議，在剛果共和國進行危機處理任務，代號「月亮女神」。主要任務為保護難民、平民及聯合國人員的安全，以及保衛重要機場。計部署1,800名軍事人員，其中大部分為法國籍，英國與瑞典也派遣部隊支援，比利時與德國則提供非戰鬥人員。此次行動為第一次歐盟無須依賴北約在資產與軍力的協助，而由歐盟獨力運作[48]。

5. 歐盟軍隊及德法聯合部隊在阿富汗（Afghanistan）參與北約軍事行動ISAF。

6. 自2004年12月2日起歐盟軍隊接替北約執行在波士尼亞／赫塞哥維納的維和及協助重建工作 "Althea"。

7. 2004年12月16日依據聯合國1556號及1564號決議，德國派遣空軍運輸機及200名武裝官兵，赴非洲蘇丹Dafur參與非洲聯盟在蘇丹的維和工作（AMIS）[49]。

自從ESDP成立以來，歐盟總共發動22次行動，其中有13項目前還在進行中。較後面的行動具有歐盟全球性干預的性質，從索馬利亞（Atalanta行動是ESDP最近的任務，於2008年12月發動）、幾內亞比索、剛果共和國（DRC,有兩項任務）、查德、柯索沃、波斯尼亞／黑塞哥維納（有兩項任務）、阿富

---

48 甘逸驊，「『軍事強權』vs.『公民強權』：歐洲安全與防衛政策的發展」，《2005年6月1日於淡江大學歐洲研究所演講講稿》，頁2-3。

49 請參閱德國聯邦政府網站http://www.bundesregierung.de/ (23/5/2005), "Sicherheitspolitik, Gemeinsame Erklaerung des Deutsch-Franzoesischen Verteidigungs- und Sicherheitsrat", April/26/2005.

汗、喬治亞到巴勒斯坦地區（有兩項任務）。至於9項已成功完成的任務中，有3項在剛果共和國，其他6項在蘇丹、前南斯拉夫共和國的馬其頓（有3項任務）、喬治亞及印尼的阿契省（Aceh）。ESDP的行動範圍從小規模（15名人員被派遣至幾內亞比索從事安全部門改革任務）到波斯尼亞／黑塞哥維納的Althea行動，該行動高峰時期動用7,000名軍隊（2007年2月降低至2,500名）[50]。

ESDP的發展意義重大而且非常快速，執行任務的範圍及參與的人數遠超過1999年ESDP成立時大多數人所預期的。不可否認的，多數的ESDP干預行動有正面的影響力，即使效益有限。目前要求歐盟派兵佈署的訊息為數頗多，是ESDP影響力最具說服力的證據[51]。

ESDP創設於許多人相信軍事力量的效用正衰退之時刻，但是以堅決的態度使用武力的能力與意願往往能解決重大的人道危機，如俄國入侵喬治亞及2001年的911事件以及隨後在阿富汗的戰爭，喚起歐洲人注意使用武力仍然是普遍的，並且有時候顯示必要的，為了歐洲國家有能力保衛自己。因此，歐盟的軍隊絕對需要增援北約武力投入阿富汗的反恐戰爭，因為其結果將直接衝擊西方國家的安全[52]。

（三）政策內容及政策行動

傳統上對歐洲政治合作有兩項主要的批評。其一，它是反應性的。除了很少數的主動，如急待解決的，例如1980年為了將巴勒斯坦解放組織（PLO）納入在中東和平談判中，歐體被視為在隨後的事件寧可順其發展。其二，它是宣示性：政策立場無法利用有效的政策工具接續後來的工作；如其反對南非前種族隔離政權，充其量只能採取軟弱及本質上象徵性的經濟懲罰措施。

歐盟的共同外交政策大體上可以處理上述的弱點。主要的意義是，更有意識的追求共同政策及更適當的協調政策行動及政策工具之發展。有關共同政策，在歐洲聯盟條約第11條作以下陳述：

聯盟及其會員國應定義與執行共同外交暨安全政策，涵蓋外交暨安全政策所有領域，其目標為以下5項：

---

50 Anand Menon, "Empowering paradise？ The ESDP at ten", *International Affairs*, Volume 85, Nr. 2, (March, 2009), p. 229.

51 Ibid., p. 244.

52 Ibid., p. 246.

1. 保護共同價值、基本利益、聯盟的獨立及完整，以符合聯合國憲章的原則；
2. 用所有方法加強聯盟的安全；
3. 保障和平及加強國際安全，以符合聯合國憲章和赫爾辛基最後議定書的原則，以及巴黎公約的目標，包括有關對外邊界；
4. 促進國際合作；
5. 發展及鞏固民主與法治，並尊重人權與基本自由。

歐洲聯盟條約第12條指出，共同外交及安全政策的目標透過以下5項方式達成：
1. 為共同外交及安全政策定義一般原則；
2. 決定共同策略；
3. 採取聯合行動；
4. 採取共同立場；
5. 加強會員國間政策行為上的制度性合作。

《馬斯垂克條約》創設聯合行動及共同立場，《阿姆斯特丹條約》進一步創設共同戰略[53]。

《歐洲聯盟條約》僅在一般條件下確認政策目標和工具，通常委託給歐盟高峰會、總務及對外關係理事會及理事會主席，發展更特殊目標及指定政策工具正確的本質，以及在何種情況下政策工具應該使用。有關政策目標，目前歐盟已經發展核心外交政策目標，即促進和平、民主、自由與人權，特別是在廣大的歐洲及鄰近地區。就如東擴政策，與所有新入盟的會員國聯合起來，是歐盟外交政策的關鍵部分。此外，2003年所發動的歐洲鄰國政策（the European Neighborhood Policy, ENP），以發展一個富裕及友善的鄰國區為目的，一個朋友圈，歐盟與朋友圈共享密切、和平及合作的關係（歐盟執委會，2003）。歐洲鄰國政策以現存歐盟與歐洲鄰國間的雙邊關係為基礎。ENP行動計畫主要涵蓋貿易、援助及政治及文化合作，與每個鄰國各別協商。ENP政策的目的是將與鄰國的雙邊關係置於更連貫及更有秩序的架構下。西巴爾幹國家不在ENP的範圍內，因為它們與歐盟另有特別計畫，即所謂《東南歐穩定公約》（the Stability Pact for South East Europe）。所有前蘇聯共和國成員，北非國家以及

---

[53] Neill Nugent, op. cit., pp. 500-501.

巴勒斯坦當局，共15個國家為ENP涵蓋的對象[54]。

　　有關政策工具，《馬斯垂克條約》創設兩項政策工具，即聯合行動及共同立場，已經使用的很廣泛，但是在內容上傾向有些無關緊要。2004年歐盟共採取了20項新的共同立場及7項新的聯合行動。至於《阿姆斯特丹條約》所創設的共同戰略，必須經由歐盟高峰會在部長理事會的建議下以一致決的方式決定。到2005年底，僅很小心的作了三次決議，即關於俄國、烏克蘭及地中海地區。三次決議均未附加政策目標與承諾。

　　除了政策工具外，在《歐洲聯盟條約》第12條也利用其他工具。這些工具包括民主、政治壓力，有些不太重要的外交政策議題，歐盟未發表聲明，通常與其他國家聯合作貿易制裁、經濟及財政援助以及技術、科技、文化和其他形式的合作。後三種工具類型包括共同外交暨安全政策支柱利用歐盟的經濟力量經由其歐洲共同體支柱（第一支柱）。它們曾應用在許多情況，包含對一些國家施壓，以改善渠等之人權紀錄。

　　至於最敏感的外交政策工具：軍事武力，如上所述，已經發展軍事能力，並開始運用，即使只使用在有限的目的。這種發展的影響是，西歐聯盟的萎縮。《馬斯垂克條約》及《阿姆斯特丹條約》準備轉讓其軍事武力，透過提供軍事武力在歐盟架構內至少從事某些軍事工作，尼斯條約合併西歐聯盟到歐洲聯盟，集體防衛承諾除外。

　　西歐聯盟的併入，象徵歐盟發展軍事面向才不過幾年，就已經走了這麼遠。但是要強調的是，在該面向的範圍有限，不論軍事能力或使用的可能性。在可見的未來只有一點希望可超越自行設下的限制。因為在歐盟發展完全成熟的安全及防衛政策與能力，至少會有五項障礙：

1. 有一些會員國，特別是那些有中立傳統的國家，為了意識形態及傳統原因，不願意過度發展安全及防衛政策。

2. 安全及防衛政策實際上為所有會員國增加對主權的關切。

3. 會員國對安全及防衛議題，有時候仍然在目的及意義的觀點上意見分歧。例如，1995年當法國在南太平洋不顧大多數歐盟會員國政府反對，進行核子試爆；1999年當英國加入美國轟炸伊拉克，不顧多數歐盟會員國明顯的不安；最戲劇性的是，2003年當歐盟為了美國領導入侵伊拉克而造成歐盟意見分歧，英國領導的支持者，包括丹麥、義大利、西班牙

---

54 Ibid., pp. 501-502.

及大多數即將成為歐盟會員國的中東歐國家（CEECs），反對者包含法國、德國、比利時、芬蘭等。

4. 很多會員國認為不需要在安全及防衛政策上投入太多，如果有其他的防衛選項可以運用。這些選項中最明顯的是北約組織，因為大多數歐盟會員國是北約組織成員。這些國家不願意降低北約角色的重要性或放鬆對美國的束縛。其他安全與防衛選項包括歐洲安全與合作組織（OSCE），該組織在巴爾幹地區衝突扮演積極的角色，是有能力與有意願國家的特別聯盟，有時候會組成軍事聯盟。例如，於1997年為回應阿爾巴尼亞的暴動，由義大利發起這樣的軍事干預武力聯盟。總計投入6千人，在歐盟會員國有義大利、法國、西班牙、希臘、奧地利及丹麥參與，非歐盟會員國有土耳其及羅馬尼亞參加。

5. 除了在安全與防衛上較高程度的花費外，歐盟將為了關鍵的資源如衛星技術、空中運輸、理論的支持和某些武器，繼續嚴重依賴北約／美國。在歐洲安全及防衛政策的架構內多樣性的意義，被利用來加強歐洲安全及防衛能力，包含更密切合作以改善可利用性、機動性及部署武力的能力、裝備運轉操作的能力及軍火之購買等，但事實是，歐盟並未期望立即能著手主要的軍事行動，而不必美國協助[55]。

三、決策機制

共同外交暨安全政策的執行，其決策機制涉及歐盟的五個主要機構：「歐盟高峰會」；「部長理事會」；理事會的「常設代表委員會」；「執委會」及「歐洲議會」。謹說明如下：

首先是「歐盟高峰會」，作為政府間的高峰會議，依據《馬斯垂克條約》第J.8條，歐盟高峰會制定共同外交暨安全政策的一般性綱領，並由部長理事會成立「總署」運作相關業務。

其次是「部長理事會」的輪值主席，在共同外交暨安全政策議題方面，理事會是以各國外長為代表，輪值主席依《馬斯垂克條約》第J.5條之規定，代表歐盟處理有關共同外交暨安全政策的事務，並負責共同措施（common measure）的施行。在此權限下，主席應於國際組織及國際會議中，原則性的表達歐盟之立場；而有任務需要時，得由前後任輪值主席加以協助（《阿姆斯

---

55 Neill Nugent, Ibid., pp. 502-503.

特丹條約》修正《馬斯垂克條約》對於輪值主席決策討論成員的規定，現任輪值國、下任輪值國加上共同外交暨安全政策高級代表）。歐盟高峰會與部長理事會的輪值任期，在歐盟中是一項最明顯的差異。每6個月為一任，在每年1月與7月的第一週舉行交接。不同國家擔任這兩個組織的輪值主席，這6個月的輪值主席次序以前習慣上是按照字母順序排列，但是經過幾次調整（使用Troika三頭馬車的觀念來安排次序），是以國家大小、新舊來分配任期的執行工作。為適應輪值主席工作的不確定性，歐盟立法部分建議在行事曆上預定輪值工作，而且有特別的規定，特別是歐盟事務在一年當中有限定必須處理的。

例如歐盟的特別計畫，在1980年代晚期的單一市場與1990年代的三階段歐洲貨幣聯盟過程，在輪值主席任內有嚴格的時間表控制。儘管如此，有三個主要的理由是在任何特別時間裡都會對輪值主席國在處理事務上產生影響：（一）每一個國家都會有自己的特殊方式，來處理甚至是一般最日常與無爭議的歐盟事務。（二）國家需要專責部門處理歐盟的政策、計畫與活動。（三）隨著歐盟外在或內在環境的改變，有時面對任期內的突發狀況需要快速反應。因此，改變一個國家的治理模式可能是事件的大小或來源、外交經驗與傳統、對歐盟系統的熟悉、同意在國內政治環境下實行歐盟整合。

此外，部長理事會主席應向歐洲議會諮詢有關共同外交暨安全政策的發展方向。依據《馬斯垂克條約》第J.8條之規定，如果針對某一議案須作成決議，主席得以動議或應執委會或任一會員國之要求，於48小時內，或於緊急情況下，得在最短時間召開部長理事會特別會議（extraordinary Council meeting）。

理事會的「常設代表委員會」（the Committee of Permanent Representatives, Coreper）係一執行機構，因該委員會是由各成員國之外交部政治事務司司長所組成，處理官僚協調。而且常設代表委員會內部另形成政治委員會，針對共同外交與安全政策提出政策建議與監督運作。

「執委會」及「歐洲議會」也扮演一定角色。執委會主席得參與部長理事會和共同外交及安全政策相關會議，然而執委會所能發揮的功能有所侷限。雖然執委會擁有提案權，但是仍得聽命於部長理事會。歐洲議會得就共同外交暨安全政策進行辯論，舉辦聽證會並提出建議。此外，擁有預算權及參與共同決策，歐洲議會所管轄的預算審議權，屬於強制預算性質，歐洲議會能更動的幅度不大。歐盟共同外交暨安全政策的財源是按照事務性質劃分，如果屬歐盟內部事務，則由歐盟編列預算支付；如果與會員國相關性高，則由會員國按比例

分擔經費。歐洲議會所擁有的預算權屬於歐盟內部組織所需支付的預算費用，並不能干預各國支付分擔預算的部分[56]。

四、政策過程

（一）外交政策

　　共同外交暨安全政策的功能，集中在會員國代表間活動與諮商活動的網絡，以經常的會議從事政治與官方層次的核心工作。所有這些活動的意圖是試圖獲得最大的資訊量及會員國間合作的努力，使歐盟能在重要的外交政策議題上發表共同聲明，不論何處可能，使歐盟能發展及使用其馬斯垂克政策工具，當它被視為必要及適當的。

　　共同外交暨安全政策主要基於政府間重要的外交計畫。有許多相互聯結及重疊的原因，但基本上顯示的事實是，因為外交暨安全政策許多內容涉及政治上敏感的本質，共同外交暨安全政策維持在歐洲共同體條約架構及共同體體系之外。

　　雖然排除於主流歐體體系之外，經過這些年外交政策，已經變成至少擔負正常共同體決策的某些特性，與所有主要歐盟機構至少均有扮演某些政策的角色。共同外交暨安全政策的決策過程，及歐盟機構在這些過程的權力，將透過圖5-1描述[57]。

（二）防衛政策

　　歐洲安全及防衛政策的制度性結構，在1999年6月的科隆高峰會中被提出，在1999年12月赫爾辛基高峰會發展及確認，於2000年3月開始短暫的立足點，並於2001年上半年建立永久的基礎。

　　ESDP的結構在歐盟高峰會、部長理事會（除例外情形，國防部長與外交部長在總務及對外事務委員會會合，如果情況適當，偶爾彼此碰面）、高級代表、執委會、及歐洲議會的地位方面與CFSP很像。主要的差異是兩個機關：歐盟軍事委員會（EUMC）及歐盟軍事幕僚參謀部（EUMS），該二機關只與歐洲安全及防衛政策有關聯。

---

56 王泰銓，《歐洲聯盟總論》，前引書，頁523-524。
57 Neill Nugent, Ibid., pp. 503-504.

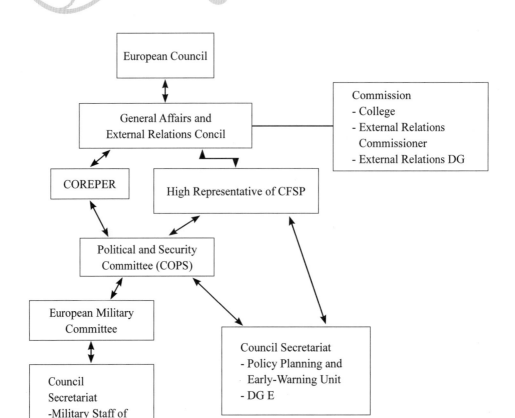

圖 5-1　歐盟共同外交及安全政策之決策流程

　　歐盟軍事委員會是由國防部門的主管組成，經由他們的軍事代表參與，除非某些情況需要主管親自出席。歐盟軍事委員會的功能，包括提供軍事建議及向政治及安全委員會作推薦，充當會員國間在衝突預防及危機管理領域軍事諮詢及合作的論壇，並在危機管理情況進行評鑑及建議的工作。委員會通常每週舉行。

　　歐盟軍事幕僚參謀部由會員國調任之軍事人員組成，EUMS的幕僚人員屬部長理事會的總祕書處管轄範圍，但是因為彼等關切有關安全議題，渠等辦公處所與其他祕書處人員不在同一棟辦公大樓。在歐盟軍事幕僚參謀部的指揮下工作，軍事幕僚為ESDP提供專業意見與支持，包括早期預警、情況評估及戰

略計畫等【58】。

第三節　司法暨內政方面及其意涵

　　「司法暨內政合作」等整合事務為政治敏感之議題,如出入境政策、移民政策、警政事務等傳統上被認為是一國主權核心議題,使得歐洲整合過程中部分國家對於該等事務之整合,均藉由傳統政府間合作模式在共同體架構外逐漸發展,一些非正式的資訊交流管道也因此設立。

　　歷經《單一歐洲法》、《申根公約》、《馬斯垂克條約》、《阿姆斯特丹條約》、《尼斯條約》等各階段之條約變革後,「司法暨內政合作」事務漸漸有了突破性的發展。例如《馬斯垂克條約》新增歐盟第三支柱,制定相關條款來規範在司法及內政領域的合作。《阿姆斯特丹條約》所進行的重大修正,即將原本「司法與內政」事務重新定義為「自由、安全與正義領域」,並將其中自由相關領域與民事司法合作部分移到第一支柱:共同體架構下,在EC條約中新增第四篇「簽證、庇護、移民與其他人員自由流通等相關政策」;而刑事司法合作部分與安全相關領域,如警政合作等,則繼續保留在第三支柱下【59】。以下謹依《申根協定》、《馬斯垂克條約》、從《馬斯垂克條約》到《阿姆斯特丹條約》、《阿姆斯特丹條約》、「建立『自由、安全與正義領域』」及「超越《阿姆斯特丹條約》與鄧普勒計畫」六部分加以說明:

一、《申根協定》

　　1980年代中為了進一步整合,歐體地理上的核心國家法國、德國、比利時、荷蘭及盧森堡採取第一個廢除彼等邊界形式的步驟。法國與德國於1984年6月先簽署協定減少邊界檢查;接著五個國家於1985年6月在盧森堡的申根鎮簽署影響更深遠的協定,即著名的《申根協定》。《申根協定》發動一系列的會議和協商,確認與執行一些必要的措施廢除內部邊界,並建立環繞簽署國的共同對外邊界。主要挑戰包含設定簽證規定、處理難民申請、對抗非法移民、改善警察合作以打擊恐怖主義及其他犯罪,重新安排飛機場的設施與環境以隔離

---

58 Neill Nugent, Ibid., pp. 511-512.
59 王泰銓,《歐洲聯盟法總論》,前引書,頁539。

所謂申根區的旅客與其他非申根區的旅客。

《單一歐洲法》讓《申根協定》的工作加重。歐體於1986年底在Trevi架構下建立有關移民的特別小組，計畫廢除內部邊界管制。但是有三個會員國沒有完全同意單一歐洲法的命令，英國因為歷史及國家主權的緣故；愛爾蘭因為要與英國維持共同旅遊區；丹麥則因為在歐體自由移動項下考慮北歐國家間自由移動的可能影響。更正確的說，它們同意會員國國民自由移動，但是不同意第三國國民的自由移動。因為在歐體會員國內部邊界沒有檢查無法區別會員國國民與非會員國國民，英國、愛爾蘭及丹麥即使在單一市場完成後，堅持維持某些邊界管制。申根區國家繼續在歐體內部建立一個區域的準備工作，在該區內人們可以自由移動。這是在歐體內有區別整合的特殊案例。

其他會員國，那些未在申根區，也不反對自由移動的國家想要加入申根區，因為不願意被排除在外。義大利，唯一不在申根區的歐體創始會員國，特別不滿。申根區國家同意擴大會員的期望，並盼《申根協定》會實際上併入歐體本身。在程序上，直到義大利、希臘、葡萄牙及西班牙等國有意願及有能力執行邊界檢查後，才容許這些國家進入申根區。

申根區國家花費了近五年締結第二次《申根協定》（Shengen II），完成必要措施，保證「人員可以跨越內部邊界完全不用任何檢查」，重要議題及背景包括以下七項：

（一）**簽證**：協定的目的在調和移民法，以便設計第三國的共同名冊，這些國家的國民進入申根區，需要簽證及批准或拒絕的共同規定，以及同意簽證章戳或印記。

（二）**非法移民**：指定申根區對外邊界的大小與性質，對抗非法入境造成很大、且代價高昂的挑戰。此外，保護對外邊界的費用必須由那些因為納入大的自由旅行區而縮小或消失該國邊界的國家，如比利時和荷蘭一起分擔。非法移民的議題在1990年代初期，共產主義在中歐及東歐崩潰漸漸變成敏感，擔心非法移民潮恐怕會氾濫整個西歐。

（三）**庇護**：二次世界大戰期間猶太人逃離德國，並且在其他歐洲國家逃難被拒絕的記憶仍然鮮明，為此歷史原因，庇護在《申根協定》議程是特別敏感的議題。有關庇護的定義或尋求庇護者應如何被對待，還有一點小爭議。歐體會員國在《日內瓦公約》及《紐約議定書》的庇護議題上，已經簽署適當的國際協定。主要的挑戰是防止個人，連續或同時的在不只一個國家提出庇護的請求。《申根協定》包括會員國應處理庇護申請

的標準，因此涵蓋在申根區內追蹤庇護申請人的體系。

（四）**警察合作**：在申根區國家之間的警察組織有高度的合作，雖然合作範圍大多數在雙邊及非正式的基礎上。申根協商的媒體報導，有時會提到歐洲共同警察部隊侵犯國家主權及不顧個人的權益。沒有國家政府期待一個超國家警察機關，雖然合作可能會涵蓋歐體體系以交換資訊與情報，這是歐洲警政總署（Europol）成立的來源。由於警察合作有其敏感性，特別是在出任務的層次，處理議題的規定如跨邊界監視受到限制。

（五）**司法互助**：有關司法合作的協商包含不明顯的危險如警察合作等，雖然協定所包含的一些規定，如增加接觸及加強司法機關之間的合作，特別是在敏感的引渡議題上。

（六）**申根資訊系統**：申根協定包含申根資訊系統（Schengen Information System, SIS）的規定，總部設在史特拉斯堡及聯結適當的資料庫到參與國。在邊界駐地或其他場所使用申根資訊系統，容許官員快速搜尋失蹤人口、逮捕令、偽造護照失竊車輛等資訊。沒有SIS申根協定無法運作。SIS的發展還進一步警告主權意識以及公民自由論者。無可避免的，嚴格的隱私權及機密性法律也受到適當的考量。執行與利用系統的內容，除政治及法律問題外，聯結這麼多不同國家體系的技術性困難延緩SIS的完成，並造成《申根協定》履行的耽擱。

（七）**制度的結構**：《申根協定》在歐體架構外建立制度性的結構，處理其運作及未來發展，包括在部長層次的執行委員會、一個資深官員的中央協商小組、及幾個工作小組。

　　《申根協定》於1990年1月生效，在單一市場計畫完成前3年。由於害怕中歐及東歐的大量移民湧入西歐，激起重新思考取消有關會員國控制。法國宣告，將繼續對非歐體國民作邊界檢查。1989年德國因為對東德人進入申根區旅行權利的不確定性，延後簽署協定。在重新協商後協定於1990年6月簽署，其實際履行耽擱了幾年，部分是政治原因，部分因為資訊系統整合困難。

　　因此，在1992年底單一市場完成時，人員自由移動即使在申根區國家之間仍然不可行。繼續關切不受控制的移民及不同國家的特殊關切，範圍從盧森堡銀行祕密法的廣泛批評到法國對荷蘭溫和毒品政策的批評，顯示即使在申根區國家之間在司法及內政領域複雜的程度。雖然如此，繼續實現《申根協定》的工作，義大利於1990年11月同意加入，葡萄牙和西班牙於1991年6月，以及希臘於1992年11月亦加入申根協定。在當時歐洲整合過程，由於單一市場計畫的

成功及德國統一而加速進行。許多《申根協定》的目標被併入《馬斯垂克條約》，雖然申根協定繼續獨立存在於歐洲聯盟[60]。

二、《馬斯垂克條約》

1993年《馬斯垂克條約》生效前，歐洲各國關於內政之整合完全屬於「政府間合作」之階段，共同體之組織在此一整合內並未擔任何種角色，所有談判只存在於政府之間。協定的達成需要參與談判國家的全體同意，其最終形成的法案被認為是各國的內國法；執委會只有在少數情況下才會派代表參加政府間談判，其目的僅在於保護共同體的利益不被侵犯；歐洲議會亦鮮少有機會就該談判表示意見。在此一階段，唯一的法律工具只有「公約」，其他軟性法規，如決議、建議只有偶爾才會由相關部會首長做成。

1993年的《馬斯垂克條約》為歐洲整合上劃時代的進展，其所建立的歐盟超出原本歐體所涵蓋的範圍，納入外交、軍事、司法、內政等事務，使歐洲朝「聯邦」型態向前邁進一大步。就內政部分言，《馬斯垂克條約》新增第六篇，明文規定9項關於內政司法之整合事項，並要求各會員國將該等事項視為「共同利益事項」（matters of common interest）。其9項主題為：

（一）庇護政策；

（二）關於人員跨越會員國外部邊界及該邊界之管制規定；

（三）移民政策與關於第三國國民之政策；

（四）打擊毒品成癮問題；

（五）打擊國際詐欺；

（六）民事司法合作；

（七）刑事司法合作；

（八）海關合作；

（九）警政合作，包括打擊恐怖主義、非法毒品交易，並提及歐洲警政總署的必要性[61]。

最後三項主題接近國家主權的核心，與前幾項主題不同。如前所述，它們並未被包含在容許第三支柱議題轉移到第一支柱的通路條款中。雖然在《阿姆斯特丹條約》改革前《馬斯垂克條約》生效後，有限的期間通路條款並未被使

---

[60] Desmond Dinan, *Ever Closer Union*, op. cit., pp. 562-566.

[61] 王泰銓，《歐洲聯盟法總論》，前引書，頁544-545。

用，除了警察、海關及多數司法合作外，建議會員國應保持這些領域在政府間的第三支柱，不論1996-1997年政府間會議的結果是什麼。

　　為了實行司法及內政事務政策，《馬斯垂克條約》建立三項工具：聯合立場、聯合行動及公約。聯合立場與聯合行動類似條約第二支柱（共同外交暨安全政策合作）的工具，但是定義更不明確。公約已經是熟悉的，即使會員國間在司法及內政事務合作沒有效果的特色（都柏林庇護公約及對外邊界公約為證）。在政府間支柱，司法及內政事務部長們，除在程序性事務外，當決定執行聯合行動措施時，必須在部長理事會一致行動。

　　《馬斯垂克條約》建立一個協調委員會（後來在《阿姆斯特丹條約》實行後被稱為36條委員會），由資深的會員國官員處理有關司法及內政事務議題及準備理事會會議（與永久代表委員會合作）。《馬斯垂克條約》規定，執委會要充分參與第三支柱的工作。事實上，執委會在前六項對會員國的共同利益政策接受一項非專屬的發動權，及在其餘三個領域沒有發動權。至於歐洲議會，條約使用弱動詞像告知及諮詢來描述其在第三支柱有限的影響。矛盾的是，歐洲議會幾乎不存在的角色，在一個重要的政策範圍打開所謂的民主赤字，正確的說，當會員國在歐盟事務邁向更重要的議會責任時。歐洲法院從第三支柱缺席引起類似「司法赤字」的說法，雖然條約給法院當局解釋司法及內政事務公約的條款，但視具體情況受會員國同意的約束[62]。

三、《阿姆斯特丹條約》

　　《阿姆斯特丹條約》針對內政事務主要有兩項重大變革，其一是將自由相關領域如簽證、庇護、移民及其他有關政策轉移至歐體條約下，其二是企圖將「申根既有架構及成果」納入聯盟體系中。惟應注意的是，雖然大部分的會員國均同意將自由相關領域轉移至歐體條約，但仍憂慮超國家組織可能造成的主權侵蝕，因此新增《歐體條約》第四篇下原本歐體組織之權限，均較其他部分有所縮減，相反的，關於保留在《歐盟條約》第六篇之事務，歐盟組織之權限反而有所增加；此一改變使得整個歐盟體系可分為三個區塊：原本的《歐體條約》、新增《歐體條約》第四篇以及《歐體條約》第六篇，其組織權限、法律工具均有所不同。此外，申根既有架構及成果經《阿姆斯特丹條約》整合後，即分布在此三個區域內，而成為歐盟法體系的一部分[63]。以下謹依新的「第

---

[62] Desmond Dinan, op. cit., pp. 567-568.
[63] 王泰銓，《歐洲聯盟法總論》，前引書，頁547-548。

一支柱規定」、「縮小的第三支柱」、「密切合作」及「《申根協定》併入歐盟」加以說明：

（一）新的第一支柱規定

在《阿姆斯特丹條約》中新的決策程序描述邊界管制及簽證、庇護、移民等領域，和在公民事務司法合作轉移到第一支柱的影響精確地減輕。在5年間為建立了一個自由、安全及正義的領域鋪路，部長理事會繼續以一致決運作，執委會僅有共享的主動權及歐洲議會僅有被諮詢的建議立法權。換句話說，在有關人員自由移動的決策，本質上寧可維持政府間而非超國家。在過渡期後，執委會獲得一項主動權，部長理事會決定是否使用共同決策程序，俾在人員自由移動方面制定法律，但是理事會會以一致決的方式決策。至於歐洲法院的角色仍然嚴格受限。

英國決定維持對本國邊界的管制，在人員自由流動上，遵從條約新的規定或選擇性退出。愛爾蘭在原則上願意接受新規定，但是在執行上，由於期望維持與英國為一共同旅遊區，而選擇性退出。雖然該兩國在視情況而定的基礎上批准在第一支柱上有關司法及內政事務議題的立法，實際上它們不能阻止其他會員國批准如此立法。丹麥政府選擇從《阿姆斯特丹條約》的司法及內政事務條款中退出，但是也可能以視具體情況而定的基礎上選擇性加入。

（二）縮小的第三支柱

按照《阿姆斯特丹條約》，第三支柱的目的，現在限制在刑事事務上的警察合作及司法合作，在推定的自由、安全及正義的領域給歐盟公民「一個高水準的安全」。條約也提及防止種族優越主義及仇外的重要性。因為第三支柱只是政府間主義的形式，執委會、歐洲議會及歐洲法院的功能維持有限制的。雖然執委會在所有領域獲得主動權（與會員國共有），而歐洲議會獲得在大多數議題的諮詢權。

《阿姆斯特丹條約》包括新的及修正的第三支柱範圍之工具四項如下：

1. 共同立場詳細說明歐盟對特殊事務的建議。
2. 決定架構：通常在第三支柱議題接近法律與規則，會約束會員國以獲得結果，但是會員國本身會決定如何實現。較進步的會員國希望決定架構會取代公約，時常協商但很少完成，就如主要的第三支柱工具。
3. 決定（與決定架構相反）可以被用來完成目標，與調和會員國法律及規

則有別。

4. 公約維持在第三支柱的一種選項，但是只要有至少一半以上會員國通過，就可以在這些會員國生效。

（三）密切合作

《阿姆斯特丹條約》包括一項彈性條款，容許會員國更密切合作，並使用歐盟機構、程序及機制。因此，部長理事會可以授權密切合作，在會員國關切的情況下透過加權多數決採取行動。就如在共同外交及安全政策類似彈性條款所包含的合作，司法及內政事務條款包含一項「緊急煞車」規定，透過訴求「重要的及陳述國家政策的理由」，個別會員國可以阻止部長理事會用表決授權密切合作。雖然理事會可以參考歐盟高峰會以一致決方式處理，但是它不見得會成為事實，如果個別會員國把緊急煞車放在最優先會解決事情，因為該議題早就被推進到國家元首或政府領導人層次。

（四）《申根協定》

在《阿姆斯特丹條約》為自由、安全、正義領域規定的觀點，包含在司法暨內政事務議題密切合作的彈性條款，不需要繼續《申根協定》的分別存在。於是，一份議定書附加到條約，提供《申根協定》併入歐盟的架構，以特別條款為非申根會員國英國和愛爾蘭接受某些或所有《申根協定》條款。丹麥最近加入《申根協定》，在司法暨內政事務有選擇性退出條款的特殊地位。丹麥的情形由於非歐盟會員國，但是同為北歐聯盟會員國的冰島及挪威，充分參與申根的所有規定的事實，而更為複雜[64]。

四、建立一個自由、安全及正義的領域

歐盟領導人1999年10月在芬蘭坦佩拉舉行高峰會議，確認建立「自由、安全及正義領域」的必要步驟，如《阿姆斯特丹條約》所要求的。這是歐盟高峰會專門為司法及內政事務議題第一次舉辦的會議。它象徵司法及內政事務在歐盟重要性逐漸增加，並顯示會員國政治承諾在庇護、移民政策、邊界管制及警察與司法合作領域達成真正的進展。坦佩拉高峰會發表歐盟在司法及內政事務合作的原則與目標，集中在共同庇護及移民政策的發展，建立歐洲正義領域，

---

64 Desmond Dinan, *Ever Closer Union*, op. cit., pp. 570-572.

及打擊組織及跨國犯罪。

《阿姆斯特丹條約》生效，結束了《申根協定》體系在歐盟外分別存在的情況。《申根協定》併入歐盟看到部長理事會新結構的啟動，司法暨內政事務理事會。作為司法及內政事務許多方面溝通化的結果，所謂36條委員會限制其理事會準備的工作，重新形塑第三支柱（包含警察及司法在犯罪事務的合作）。寧可容許常設代表委員會，協調理事會在司法暨內政事務的其他方面的工作，在一些會員國成功的施壓下成立有關移民、邊界及庇護委員會，有別於常設代表委員會。這反映移民、庇護及邊界管制對多數會員國的的政治敏感性，及這個政策領域例外的特性，雖然它們併入歐盟第一支柱。

《阿姆斯特丹條約》以司法暨內政事務為目的之條款，也改變了執委會的結構。為司法及內政事務所設的臨時編組，變成兩個總署與兩位署長（負責合作與調和政府間職務的部分）。由於職務的重要性增加及第一個執委會委員（Antonio Vitorino of Portugal）的氣勢，司法及內政事務變成一個重要的總署。執委會本身在歐盟的司法暨內政事務領域，變成一個更重要的行為者，善於利用其新的權力在職務的合作與調和部分。關於司法及內政事務，歐洲議會繼續抱怨其民主赤字，並利用所有機會硬擠進逐漸重要的政策領域。

不同於國家在司法暨內政事務的希望變成更確切，在《阿姆斯特丹條約》改變的結果，該政策領域變得更重要，及透過坦佩拉高峰會提供政治上的驅策。作為歐盟東部邊緣的前線國家，德國、奧地利及義大利要單一庇護及移民政策，希望有一個較為強硬的歐洲層次的典則，如此在國家層次政治上比較有可能性（特別是德國由於納粹時期的記憶，使政府很難緊縮國內的庇護及移民政策）。有些國家像英國、丹麥及愛爾蘭在地理上距離歐盟東部邊界比較遠，對共同政策沒有興趣，寧願密切合作。法國主要的興趣在建立全歐洲的司法領域，在該領域公民會平等接近同意的司法水準。法國偏好國家法律與該目的相稱，鑒於英國及某些其他會員國主張，雙邊承認更實際且政治上更可行。

大體上，歐盟會員國在司法暨內政事務領域採取限制的立場。雖然修辭上矛盾，它們強調在推定的自由、安全及正義領域，是直接與安全有關。歐洲人對橫跨地中海或來自中、東歐的非法移民，越來越感到焦慮。塞爾維亞對科索沃的侵略，在1999年初引發巴爾幹地區另一波難民逃亡潮。阿爾巴尼亞及波斯尼亞在歐盟以走私毒品、人口及偷竊猖獗而惡名昭彰。歐盟公民要會員國政府在司法暨內政事務上更密切合作，但是主要不想接觸非法移民、尋求庇護者及難民；緝捕販毒者及其他罪犯，這些人利用跨越邊境的自由移動；並保證歐盟

邊界盡可能緊密。

　　合法移民是另一項議題。里斯本策略注意歐盟長期的人口統計與經濟的問題。因為某些會員國如德國，比其他國家更需要高度技術性工人流入，以刺激知識經濟。但是對大規模合法移民的構想仍然有很大阻力，不顧歐盟已經成為多元文化移民社會的事實。而當右翼政黨有關反對移民的政見在選舉中可以贏得選票時，也不容易讓大規模合法移民成功。

　　2001年9月發生在美國的恐怖攻擊，增加司法暨內政事務的政治特性，但是進一步集中焦點在安全面向。某些攻擊事件發生在歐洲的事實，明顯的引起關注。2004年3月在馬德里的恐怖攻擊，帶給西班牙的震驚，就如911恐怖攻擊曾經造成美國的震驚一樣，引起歐洲人對內部安全更加焦慮。對抗恐怖主義變成歐盟在司法暨內政事務合作的主要焦點。

　　歐盟東擴，對司法暨內政事務有極深的影響。會員國在1990年代末及2000年代初所通過的有關庇護及移民政策，有計畫的與中、東歐保持距離。但是由於東擴，中歐及東歐人不再徘徊在大門外，而是在歐盟內部。然而，德國及其他會員國透過成功的施壓，限制中歐及東歐人自由移動，即使在這些中、東歐國家加入歐盟後，這項行動減低歐盟的重要原則（四大流通）之一，並使東歐人成為歐盟的二等公民[65]。有關政策含庇護、移民及對外邊界；警察及司法合作打擊犯罪；在公民事務上的司法合作。

（一）庇護、移民及對外邊界

　　在歐盟每年有多達40萬人申請庇護。非法移民的數目很難估計。非法移民主要來自進入歐盟需要簽證的國家，於2000年12月部長理事會曾草擬一份這些國家的名單（黑名單）。這些非法移民進入歐盟管轄區沒有簽證，或有簽證但停留至簽證過期而變成非法居留。用船載運的非法移民通常在海上被中途攔截；其他則在歐洲被沖上岸。作為坦佩拉高峰會目標的部分，歐盟嘗試在庇護及移民方面發展共同政策，在加強對外邊界安全時封鎖非法移民及庇護申請者。歐盟在其對庇護及移民的解決辦法中嘗試平衡經濟、人道及安全的關切，雖然大眾廣泛的對庇護申請人及非法移民過度敏感，驅策歐盟通過一項限制性的解決方法。

　　庇護及移民政策包括許多政治上敏感的議題。它也包含努力防止庇護申請

---

[65] Desmond Dinan, *Ever Closer Union*, Ibid., pp. 572-575.

人及非法移民，離開他們原來的國家或穿越歐盟國家的邊界，在邊界擋住他們，並且在歐盟邊界內處理有關事務。會員國的國家政策及對庇護申請人及非法移民的解決方法有很大不同，很難採取共同政策。部長理事會的政策一致決的決議方式，事實上是進步的障礙。

預防性措施包括與主要的庇護申請人的母國，及申請人過境的國家協商，以設法阻止庇護申請人及非法移民流入歐盟。1999年歐盟確認阿富汗、伊拉克、索馬利亞、摩洛哥、及斯里蘭卡是主要的問題國家。一年後歐盟通過一個對阿爾巴尼亞的行動計畫，阿爾巴尼亞是一個在歐盟東南邊界處於混亂狀態的國家。接著歐盟提出與中國的非法移民問題，許多中國公民非法居住在歐盟會員國。阻止非法移民最好的方法是：提升這些非法移民原來國家的穩定及經濟發展；這是歐盟外交政策特別是歐盟發展政策的主要目標。大眾關切有關歐盟大量非法移民的影響，加強會員國的利益在擁有具效率的共同外交暨安全政策，及有能力提供重要的發展及人道支持。

至於在歐盟範圍內處理庇護申請人及非法移民的問題，坦佩拉決議要求一個共同歐洲庇護體系，包含庇護申請的共同審查標準；庇護申請人的最起碼接受條件；改善《都柏林公約》的功能，該公約於1997年生效，內容有關會員國間分配庇護申請審查的責任。

歐盟在所有這些議題的進展緩慢。有些會員國繼續在國家層次有關庇護及移民領域立法，不顧在歐盟層次協調政策的努力。會員國間有關庇護權及庇護申請人的權利意見不合。那些為大量庇護申請人及非法難民煩惱的國家如奧地利、德國及義大利，要制定一個在歐盟內的共同承擔計畫；其他國家則滿足於使情況維持不動。

2002年初在法國的政治發展顯示移民議題的極端敏感性，及在歐盟層次有發展的需求。令人驚訝的是，反移民國家陣線的候選人在總統大選第一輪，竟然打敗主流政黨社會黨候選人，與保守黨候選人席哈克（Jacques Chirac）進行第二輪對決。雖然席哈克輕易獲勝，國家陣線所造成的震撼遍及法國及歐盟，說服許多國家領導人推動共同庇護及移民政策。作為結果，西班牙把移民政策放在輪值主席國的最優先議程，於2002年6月在塞維拉高峰會的討論議題。

部長理事會在2003年，終於達成有關接受庇護申請人及難民的協定。有關議題的範圍，會員國間由於意見不同擱置很久，包括沒有結婚的同居人之法律地位，2003年9月理事會批准一項有關家庭團聚的指令，雖然有許多例外與保留。理事會在2003年5月制定法令翻修並取代《都柏林公約》。新的法令將庇

護申請程序分派責任給會員國,在該會員國庇護申請人有合法的居留的家庭成員。為了幫助庇護申請過程,執委會在2000年推薦所謂Eurodac體系,比對庇護申請人的指紋。2003年1月變成實際運作。

庇護及移民政策的其他方面,在歐盟層次很少進展。誠然,在司法暨內政事務的法令要項內,庇護及移民進展普遍很慢。理事會要通過移民的立法很困難,執委會建議利用在移民政策合作的開放辦法,在就業政策上使用了許多同樣的方法。會員國會交換資訊,同意最佳的實際運用,設定標記水準點,並通過有關議題的國家行動計畫,如移民流入及與第三國合作的管理,執委會則充當監督。協調的開放辦法對庇護及移民政策,從未變成受歡迎或普遍的,就如它對就業政策。

(二)警察及司法合作打擊犯罪

歐洲警政總署是會員國間合作打擊犯罪最明顯的證明,在1999年6月終於開始運作。2001年12月一份比利時輪值主席有關司法及內政事務的報告,報怨歐洲警政總署的效率不佳,並要求會員國間更多資訊交流,及在警政總署內更好的管理與分析。警政總署可以提供的犯罪行為名單逐漸冗長,如會員國所增加的議題像偽造貨幣及洗錢。

在美國發生的911恐怖攻擊事件,給歐洲警政總署一個新生的機會,因為反恐變成歐洲及全球主要關注的事。反映對抗恐怖主義跨國合作的重要性,會員國同意歐洲警政總署在2002年增加50%預算。2003年11月部長理事會通過議定書,修改歐洲警政總署公約。該公約須經每一會員國批准才能生效(該需求清楚顯示歐洲警政總署政府間主義之特質),新的議定書增加範圍及歐洲警政總署活動的彈性,一點也沒有力促歐洲密切合作打擊國際恐怖主義的見解。恐怖主義長久以來是歐盟關切的目標,特別是德國及義大利,該二國在1970年代遭受國內恐怖份子的攻擊,而英國、愛爾蘭及西班牙對抗極端民族主義者及分裂主義者團體(如著名的愛爾蘭共和軍,好戰的巴斯克運動)。2001年的911恐怖攻擊,宣告一種新的跨國恐怖主義者的威脅,迴響遍及全歐洲。會員國以兩種方式回應:透過增強與美國司法、警察及情報合作;經由在歐盟層次推動反恐怖主義措施,預期來日實施,但是還未遵照行事。

在這些反恐政策中,最主要的是反恐架構的決定,及在歐洲逮捕令架構的決定。反恐的決定透過司法及內政事務部長理事會,於2001年12月所達成,包括恐怖主義的共同定義及指揮恐怖主義者團體懲罰的協議。逮捕令的決定,切

割到會員國主權的核心，更有爭議，且很難達成。它（逮捕令）也令義大利總理Silvio Berlusconi煩惱，Berlusconi捲入貪污案件。這議題在2001年12月的歐盟高峰會變成十分熱門，並需要在比利時輪值主席時熟練的處理。依照義大利憲法特定條款的修訂，義大利完全同意將貪污及洗錢包含在逮捕令所涵蓋的犯罪行為名單。

歐盟領導人同意1999年10月在芬蘭坦佩拉成立歐洲司法合作單位（European Judicial Cooperation Unit, Eurojust），一個組織由每一會員國一個代表組成，由幕僚人員支持，以提升歐盟檢察官間的司法合作。會員國設想Eurojust作為歐洲警政總署的對等單位。有關Eurojust的正確角色與功能有不確定性，這反映某些會員國很不願意在司法範圍合作制度化。

歐盟領導人在坦佩拉也同意加強會員國警察首長間的合作，並設立一間歐洲警察學院。會員國為警察學院設置的地點、活動及法律地位作無謂的爭論，警察學院最後設在倫敦附近，在當地從最好的國家警察機關獲得課程的草擬，並且從所有會員國提供警官課程規劃。歐盟會員國警察首長在2000年開始在他們新的歐盟警察首長行動特遣中心碰面，交換意見、建立信任及發展強大的網絡。各會員國及在歐盟合作上聚焦在對抗恐怖主義[66]。

（三）在公民事務上的司法合作

在公民事務上的司法合作，如確保歐盟公民平等使用司法，不管他們居住何處或在歐盟發生何事。相互承認變成在歐盟發展一個正義領域最重要的意義，會員國對判決及其他法律決定同意相互承認增加。不過，立法維持在公民事務發展司法合作的本質成分。例如，2003年1月理事會指令，有關在跨邊界爭議利用司法協助，為歐盟正義的領域提供一個重要支撐。

提升庇護申請人及移民融入新社會的努力也很重要。因此，強調打擊種族優越論及仇外，在相關措施上確保種族平等對待。歐盟種族優越論及仇外監控中心，於2000年4月在維也納創立，提升少數民族融入歐盟，在司法及內政事務方面受到極大的注意[67]。

---

[66] Desmond Dinan, Ibid., pp. 578-579.

[67] Ibid., pp. 579-580.

五、超越《阿姆斯特丹條約》及坦佩拉計畫

執委會於2000年創造一項紀錄，監督在司法及內政領域的發展。一年更新兩次，紀錄顯示執委會的隱憂，透過理事會的決策組織及概要說明執委會新立法建議計畫或其他的創意；紀錄及其他監督機制顯示在過去幾年來混合的發展，特別是關於庇護及移民政策。2001年12月，在坦佩拉計畫的期中回顧（實行《阿姆斯特丹條約》中途及2004年5月完成的截止限期之間，在司法暨內政事務範圍的許多目標），比利時輪值主席發表一份嚴厲的報告，批評會員國在達成共同庇護及移民政策，或更密切合作以打擊跨國犯罪上作的不夠。不過，執委會在2004年6月對坦佩拉計畫工作提出正面的評價。

後續在尚未完成的坦佩拉計畫，歐盟領導人在2004年11月海牙高峰會中同意有關司法及內政事務的一項新計畫。以執委會的計畫為基礎，歐洲議會、有關的理事會機構，以及25個會員國在所謂海牙計畫，為未來5年在司法暨內政事務的所有領域設定目標。例如，它要求在2010年時建立一項共同庇護制度。為促進決策及增加民主的責任感，會員國同意在庇護及移民（不含合法移民）領域使用加權多數決及共同決策程序，至2005年1月截止。

增加大眾對庇護、移民及跨國犯罪的關切，連同制度及政治的障礙，及在這些領域有效的決策，帶領司法及內政事務到歐洲未來會議的最重要議程。會議有關司法及內政事務的工作小組，提出一份對會議主席團在2002年12月贊成提出的改革報告。報告內容包括廢止三支柱結構，藉以引領司法及內政事務到單一歐盟的庇護下，及使用較多加權多數決以結束立法的停滯。雖然，工作小組及大會作為一個整體，認知在最具政治敏感性，有關犯罪事務的警察及司法合作必定維持使用一致決。未來會議包括2003年6月的憲法條約草案中有關司法及內政事務的多數建議。

2003-2004年的政府間會議，將多數未來會議有關司法暨內政事務的建議，合併到憲法條約中，雖然它作了許多重要的變更。在憲法條約中最引人注意的創意是廢止三支柱。作為結果，目前行動使用的排列（共同立場、共同決策、架構決定及公約）會藉由法律及架構法取代，通過使用一般的立法程序，即共同決策程序，除了被建議的歐洲公立檢察官辦公室（European Public Prosecutor's Office）以外。理事會可能在Eurojust之外設立該檢察官辦公室，以一致決的方式行動，並獲得歐洲議會的同意，但是只有打擊犯罪影響歐盟的財政利益。無論如何，《憲法條約》提供歐盟高峰會，擴張歐洲公立檢察官辦公室的權力，包含跨越邊界的嚴重犯罪面向。憲法條約擴張及釐清Eurojust的行

動權力，容許它發動犯罪調查、建議會員國當局主動起訴，以及協調透過會員
國當局調查及起訴。

在犯罪事務及刑法的司法合作領域，執委會及會員國繼續分享發動權。雖
然會員國或許不再能單獨行動，但是只要在四分之一以上的會員國成員組成的
小團體，即有發起行動權，藉以減少在舊制度下會員國採取發動權的次數。政
府間會議建議在犯罪事務及刑法的司法合作使用加權多數決，但是政府間會議
增加一項「緊急煞車」條款：如果有會員國強烈反對歐盟高峰會的決議，可以
參考「緊急煞車」建議，要求暫時停止正常的立法程序。在一段時間後，歐盟
高峰會可以重新啟動正常的程序，或要求執委會或會員國組成的團體草擬建議
主張新的政策。如果歐盟高峰會沒有行動，在一定時間後，三分之一以上的會
員國可以透過加強合作程序採取行動。

《憲法條約》提供會員國國會有限的角色，以監督司法及內政事務政策的
實行，以及使法院能檢查會員國的執行作為。憲法亦為英國及愛爾蘭在司法及
內政事務領域保留特殊安排，及丹麥政府選擇性退出。有一個較小但值得注意
的論點，在《憲法條約》的條件下，第36條委員會協調司法及內政事務部長的
工作，會變成內部安全委員會。

很明確的，在司法及內政事務合作，仍繼續是歐盟活動不可或缺的領域。
歐洲人普遍性要「更歐洲」，當然亦包含政策領域。雖然，某些公民自由論者
關切在司法及內政事務歐盟層次合作對人民權利的影響，特別是有關反恐的措
施。即使如在《憲法條約》下所提供的，在歐盟司法暨內政事務呈現缺少透明
化及完全民主的仔細檢驗。當然，民主責任感的挑戰，在司法暨內政事務的領
域對歐盟並非罕見。在守祕密與透明化間追求較大的安全，很難找到正確的平
衡。在全球性恐怖主義的時代則是更難[68]。

第四節　結　語

在歐洲整合過程中，條約簽署扮演非常重要角色。條約簽署除與制度的建
立及制度整合關係密切外，條約簽署亦涉及政策的規範及發展[69]。然而，條

---

[68] Desmond Dinan, Ibid., pp. 580-582.
[69] Neill Nugent, *The Government and Politics of the European Union*, op. cit., pp. 138-139.

約簽署只提供了政策發展的部分因素，另外有三項主要因素，即執委會主席的領導；會員國的需求；會員國個別及集體轉變其感覺為實踐。

執委會主席的優質領導，造成有利的環境，這對政策發展有正面的效益，例如法國籍主席戴洛領導的執委會，協助通過關鍵的議題，如歐洲單一市場計畫、經濟及貨幣聯盟及社會面向之領域。會員國的需求，與各國政府對情況利弊得失的評估有關，一般而言，有利的情況源自日漸增加互賴及競爭的世界中，單一及保護的市場，共同對外貿易立場，與某些集體的行動及在特殊功能性的領域以及部門的領域，資源共享。不利的情況是，會員國國家的決策權及主權轉移至歐盟的損失，某些國家特別關心主權移轉的情況。至於各別會員國轉變其感覺為實踐的能力，有許多不同的考量。在各別會員國層次，政府或許有意贊成歐盟的一項新政策，但是在部長理事會中，由於國家內部利益的反對，或對選票不利而遭到阻止。在歐盟層次，即使只有一個會員國反對，不管是原則的或實際的，都使政策很難實現。若由歐盟高峰會作決定，只能透過一致決，在部長理事會的某些議題仍然要求一致決，但是在主要議題中逐漸使用共識決。

以下就歐盟政策整合的聯邦主義趨勢，分別依經濟方面；外交及安全方面；司法及內政方面作結論：

一、經濟整合方面

歐盟政策涉入經過多年，幾乎不停的向整合主義者的方向移動。移動的步調，經過不同時期，在政策領域已經改變，但是方向維持不變。回顧過去，1957年的《羅馬條約》所建立歐洲經濟共同體，其條文涵蓋大多數經濟活動形式，調和稅制、排除內部關稅障礙及建立經濟活動的共同法規，如競爭、自由流通及機構、公司行號的設立權等。1965年《合併條約》後，《歐洲經濟共同體條約》在其原始形式上，是範圍廣泛的經濟及政治合作條約，其目標為增進EEC會員國公民財產。為達成該目標，《EEC條約》追求幾項共同政策，如農業共同政策、共同運輸政策、共同關稅同盟及共同商業政策。共同體機構如執委會被授予立法權，及行政機構以法規、指令及決定的形式運作，法規直接適用會員國國內法，或經轉化程序適用國內法，創造歐洲共同體法即時適用、直接適用及優先適用原則[70]。

---

70 王泰銓，《歐洲共同體法總論》，前引書，頁180-202。

　　1970年的《預算條約》及擁有資源的決定，是重要的聯邦主義元素，它使共同體的財源由會員國獨立出來。為了監督共同體的歲入及支出，1993年設置審計院，並要求每年年終提出財政報告[71]。1992年簽署《歐洲聯盟條約》之前，歐洲共同體最大的成就之一，就是推行廣泛的「共同政策」，如「共同農業政策」、「共同貿易政策」、「共同交通政策」、「共同工業政策」、「共同漁業政策」、「共同競爭政策」、「共同電訊政策」、「共同開發政策」、「共同貨幣政策」、「共同對外關稅等」。會員國將這些經濟領域的權限交給「歐洲共同體」，歐洲共同體則統一制定對會員國具約束力的「共同政策」。經由這些「共同政策」的整合，「歐洲聯盟」會員國逐漸形成一個經濟合作網，整體經濟的發展與競爭力大為提升[72]。

　　《馬斯垂克條約》有關「經濟暨貨幣聯盟」之條款及其隨後的適用，引領到單一貨幣：歐元。歐元按時在1999年1月發行，並且於2002年1月1日正式取代法國法郎、德國馬克、義大利里拉、西班牙銀幣等會員國貨幣，在歐洲整合過程向前邁進很重要的一步，除為共同的歐洲認同發展提供更多的原動力[73]，很明顯的，更接近歐洲聯邦的目標。

二、外交及安全方面

（一）共同外交政策的發展

　　共同外交及安全政策是獨一無二的制度，其創建的目的，是為了促進各會員國與歐盟在國際事務方面的合作機制。共同外交及安全政策的形式是歐盟第二支柱，也是各會員國政府為了在全球相互依賴的體系中保護自己國家利益，而設立的體制。共同外交及安全政策是為了保護歐盟共同的國際利益，建立一個可以交換國際政治事務的資訊、意見之共同決策機制[74]。

　　第二支柱的關鍵要素是：1.確認共同外交及安全政策的一般目標；2.歐盟會員國間在外交及安全事務上建立制度性的合作，是會員國普遍的利益；3.如果政策上被認為有必要，部長理事會在一致決的基礎上，確定共同立場，該政策並需經會員國確認；4.由歐盟高峰會設定一般政策綱領的基礎上，部長理事

[71] Philip Ruttley, op.cit., pp. 244-245.
[72] 張福昌，《邁向「歐洲聯盟」之路》，前引書，頁132。
[73] Neill Nugent, op. cit., pp. 366-367.
[74] 請參閱本章頁155。

會可決定共同行動的主題；5.共同外交暨安全政策包括安全議題，包含實際共同防衛政策架構，該政策可能及時引導至共同防衛；6.西歐聯盟是歐盟發展整合的一部分。

（二）共同安全暨防衛政策的發展

自從《阿姆斯特丹條約》於1999年生效以來，每次歐盟高峰會CFSP都採取實際上繼續向前邁進的步驟。這項發展背後的原因，是期望將歐盟的影響力，提升到能維持其在國際舞台上作為最大贊助者角色的層次。從1999年起，歐洲安全及防衛政策ESDP的能力與結構有重大發展，ESDP的功能有三種要素，前兩項軍事危機處理與平民危機處理，即著名的彼得堡任務，預防衝突是第三項要素。彼得堡任務已經併入《歐盟條約》第5條。彼得堡任務代表歐盟對區域衝突的適當回應，具體表現在會員國分享決定，經由軍事行動保障安全，工作項目包含：（1）人道救援工作；（2）維持和平工作；（3）危機處理的戰鬥部隊工作，包含促進和平[75]。

有關政策工具，《馬斯垂克條約》創設兩項政策工具，即聯合行動及共同立場。至於《阿姆斯特丹條約》所創設的共同戰略，必須經由歐盟高峰會在部長理事會的建議下，以一致決的方式決定。除了政策工具外，《歐洲聯盟條約》第12條也利用其他工具，如民主、政治壓力等，有些不太重要的外交政策議題，歐盟未發表聲明，通常與其他國家聯合作貿易制裁、經濟及財政援助，以及技術、科技、文化和其他形式的合作。後三種工具類型，包括利用歐盟經濟力量，經由第一支柱應用於許多情況下，包括對一些國家施壓，以改善渠等之人權紀錄。

至於最敏感的外交政策工具：軍事武力，如前所述，已經發展軍事能力，並開始運用，即使只使用在有限的目的。西歐聯盟併入歐盟，成為歐盟可運用的軍事機制，象徵歐盟發展軍事面向才不過幾年，就已經走了這麼遠。

在歐洲安全及防衛政策的架構內，多樣性的意義被利用來加強歐洲安全及防衛能力，包含更密切合作以改善可利用性、機動性及部署武力的能力、裝備運轉操作的能力及軍火之購買等。但事實可能是，歐盟並未期望立即能著手主要的軍事行動，而不必美國協助[76]。

---

75 請參閱本章頁159-160。
76 Neill Nugent, op. cit., pp. 502-503.

三、司法及內政方面

歷經《單一歐洲法》、《申根公約》、《馬斯垂克條約》、《阿姆斯特丹條約》、《尼斯條約》等各階段之條約變革後，「司法及內政合作」事務漸漸有了突破性的發展。例如《馬斯垂克條約》新增歐盟第三支柱，制定相關條款來規範在司法及內政領域的合作。《阿姆斯特丹條約》所作的修正，即將原本司法與內政事務重新定義為「自由、安全與正義領域」，並將其中自由相關領域與民事司法合作部分移到第一支柱；而刑事司法合作部分與安全相關領域，如警政合作等，則繼續保留在第三支柱下[77]。

1993年的《馬斯垂克條約》為歐洲整合劃時代的進展，其所建立的歐盟超出原本歐體所涵蓋的範圍，納入外交、軍事、司法、內政等事務，使歐洲朝「聯邦」型態向前邁進一大步。

《憲法條約》提供會員國國會有限的角色，以監督司法及內政事務政策的實行，及使法院能檢查會員國的執行作為。憲法亦為英國及愛爾蘭在司法及內政事務領域保留特殊安排，及丹麥政府可以選擇性退出。在《憲法條約》的條件下，第36條委員會協調司法及內政事務部長的工作，會變成內部安全委員會。

很明確的，在司法暨內政事務合作，仍繼續是歐盟不可或缺的領域。歐洲人普遍性要「更歐洲」，當然亦包含政策領域。雖然，有某些公民自由論者關切在司法暨內政事務歐盟層次合作對人民權利的影響，特別是反恐措施。即使如《憲法條約》下所展現的，在歐盟司法及內政事務呈現缺少透明化及完全民主的仔細檢驗[78]。

綜合以上歐盟在經濟方面、外交及安全方面、司法及內政方面的發展及意涵，相較於一般國際組織及邦聯的特質與構成要素，可以發現歐盟政策整合的聯邦主義趨勢。外交及安全政策涉及主權最核心部分，是聯邦國家聯邦政府專屬領域，歐盟的「共同外交暨安全政策」最能代表聯邦主義的精神與特色。因此，謹就「共同外交暨安全政策」為例，與歐洲整合過程的五個階段作對比，以論證歐盟「共同外交暨安全政策」的變遷，及其原因與意涵。

《羅馬條約》簽署後，歐洲整合集中在經濟面向。雖然在國際政策領域合作的觀念已經顯然可見，在歐洲整合近40年中，歐洲共同體有關條約中找不出

---

77 請參閱本章頁168。
78 請參閱本章頁181。

「共同外交政策」的措辭。1970年10月起歐洲共同體會員國彼此合作及竭力協調主要國際政策問題，此即國際政府層次的「歐洲政治合作」[79]。此一階段可以確認政策整合在1954年8月法國國會拒絕批准《歐洲防衛共同體條約》後，政治議題在歐洲整合議程的重要性降低[80]。1965年《合併條約》後，《EEC條約》追求幾項共同政策，如共同農業政策、共同運輸政策、共同關稅同盟及共同商業政策，但未涉及共同外交暨安全政策。此一時期的歐盟共同外交暨安全政策，如學者所稱的係「歐洲政治合作機制」在無條約規範時期（1970-1985）[81]。「歐洲政治合作機制」的運作案例如反對核子武器擴散條約（Treaty on the Non-Proliferation of Nuclear Weapons）、1970年代的中東問題、1982年的福克蘭群島事件、1970年代的南非問題等，它使歐洲共同體會員國維持一定程度的團結，在聯合國大會通過的決議案上，相當多數經由它的協調後採取一致投票，但是「歐洲政治合作機制」也有協調失敗的例子，如1979年蘇聯入侵阿富汗，歐體會員國就未能作出共同的反應[82]。

　　1986年《單一歐洲法》使「歐洲政治合作」正式化，而沒有改變工作方法或性質。直到《馬斯垂克條約》首度併入「共同外交政策」的目標。自1993年11月1日《馬斯垂克條約》生效以來，歐盟在國際舞台上可以透過共同外交暨安全政策為其發聲，表達其在武裝衝突、人權及任何其他主題的立場。此一階段涉及的關鍵進程，即《單一歐洲法》與《馬斯垂克條約》。「歐洲政治合作機制」在單一歐洲法首次涉及安全政策，但它不願侵犯北約組織擁有的既定權限，僅表示「歐洲政治合作機制」將對安全議題的政治與經濟面向，進行密切協調（《單一歐洲法》第3篇第13條），而且相關條文通常僅採用「承諾盡力」（Commitment to endeavor）的措辭。1990年8月伊拉克軍隊入侵科威特，「歐洲政治合作機制」發表譴責宣言，並開會討論制裁措施，不過當波斯灣危機日益嚴重時，「歐洲政治合作機制」便分別與北約組織以及西歐聯盟，召開外交及國防部長會議，前者達成區域團結合作的共識，而後者達成設立西歐聯盟的軍事參謀團，指揮掃雷及海面封鎖的任務，不過對是否派兵支援波斯灣地區，

---

[79] CONSILIUM – Foreign Policy, The Common Foreign and Security Policy（CFSP), http://www. Consilium.europa.eu/（19/5/2005）

[80] 參閱張亞中，「歐洲聯盟的演進」，黃偉峰主編，《歐洲聯盟的組織與運作》，（台北：五南圖書公司，92年），頁30-31。

[81] 郭秋慶，《歐洲國家的外交與安全政策》，（台北：台灣國際研究學會出版，民95年），頁197。

[82] 同前註，頁197-208。

各國考量不同，無法達成一致行動【83】。「歐洲政治合作機制」，作為會員國外交政策的協調者，即使《單一歐洲法》也僅賦予政治合作輔助及協調，而非取代各國外交政策的角色【84】。

《馬斯垂克條約》是邁向政治聯盟的重要里程碑，條約第11條要求歐盟及會員國，界定並履行共同外交暨安全政策。共同外交暨安全政策結合歐體對外經濟權限，及歐洲政治合作機制對外政治活動，形成完整與一致的歐盟政策，雖然其決策結構尚屬鬆散，但已賦予外交政策更明確的方向【85】。由1990年代的波斯灣戰爭及前南斯拉夫內戰可以看出，相較於美國，歐盟在外交與軍力仍顯得十分薄弱，同時也缺乏一致的政治立場與軍事準備。歐盟在《馬斯垂克條約》簽署後，在共同外交政策上雖已有若干進展，並且在聯合國中的共同及協調立場也逐漸趨於一致，然由於會員國缺乏共識或集體政治意識，及有效外交政策工具，歐盟行動架構的效果仍相當有限。

共同外交暨安全政策發展的第三階段（1993-1999年）如學者所歸納的從《馬斯垂克條約》生效到《阿姆斯特丹條約》簽署【86】。《馬斯垂克條約》所規範的共同外交暨安全政策，有自己的法定目標，以及體制與程序，又由於它不在歐盟的法律範圍內，因此會員國之間的決策是透過政府間合作性質，需由一致決產生，並不受歐洲議會與歐洲法院的約束【87】。自《馬斯垂克條約》生效以來，歐盟在外交合作方面向前邁出一大步，歐盟有如一個國際行為者，其制定的「宣言」與「共同立場」在數量上明顯地增加，不過「聯合行動」較沒有獲得預期的效果，所以實際上共同外交暨安全政策的影響力並未增加，會員國之間國家利益的分歧，以及會員國缺乏對歐盟的向心力及政治認同，仍妨礙其發揮應有的能力。歐盟在南斯拉夫問題的談判，是共同外交暨安全政策運作不力的一個重要例證，儘管歐盟積極參與斡旋，並進行和平協商，但是有些問題在獲得局部成果後，卻因為某一方違反規定而宣告破局，使得歐盟只能看著美國出面解決。1995年在美國簽署的「代頓協議」（Dayton Accord），是對歐盟莫大的諷刺，這是以英國為首的一些歐洲國家，不願歐盟發展自身軍事力量所導致的結果。

【83】 同前註，頁210-211。
【84】 王萬里，「歐洲聯盟對外關係的理論與實踐」，《立法院院聞月刊》，第29卷第12期，（90年12月），頁93。
【85】 同前註，頁93-94。
【86】 郭秋慶，《歐洲國家的外交與安全政策》，前揭書，頁213-221。
【87】 同前註，頁214。

　　為了建立一個更有效及團結的外交政策，歐盟各國在1997年10月簽署的《阿姆斯特丹條約》中，改進共同外交暨安全政策，引進若干新措施，包括：（一）任命理事會祕書長為共同外交暨安全政策最高代表，並在其下設立「政策計畫及早期預警小組」（Policy Planning and Early Warning Unit）；（二）建立由共同外交暨安全政策最高代表、輪值主席國外長、執委會主席三人組成的新三頭馬車機制；（三）對聯合行動實質性決定雖仍採一致決，但不願參與聯合行動的國家可採取「建設性缺席」（constructive abstention），以避免阻礙多數國家的決定。過去在共同外交暨安全政策下通過的聯合行動，包括：對波斯尼亞／黑塞哥維納（Bosnia-Herzegovina）的人道救援、派團觀察俄國國會大選、支持南非民主轉型、支持中東和平進程，及支持限制針對人員的地雷生產等，這些行動多數是執行聯合國安理會的決議[88]。

　　共同外交暨安全政策的第四階段為從《阿姆斯特丹條約》到歐盟在歐洲安全及防衛政策下建立「歐洲快速反應部隊」（1999-2003年）。為強化西歐聯盟對歐盟在防衛方面的運作能力，《阿姆斯特丹條約》除承諾將積極建構共同防衛政策外，第17條增列歐盟未來將參與的任務，包括人道救援、維和及危機處理等。1999年6月歐盟在德國科隆舉行的高峰會議上，為有效落實將西歐聯盟併入歐盟，及強化未來歐盟的安全及防衛政策，決議中止西歐聯盟所擔負的危機處理任務[89]。1999年12月赫爾辛基高峰會設定首要目標，計畫在2003年底前建立一支為達成彼得堡任務所需5萬至6萬人之快速反應部隊。2000年12月簽訂的《尼斯條約》授權理事會在危機發生時，採取必要決策，以確保歐盟對危機的控制及領導地位；修改《歐盟條約》第17條，將西歐聯盟相關機制納入；賦予三個歐盟機制「政治及安全委員會」、「軍事委員會」及「軍事幕僚參謀部」永久資格。2001年6月哥特堡高峰會，將優先處理程序改為衝突預防，彼得堡任務已經併入《歐盟條約》第5條。彼得堡任務代表歐盟對區域衝突的適當回應，具體表現在會員國分享決定，經由軍事行動保障安全[90]。

　　此一階段歐盟在歐洲安全及防衛政策下，建立「歐洲快速反應部隊」，且「西歐聯盟」併入歐盟，並已經開始運作，惟因為會員國對歐盟軍事機制的發展方向，仍有不同的看法，使得政策推動不易。例如《馬斯垂克條約》生效後，「西歐聯盟」併入歐盟並執行歐盟的軍事任務，不過歐盟會員國中，愛爾

---

88 王萬里，「歐洲聯盟對外關係的理論與實踐」，前揭文，頁95。
89 同前註，頁95。
90 吳振逢，「歐盟東擴對歐盟共同外交及安全政策的影響」，前揭文，頁97-98。

蘭、丹麥、芬蘭、奧地利與瑞典五國，並非西歐聯盟的會員國，因此若以西歐聯盟代表歐盟執行任務，實際上並無法充分代表歐盟會員國的共同意志，因此才有「歐洲快速反應部隊」的籌設。不過，丹麥已表明不願參與涉及歐盟防衛政策決議的擬定與施行，也不願為「歐洲快速反應部隊」提供兵力與設施，使「歐洲軍隊」在籌設初期即產生了分歧[91]。

　　共同外交暨安全政策第五階段（2003年-迄今），從《尼斯條約》生效迄今，歷經《尼斯條約》簽署、《憲法條約》簽署、《里斯本條約》因應《憲法條約》批准困境而修改《憲法條約》。為了確實落實共同外交暨安全政策的施行，《尼斯條約》的修訂大多朝向「強化合作」（Enhanced Cooperation）的方向。各會員國間進行強化合作應向理事會提出要求，該項要求送交執委會與歐洲議會諮詢，執委會應表示該強化合作是否與歐盟意見一致後，根據《EU條約》進行表決，在不損及執委會或執委會主席的權限下，部長理事會之祕書長與共同外交暨安全政策的最高代表，需根據《EU條約》第27d條之規定，在共同外交暨安全政策範圍內，充分告知歐洲議會及理事會所有成員，強化合作的執行狀況[92]。《歐盟憲法條約》架構下的共同外交暨安全政策，其變革分為兩部分：其一為外交政策；其次為安全議題。制憲大會將有關共同外交暨安全政策條文歸納在第三部分第5篇的「歐盟對外關係」中，而共同外交暨安全政策的權限則列入「特別權限」內。但是英國反對將共同外交暨安全政策的權限交給未來的歐盟外交部長，認為該特別權限將損及國家主權。《里斯本條約》（改革條約）吸納《歐盟憲法條約》的精神，使其對共同外交暨安全政策具有較特殊的本質[93]。

　　回顧歐盟的政治整合過程，相較歐盟在經濟貿易事務上的整合，歐盟在外交暨安全政策上的發展，遭遇非常多的阻礙與挫折，畢竟涉及高度國家主權與利益的範疇對任何會員國都有其堅持；但是，歐洲整合是一股不可忽略也不能抵抗的潮流，每一階段的歐盟政治整合面向，都會有不同的需要，當經濟與其他「低政治」區塊已整合到一定程度時，整合的走向就會往「高政治」的區塊發展。所以，強化歐盟在共同外交暨安全政策上的整合，已經是不能再迴避的議題。雖然《里斯本條約》提出暫時解決歐盟困境的方案，《改革條約》中所有強化與深化共同外交暨安全事務的規定，在實際運作上是否會遭遇阻礙，仍

---

91 王泰銓，《歐洲聯盟法總論》，前引書，頁535。
92 王泰銓，《歐洲聯盟法總論》前引書，頁522。
93 同前註，頁522-523。

值得密切關注【94】。

以下以因果分析檢視本章「歐盟政策整合的聯邦主義趨勢」之相關進程：

一、1990年代初歐洲共同體面對冷戰結束、德國統一等巨變，造成歐洲共同體外交政策上的改變，當時的國際情勢如下：（一）冷戰結束，共產主義在東歐蘇維埃集團崩潰，以及蘇聯轉型其國際權力關係的本質。戰略上，歐洲不再受到兩超強的逼迫，在新的世界，國際關係更易改變，歐洲大陸的本質與未來發展不是那麼明確，歐洲共同體會員國自然希望在引導及處理事件中，扮演領導的角色。（二）德國統一增加在外交與安全政策面向的壓力，1991年德國成功的逼迫其他歐體國家，在外交上承認克羅埃西亞及斯洛維尼亞，比國際上大多數其他國家對該二國的外交承認要早許多，因此強迫歐洲國家接受前南斯拉夫共和國的分裂，而確認德國必須更緊密的被約束。（三）1990-1991年波斯灣戰爭及其事件顯示，如果安全及防衛政策繼續維持與外交分開，則歐洲政治合作效力會受限制。歐體對伊拉克入侵科威特的回應是，協調外界行動及共同採取經濟懲罰措施，但是在關鍵的適當軍事作為，只有會員國以零碎的方式回應。（四）歐體對後1991年前南斯拉夫共和國瓦解的回應，及隨後在巴爾幹的戰事，被認為未充分準備、發展及動員。歐盟國家以各種方式提供協助，透過不同的論壇表達政策及設立維和及人道救援行動，但是對戰爭情況沒有清楚的、一致的或協調的歐體的回應。國際間領導對付巴爾幹地區動亂的主要來自美國【95】。針對以上四項國際情勢的重大變化，歐體的回應是簽署《馬斯垂克條約》及《阿姆斯特丹條約》。《馬斯垂克條約》提供「共同外交及安全政策」，組成歐盟的第二支柱。在歐洲整合進程中，1990年代初「冷戰結束，蘇聯解體以及東歐共產集團崩潰」、「德國統一」、「波斯灣戰爭」，以及「前南斯拉夫共和國瓦解及隨後的巴爾幹戰爭」，這四項國際情勢的重大變化是以因果分析檢視歐洲整合的自變數，所造成的結果：簽署《馬斯垂克條約》及《阿姆斯特丹條約》即為依變數。

二、1997年簽署的《阿姆斯特丹條約》於《EU條約》增訂「建設性棄權」（Constructive Abstention）條款，以促成一致決之可能性，並增加使用條件多數決之機會【96】。條文中規定，缺席無損決策之通過，缺席之前可發表正式宣

---

94 同前註，頁537。

95 Neill Nugent, *The Government and Politics of the European Union*, op.cit., pp. 493-494.

96 John Peterson and Helene Sjursen, "The Myth of the CFSP" *A Common Foreign Policy for Europe?* （London: Routledge, 1998), p. 175.

言，缺席國家可以不必遵行所表決之決策，但需尊重此一決策。由於共同外交及安全政策涉及國家主權，而且可能干擾到會員國與外國或歐盟與國際組織所簽之條約，因此會員國很可能堅持立場，難以妥協。補救之道是依《EU條約》第23條之規定發表立場宣言，然後「建設性缺席」，以利歐盟建立共同策略及立場。這種彈性作法具備「存異」之實質，但達到「求同」之目的，達到尊重會員國獨立主權，又能逐步建立共同立場及共同行動【97】。由於共同外交及安全政策涉及國家主權，為增進歐盟決策效率，《阿姆斯特丹條約》乃引進「建設性棄權」條款，「會員國對主權的堅持」是歐盟引進「建設性棄權」條款的主要原因，亦即歐洲整合因果分析的自變數。

三、1999年歐洲經濟及貨幣聯盟第三階段開始運作，歐盟15個會員國有11個參加，不參加的有丹麥、希臘、瑞典及英國。2001年1月希臘成為歐元區的會員國。2000年9月丹麥在公民投票中，否決成為歐元區的會員國。單一貨幣：歐元的建立，是歐洲整合經濟面向最具指標性的進展，至今丹麥、英國、瑞典仍排拒加入歐元區，因為主權曾經是、現在也仍然是反對歐洲整合潛在的中心問題，也是貨幣聯盟爭論的核心，因涉及的問題是民族國家長期以來被神聖化的若干功能，包括鑄造貨幣權、中央銀行的獨立性及可能附屬於歐盟的權力、國會特權的喪失、甚至貨幣作為國家認同，此一基本要素的消失【98】。在歐洲整合的進程中，歐洲貨幣聯盟是朝聯邦歐洲發展的重要步驟，因涉及「會員國主權的堅持」，故迄今英國、丹麥及瑞典仍排拒加入，雖然去年國際金融風暴發生以來歐盟新的會員國面臨此一困境，無不期盼早日加入歐元區，惟英國、丹麥、瑞典依然硬撐，原因無它，就是「主權的堅持」。在此一進程中，很明顯的「會員國主權的堅持」是部分會員國未加入歐元區的原因，亦即因果分析的自變數。

四、1998年柯索沃（Kosovo）戰爭爆發，在柯索沃逐漸升高的危機證實，歐盟仍然不能防止、控制或結束在其領域內及其鄰近區域的暴力衝突。歐洲議會外交委員會主席博克（Elmar Brok）強調，聯盟的軍事行動（Operation Allied Force）作為歐洲自覺的催化劑，因為對歐洲人而言很清楚瞭解，如果它不能做到必要時採取軍事行動，沒有外交行動可以成功。ESDP因此開始作為

---

97 王泰銓，《歐洲聯盟法總論》，前引書，頁519-520。

98 Elie Cohen, "The Euro, Economic Federalism, and the Question of National Sovereignty", in *The Idea of Europe From Antiquity to the European Union*, edited by Anthony Pagden, op. cit., p. 260.

一項潛在的強制工具；但是它很快變成更集中焦點在衝突管理[99]。

　　歐盟CFSP的最高代表索拉納認為，柯索沃危機在歐盟創立ESDP扮演重要的角色。特別是，柯索沃危機是辯論美國是否擱延投入武力到歐洲重大事件發生場所之焦點，歐洲人需要為歐洲負較大安全責任，並且必須改善歐盟軍事能力[100]。英國國防部長洪恩（Geoff Hoon）同意博克的看法強調，柯索沃戰爭強化外交需要武力作後盾的論點及建立ESDP的重要性，因為柯索沃戰爭突顯了歐盟在軍事能力上的不足[101]。

　　由於1998年柯索沃逐漸升高的危機，英國與法國關切歐盟持續缺乏戰鬥部隊力量（hard power）的事實，主要為軍事能力，其後並導致歐盟的國際角色轉變。1998年12月4日在聖馬洛（St. Malo）舉行的法、英高峰會，席哈克與布萊爾發表聲明指出，歐盟必須有自主行動的能力，藉可靠的軍事武力作後盾，有決定使用它們的價值與意義，並且為了回應國際危機，準備有所作為。這就是ESDP的起源[102]。

　　如上所述，柯索沃危機誠然是歐盟歷史的一個里程碑。1999年的危機充當歐盟國際角色繼續轉型決定性的催化劑。柯索沃事件在當時確認，歐盟仍然未能防止、控制或在歐洲境內結束暴力衝突。從聯盟軍事行動10年以來，這項觀點正在改變。歐盟在改善其安全能力上大有進展，特別在衝突管理上。歐盟現在擁有ESDP、政治及軍事決策結構、戰鬥部隊、軍人及平民武力目錄、一種安全戰略、戰略總部、一個行動計畫組織、一個憲兵隊武力及歐盟防衛總署，以及防衛總署所採取的許多公民、軍事及公民／軍事危機管理行動。同樣重要的是，歐盟已經啟動穩定公約、穩定及聯合程序，包括穩定及聯合協定及歐洲夥伴、一項新的單一財政支援行動。所有這些機制，連同東擴，針對改善在大歐洲的安全。

　　自從柯索沃戰爭以來，歐盟嘗試在鄰近地區的穩定及衝突管理方面更積極。歐盟未曾改變其創立時的核心原則與理想，當它有可能脫離純粹公民強權的角色時，至少它願意以工具的方式使用ESDP。歐盟在其國際關係中總是同時利用軟安全及硬安全的工具；差別是更公開的利用誘導及軍事和經濟強制的

99　Alistair J. K. Shepherd, "A milestone in the history of the EU: Kosovo and the EU's international role", *International Affairs* 85: 3（2009), 2009 Blackwell Publishing Ltd/The Royal Institute of International Affairs, p. 513.
100　Ibid., p. 515.
101　Ibid., p. 516.
102　Ibid., p. 517.

可能性。即使具有使用軍事能力的權力，歐盟沒有放棄其以民主、法治、人權為基礎的價值型式，透過合作與整合弭平衝突的原始性格。這些價值是歐盟軟安全吸引力的基礎，容許它更有效的支配硬安全的戰鬥武力。自從1999年以來，歐盟的軟安全和硬安全連結的關係已更為強化[103]。

安全議題涉及主權的最敏感部分，在聯邦體制中係聯邦的專屬權限，由於柯索沃戰爭讓堅持主權最力的英國放棄主權堅持，強力支持歐盟建立ESDP，擁有自主的戰鬥武力。在柯索沃戰爭更證明「國際情勢的重大變化」是因果分析的「自變數」。

五、2001年9月20日，由歐盟高峰會輪值主席國比利時外長路易‧米謝（Louis Michel）與美國國務卿鮑爾（Colin Powell）共同簽署「美歐共同打擊恐怖主義聲明」（Joint US-EU Ministerial Statement on Combating Terrorism）。該聲明描述的合作範圍包括：航空及交通安全、警政和司法合作兼引渡罪犯、阻斷恐怖金援、阻斷任何對恐怖主義之支持、出口管制及防堵擴散（指核彈、生化武器等）、邊境管制（包括簽證及文件之安全檢查）、交換法律資訊及電子檔文件。歐盟高峰會特別在根特（Ghent）召開特別會議，公布「結論及行動計畫」（Conclusion and Plan of Action）。「根特結論」特別強調，反恐行動不是針對阿拉伯人或穆斯林世界，而是針對恐怖份子。主張與美國團結合作，透過CFSP及促進「歐洲安全及防衛政策」。歐盟與各會員國在此次事件中所提及的文件，確立共同打擊國際恐怖主義罪行。911事件中，歐盟對於共同外交及安全政策的擬定與施行，配合聯合國安全理事會、北約、美國、英國的行動而作出反應，不但未讓會員國喪失主權的行使，還加強與聯合國、北約等國際組織的合作關係，亦有助於歐盟的整合。歐盟對911事件的處理模式，也引起會員國思考「歐洲整合」的組織深化成效。因為在處理「共同外交及安全政策」的議題上，歐盟仍停留在最初步的「共同宣言」，高級代表索拉納也以「聲明」表示，歐盟對反恐的決心缺乏實質上的作為。911事件後，歐盟對共同外交及安全政策的作為及反省，促成ESDP的建立，在本事件中「國際情勢的重大變化」是影響歐洲整合的自變數。

上述整合進程的自變數包括1990年代初冷戰結束，蘇聯解體以及東歐共產集團崩潰、德國統一、波斯灣戰爭，以及前南斯拉夫共和國瓦解及隨後的巴爾幹戰爭，這四項「國際情勢的重大變化」，造成《馬斯垂克條約》及《阿姆斯

---

[103] Ibid., pp.529-530.

特丹條約》的簽署；1997年簽署的《阿姆斯特丹條約》，因「會員國對主權的堅持」，歐盟引進「建設性棄權」條款；1999年歐洲經濟及貨幣聯盟第三階段開始運作，丹麥、希臘、瑞典及英國因「主權的堅持」，導致部分會員國未加入歐元區；1998年柯索沃（Kosovo）戰爭爆發，突顯了歐盟在軍事能力上的不足，因「國際情勢的重大變化」，係ESDP建立的催化劑；2001年911事件後歐盟對共同外交及安全政策的作為及反省，亦因「國際情勢的重大變化」，促成ESDP的進一步發展。「會員國對主權的堅持」致整合困難，而「國際情勢的重大變化」則促成條約的簽署及ESDP的建立。

第 **6** 章　歐盟與德國聯邦制度特性的比較

　　「聯邦國家」（Bundesstaat）不只是德國政治體系的特徵，同時也是基本法中，不容被修改的原則[1]。聯邦國家與單一國家政體最大的差異，莫過於聯邦國家要保障共同組成份子各邦（Gliedstaaten）的權利。因此，各邦本身應具組織運作，相稱的政策決定權、與一定程度的財政權，除此之外還有參與聯邦政治意願形成的可能性，以及各邦間履行結盟互助的權利與義務[2]。

　　聯邦體制的精義在確保國家單一性中的多元性，至於其具體的形塑必須視各聯邦國的歷史以及政治、經濟、社會、文化等諸方面的結構。德國歷史即是先有領邦，才有聯邦，另外二次大戰中納粹集權的夢魘，促使戰後德國採取聯邦體制，其特色之一是聯邦有優勢立法權，邦有執行權。人民有學界對聯邦體制的肯定、基本法制憲者的高密度規範設計，以及諸多制度保障的安排，促使聯邦體制的成型與發展。雖然在高度工業化、國際經貿競爭激烈化之時代中，聯邦有擴大權力或影響力的必要，但迄今德國並沒有放棄聯邦體制，而是透過聯邦與邦以及各邦間之合作，以及個案中經由聯邦憲法法院依實踐理性作一定推移，大體而言，仍合乎統合多樣性的聯邦體制原始要求[3]。

　　本章為歐盟與德國聯邦制度的比較，謹就德國聯邦主義的特色：聯邦與地方共享權力與制衡、民主原則（選舉、公民複決及區域參與政治過程，亦包含邦在立法過程中，透過聯邦參議院在聯邦層次的參與）、各邦的競爭與實驗、

1　1945年第三帝國瓦解後，德國由四強占領，並由各邦所選出的制憲會議代表共同組成制憲委員會（Parlamentarischer Rat），負責起草憲法。制憲代表們深深感受到國家社會主義集權獨裁的恐怖，而期有所矯正，故聯邦制的設計毫無異議的被採行，尤有進者，聯邦體制被規定為憲法的永久條款（Ewigkeitsklausel），不得更改（基本法第79條第3項）。請參閱黃錦堂，「德國聯邦體制之研究」，《美歐月刊》，第9卷第6期，（台北，83年6月），頁30。
2　劉書彬，「德國『財政平衡』制度的運作」，《問題與研究》，第40卷第6期，（台北，90年11、12月），頁85。
3　黃錦堂，「德國聯邦體制之研究」，前揭文，頁42。

聯邦與地方分權四項，加以闡釋。

第一節　聯邦與地方共享權力與制衡

分別就德國聯邦主義特色和歐盟的制度及政策加以說明：

一、德國聯邦主義特色

德國是古典的聯邦國家之一。聯邦主義的價值在於，聯邦結構的國家比中央集權的國家較會考慮區域的特性與問題。德國聯邦主義與美國及瑞士一樣，凝聚國家對外的一致性與內部的多樣性。分為三方面：在立法權方面；在執行權方面；在司法權方面。

（一）在立法權方面

在《基本法》第75條規定，就一定類型的法律，聯邦與邦都有利益與興趣者，聯邦有周邊的立法權（Rahmengesetzgebung）。既然稱為周邊，當然指聯邦不能毫無限制的立法，從而邦的立法者有制定條文細則的餘地。

（二）在執行權方面

1969年有一項改革，即引進「共同行政」（Mischverwaltung）原則。在此之前，聯邦與邦在很多領域中，已有合作辦理或合作規劃的先例，例如有關聯邦與各邦對國家安全之保障、刑事警察的合作、國土規劃以及教育規劃等事項。1969年的改革著眼於將原屬於邦的事項，但有較大外溢性與較大財政負荷者改為聯邦與邦共同合作，稱為「共同任務事項」（Gemeinschaftsaufgaben）。例如大學新建與擴建、區域經濟結構、農業結構、海岸防護結構的改善、教育規劃、學術研究計畫以及設施的補助等事項[4]。

聯邦體制的運作有賴各邦與聯邦的充足財政收入及合理支出。德國《基本

4　就大學及區域結構的改善言，依《基本法》第91a條，由聯邦制定法律，但該法律需經聯邦參議院同意，就雙方的合作加以進一步規定；法律中應規定該領域所應遵行的價值原則，以及該法律所採行的程序與機構；就本類型的事項，聯邦至少出資一半。至於就教育計畫以及研究補助事項，依《基本法》第91b條，聯邦與邦得經由協議促進合作，經濟的分擔也在協議中予以規定。請參閱黃錦堂，「德國聯邦體制之研究」，前揭文，頁33。

法》的制憲者認為，財政收支對聯邦體制影響深遠，故在《基本法》中加以詳細規定。依《基本法》第104a條，支出應由承辦該項任務之主體自行負責，但各邦若是受聯邦委託而執行，則聯邦應負擔該項業務經費。此設計可以使資源有效配置，因為決策者必須承擔支出，因此必須考量執行的成本。

在德國聯邦制度的稅制中，個人所得稅及營利事業所得稅由聯邦與各邦各分得一半，至於營業稅則由聯邦與各邦的分成比例係由聯邦法律加以規定，該法律需經聯邦參議院同意。《基本法》第106條第3項明白規定，在決定分成比例時應考慮到聯邦與邦各自收支上的需求，而且同條項也規定，若情境變遷，該聯邦法院必須重新加以議定。在前述「共同任務事項」由聯邦與邦共同負擔支出，也是聯邦財政體制的一個重要環節。

總之，德國在租稅、財經方面之立法權大抵歸聯邦，在稅收部分則由聯邦與邦分就不同稅目獨自收取，但又同時讓邦參與分配個人所得稅、營利事業所得稅之一半，以及將營業稅充當統籌分配之用，並對財力不足之邦由聯邦提供不附條件之補充補助金。如此聯邦與各邦之財力大抵可獲一定平衡。聯邦並得對邦提供重大投資補助、特殊負擔補助以及在共同任務事項協同出資[5]。

（三）在司法權方面

聯邦設有聯邦憲法法院及聯邦最高法院（包括聯邦普通法院、聯邦行政法院、聯邦財政法院、聯邦勞動法院、聯邦社會法院），此外，所有的法院都歸邦，從而邦可以就其轄區以及人員的選任加以決定。因為法院的設計與人員的水準、選拔，對國家發展影響深遠，所以高度的法典化不可避免；不論程序法或法院組織法，都是屬於聯邦的權限，法官法亦然。另外，邦所屬法院必須受聯邦法院以及聯邦憲法法院的拘束，凡此均使邦的司法權影響力大大削減。

上述聯邦體制的權限劃分及合作，不論法律條文如何規定，都容易出現爭執，因此必須有一快速、有效、客觀的解決機制。就有關聯邦秩序的爭議，聯邦或邦都依《基本法》第93條第1項第3款與第4款向聯邦憲法法院起訴。這是確保聯邦體制的重要手段。此外聯邦依據《基本法》第37條，於必要時得對邦進行強制（Bundeszwang）手段，包括出兵、警告等，這也是確保聯邦體制的方法。德國迄今並未發生聯邦強制的例子，而聯邦與邦之間憲法訴訟之爭議則相當多[6]。

5　黃錦堂，前揭文，頁31-36。
6　同前註，頁36-37。

二、歐盟的制度及政策

在歐盟制度整合方面，從三個歐洲共同體到歐洲聯盟，歐洲聯盟已經建立具有聯邦形態的超國家國際組織，擁有自主的機構，如執委會、歐洲議會、部長理事會、歐洲法院、歐洲審計院等。

歐盟具有許多與國家相似的特性，如共同貨幣（歐元），一個獨立的中央銀行，一個萌芽期的預算基礎，一個單一市場兩個不同層級的政府（歐元及會員國），雙重公民認同，以及一個演化中的共同外交政策與初期的共同防衛政策。

當許多重要政策部門仍然留在會員國手中，歐盟在商業事務、運輸、漁業及農業政策有最後裁定權，以及在環境、區域發展及工業部門有重要影響。基於以上因素，歐盟已經很接近新的國家性質，或最少是一種聯邦形態的聯盟，在程度上它逐漸採用制度及政策的特色，那是建立聯邦的特徵。

歐盟一般的決策程序及共同決策程序特別包含在三個主要機構：（一）歐洲議會：它代表歐盟的公民，並由歐洲公民直接選舉產生，具有制衡的意義與功能；（二）歐盟部長理事會：它代表各別會員國；（三）歐盟執委會：它追求歐盟整體利益。這三個機構創造適用於全歐盟的政策及法令。原則上執委會提出新的法令，經由歐洲議會及部長理事會通過。其他兩個機構也扮演很重要角色：歐洲法院職司歐盟司法權，兼具國際法院、行政法院與憲法法院之功能，監督會員國及歐盟機構之行為，確保條約之有效執行；歐盟高峰會是歐盟多層次治理之最高決策中心，代表歐盟及會員國整體利益[7]。歐盟五個最重要的機構由制度及政策面代表歐盟與會員國共享權力與制衡。

第二節　民主原則

分別就德國聯邦主義特色及歐洲整合特色加以說明：

一、德國聯邦主義特色

德國聯邦結構也增加民主原則，它使公民在選舉、公民複決及在自己的區域能參與政治過程，亦包含邦在立法過程中，透過聯邦參議院在聯邦層次的參

7　請參閱本書第四章第一節　超國家性，頁102-103。

與，這給民主更大的活力。

德國學者大體均認為，其《基本法》規定的聯邦體制是聯盟式的，有別於所謂的中央集權。但此種聯邦制並非以不利於聯邦政府為目的，而是一種單一（全國）與多元（各邦）的聯合建構；它是為了追求一種國家的政治統一，以及確保各邦的特殊性。這個見解並不因為聯邦體制在溝通協調上困難耗時，或在國際經貿競爭或在國家定位轉換等時代壓力下，而有所退讓。原因在於，德國學者進一步思索聯邦制對德國政治的深層意涵。首先，聯邦制是一國權力的垂直分立，它強迫不同級政府間必須達成一定的合作、諒解、協議，但另外也包括相互的競爭，以及由競爭所導致的總體成長。也可以稱為促進自由的功能。其次，聯邦體制也可以促進民主，亦即透過不同級政府的權限劃分，國家的政策可以更加透明、可被控制、親民、便民、保障少數族群。最後，聯邦秩序創造了區域的多元化及多樣性，申言之，因為聯邦有首都以及區域中心，因而較易留意到整體國家國土的均衡規劃，更因各種社團政黨必須在各邦中設有分支機構，所以聯邦體制使社團需成立區域性分支機構，因此對內部秩序造成多元化的影響[8]。

二、歐洲整合特色

歐洲整合的特性之一是統合多樣性。歐洲是維持著共同信念下的多元國家[9]。2004年《歐盟憲法條約》清楚揭示基本權利憲章及歐洲公民權。政治力的廣泛光譜——社會主義、民主、自由支持歐洲的理想，它是一種自覺，即歐洲共同的傳統、文化。

德加度‧摩萊拉（Juan M. Delgado-Moreira）在其以「文化公民及創造歐洲認同」（Cultural Citizenship and the Creation of European Identity）為題的專文指出，歐洲國家已經建立歐洲聯盟，超越經濟層次，它們必須從國家觀念退後一步，並且朝多元及文化公民方向努力。歐盟應投入設計公民的多元文化作為全球化與本土化的交會點。歐洲人應該建立機制，容許國家、經濟或法律的不平等被穿透，及塑造歐洲公民的觀念。並且在跨民族主義、人權及憲法原則的的基礎上加強歐洲公民的觀念，支持它作為真正獨特的歐洲歷史認同[10]。

8　黃錦堂，前揭文，頁38。

9　Anthony Pagden, "Conceptualizing a Continent", in *The Idea of Europe From Antiquity to the European Union*, (Cambridge: Cambridge University Press, 2002), PP. 33-54.

10　吳振逢，「歐洲認同與歐洲整合」，《國會月刊》，第35卷第5期，（台北：96年5月），頁88。

　　根據《馬斯垂克條約》、《阿姆斯特丹條約》和《尼斯條約》所附之宣言和議定書，會員國國家議會之角色，主要是草擬並實行歐盟法律、監督政府以及與他國議會發展合作關係，對於歐盟的立法程序、法案的通過沒有實質影響力，無法有效表達國內民眾之心聲；相較於過去對國家議會的不重視，《憲法條約》及《里斯本條約》有關會員國議會在歐盟之角色議定書，卻明確規範會員國國家議會可對立法提案表示意見，若達全體會員國議會總數三分之一以上認為執委會之提案不符輔助原則，還能進一步要求執委會重新檢視其提案；不僅如此，會員國國家議會可在第一時間獲得公開且透明的資訊，以及與他國議會間的資訊交流，都有助國家議會更深入瞭解歐盟整體的立法動向，熟悉並增加參與歐盟事務之機會，進一步傳達國內意見。如此，國家議會地位之提升，參與歐盟事務的機會增加，有助於在立法層面廣納歐洲人民聲音，減少過去歐盟引人詬病的正當性不足，也正因為在立法的過程中考量人民的想法和意願，更能使歐盟各個機構的政策和意見由上到下都能有一致性、連貫性，有助於強化歐盟的民主化[11]。

第三節　各邦的競爭與實驗

　　分別就德國聯邦主義特色，以及歐盟決策體系的共識政治加以說明：

一、德國聯邦主義特色

　　德國聯邦制度留給各邦之間某些範圍實驗及競爭的空間，例如個別的邦可以在教育上嘗試創意的方法，如果實驗成功可以成為全國性改革模式。地方邦在高等教育、生態環保、風景管理、區域規劃及水資源管理等有自行立法權限。

　　德國聯邦制度的立法權中有所謂的「競合立法權」（Konkurriende Gesetzgebung）。在此領域中，聯邦與邦都有立法權。《基本法》第74條明白規定，僅在聯邦有需要以法律規定時，聯邦才得加以利用。但向來聯邦把這需求解釋得相當寬，例如為了維持經濟及法律的一體性等，聯邦大力使用競合立法權，德國的民法、刑法、經濟法、勞工法，都是在這個脈絡下被制定的。聯

---

11 王泰銓，《歐洲聯盟法總論》，前引書，頁697-698。

邦憲法法院認為，是否存在上述條文中的「需求」，聯邦立法者有較大的裁量餘地，亦即只有當聯邦立法者顯然有濫用裁量的情形，聯邦憲法法院才會加以指正。至今並未有任何法律因為不符上述要求而被聯邦憲法法院宣告違憲，亦即聯邦立法者有相當大的自由決定權。在競合立法領域，只要聯邦一立法，邦便不再有任何立法權【12】。

　　依照德國《基本法》第74條及第74a條之規定，將近26項是屬於競合立法權領域，如集會遊行、戶籍、武器、各類型經濟法、訴訟法、調節法律、法律諮詢、核能、勞工法、教育補助、徵收、經濟秩序的公平競爭、農漁財產權的相關事項、土地住宅相關法規、傳染病、醫院、各項物品、用品安全衛生管理、航行、道路運輸、航運、環保法規、公務員的薪水與退休撫卹等。【13】

二、歐盟決策體系的共識政治

　　在歐盟決策執行的主導性造成行政部門間密集的協調，及會員國公務體系間的審慎考量。行政部門之間的網絡具高度排他性，並使政治責任趨於模糊，它們使高度共識在多層次治理的共同決策體系成為必要【14】。在歐盟整合過程中，如果要繼續朝聯邦歐洲方向發展，會員國間的競合必須依照新自由制度主義的論點，重視國際典則，即少數制度的可變性造成轉移結果，權力自然增加到超國家制度、決策法令；歐盟尋求藉共識或多數決同意共同法令或規範。

　　在《羅馬條約》為主的時期，強調的是建立會員國間的關稅同盟與共同市場，其中關稅同盟擔負廢除共同體內關稅與其他貿易的障礙，並建立共同對外關稅與由共同農業政策對進口農產品課徵不定的稅率，以便對非會員國展現共同的貿易政策。很明顯的，這是共同體合作面對外來的競爭。至於共同市場則是建立彼此允許生產因素──人員、貨物、服務及資金自由流動的規則，在貫徹競爭政策以確保貿易往來的公平與獨立競爭，諸如壟斷與國家補助等的廢除。再者，有利共同市場的形成與運作之因素均需予以加強，所以需要推動以下政策，如共同農業政策、共同運輸政策、共同社會政策、共同區域政策、共同工業政策以及共同發展政策等。其後，在《單一歐洲法》、《馬斯垂克條約》及《阿姆斯特丹條約》，共同體政經整合深化，亦陸續發展共同環境政策、共同電信政策、共同貨幣政策等，即使在共同體對外的政治活動上，亦要

---

12 黃錦堂，前揭文，頁31。
13 同前註，頁31。
14 Prof. Tanja A. Boerzel, op. cit., pp. 6-10.

推動共同外交及安全政策。依性質而言，共同政策分成部門政策（sectoral policy）與功能政策（functional policy）。前者如共同農業政策、共同工業政策、共同能源政策、共同漁業政策與共同電信政策等；後者如共同區域政策、共同競爭政策、共同預算政策、共同貿易政策等。基本上，各種共同政策的發展，不但架構不同，而且整合程度亦不盡相同[15]。共同市場及單一市場屬歐體／歐盟內部邦際競合的範圍，共同體機構在整合過程中，建立促進合作及公平競爭的環境，此點與德國聯邦主義的邦際競合特色類似。至於歐體／歐盟的有關共同政策，均為基於共同利益，建立內部合作以面對外來競爭的觀點，是廣義的邦際競合。

依照弩根特的看法，共同體的首要目標是建立共同市場，其實現有賴以下四支柱：（一）四大自由流通的保證；（二）涉及四大自由流通的法律相似化或一致化（harmonization）；（三）競爭政策的確立；（四）共同對外關稅的設立[16]。

歐洲整合過程中如功能主義的擴溢理論（spillover），經濟整合通常導致其他領域的整合，歐盟的競爭政策也是如此。沒有嚴密的反托辣斯法規、監督政府補助及被約束工業的自由化，單一市場不能公平及有效率的運作。《羅馬條約》因此指認競爭政策為歐體活動的核心領域，為了支持規劃的共同市場及創造一個自由活動領域的層面。為了該部分，《憲法條約》列舉競爭政策為歐盟專屬職權的六項領域之一[17]。

歐盟競爭政策包括兩個主要部分，一個處理私人企業的活動，另一個負責會員國的活動及政府支助的團體。前者普遍參考美國的反托辣斯法，那是為防止私人企業採取資本兼併的手段可能抑制正常競爭，及扭曲商業界，如有限制性的協議或濫用有支配力量的地位。後者有關政府援助的管制（對公司各種形式的補助金）及被節制的工業之自由化（國營企業或與政府有特殊關係）[18]。

歐盟反托辣斯的努力主要仿照美國的經驗。誠然，美國反托辣斯主義給歐盟執委會競爭政策總署的官員帶來很大的影響，許多官員學過美國競爭法。不過，不像美國的競爭政策，歐盟的競爭政策不僅處理私人部門濫用商業界，也

---

15 郭秋慶，《歐洲聯盟概論》，（台北：五南出版公司，88年9月），頁179。

16 同前註，頁179-180。

17 Desmond Dinan, *Ever Closer Union*, op. cit., p. 412.

18 Ibid., p. 412.

涉及大量政府對國營企業的財政支援及公用事業如水、電及電訊，該公用事業傳統上由歐洲國家政府所控制。透過包含抑制政府對工業的補助及對抗政府的獨占事業，歐盟競爭政策影響力遠超過反托辣斯[19]。此外，歐盟的競爭政策有其政治目的，遠超越美國競爭政策的經濟目標，歐盟競爭政策尋求打破會員國市場間的障礙，藉以促進歐洲整合。美國芝加哥大學著名反托辣斯法及經濟學教授，前歐盟競爭政策執行委員Sir Leon Britten形容歐盟的競爭政策：「它包括國家補助及企業獲得特殊或專屬權利的規定，以及特別關切鼓勵市場及促進歐洲整合」[20]。

第四節　聯邦與地方分權

分別就德國聯邦主義的特色，以及歐盟的權限分配加以說明：

一、德國聯邦主義的特色

德國聯邦政府的立法權限有三：即獨有的、共有的或組織立法。聯邦專屬或獨有的立法領域包含外交、國防、貨幣事務、移民、空運、通訊等；共有的立法情況，僅限有需要為全國制定一致性法律時，此領域含民法及刑法、商業法、核子能源、勞工法及土地法、有關外籍人士之法律、住宅、航運、公路運輸、空氣污染等。

就聯邦法律的執行而言，德國認為原則上應該由邦就近加以執行，聯邦僅有外交、財政、聯邦鐵道、聯邦郵政、聯邦兵役、航空運輸、聯邦銀行、聯邦水道以及航運等的行政權。另外，聯邦就邊防的官署、警察蒐證中心、刑事警察、聯邦調查局等也可以有行政權。

邦執行聯邦的法律，可分為兩種。一是聯邦委辦的類型，依法律性質，這些領域應該屬於聯邦極度關切者，聯邦委託執行時，仍保留指令權及監督權，這類型的法律如聯邦高速公路、聯邦長程道路的管理、有關利益平衡分擔相關法律的執行，以及局部財務事項的執行。這類型的行政，邦有設立官署的權限，聯邦除非依法律或經由聯邦參議院同意，不能有例外規定。聯邦若想制頒一般性的行政規定，也必須取得聯邦參議院的同意。可見，就委辦事項，聯邦

---

[19] Ibid., pp. 412-413.
[20] Ibid., p.413.

在人事、組織方面沒有太多置喙餘地；但就個案的處理，則有較大的指標監督權[21]。

除了聯邦自己執行、聯邦委託執行外，其餘的聯邦法律都是由邦自己執行。依《基本法》第83條及第84條規定，本類型被視為執行權的典型。這類型的案件，聯邦政府只有合法性的監督權，不能下達指令，除非特殊的例外，而且只限於個別案件的個別事項。就執行有關事項，聯邦於取得參議院同意後，得制頒一般性的行政規則。《基本法》第84條另規定，聯邦政府可以派遣特使前往監督，但至今很少發生。若邦於執行聯邦事項時有所怠忽或不認真，經聯邦政府指責後仍未改正者，聯邦政府可以向聯邦參議院請求協助，對聯邦參議院的處理若聯邦不滿意，還可以向聯邦憲法法院提請救濟。上述三種執行權的劃分，原則上沒有太大問題，聯邦與邦大體上都可接受[22]。

直接的聯邦行政原則上限制在外交事務、勞工配置、海關、聯邦邊界警衛及聯邦軍隊。大多數的行政責任透過地方邦獨立完成。

聯邦的司法是由聯邦憲法法院及聯邦法院所控制，以確保法律的一致解釋。所有其他法庭都是在地方邦司法的管轄範圍內。

二、歐盟的權限分配

「權限分配」是聯邦主義理論的核心部分，強調地方的權限不應該受到忽略。「地方」應該在歐洲整合的過程中扮演一定的角色；因此，聯邦主義者如史賓內利（Altiero Spinelli）反對過度將權限集中在歐盟的組織機構中。

歐盟會員國為了避免權力過度集中於執委會，因此在《歐洲聯盟條約》中特別強調「輔助原則」，其規定如下：「共同體應該在本條約所賦予的權限和指定的目標範圍內運作。對於非共同體權限範圍內的事務，除非因為會員國未能達成既定的目標，或因該目標的規模或效果經由共同體層面較易達成者，共同體才可依輔助原則加以處理」（輔助原則）。

「歐洲」概念政治化的同時，也賦予各會員國次級行政區域（邦、縣）政治地位。各會員國大多依其內部需要，以經濟或社會標準來劃分各區域單位。加強區域結構除可實踐聯邦權力下放的精神，各區域單位的多元歧異特性亦豐富、充實聯邦的內涵（區域主義）。

---

[21] 黃錦堂，前揭文，頁32-33。
[22] 同前註，頁33。

　　《歐盟條約》的三支柱中第一支柱下的經濟領域，歐盟會員國已經將絕大部分決策權轉讓給歐盟，惟即使在2004年《憲法條約》中三根支柱合併，但是會員國在稅制、社會安全、歐盟預算及外交、安全及防衛領域仍維持特定程序。因為外交、安全及防衛事務涉及主權最敏感的部分。

　　學術評論者對聯邦制度的正確性質觀點並未完全一致。廣義的說法涵蓋以下特點：（一）聯邦與地方分權：權力由中央決策機構與地方決策機構分配。（二）權限劃分的性質明載於憲法性文件，權限劃分的爭議透過最高司法機構解決。（三）中央與地方權限劃分，在平衡的意義上是，就公共政策的重要範圍而論兩者均有責任，雖然並非必然完全獨有的責任。（四）現代的事實顯示，實際上權限劃分不能過度嚴格。更正確的說，某些政策責任不可避免的重疊。總之，在現代國際間唯一可實施的聯邦主義形式是合作的聯邦主義。（五）雖然權限劃分的政策內容可能有變化，某些政策領域主要是中央層次的責任，因為它們關切認同、團結及保護制度作為一個整體。此類政策領域通常包含外交、安全與防衛、單一貨幣的管理及詳細計畫書與公民權利保護，或至少比這些更重要的權利[23]。

　　在適用屬於歐盟的聯邦模式中，很顯然的，歐盟展現出某些聯邦的特性：（一）聯邦與地方分權：權力由中央決策機構（執委會、部長理事會、歐洲議會等機構）與地方決策機構（會員國的有關機構）分享。（二）權限劃分明載於憲法性文件（條約），及有一個最高司法機構（歐洲法院）以其職權裁定有關權限劃分的爭議事件。（三）歐盟與會員國兩個層次在公共政策上均有重要的權力與責任，特別是屬於中央層次的公共政策，但是在經濟領域絕對不是專屬的。

　　在某些方面歐盟的聯邦模式略有不足：（一）雖然中央與地方層次分權，屬於中央的責任如果要由地方執行，嚴重的依賴地方的同意。最顯著的情況是在部長理事會一致決的適用，例如有關條約改革、會員國擴張，以及預算措施等決策。此項特點與德國聯邦主義性質相近。（二）對會員國的政策平衡仍然引起爭論。爭論的程度要比歐洲共同體1980年代中期要少的多，但是除經濟政策外，會員國仍然管理大多數公共決策。這反映涉及重大公共開支的政策領域如教育、健康、社會福利及國防，本質上仍維持會員國國家政策，以及課稅及財政資源仍然大量留在會員國的事實。（三）在傳統聯邦制度的政策範圍內，

[23] Neill Nugent, *The Government and Politics of the European Union*, op. cit., p. 551.

通常被視為中央機構的責任，在歐盟是會員國主要的國家責任，如外交、安全與防衛及公民權等在歐盟層次上發展，但是到目前仍然程度有限，且大體上是政府間合作的基礎。貨幣的控制是最明顯的例外，但不是所有會員國都是單一貨幣體系的成員。（四）中央機構不能在歐盟領域使用「合法的暴力」[24]。

　　歐盟與會員國之權限劃分，一直以來處於變動與不確定之狀況。有時為了因應歐盟政策之推動，各項權限範圍之領域也會有所變動。在歷次歐體／歐盟基礎條約修訂，如《馬斯垂克條約》、《阿姆斯特丹條約》、《尼斯條約》等，可以看出歐盟權限範圍之變動與修正。《尼斯條約》附錄歐盟未來宣言特別指出，歐盟未來應考量如何制定更佳之權限劃分原則，並檢視歐盟與會員國間之權限劃分是否符合「輔助原則」之精神。2001年12月召開之拉肯高峰會，其發表之歐盟未來宣言，再次強調應更有效的劃分與定義歐盟之權限，歐盟權限的劃分與限制，便成為探討歐盟改革與制憲議題所提出的重點之一。該宣言同時決定於2002年3月成立歐洲未來大會，推動歐盟相關制憲事務，隨後大會主席團所設立的二個工作小組，便以探討歐盟權限議題為主，分別針對憲草中擬定「輔助原則」條款及輔助權限條款之內容進行討論。隨後此二個工作小組所作出之結論報告與建議，便成為憲草條文規範之重要依據[25]。

　　《歐盟憲法條約》中，確實清楚劃分歐盟與會員國間之權限，同時列舉6種權限類別，累積過往歐盟與歐洲法院判例之原則與經驗，針對現有制度進行改革，以減少未來權限劃分之爭議。《歐盟憲法條約》中同時明訂不在憲法條文中的權限範圍，均屬會員國或區域政府之權限，此項可舒緩會員國及區域政府對於歐盟擴權之疑慮，有助於歐盟各層級體系得以權責相符。《歐盟憲法條約》在經過修改及翻譯成歐盟所有官方語言版本後，於2004年10月29日在荷蘭輪值主席任內，由25個會員國完成簽署，但究竟是憲法架構的問題，尚未完成會員國國內憲法之批准程序。而《里斯本條約》更明確化《憲法條約》有關權限劃分之後續發展，將成為其成敗的關鍵問題[26]。

---

24 Ibid., pp. 551-552.
25 王泰銓，《歐洲聯盟法總論》，前引書，頁697。
26 同前註，頁697。

第五節　政黨及利益團體的角色

壹、政黨

謹就政黨在德國聯邦制度中的角色，以及政黨在歐盟的角色兩部分加以說明：

一、政黨在德國聯邦制度中的角色

依據《基本法》第21條規定：1.政黨在人民政治意志形成的過程中發揮重要作用。政黨的建立是自由的。它的內部制度必須與民主的基本原則一致，必須公開說明自己的資金來源和使用情況及其財產狀況。2.根據其目標和成員的表現，旨在危害和推翻自由民主的基本制度，或危及德意志聯邦共和國的存在之政黨違憲。政黨違反憲法的問題，由聯邦憲法法院裁決。3.有關政黨的具體問題由聯邦法律規定。

政黨在德國聯邦制度中的角色，原則上可分三個層面：第一個層面為聯邦、第二個層面為國家整體的運作（即聯邦與地方各邦在平等的基礎上協調、合作）、第三個層面為各邦間橫向協調與合作（有時透過聯邦共同參與）。詳閱本書第二章第二節[27]。

二、政黨在歐盟的角色

政黨政治不僅為歐洲各國的基本政治制度，也在歐盟的整合發展中，扮演重要角色。例如歐盟各會員國元首或政府首長係該國的政黨領袖，這些元首或首長透過「歐盟高峰會」機制，設定歐盟發展目標，並成為歐盟整合的主要推動力。其次，歐盟「部長理事會」係由各國部長組成，這些部長也是經由政黨協商產生。此外，執委會目前由27位委員所組成[28]，負責捍衛與執行條約及歐盟整體利益，雖屬超國家機構，但是這些委員不僅是由會員國政府提名產生，絕大多數委員均曾擔任會員國政府重要黨政職務。另外，「歐洲議會」議員亦均經各國政黨提名，由公民直接普選產生。

---

27 請參閱本書第二章第二節，頁51-58。
28 European Commission, "The Commissioners", http://ec.europa.eu/commission_barroso/index_en.htm. (30/6/2009)

　　這些歐盟機構，在各自決策過程中，都反映出所屬政黨理念與政策取向。因此大體而言，歐盟發展與運作，無論是屬於政府間合作或在超國家架構下，都無法脫離政黨政治的影響。《歐洲共同體條約》第191條就明確指出，政黨是歐盟的重要因素，不僅有助於歐洲意識（European awareness）的形成，也反映歐盟公民的政治意志。因此要瞭解歐盟的政治發展，不能忽視歐盟政黨政治特性[29]。

　　透過歐洲議會的政黨運作，可以清楚觀察政黨在歐盟所扮演的角色。以下依（一）歐洲議會的結構與功能；（二）歐洲議會的黨團制度；（三）歐洲議會議員的選舉制度及次級競爭特質；（四）歐洲議會的黨團組成現況；（五）歐洲議會議員與本國政黨的關係；（六）歐洲議會議員與本國議會的關係等加以說明：

（一）歐洲議會的結構與功能

　　歐洲議會自1979年起，由會員國依人口比例普選產生，每5年為期舉行歐洲議會議員選舉，2009年6月4-7日舉行的歐洲議會議員選舉，由27個會員國選出736席，歐洲議會議員如歐盟擴大般穩定的成長，由於保加利亞和羅馬尼亞於2007年入盟，目前總數為785席。依人口比例最多為德國（99）席，最少為馬爾它（5）席。議會會址設於法國史特拉斯堡（Strassburg），但僅一個月為期4天的全會在當地舉行，委員會及黨團會議均在比利時布魯塞爾舉行，因此，布魯塞爾才是歐洲議會運作中心，祕書處則設於盧森堡[30]。

　　歐洲議會由1位議長、14位副議長及5位幹事長組成議事局，通常每週開會一次，負責處理預算、組織、人事與行政事務。各委員會主席則組成委員會主席會議，負責協調委員會議議程及處理委員會間的爭議。議長、各黨團主席加上委員會主席會議主席，組成主席團會議，由議長主持，每兩週開會一次，負責安排全面議程、決定委員會及對第三國代表團的規定與規模，及協調與執委會、部長理事會的關係。議會行政人員組成祕書處，由祕書長負責。下設8個總署，共聘請約5,000位行政人員。歐洲議會目前有20個常設委員會，每個委員會有1位主席、3位副主席。另外，議會設有次級委員會及針對特定問題設立的臨時委員會與調查委員會[31]。

---

29 王萬里，「歐洲議會跨國政黨制度研析」，《立法院院聞月刊》，340期，（台北：90年8月），頁16。

30 European Parliament, http://www.europarl.europa.eu/news/public/focus. (30/6/2009)

31 Ibid

　　歐洲議會與理事會分享立法權，主要為保障歐盟之民主正當性。有關歐洲議會擁有的正式權限，早期在歐洲煤鋼共同體有監督與諮詢權，其中歐洲議會監督權的規定，根據《ECSC條約》第24條規定，歐洲議會得以三分之二多數解散執委會，只是歐洲議會創始至今仍未使用這樣的權力。隨著歐洲整合的發展，歐洲議會的權限也不斷擴大。歐洲議會的權限包含立法權、預算權、任命權、監督權與司法複審權[32]。

（二）歐洲議會的黨團制度

　　歐盟並無所屬的歐洲政黨，而是組成跨國黨團組織。黨團組織最早是在1953年6月「歐洲煤鋼共同體」共同議員大會（Common Assembly）成立的次年被承認，但直到1979年歐洲議會議員改為直接普選後，政黨政治才開始運作。歐洲議會係由黨團扮演主要角色，而黨團組成有一定的規則。依程序規則第29條，每位議員僅能參加一個黨團，也可以不參加任何黨團。黨團至少要有20位議員，在黨團中至少要有來自五分之一會員國的議員[33]。此一制度設計的目的，在打破會員國國界，以利歐洲整合。

　　歐洲議會內的政治活動，基本上都以黨團為主軸進行，黨團制度經過40餘年的推動，擁有自己的預算、領導結構、行政支援、程序規則、辦公室、工作小組。透過這些機制，可以影響成員投票行為及爭取議會的重要職務，如議長、委員會主席、法案報告人等。運作方式，如同國會中的黨團。歐洲議會議員在議會內，並非以會員國為單位組成各國代表團，而是由會員國內意識型態或政治立場相似之政黨，組成跨國黨團。不過來自同一國、同一政黨的議員也在黨團內，組成次級國家政黨代表團，與黨團平行運作，對黨團整體共識建立發揮相當的作用。

　　整體而言，歐洲議會內的各黨團影響力，因國別、意識型態及政治訴求的差異，而顯得組織動員力不足。即使意識型態相近，由於個別的社會議題以及共同政策利益差異所造成的分歧等因素，經常使得黨團內部出現各行其是的狀況。如過去左翼聯盟、環保勢力及極右勢力，就因內部分歧而導致連一份共同聲明都難以達成共識[34]。

---

32 王泰銓，《歐洲聯盟法總論》，前引書，頁200。
33 Political groups, http://www.europarl.europa.eu/parliament/public/staticDisplay. (30/6/2009)
34 王皓昱，「困境與難題」，《歐洲合眾國》，（台北：揚智文化，86年11月），頁224-225。

（三）歐洲議會議員的選舉制度及次級競爭特質

　　1979年歐洲議會議員改為直選，由於多數候選人是由各國政黨提名，因此黨團運作乃活躍起來。依據《歐洲經濟共同體條約》第190條規定，各國應照一致程序來辦理歐洲議會議員直接普選。但是，事實上各國迄未就投票制度達成協議，目前仍是由各國立法決定，若干國家則採用國會議員選舉辦法。各國在2004年歐洲議會議員選舉時，都已採用比例代表制，由政黨推薦名單，按得票數決定當選人。擔任會員國部長、執委會委員、歐洲法院法官及歐盟各機構官員則不得參選。

　　歐洲議會經過幾次改革，雖已獲得更多的立法及行政監督權，但在選民心目中，政黨的主要目標是贏得國會大選進而執政，因此國會選舉才屬於一級競爭，歐洲議會選舉仍屬於次級國家競爭[35]。

（四）歐洲議會黨團組成現況

　　本屆議員於2009年6月選舉產生，目前總額736席，含2007年入盟的保加利亞及羅馬尼亞。現有7個黨團，各黨團結構如下：

1. 歐洲人民黨暨歐洲民主黨團（Group of the European People's Party, Christian Democrats and European Democrats, EPP-ED）：由各國基民黨及中間偏右政黨組成，含英國保守黨，有263席。
2. 歐洲社會黨團（Socialist Group in the European Parliament, PES）：由各國社會黨、社民黨、工黨組成，有161席。
3. 歐洲自由民主聯盟黨團（Group of the Alliance of Liberals and Democrats, ALDE）：由各國自由及民主聯盟組成，有80席。
4. 綠黨及歐洲自由結盟黨團（Group of the Greens/European Free Alliance, Greens/EFA）：由若干會員國綠黨及地區政黨如蘇格蘭、威爾斯等組成，有52席。
5. 歐洲國家聯盟黨團（Union for Europe of the Nations Group, UEN）：由若干國家反對深化統合的議員組成，有35席。
6. 歐洲聯合左派及北歐左派綠黨黨團（Confederal Group of the European United left – Nordic Green Left, GUE/NGL）：由各國左派、共產黨及北歐綠黨組成，有33席。

---

35 王萬里，「歐洲議會跨國政黨制度研析」，前揭文，頁18-19。

7. 獨立會員及民主團體黨團（Independence/Democracy Group, IND/
　DEM）：包括法國、比利時民族陣線、義大利激進黨、奧地利、西班
　牙等國地區主義人士及少數會員國中反歐盟及喀爾文教派議員，有19
　席。
另外，有93席未參加任何黨團[36]。

（五）歐洲議會議員與本國政黨的關係

　　各國政黨用來維持與所屬歐洲議會議員關係的機制不同，有的政黨將歐洲
議會議員列為黨大會的當然代表，並具有投票權，有的則僅具有發言權；有的
政黨在執行委員中，保留若干席位給所屬歐洲議會議員，有的則無；有的政黨
允許歐洲議會議員參加國會中的政黨會議，有些政黨在國會及歐洲議會中均設
有政黨聯絡單位。此外，歐洲議會議員對所屬政黨歐洲政策的影響力也有不
同。有些政黨有正式機制，有些則僅經由黨內辯論或對話等非正式機制進行。
各國政黨立場形成後，再由委員會政黨協調人組成會議，協調出黨團立
場[37]。

（六）歐洲議會議員與本國國會的關係

　　在歐洲議會直選前，歐洲議會議員都由國會議員兼任，因此，歐洲議會議
員與本國國會得以維持密切的關係。但直選後，由於兩者關係脫勾，歐洲議會
議員喪失利用國會議員身分影響各國歐洲政策的機會，各國國會對歐洲整合發
展資訊的掌握也大為減少。為彌補此一落差，乃建立以下5項機制：
1. 各國國會議長與歐洲議會議長每年舉行兩次會議，以推動國會與歐洲議
　會間的行政聯繫及圖書館與研究部門間的合作。
2. 利用舉行聯合會議、文件交換及法案報告人聽證會等機制，建立同性質
　委員間的合作。
3. 歐洲議會黨團及歐洲議會議員與各國政黨及國會議員間的合作。
4. 1989年設立「歐洲事務委員會議」（Conference of European Affairs
　Committee, CEAC），由各國國會議員6名及歐洲議會議員6名組成，每
　半年在歐盟輪值主席國開會一次，聽取執委會及部長理事會主席的報

---

36 Results of the 2009 European elections, http://www.eletions2009-results.eu/en/index_en.html.
　(30/6/2009)
37 王萬里，「歐洲議會跨國政黨制度研析」，前揭文，頁21。

告，並就當前歐洲議題交換意見。

5. 歐洲議會也在祕書處設小組，專責推動與各國國會之關係[38]。

　　歐洲議會經過50餘年發展，已經逐漸發揮應有的功能，尤其是直選後，政黨政治開始運作，黨團制度在議會中扮演關鍵角色。黨團不僅在推動歐盟整合進程及爭取歐洲議會權限上，展現重要功能，在許多法案上，尤其是就業政策、環境政策等方面，也建構出有效的歐盟政策。但是由於歐盟立法與行政權尚未充分發展，加上議員投票時國家及選區的利益考量、議員由各國政黨提名的方式，及各國黨團意識型態立場的差異，使歐洲議會遲遲無法發展出真正的歐洲政黨。此外，歐洲議會、歐盟部長理事會、歐盟執委會三大主要機構間定位不明確的關係，造成歐洲議會職權與定位不明。根本解決之道，即在於釐清各主要機關的職權與定位。有關三大機構的定位，目前趨勢為朝向聯邦制的憲政架構發展，歐洲議會朝向代表歐洲人民的歐洲下議院或眾議院發展；部長理事會則發展為代表會員國利益的歐洲上議院或參議院；而執委會則成為代表歐盟整體利益的中立行政機構。三者間的互動關係則為，由代表歐洲人民的歐洲議會監督制衡代表歐盟行政機關的執委會，並由代表會員國的部長理事會扮演上議院（或參議院）角色，與代表歐洲人民的歐洲議會共同組成兩院制的歐洲議會，共同享有立法權。惟有如此運作，歐洲議會才能真正發揮功能[39]。

貳、利益團體

　　謹就利益團體在德國聯邦制度中的角色，以及利益團體在歐盟的角色分別加以說明：

一、利益團體在德國聯邦制度中的角色

　　德國行政法要求政府官員在制定新政策時與利益團體接觸。有些磋商確保政府可以從利益團體代表的專長中獲益。在某些場合，利益團體的行為模式接近執政的行為。1970年代中期，政府、企業和勞工代表在會議上碰頭，討論經濟問題，試圖就提高工資和物價達成共識，並商討政府的經濟政策。這些參與

---

38 同前註，頁22。

39 黃琛瑜，《歐洲聯盟》，（台北：五南圖書公司，88年3月），頁72-73。

協商者之後達成協議，而協議的執行是得到政府批准的。政府和利益團體間的這種合作模式就是「組合主義」（corporatism）[40]。

　　德國聯邦議會和聯邦政府都強調利益團體的重要性。聯邦議會議事規則第73條規定，各委員會應注意傾聽公眾、特別是利益團體的意見。該條第3項a明確規定，委員會在作出決議前，要給利益團體發表意見的機會。聯邦政府也一向十分重視關心利益團體，聯邦政府法規標準法第10條強調，聯邦總理和聯邦部長有義務聽取各利益團體領導人的意見。詳見本書第二章第二節「利益團體在德國聯邦制度的角色」。

二、利益團體在歐盟的角色

　　據統計，約有15,000名職業遊說者在布魯塞爾活動，大多數代表商業利益及企圖影響歐盟決策過程。遊說者的總數目前還在增加中。實際上，這類活動有可能使民主弱化，因為它不僅有積極效應如支持經濟成長及競爭，而且有負面效應如追求利潤、貪腐、壓制決策程序以達成特別利益等。學者弩根特有類似論點，他認為，利益團體在歐盟政策過程的影響，有積極面與負面兩種效應。在積極面向有兩項值得特別強調的：其一，利益團體的活動擴大歐盟參與的基礎，並確保決策不會完全受到政治人物及官員的控制。其次，利益團體可藉提供歐盟當局資訊與不同觀點，以改善政策與決策的品質及效力。在負面方面，最重要的是，某些利益團體特別具有權力及影響力。欠缺平衡將引發不當利益，或甚至有違反民主的問題，歐盟政策傾斜及決策偏向特定方向等，例如法案內容有利於業者，而未顧及消費者及環境保護主義者的立場及主張。但是不論是否利益團體的活動被批判，整體而言其重要性很清楚。利益團體是許多關鍵資訊流向歐盟當局及從歐盟流出的核心，它們從倡議到實行有效影響決策過程。幾乎沒有歐盟的政策部門，找不到利益團體運作的痕跡[41]。

　　以下是歐洲透明化倡議組織（European Transparency Initiative）在綠皮書中經常引述的5項例子：

（一）有些可能被曲解的經濟、社會或環境影響資訊之立法建議草案，被提供給歐盟機構。

（二）現代通訊技術（網路及電子郵件）使發動大眾活動較為容易，不用歐盟

---

[40] 請參閱本書第二章第二節「利益團體在德國聯邦制度的角色」，頁58。

[41] Neill Nugent, "Other Institutions and Actors" in *The Government and Politics of the European Union*, op. cit, p. 347.

　　機構也能查證這些活動反映歐盟公民真正的關切。

（三）透過歐洲非政府組織（NGO）所代表利益的合法性有時候遭到質疑，
　　　因為某些NGOs似乎依賴歐盟的預算，及其會員國的政治及財政上的支
　　　持。

（四）相較之下，有許多NGOs沒有在遊說上可以扮演的領域，因為法人組織
　　　部門可以投資更多財政資源在遊說上。

（五）一般而言，有在歐盟層次缺乏正面遊說者的批評，包括渠等有可供使用
　　　的財政資源。

　　政治機構的透明化是合法性的先決條件。決策如何制定應該很容易查考，
包括其背景因素及納稅人的錢如何分配。因此遊說的法令最終是一個合作性的
問題[42]。

　　在歐盟除了德國及英國外，幾乎沒有其他會員國有規範遊說的法令，當中
有某些國家有相當嚴重的貪腐問題。民主制度與其機構應該支持其機構與公民
社會間的對話。此一對話應該透明，以降低決策者僅接受擁有特殊管道之專門
團體單方面訊息的風險。這意味目標團體的特別諮商，必須在清楚標準的基礎
上被確認[43]。

　　以下謹就「歐盟機構與利益團體的關係」；「歐盟對利益團體的研究」；
「歐盟對利益團體的規範」；及「對透明化倡議組織（ETI）的回應」分別加
以說明：

（一）歐盟機構與利益團體的關係

　　在80年代末期，歐盟機構被要求應詳細說明與利益團體的接觸，並建立溝
通的法令規範。

　　歐洲議會是第一個首先強調，在歐盟層次利益團體的數量有增加現象的歐
盟機構，及這項發展對立法程序的特別影響。1989年有關建立遊說活動法令的
書面質詢第一次被提出。

　　1991年程序委員會提出遊說者登記及行為準則的建議草案。經過激烈辯論
後，該草案未提報全會作進一步討論。

　　1996年6月就有關財務利益達成協議，每一個歐洲議會議員被要求提出一

---

[42] Sarka Laboutkova, "EU institutions and interest groups", Skoda Auto University, laboutkova@centrum.cz. (11/6/2009)

[43] Ibid., p.2.

份詳細的職業活動聲明。歐洲議會議員禁止接受任何禮物或在行使職務上獲利，議員助理也必須聲明未參與任何其他有報酬的活動。這些規範附加在議會程序的規則中。目前註冊的遊說者名冊、歐洲議會議員的財務利益聲明及經註冊登記的助理名單均可供查核。

　　歐洲議會出版幾種有關遊說的文件，如：「遊說及會員國國會利益團體規則」（1996工作文件）、「在歐盟的遊說：通行的規則與實務」（2003工作文件）。歐洲議會有它自己的遊說者認定：遊說者可以是私人、公共團體或非政府組織。他們可以用知識及在經濟、社會、環境和科學領域的許多專家見解，提供歐洲議會參考。

　　同一時期歐盟執委會，開啟歐盟與其公民間有關「深度溝通」的討論，按照條約，廣泛諮商是執委會任務之一。90年代初歐盟要求執委會與這些團體溝通的規則形式化。這項對話證實對執委會及有利害關係的外來團體均有價值，所以歐盟執委會開始嚴肅的關切該議題。在此之前，執委會對特殊團體明確的規則如授權、註冊、行為準則等並不存在。執委會與特殊團體間基本上有兩種對話形式：透過諮商委員會及專家團體；及透過與利益團體在非結構性的基礎上[44]。

（二）歐盟對利益團體的研究

　　分為1992年12月2日執委會的意見，以及諮商的標準兩項：

1. 1992年12月2日執委會的意見

　　執委會在幾份文件中表達對利益團體的研究如下：1992年12月2日，執委會與特殊利益團體間的一次公開及結構性的對話，是執委會首度公開表達有關利益團體的行為方向。這些利益團體究竟是何人？範圍包括歐盟層次、會員國或國際聯合會，涵蓋經濟及社會活動、律師事務所、私人企業、公共事務顧問、非政府組織、智庫、會員國的地區及自治市等所有部門。有各種不同措詞可用來描述這些組織，如利益團體、壓力團體、遊說者、公共關係、促進會等。

　　歐盟執委會將利益團體區分為兩類：非營利組織（歐洲及國際公會／聯合會）；營利組織（法律顧問、公關公司及諮商人員、遊說者）。文件包括描述在會員國及某些非會員國遊說規則的研究[45]。

---

44 Ibid., pp.2-4.
45 Ibid., p.4.

2. 諮商的標準

　　執委會於2002年12月1日通過一項「一般原則及利益團體諮商的最低標準」之建議，該建議與歐盟機構和公民社會間的互動有關。目標是協助增強諮商的文化及在歐盟的對話，加上在執委會本身決策過程更透明。

　　一般原則及最低標準從2003年1月1日起開始適用。該建議的主要目的摘要如下四項：

　　（1）透過更透明的諮商程序，鼓勵利益團體更多的參與，並加強執委會的責任。

　　（2）提供一般原則及諮商標準，以協助執委會合理化其諮商程序，以及以有意義的與制度的方式完成該程序。

　　（3）建立一套有連貫的諮商架構，而且有足夠的彈性可以考慮所有不同利益的特殊需求，以及為每一項政策建議設計適當的諮商策略。

　　（4）在執委會內部提升相互學習及交換良好的實際運用經驗。

（三）歐盟對利益團體的規範

　　包含要求利益團體註冊登記、行為準則，以及執委會幕僚的權利與義務三項。

1. 要求利益團體註冊登記

　　以「歐盟透明化倡議」為題的綠皮書為基礎，執委會於2007年3月21日決定設立一項新的公開註冊制度，再度以自發的方式鼓勵註冊，造成利益團體對歐盟機構決策的影響。此一註冊作業於2008年6月23日開啟。

　　申請人必須同意行為準則，該準則將增加可靠性及透明度。從一般大眾的觀點，註冊登記提供大眾公開檢視利益團體從事遊說執委會的情形。

　　由註冊可以分辨三種主要遊說的類型，分別說明如下：

　　（1）職業諮商及律師事務所（Professional consultancies and law firms）：此一類別的簽署人必須透露有關遊說歐盟機構的總金額，經由投資客戶總額5萬歐元或10%比例之金額；

　　（2）法人遊說者及貿易協會（Corporate lobbyist and trade associations）：此類遊說者必須提供直接遊說所有歐盟機構的估計費用；

　　（3）非政府組織及智庫（NGOs and think-tanks）：此類遊說型態必須宣告其組織所有預算及指出其主要募款來源，例如公開的金額等。

　　註冊登記將作為對所有歐盟機構包含執委會、歐洲議會及部長理事會共同

註冊執行可行性的測試。於2008年底，國際機構工作小組提出一份共同註冊的建議案。目前這三個歐盟機構對規範遊說者的行為有不同的法規，要將這些法規作一致性的整合並不容易。但是法國可能有意於該國擔任輪值主席國時，將遊說法規統一的計畫列入優先議程，歐盟部長理事會似乎不可能在此議題於2009年下半年瑞典擔任輪值主席國前批准決議，可能要到2009年秋天或2010年春天才會達成決議。歐洲議會建議，創立一種強制性共同對所有三個機構公開註冊，提供「完全的財務報告」並透過行為準則使違反法規的遊說者被開除的機制[46]。

2.行為準則

創設行為準則；執委會要求利益團體自願實施行為準則，該準則應符合執委會與特殊利益團體間行為準則的最起碼需求（1992年12月）。從當時起，遊說組織討論如何實施。1997年一個非營利的職業組織「歐洲職業事務協會」SEAP（The Society of European Affairs Professionals）成立，在歐盟層次代表所有個別的職業團體，如貿易協會、法人代表；諮商者；律師；非政府組織；地區代表及其他，以鼓舞歐洲事務活動的專業精神，及提升職業的自我管理。其目標為改善歐盟機構與公民社會間的溝通，此一組織後來結合「歐洲公共事務諮商協會」EPACA（the European Public Affairs Consultancies Association）簽署行為準則，即受到最起碼溝通需求的激發。

2008年5月28日歐盟執委會批准管理遊說者活動的行為準則，作為自願註冊登記的先驅。此行為準則將取代現存公共事務協會的行為準則，如歐洲公共事務諮商協會EPACA及歐洲職業事務協會SEAP，但是將界定遊說者的一般原則以供遵循，如誠實與透明，可是未包含貪污的議題，因為執委會主張，貪污的議題已經在歐盟官員個別的幕僚規則中預作規範[47]。

3.執委會幕僚的權利與義務

規劃執委會幕僚的權利與義務；改善歐盟機構與大眾間溝通的重要部分，是盡力為執委會幕僚制定權利與義務。意即探求歐盟幕僚應如何與公眾互動。

有關的權利與義務設在1992年的「幕僚法規」章節中。2000年通過「良好的行政行為準則」，使職業技術的標準正式化。此後，執委會現代化行政程序、幕僚規則及其內部管控與會計制度。第一個「倫理日」被設定在2006年7

---

46 Ibid., pp. 8-9.
47 Ibid., pp. 9-10.

月，執委會藉舉辦該活動的機會討論實際的幕僚倫理案例。2008年3月執委會通過一項為其幕僚人員職業倫理標準的意見交流。這些措施是執委會努力加強公眾信任，及提供支持和引導幕僚瞭解其有關職業倫理的責任。共造成三項主要的影響：

(1) 警覺性提高：包含討論與職業倫理的基本原則之公告，透過單一主題網址及針對主要幕僚群的訓練計畫的支持；

(2) 創立倫理的基礎架構：每一總署（DG）應指派一名倫理特派員以作為第一個接觸點，而且應設置一個電子全方位供應站以處理授權；

(3) 規則的澄清：現有潛在利益衝突的規則應被釐清，如有關禮物、贈品及外部活動等[48]。

（四）對透明化倡議組織（ETI）的回應

歐洲遊說者協會（歐洲職業事務協會、歐洲公共事務諮商協會、歐盟遊說透明化及倫理法規聯盟、公民社會接觸團體）歡迎ETI此類型的倡導團體，並考慮其必要性及詳細說明，使遊說規則的倫理與透明正式化。它們支持一份「歐盟遊說透明化及倫理」法規，該法規提供所有遊說者登記的基礎及接受共同的行為準則。

遊說透明的問題與倫理，已經成為歐洲透明化倡議組織重要及最受討論的議題之一。ETI透過執委會回答其綠皮書有關透明化問題時，獲得許多捐助，特別是非政府組織贊成以強制性的辦法，作為唯一確保完全透明化方式。這項討論由於遊說的資金申報議題，造成贊成者與反對者很快變成兩極化，影響到該討論會。最近的討論聚焦在註冊者財務申報需求的深度，及是否該申報應包含人名及個別遊說者的正確花費金額。問題是，何人能清楚答覆，什麼資訊可以有效評估在立法過程中外來的影響，他們如何能獲得影響而不違反合法的機密規則或過度負荷的行政程序。因此財務數目並非必然是有關遊說活動規模，最佳提供資訊的方式。至於是否註冊應公平的適用律師事務所、職業諮商、貿易協會、非政府組織及智庫等，也是討論時提出的問題。實際的情況如下：

1. 不同類型行為者的註冊人需要不同類型的財務資訊。營利遊說組織被要求報告有關遊說支出的數目，而公共利益組織則被要求提供預算總額。這表示，註冊人將不提供財務資訊給大眾。

---

[48] Ibid., p.10.

2. 註冊人是受組織限制的，不需要登記為其工作的個別遊說者。這表示，註冊人將不公開有關在歐盟層次工作遊說者的人數，及他們的雇主。美國、加拿大及澳洲要註明註冊人姓名。

3. 執委會的遊說者名單並未包括其他類別的利益團體，其辦公室所在地在布魯塞爾代表地區、省及地方當局，這類別的團體為它們自己的單位遊說，或代表公司或其他位於該轄區的其他實體；工會或會計公司，該單位提供全方位的營業服務，包括遊說活動。

4. 律師事務所，當其營業目的是以影響政策優先於訴訟案時，被期待註冊登記。律師事務所可以與其他利益團體的代表競爭，在這樣的活動，需要有特定公平賽場（即各公司均不享有特別優惠競爭局面）；例如在公共事務諮商的競爭案，在一個競爭案的公共事務面向上，往往一起工作的律師們，他們自己為其競爭案的法律觀點工作[49]。

2008年5月通過的一份歐洲議會報告，要求財務申報需求應同等的適用，且開支的申報要在合理的途徑內。這份報告透過要求遊說者向部長理事會、執委會及歐洲議會共同委託註冊，包括遊說者姓名、他們的客戶或公司負責人及在登記遊說活動的財務申報等，對歐盟執委會傳達強烈的訊息。註冊登記是強制性的，因為沒有正式立法規範，強制執行力很弱。執委會從目標遊說者的類型名單推斷，其解決辦法主要基於，規範私人部門的遊說，並無明顯企圖適用與公共部門代表，如會員國地區行政當局、外交官、會員國部長、會員國國會議員等，相同的遊說透明化，除了他們執行該機構的任務外，如在條約中所提供的權限[50]。以下謹分別就「歐盟遊說透明化及倫理法規聯盟」（ALTER-EU）、「歐洲職業事務協會」（SEAP）及「歐洲公共事務諮商協會」（EPACA）的意見加以說明：

1. 歐盟遊說透明化及倫理法規聯盟（The Alliance for Lobbying Transparency and Ethics Regulation, ALTER-EU）是一個超過160個公民社會團體、工會、大學及公共事務公司，由法人歐洲觀察組織（the Corporate Europe Observatory, CEO）所領導，推動引進對遊說者的強制規則，作為一種結束法人特權及在歐盟祕密遊說的方式。歐盟遊說透明化及倫理法規聯盟ALTER-EU呼籲執委會引進一種可以搜尋的電子公開

---

49 Ibid., pp. 11-12.
50 Ibid., p. 12.

註冊，載明所有遊說者的詳細資料，包含其重要的年度預算，以便對歐盟決策的民主審查成為可能。

歐盟遊說透明化及倫理法規聯盟曾關切，自願註冊登記不可能包括歐洲利益代表的全貌，盡可能廣泛的保證決策者及一般大眾能確認及評估隱藏在遊說活動後最重要的力量，執委會為了ETI傳達訊息所陳述的兩個目標。為了這原因，ALTER-EU贊成強制註冊及為遊說者制定行為準則的發展，包含公告有關遊說活動的財務資訊。

歐盟遊說透明化及倫理法規聯盟（ALTER-EU）強調如下四項：

(1) 執委會遊說註冊的自願原則是一項主要瑕疵。

(2) 沒有個別遊說者的姓名。這表示不會揭發醜聞、不追查旋轉門、沒有可能發生利益衝突的資訊，以及在布魯塞爾沒有為數眾多的遊說者數目。

(3) 財務申報的規則影響力有限，有利於工業遊說者；不同的利益團體被容許以不同的方式估算資料，如總支出百分比的束縛或大範圍；財務報告不會被比較，因為工業遊說者被要求對其遊說支出要有誠實的估計，而當公共利益組織必須申報全部預算。透明化運動者要求遊說者被平等對待，要申報遊說支出以及全部預算。

(4) 缺乏共同數據的申報規則意味，公開的資訊不能被比較或合計。例如記者不能確定以前的化學工業遊說者花費多少錢影響立法者，但是瞭解每一家公司花費多少錢，包含所支付的諮商費用[51]。

歐盟遊說透明化及倫理法規聯盟（ALTER-EU）向歐盟建議以下三項：

(1) 歐盟遊說申報立法必須包括以下兩點：其一，電子註冊的強制性制度及所有遊說者的報告應含重要年度遊說預算；其次，給遊說者有強制力的倫理規則（例如禁止雇用官員或他們的親戚為遊說目的工作）。

(2) 給歐盟執委會官員一份改善的行為準則：記錄執委會官員與遊說者正式及非正式會議，並記載往來的通訊，有關記錄上網供查閱；在執委會委員及執委會資深官員為遊說團體或遊說顧問公司工作前，設定一段延展的冷凍期（類似旋轉門條款之規範）；歐盟執委會應鼓勵其他歐盟機構，特別是歐洲議會及部長理事會制定類似規則。

---

[51] Ibid., pp. 13-14.

（3）執委會必須終止特權接近的案例和對法人遊說者的不當影響，例如：在法人利益被代表，而公共利益非政府組織未被代表時，組聯合任務編組，如Cars 21其組成含執委會官員、企業的行政總裁（CEOs）及汽車工業的遊說者，但是沒有環境有關的NGOs；特許地位與商業遊說團體一致，如歐洲服務論壇（European Services Forum）及跨大西洋商務對話（Trans-Atlantic Business Dialogue）。

按照歐盟遊說透明化及倫理法規聯盟的主張，如果歐洲透明化倡導組織實現有意義的民主發展，這些是最起碼的需求。既定的利益是藉贊成自我規範保護祕密及接近特權，自願的行為準則及其他無效的解決辦法，不可能增加遊說者在歐盟決策的民主審查角色。如果歐盟機構為此建議背書，以替代引進強制性申報及倫理規則，它會根本的破壞歐洲透明化倡議組織[52]。

2. 歐洲職業事務協會（SEAP），營利遊說者主要代表組織之一，反對強制性遊說申報，藉自我規範保護祕密及特權接近，自願的行為準則及註冊登記。商業的遊說者也主張，反對納入關於遊說活動的財務資訊證明，認為錢不能與影響相提併論，過程會造成太重負荷，而且妨礙顧客的隱私權，雖然他們的顧客有許多是美國公司，按照美國有關法規已經申報該資訊。按照SEAP觀點，自我規範是提升遊說者行為倫理最好的方法，不管他們是否代表商業或公民社會團體利益[53]。

3. 歐洲公共事務諮商協會（EPACA）不反對財務申報，但是認為只有遊說成為完全被管理的職業才能運作，在該行業中其管理需求對所有類型的利益團體是強制性的（包括律師、in-house consultant、NGOs及公共事務諮商）。如果有公平賽場及強制性的制度，至少沒有其他選擇，將必須去適應。

一種自願制度，要求財務申報，在他們的職業中無疑地將扭曲市場。諮商不能登記可能變成指責，並且因此失去顧客。另一方面，申報顧客費用會與契約的義務或其他顧客的祕密協定衝突，使註冊登記的公司受到商業的損失。某些顧客可能會要求以不登記諮商替代。有強制性的制度是唯一不會扭曲市場的方式，像其他團體EPACA，歡迎撤回修正建議變數，該建議要求申報諮商者

---

52 Ibid., p. 14.
53 Ibid., p. 15.

商業上的敏感資訊。透過要求註冊登記自願透露資訊，對不登記諮商或其他遊說者有利，執委會會助長競爭法的逐漸弱化。諮商本質上被要求洩漏沒有其他職業被要求的資訊。EPACA相信，任何財務申報應尊重顧客與諮商者之間契約及隱私的義務。已經簽署EPACA行為準則的諮商者，同意告知任何執委會官員或歐洲議會議員，即任何決策者，代表與渠所接觸的顧客。但是他們反對將顧客的姓名放在網站上，如果這是一個競爭的案件。

為了上述原因，EPACA請求執委會建立遊說作為一種被管理的職業。應包括以下四項要點：

(1) 設立一種強制立法的註冊制度，附加完全諮商及充分的法律過程；

(2) 一種非歧視的制度，該制度對所有人適用公平賽場；

(3) 清楚的定義及財務申報的可運作機制；

(4) 認可有祕密商業資訊，必須被尊重及建立機制以處理其敏感性[54]。

遊說與諮商業是正在成長中的企業及在大範圍上未受規範的一種。它是民主決策過程中自然、重要及合法的部分。就如錢幣有兩面，有時遊說的實際運作超越利益的合法代表，其方法可能是欺騙的。另一方面就因有需求，才會有供應的問題存在，所以某些官員可能受引誘而涉及貪污及其他非法的運作。大眾有權瞭解誰是遊說者？他們代表什麼？他們的經費來源為何？以及他們與歐盟機構的關係如何。目標在於維持這行業的透明、可靠及合法。透明及平等的接近所有歐盟機構，對歐盟的合法性及其公民間的信任是先決條件，透明化既不是威脅也不是審判。透明化是雙向道路，不但在機構本身的工作上需要，在遊說者間也同樣需要。將導致共同行為規則及雙邊的倫理原則，以及利益團體的註冊登記。問題是：註冊應該是自願性或強制性？執委會達成自我規範的結論，但是關於資訊提供的工作、利益的代表及資金的提供，只有足夠的資訊需求，才能被合法化，同樣地也充分的注意到大眾的關切及感受。許多利害關係人及國會有不同的意見，按照他們的意見自願的制度，不足以加強遊說者在歐盟決策角色的民主審查。

歐洲可以學習美國、加拿大的遊說申報立法並強制公司及組織向歐盟機構提供定期報告詳細說明有關其正遊說的議題，顧客係何人及預算為何。遊說申報的資訊應置於網站公開供大眾搜尋[55]。

---

[54] Ibid., pp. 15-16.

[55] Ibid., p. 16.

第六節　結　語

　　如前所述，德國聯邦主義的特色：聯邦與地方共享權力與制衡、民主原則、各邦的競爭與實驗，以及聯邦與地方分權，相較於歐盟，可以清楚發現相同的聯邦主義特色。謹綜合摘要如下：

　　一、歐盟一般的決策程序及共同決策程序特別地包含在三個主要機構：（一）歐洲議會：它代表歐盟的公民，並由歐洲公民直接選舉產生，具有制衡的意義與功能；（二）歐盟部長理事會：它代表各別會員國；（三）歐盟執委會：它追求歐盟整體利益。這三個機構創造適用於全歐盟的政策及法令。原則上執委會提出新的法令，經由歐洲議會及部長理事會通過。其他兩個機構也扮演很重要角色：歐洲法院職司歐盟司法權，兼具國際法院、行政法院與憲法法院之功能，監督會員國及歐盟機構之行為，確保條約之有效執行；歐盟高峰會是歐盟多層次治理之最高決策中心，代表歐盟及會員國整體利益[56]。歐盟五個最重要的機構由制度及政策面，代表歐盟與會員國共享權力與制衡。

　　二、歐洲整合的特性之一是統合多樣性。歐洲是維持著共同信念下的多元國家。2004年《歐盟憲法條約》清楚揭示基本權利憲章及歐洲公民權。政治力的廣泛光譜——社會主義、民主、自由支持歐洲的理想，它是一種自覺，即歐洲共同的傳統、文化。

　　《憲法條約》及《里斯本條約》有關會員國議會在歐盟之角色議定書，卻明確規範會員國國家議會可對立法提案表示意見，若達全體會員國議會總數三分之一以上認為執委會之提案不符輔助原則，還能進一步要求執委會重新檢視其提案；不僅如此，會員國國家議會可在第一時間獲得公開且透明的資訊，以及與他國議會間的資訊交流，都有助國家議會更深入瞭解歐盟整體的立法動向，熟悉並增加參與歐盟事務之機會，進一步傳達國內意見。如此，國家議會地位之提升，參與歐盟事務的機會增加，有助於在立法層面廣納歐洲人民聲音，減少過去歐盟引人詬病的正當性不足，也正因為在立法的過程中考量人民的想法和意願，更能使歐盟各個機構的政策和意見由上到下都能有一致性、連貫性，有助於強化歐盟的民主化[57]。

---

[56] 請參閱本書第四章第一節，超國家性，頁102-103。

[57] 王泰銓，《歐洲聯盟法總論》，前引書，頁697-698。

　　三、共同市場及單一市場屬歐體／歐盟內部邦際競合的範圍，共同體機構在整合過程中，建立促進合作及公平競爭的環境，此點與德國聯邦主義的邦際競合特色類似。至於歐體／歐盟的有關共同政策，均為基於共同利益，建立內部合作以面對外來競爭的觀點，是廣義的邦際競合。

　　依照弩根特的看法，共同體的首要目標是建立共同市場，其實現有賴以下四支柱：（一）四大自由流通的保證；（二）涉及四大自由流通的法律相似化或一致化（harmonization）；（三）競爭政策的確立；（四）共同對外關稅的設立[58]。

　　此外，歐盟的競爭政策有其政治目的，遠超越美國競爭政策的經濟目標，歐盟競爭政策尋求打破會員國市場間的障礙，藉以促進歐洲整合[59]。

　　四、在適用屬於歐盟的聯邦模式中，很顯然的，歐盟展現出某些聯邦的特性：（一）聯邦與地方分權：權力由中央決策機構（執委會、部長理事會、歐洲議會等機構）與地方決策機構（會員國的有關機構）分享。（二）權限劃分明載於憲法性文件（條約），及有一個最高司法機構（歐洲法院）以其職權裁定有關權限劃分的爭議事件。（三）歐盟與會員國兩個層次在公共政策上，均有重要的權力與責任，特別是屬於中央層次的公共政策，但是在經濟領域絕對不是專屬的。

　　《歐盟憲法條約》中，確實清楚劃分歐盟與會員國間之權限，同時列舉6種權限類別，累積過往歐盟與歐洲法院判例之原則與經驗，針對現有制度進行改革，以減少未來權限劃分之爭議。《歐盟憲法條約》中同時明訂不在憲法條文中的權限範圍，均屬會員國或區域政府之權限，此項可舒緩會員國及區域政府對於歐盟擴權之疑慮，有助於歐盟各層級體系得以權責相符。

　　歐盟與德國聯邦制度的比較，除以上由德國聯邦主義之特色與歐盟相關聯邦主義之特色作對比外，有一些其他的共同點與差異之處，謹陳述如下：

一、共同點

（一）歐盟整合進程與德國聯邦制度發展的歷史背景相近

　　回顧德意志帝國歷史，歷經神聖羅馬帝國（第一帝國）、德意志帝國（第

---

58 郭秋慶，《歐洲聯盟概論》，前引書，頁179-180。

59 Desmond Dinan, op. cit., p. 413.

二帝國）、威瑪共和、納粹德國（第三帝國）、東西德分裂、統一的德意志聯邦共和國。政治體制由「德意志領邦同盟」，「北德聯邦」、「德意志帝國」、「威瑪共和」、「納粹德國」，東西德分裂、「德意志聯邦共和國」。很清楚的，德國有其聯邦傳統，除納粹德國為獨裁政權，完全偏離聯邦制度外，由1815年成立「德意志領邦同盟」，及1848年法蘭克福制憲會議大德意志派主張成立德意志邦聯，僅為鬆散的聯盟，其目的是「維護德意志的內外安全與獨立，以及各邦的獨立及不受侵犯」，直到1834年「德意志關稅同盟」使德意志在經濟上的整合為其最終在政治上的統一奠定基礎。而歐盟的整合進程也是經由三個歐體條約、單一歐洲法成為單一市場後，於1992年簽署《馬斯垂克條約》，經由經濟合作、整合，而逐步達成政治整合的目標[60]。

（二）歐盟主要機構功能與德國聯邦機構相似

歐盟部長理事會、歐洲議會、歐盟執委會以及歐洲法院分掌歐盟立法、行政及司法。歐盟部長理事會代表各國政府握有大部分的立法權，下設專業部長理事會、常設代表委員會、工作小組（Working Parties）以及其他特別委員會如政治安全委員會（COPS）、第36條委員會（CATS）、經濟財政委員會（EFC）、第133條委員會、農業特別委員會等。主要職權含立法權、協調會員國財經政策、締約權、批准預算、確立共同外交及安全政策、處理內政及司法事務。其組成的主要機構成員來自會員國部長及高層代表，類似德國聯邦議參議院。歐洲議會在直選後，擁有較多立法權及監督行政權，《馬斯垂克條約》正式將歐洲議會定位為真正的共同立法者（echter Mitgesetzgeber），《阿姆斯特丹條約》簽署後，明顯擴大共同程序的適用範圍，增加歐洲議會在立法程序上的影響力。歐洲議會目前擁有立法權、預算權、任命權、監督權及司法覆審權，功能已經逐漸趨近一般國家的國會，其角色與功能類似德國聯邦議會。歐盟執委會簡稱執委會，目前有27名執行委員，依原《EC條約》第158條第2項規定，經《阿姆斯特丹條約》之修正（《EC條約》第214條第2項），會員國政府依共同提名其欲任命者為執委會主席，該提名應獲歐洲議會之批准。會員國政府應依照與被提名為執委會主席者之共同同意，提名其欲任命之人選為執委會委員[61]。任期5年，總部設於比京布魯塞爾，下設36個總署

---

60 吳振逢，「歐盟統合模式與德國聯邦制度之比較」，《立法院院聞》，第32卷第1期，（台北，93年1月），頁78。
61 王泰銓，《歐洲聯盟法總論》，前引書，頁229-230。

（Directorate General），以及其他水平統合的單位，例如總祕書處、官方出版處、法律服務處等，總計有專、兼職幕僚及工作人員1萬5千人，職權含提出立法草案、執行各項政策與預算之運用，與歐洲法院共同監督歐盟法令之執行，及對外代表權等，功能類似德國聯邦政府。依據《羅馬條約》，歐洲法院主要功能有二：其一為確保歐盟法律於會員國內的適用與遵守，其二為協助會員國國內法院解釋歐洲法律。歐洲法院功能與德國聯邦最高法院及聯邦憲法法院相當【62】。

（三）歐洲議會之組織、結構及黨團運作與德國聯邦議會之組織、結構及黨團之運作相同

歐洲議會之組織、結構，如議長、副議長、主席團、委員會及其功能，行政人員組成祕書處，由祕書長負責督導等；議會內的政治活動基本上以黨團為主軸進行，歐洲議會議員、黨團及其與各國國會、黨團之聯繫機制等，均與德國聯邦議會的相關組織、結構、功能及黨團運作，以及與各地方邦議會、黨團之聯繫機制相同。

（四）聯邦主義體制

德國是古典的聯邦國家之一。聯邦主義的價值在於，聯邦結構的國家比中央集權的國家，較會考量區域的特性與問題。德國聯邦主義與美國及瑞士一樣，凝聚國家對外的一致性與內部的多樣性。維持區域的多樣性是聯邦制度傳統的任務，這項功能今天在區域責任的形式上有新的內容，如紀念古蹟及歷史遺址的保護、建築傳統的維持，以及區域文化的提倡【63】。

在歐盟制度整合方面，從三個歐洲共同體到歐洲聯盟，歐洲聯盟已經建立具有聯邦形態的超國家國際組織，擁有自主的機構，如執委會、歐洲議會、部長理事會、歐洲法院、歐洲審計院等。歐盟具有許多與國家相似的特性，如共同貨幣（歐元），一個獨立的中央銀行，一個萌芽期的預算基礎，一個單一市場兩個不同層級的政府（歐元及會員國），雙重公民認同，及一個演化中的共同外交政策與初期的共同防衛政策。當許多重要政策部門仍然留在會員國手中，歐盟在商業事務、運輸、漁業及農業政策有最後裁定權，以及在環境、區

---

62 吳振逢，「歐盟統合模式與德國聯邦制度之比較」，前揭文，頁78-79。
63 參閱本書第一章「德國聯邦主義特色與歐盟聯邦主義發展趨勢比較」，頁18。

域發展及工業部門有重要影響。基於以上因素，歐盟已經很接近新的國家性質，或最少是一種聯邦形態的聯盟，在程度上，它逐漸採用制度及政策的特色，那是建立聯邦的特徵[64]。

（五）政府體制：分權與內閣制

聯邦主義的主要目標是保護國家的自由。聯邦與邦之間責任的分配是權力共享安排的重要成分，控制與平衡，如《基本法》所預設的。這也包含邦在立法過程中透過聯邦參議院在聯邦層次的參與。德國聯邦政府是民主議會內閣制。聯邦政府由聯邦總理和聯邦各部部長組成，依照《基本法》第63條，聯邦總理是政府的實際領導人，由聯邦議會選舉產生。

歐盟協定上政府的組織如我們所瞭解的行政、立法及司法三權，並不是按照美國的權力分立方式所組成，最初在《羅馬條約》簽署時，在安排上，某種程度以聯盟作為整體，平衡各別會員國的利益，為後來發展成密切的聯盟留下許多機會。逐漸複雜的決策程序，包含合作及共同決策程序，在政府間的歐盟部長理事會及歐盟高峰會，與超國家的執委會及歐洲會議之間，在許多方面與實際運作的聯邦相似。歐盟執委會係歐洲聯盟最重要的行政組織，其功能類似內閣，其下有三個部門：即執委會委員（目前有27位委員，每一會員國各分配一個名額，分別主管一個專業領域）、小內閣（每一執委會委員都有6-8名幕僚人員協助處理業務）、行政部門（含26個總署處理內政、外交及教育等業務，類似一個國家的部會；以及祕書處、口譯服務處、統計局、資料出版局等特別服務單位）[65]。

（六）利益團體在德國聯邦制度與歐盟的角色類似

在歐盟中透過利益團體產生影響的因素，與適用於國家層次的因素類似，比較有權力和比較有效的利益團體傾向至少有以下7項特色：

1. 控制關鍵資訊和專門技術

有效的決策和實行需要知識與理解力，通常只能透過利益團體提供給歐盟當局。這明顯的使某些利益團體處於潛在的有利地位，以事實為證，利益團體透過官方論壇產生的影響，通常遠大於專門的諮詢委員會，以及更一般性的背

---

[64] 同上，「德國聯邦主義特色與歐盟聯邦主義發展趨勢比較」，頁18。
[65] 同上，「德國聯邦主義特色與歐盟聯邦主義發展趨勢比較」，頁19-20。

景如歐洲經濟及社會理事會（European Economic and Social Committee, EESC）或區域委員會（Committee of the Regions, CoR）[66]。

2. 足夠的資源

　　一個利益團體若要擁有較佳的資源，最好能夠利用多種策略及設施在為數不同的接近點上。有關建議的立法案，一個資源豐富的利益團體，可能在適合的位置上提供其觀點給執委會、歐洲議會，或許部長理事會從草擬階段即作成最後的決定。類似的情況，如果區域或地方政府期望獲得歐盟基金補助，如果它們雇用專業人士，知道有什麼可以申請、應如何申請，將更可能成功[67]。

3. 經濟力

　　重要經濟的利益團體通常必定被歐盟決策者諮詢，最起碼因為他們的合作往往是政策設計必要的連結，例如鼓勵全歐盟性的投資、在較不繁榮的區域擴大就業、刺激跨越邊界的經營理性化、或改善工業的效率。經濟分量的例子是在政治影響力的一項重要因素，包括：化學工業透過其歐洲集團歐洲化學工業理事會（European Chemical Industry Council, CEFIC），成功的說服執委會調查所謂傾銷的眾多案例；歐洲鋼鐵製造業協會EUROFER與執委會及各會員國政府密切合作，透過鋼鐵的經營理性化以降低對其會員國造成的損害；製藥工業透過EFPIA說服執委會容許該協會自我規範，而非被管理[68]。

4. 政治力

　　許多利益團體所擁有的政治資產可以充分運用，通常透過會員國政府。例如一個國家的壓力團體密切連結到政府的政黨，或許能使政府實際上代表該政府在部長理事會上行動。在較廣闊的層次上，選舉的因素可能很重要，部長理事會通常不渴望支持任何可能使重要選民煩惱的議題，特別是一項重要的國家選舉或地方選舉隱約可見時。在法國、義大利、德國及別處的農民組織是利益團體最好的例子，因為它們從選舉的重要性中獲利[69]。

5. 真正有選舉代表權的主張

　　那些在指定部門的利益團體中，真正占有很大比例的國家壓力團體和歐洲利益團體，很自然的處於強勢地位。以歐洲化學工業理事會（CEFIC）為例，

---

[66] Neill Nugent, "Other Institutions and Actors" in *The Government and Politics of the European Union*, op. cit, p. 345.

[67] Ibid., p. 345.

[68] Ibid., pp. 345-346.

[69] Ibid., p. 346.

為何化學工業曾經被容許實行某種程度的自我管理，其所處的強勢地位是重要原因。

6. 團結

某些利益團體發現很難提出清楚而一致的見解，因而影響力降低。如前所述，這通常適用於歐洲利益團體，尤其是外圍的歐洲團體，因為它們不同於會員，是鬆散的同盟結構。在維持內部團結及共識上增加困難，造成歐盟農業組織委員會（Committee of Agricultural Organizations in the European Union, COPA）的遊說影響，在這些年來逐漸衰退[70]。

7. 接近決策者

大多數描述利益團體的特性中，有一部分決定於何種利益團體享有較佳接近決策者管道。很明顯的，那些擁有較佳管道者，較容易瞭解決策者核心的想法及發展，能夠向那些負責的人員提出他們訴求的案件。一個明顯的例子，在歐盟層次，歐盟農業組織委員會COPA的影響雖然衰退，但是在國家層次COPA通常仍享有有利的地位[71]。

二、相異點

（一）在德國聯邦體制下，地方各邦得以維持其獨立性及文化特色，畢竟德國為單一民族所組成，有共同的語言、文化及歷史，聯邦與地方間對政策較易形成共識。在德國聯邦制度下，外交及國防為聯邦政府職掌，相較於歐盟的共同外交及安全政策在《憲法條約》仍維持一致決，僅能依賴各會員國外長的協調，在執行上及功能上有差別。

（二）歐洲議會經過歐洲整合的持續發展，權限不斷擴大，至今已擁有立法權、預算權、任命權、監督權及司法覆審權，除了立法權外，歐洲議會之預算權（特別在支出部分）已與一般民主國家議會的預算權相當，又如在任命、監督、控制、宣達、代表等古典議會功能上，歐洲議會一樣也不缺，因此歐洲議會被稱為「議會」絕對是名副其實。目前歐洲議會之內部組織分立、委員會功能足以有效發揮、黨團運作趨於嚴謹，一再彰顯民主議會中利益衝突的本質，因此歐洲議會已逐漸成為政治爭論（political contestation）之場所，被政治菁英用來展現權力。就此而

---

70 Ibid.
71 Ibid.

言，歐洲議會實與一般民主議會無異。唯一的差別是歐洲議會的多數不組成「歐洲政府」，也沒有「政府」可以被推翻，此點與民族國家的議會概念如德國聯邦議會有別[72]。

（三）由於歐盟立法與行政權尚未充分發展，加上議員投票時國家及選區的利益及選區考量、議員由各國政黨提名的方式，以及各國黨團意識形態立場的差異，使歐洲議會遲遲無法發展出真正的歐洲政黨。此一特點與德國的政黨制度不同。

（四）歐盟相關機構對會員國的管轄功能，其地位在本質上較聯邦對地方邦的管轄功能要弱，尤其歐盟執委會缺乏德國聯邦政府因財政能力及政治合法性而擁有的執行與策略能力，這在重要政策表決時特別明顯[73]。

（五）利益團體在德國聯邦制度與歐盟的角色差異：

1. 在民族國家中採「組合主義」者如德國，其工會對罷工有強制約束力。故可約束其成員遵守勞、資及政府三方已達成之協議。可是泛歐層次利益團體的上層組織（peak organization），卻鮮少能約束各會員國的利益團體（Falkner, 1999: 83-97）。

2. 歐盟的治理體系不像德國採「組合主義」，在歐盟政策執行上，工會及資方並不若「組合主義」般協助貫徹政策，因為其規範性政策已轉嫁執行成本至被規範者身上。德國採「組合主義」，地方各邦被賦予相當大的管轄權，而且基本上中央和地方層級，以及政府、工會和資方的互動是以協商尋求共識為主[74]。

3. 歐盟的治理體系猶如「網絡」般，因不同政策而形成不同的「政策網絡」。不同的政策網絡摻雜不同的治理型態，例如歐盟的貨幣政策網絡較接近封閉式的「國家主義」。歐盟「經濟暨貨幣同盟」的治理幾乎操控在會員國及少數來自財政部和中央銀行的行政官僚，其政策制定方向著重技術理性，而非建立共識，且完全封閉，不受外來利益團體之干擾，猶如「國家主義」下的技術官僚，完全掌控政策的制定（Dyson, 1999: 98-118）。

---

72 黃偉峰，「歐洲議會」，黃偉峰主編，《歐洲聯盟的組織與運作》，（台北：五南出版公司，92年4月），頁317-318。

73 吳振逢，「歐盟統合模式與德國聯邦制度之比較」，前揭文，頁79。

74 黃偉峰，「剖析歐洲聯盟正在成型的治理體系」，《歐美研究》，第33卷第2期（民92年6月），頁302。

　　歐盟的社會政策在1970至1980年代原不受重視，其治理模式也較像「多元主義」，由資方及勞方各自競逐影響力。但是自從《馬斯垂克條約》引進「社會準則」（Social Protocol），且受到歐體社會政策終將採多數決的陰影影響，執委會遂接受泛歐雇主團體和泛歐工會自行協商的結果，可是這種泛歐勞資團體未必像民族國家的「組合主義」般可以保證協議的落實[75]。

　　以下謹以表6-1、表6-2說明：

表6-1　德國聯邦主義特色與歐盟制度及政策運作之比較

德國聯邦主義的特色	歐盟制度及政策運作與德國聯邦主義特色之比較
聯邦與地方共享權力與制衡	歐盟一般的決策程序及共同決策程序包含在三個主要機構：一、歐洲議會：代表歐盟公民，並由歐洲公民直接選舉產生，具有制衡的意義與功能；二、歐盟部長理事會：代表各別會員國；三、歐盟執委會：追求歐盟整體利益；四、歐洲法院：職司歐盟司法權，兼具國際法院及憲法法院之功能，監督會員國及歐盟機構之行為，確保條約之有效執行；五、歐盟高峰會：歐盟多層次治理之最高決策中心，代表歐盟及會員國整體利益。 歐盟這五個最重要的機構由制度及政策面，代表歐盟與會員國共享權力與制衡。
民主原則	歐洲整合的特色之一是統合多樣性。歐洲是維持著共同信念下的多元國家，2004年《歐盟憲法條約》清楚揭示基本權利憲章及歐洲公民權。政治力的廣泛光譜——社會主義、民主、自由支持歐洲的理想，它是一種自覺，即歐洲共同的傳統、文化。
各邦的競爭與實驗	共同市場及單一市場屬歐體／歐盟內部邦際競合的範圍，共同體機構在整合過程中建立促進合作及公平競爭的環境，此點與德國聯邦主義的邦際競合特色類似。至於歐體／歐盟有關的共同政策，均基於共同利益，建立內部合作以面對外來競爭的觀點，是廣義的邦際競合。
聯邦與地方分權	《歐盟憲法條約》中，明確劃分歐盟與會員國間之權限，同時列舉6種權限類別，累積過往歐盟與歐洲法院判例之原則與經驗，針對現有制度進行改革，以減少未來權限劃分之爭議。《歐盟憲法條約》並明定不在憲法條文中的權限範圍，均屬會員國或區域政府權限，此點與德國聯邦主義完全相同。

---

[75] 同前註，頁302-303。

表6-2　歐盟與德國聯邦制度在制度及政策運作的共同點及相異點

共同點	一、歐盟整合進程與德國聯邦制度發展的歷史背景相近
	二、歐盟主要機構功能與德國聯邦機構相似
	三、歐洲議會之組織、結構及黨團運作與德國聯邦議會之組織、結構及黨團之運作相同
	四、聯邦主義體制
	五、政府體制：分權與內閣制
	六、利益團體在德國聯邦制度與歐盟的角色類似： （一）控制關鍵資訊和專門技術 （二）足夠的資源 （三）經濟力 （四）政治力 （五）真正有選舉代表權的主張 （六）團結
相異點	一、在德國聯邦體制下，地方各邦得以維持其獨立性及文化特色，畢竟德國為單一民營所組成，有共同的語言、文化及歷史，聯邦與地方間對政策較易形成共識。在德國聯邦制度下，外交及國防為聯邦政府職掌，相較於歐盟的共同外交及安全政策在《憲法條約》仍維持一致決，僅能依賴各會員國外長的協調，在執行上及功能上有差別。
	二、歐洲議會經過歐洲整合的持續發展，權限不斷擴大，至今已擁有立法權、預算權、任命權、監督權及司法複審權，在議會功能上，歐洲議會一樣也不缺，因此歐洲議會被稱為「議會」絕對是名符其實。唯一的差別是歐洲議會的多數不組成「歐洲政府」，也沒有「政府」可以被推翻，此點與德國聯邦議會有別。
	三、由於歐盟立法與行政權尚未充分發展，加上議員投票時國家及選區的利益及選區考量、議員由各國政黨提名的方式及各國黨團意識形態立場的差異，使歐洲議會遲遲無法發展出真正的歐洲政黨。此一特點與德國的政黨制度不同。
	四、歐盟相關機構對會員國的管轄功能，其地位在本質上較聯邦對地方邦的管轄功能要弱，尤其歐盟執委會缺乏德國聯邦政府因財政能力及政治合法性而擁有的執行與策略運用能力，這在重要政策表決時特別明顯。
	五、利益團體在德國聯邦制度與歐盟的角色差異： （一）德國採「組合主義」，其工會對罷工有強制約束力。故可約束其成員遵守勞、資及政府三方所達成之協議。可是泛歐層次利益團體的上層組織卻鮮少能約束各會員國的利益團體。

表6-2　歐盟與德國聯邦制度在制度及政策運作的共同點及相異點（續）

相 異 點	（二）歐盟的治理體系不像德國採「組合主義」，在政策執行上，工會及資方不會協助貫徹政策，因為其規範性政策已轉嫁執行成本至被規範者身上。德國採「組合主義」，基本上中央和地方層級，以及政府、工會和資方的互動是以協商尋求共識為主。 （三）歐盟的治理體系猶如「網絡」般，因不同政策而形成不同的「政策網絡」。不同的網絡摻雜不同的治理型態，例如歐盟「經濟暨貨幣同盟」的治理，幾乎操控在會員國及少數來自財政部和中央銀行的行政官僚，其政策制定方向著重技術理性，而非建立共識，且完全封閉，不受外來利益團體的干擾，猶如「國家主義」下的技術官僚，完全掌控政策的制定。

　　德國學者夏普夫指出：「德國聯邦參議院係由地方邦政府代表所組成，在聯邦制度的運作上，幾乎所有聯邦法律均須經聯邦參議院同意，聯邦職權之執行實際上依賴地方邦政府。……在聯邦制度下，地方邦在聯邦意志形成的過程中得以共同參與。在這方面歐盟很明顯仿傚德國聯邦主義模式[1]。」

　　歐洲共同體之整合過程因為各會員國利益不同，經過一段期間的挫折與停滯，自1980年代開始加快其整合速度，朝向更緊密聯盟之目標邁進。尤其是在1985年戴洛被任命為執委會主席後，更積極的推動各種整合行動。1986年簽訂《單一歐洲法》，在部長理事會引進加權多數決，以加快議事效率，並引入「合作程序」以加強歐洲議會參與立法的影響力，準備於1992年底完成歐洲單一市場。1992年2月7日簽署《馬斯垂克條約》，在原有共同體基礎上，進一步建立經濟及貨幣聯盟，並朝政治聯盟邁進，協議共同的外交暨安全政策，以及司法暨內政事務之合作，形成兼具超國家主權與政府間合作兩種模式的新歐洲聯盟架構下的三大支柱。

　　《馬斯垂克條約》並設立具諮詢性質的區域委員會，使會員國內之區域及地方團體利益受到尊重。且創立「共同決定程序」擴大歐洲議會的立法參與並提高歐洲人民的地位，藉以改進歐洲聯盟的「民主赤字」。並首度將規範共同體與會員國權限分配之輔助原則，明文規定於條約內，受到歐洲社會各界極度關切[2]。其中設立區域委員會及將輔助原則明文規定於條約中，很明顯的，受到德國聯邦主義的影響，謹將有關德國聯邦主義的影響及歐盟整合的可能德式方向，在以下各節中加以說明。

1　請參閱本書前言，頁1。
2　王玉葉，「歐洲聯盟之輔助原則」，《歐美研究》，第30卷第2期（台北：89年6月），頁3-4。

第一節　德國聯邦制度影響歐盟發展的案例與意涵

壹、制度

德國聯邦制度在「制度上」影響歐盟的有以下案例：輔助原則明文規定於《馬斯垂克條約》；《馬斯垂克條約》創設「區域委員會」；歐洲中央銀行之創立。

一、輔助原則明文規定於馬斯垂克條約

歐洲聯盟之成立使歐洲整合進一步深化與廣化。隨著會員國移轉更多主權予歐洲共同體，而部長理事會議事程序引進更多條件多數決，使得不經全體會員國同意的議案亦能通過，其決議卻影響到廣大歐洲人民的經濟社會生活，會員國及其人民對歐洲聯盟的權力，不斷擴展充滿疑慮，對整合速度加快不斷侵蝕會員國主權深感不安。歐洲聯盟為了維持共同體與會員國間的權力均衡，乃提出輔助原則作為權力分配之準則[3]。

歐洲聯盟引進輔助原則直接、間接受到德國聯邦主義的影響。德國《基本法》第30條規定國家權力之行使與國家職責之履行，原則上由各邦為之。第72條規定：「在共同立法權限內，只要聯邦尚未行使立法權，邦有權立法。在共同立法權限內聯邦行使立法權須有下列理由：（1）邦無法有效立法規範該事項；（2）邦法律規範之事項違反他邦或全體國民之利益；或（3）為維持法律或經濟之統一，或跨邦界之生活條件而必須制定該法律者。」德國《基本法》第72條的內涵即為輔助原則。

輔助原則觀念大約在1970年代中葉開始被引進歐洲共同體。1975年由比利時總理丁德曼（Leo Tindemans）主導，由執委會所提出的歐洲聯盟草案報告（Commission's Draft Report on European Union）傾向支持共同體權限之擴張。丁德曼認為，歐洲聯盟應考慮行政分權趨勢，對於會員國無法有效完成之任務，由會員國授權聯盟代為執行。然而該報告並未界定權限分配之標準，僅列出聯盟專屬權限範圍，不能解決共同體與各會員國之權限糾紛[4]。

3　同前註，頁1。
4　同前註，頁11。

　　1982年歐洲議會正式決議，輔助原則應成為修改歐洲聯盟條約重要原則之一。1984年歐洲議會提出歐洲聯盟條約草案（Draft Treaty on European Union）作為積極改革共同體的藍圖，其中將輔助原則視為一般憲政原則（general constitutional rule）。草案前言提到，共同體與會員國權限分配應依照輔助原則；第12條規定，「唯有在聯盟採取共同行動比會員國單獨行動更有效率的情況下，方由聯盟採取行動完成該任務，特別是在規模或效果超越國界之情況，執行上須由聯盟採取行動者。」此條約草案有關輔助原則的概念，與德國《基本法》第72條的性質類似。

　　在《單一歐洲法》有部分理事會議事程序，開始採用條件多數決以取代原有的一致決制度，後來歐洲聯盟條約更推而廣之。可以想像在會員國不斷增加的情況下，如果維持一致決，議事程序必將僵化，聯盟很難有所作為。但是取消一致決，會員國就失去保障，以後未經會員國同意，透過強權運作也有可能通過。這是會員國最恐懼的事，等於把權力移轉到共同體的超國家層級，它們擔心布魯塞爾過分中央集權，過分立法規範（over-regulation），以及過度官僚作風，侵占了原來屬於會員國的權力[5]。為了對抗這種情勢，有些會員國主張分權化與區域化。尤其是採聯邦制的德國，將原屬於各邦的權限移轉至共同體，但各邦在共同體內並無有效的民意代表。各邦為減緩權力被侵蝕，極力爭取在《歐洲聯盟條約》內訂立輔助原則條款，同時亦順勢將聯盟定位成為一個能代表會員國各區域利益之機構（European of the Regions）。德國各邦總理在1987年召開的各邦總理會議上，聯名請求歐洲共同體應落實輔助原則。1988年歐體執委會主席戴洛為此與德國各邦總理在波昂會晤時，公開表示支持，甚至連英國亦逐漸改變一貫的反對態度。1991年的《馬斯垂克條約》不僅接受創設區域委員會，並採納了德國《基本法》輔助原則精神，設一專章，以舒緩德國聯邦主義者的強烈抵制作用。1992年《馬斯垂克條約》簽訂後，同年6月2日被丹麥公民投票否決，9月20日法國公投結果，又僅以些微差距通過。這更使歐洲聯盟意識到需要借助輔助原則的咒語（magic word），來減緩各會員國內部反歐洲整合的輿論壓力[6]。

　　輔助原則首次明文出現在《馬斯垂克條約》中。條約內提到與輔助原則有

5　王玉葉，前揭文，頁13。
6　吳東野，「歐洲聯盟條約『輔助原則』條款之理論分析」，《問題與研究》，第33卷第11期（民83年11月），頁12-14。

關的條文如下：第A2條：本條約於創造歐洲各民族間愈益緊密的聯盟過程中，開創一個新階段，聯盟的決策應盡可能地符合民意。第B2條：聯盟之目標應依據本條約所規定之條件與時間表加以實現，並同時遵守建立《歐洲共同體條約》第3b條所界定之輔助原則。第G條將歐洲經濟共同體改名為歐洲共同體，並修改其條約，新插入一3b條規定：「（1）共同體應依本條約所賦予之權限及所指定之目標範圍內行使職權。（2）在非專屬共同體權限之範圍，共同體應依輔助原則採取行動，亦即在會員國所採取之行動不足以達成所擬目標，而基於該行動之規模或效果，由共同體來作較易達成的情況下，方由共同體為之。（3）共同體之行動不得逾越達成本條約所定目標之必要程度。」於此應注意的是此條款為歐洲共同體條約之條文，故對超國家體制的歐洲共同體各機構有法律拘束力[7]。

由以上案例可見，德國聯邦主義特色「聯邦與地方分享權力與制衡」及「聯邦與地方分權」，對歐洲聯盟造成的影響。如前所述，採聯邦制的德國，將原屬於各邦的權限移轉至共同體，但各邦在共同體內並無有效的民意代表。因此，各邦為減緩權力被侵蝕，乃極力爭取在《歐洲聯盟條約》內訂立輔助原則條款，這是輔助原則首次明文出現在《馬斯垂克條約》中的主要原因。

二、《馬斯垂克條約》創設「區域委員會」（Committee of Regions）

區域委員會成立於1994年，目前有317位固定成員及317位變動成員，是各會國地方政府與歐盟間的主要溝通管道，有關區域發展的問題，部長理事會和歐盟執委會可以向區域委員會要求提供意見，以作為制定相關區域政策的參考。

如同前述，在《單一歐洲法》有部分理事會議事程序，開始採用條件多數決以取代原有的一致決制度，後來《馬斯垂克條約》更進一步推廣。因為有會員國擔心布魯塞爾過分中央集權，會侵占了原來屬於會員國的權力[8]。為了對抗這種情勢，有些會員國乃主張分權化與區域化。尤其是採聯邦制的德國各邦為減緩權力被侵蝕，極力爭取在歐洲聯盟條約內訂立輔助原則條款，同時亦順勢將聯盟定位成為一個能代表會員國各區域利益之機構。德國各邦總理在1987年召開的各邦總理會議上，聯名請求歐洲共同體應落實輔助原則。1992年的

7　王玉葉，前揭文，頁14-15。
8　王玉葉，前揭文，頁13。

《馬斯垂克條約》採納了德國基本法輔助原則精神，設一專章，並創設「區域委員會」，以舒緩德國聯邦主義者的強烈抵制作用[9]。此外，「區域委員會」之設立擴大了德國各邦及區域之參與度，並符合了各邦與聯邦參議院之訴求；「區域委員會」之設立，意味著各會員國區域及地方組織被賦予合法地位，並使歐盟有了聯邦國家之架構[10]。

　　里斯本監督平台（Lisbon Monitoring Platform, LMP）[11]對「區域委員會」的政治影響發表評論，以下謹就整合政策：歐盟東擴後的少數民族保護及反歧視政策為例說明，「區域委員會」行動的影響及達成的政治目標：（一）此案例協助加強與歐盟在種族優越論及仇外監督中心（EUMC）合作，該中心在2007年成為保護有關基本權利機構。這極佳的合作關係繼續維持，將於2008年9月在Reggio Emilia共同舉辦「基本權利的多層次保護」研討會。（二）該評論提升「區域委員會」作為一個在地方及區域層次，促進少數民族和弱勢團體權利機構的寫照。評論與理想的實踐在與歐盟執委會有關整合政策的合作上，有令人注意的影響，及特別是透過「區域委員會」在整合城市論壇的參與，在執委會委員Frattini的贊助下，於2006年在鹿特丹舉辦。「區域委員會」期望在籌備2008年在里昂舉辦論壇可以扮演積極的角色。（三）該評論對「區域委員會」在執行反歧視政策的角色，以及對委員會在為所有人機會平等年（2007）的投入表示認同。（四）在國際機構合作的範疇上，評論進一步指出，「區域委員會」主席受邀參加國際機構執委會委員團體有關基本權利的工作[12]。

　　如前所述，1992年的《馬斯垂克條約》不僅接受創設「區域委員會」，以舒緩德國聯邦主義者的強烈抵制作用。此外，「區域委員會」之設立擴大了德國各邦及區域之參與度，並符合了各邦與聯邦參議院之訴求。維持區域的特色與多元發展是德國聯邦主義的特色之一，可見德國聯邦主義的特色在歐盟簽署《馬斯垂克條約》創設「區域委員會」有關鍵性的影響。

9　請參閱本章第一節壹、制度，頁248。

10　許琇媛，「歐盟多層次治理模式——以德國下薩克森邦結構基金的運作為例」，《淡江人文社會學刊》，第16期，頁15。

11　LMP包括歐盟26個會員國（盧森堡尚未參加）中104個區域及城市會員，選擇透過年報表達關心。會員清晰的代表區域及城市不同的團結目標，歐盟15個舊會員及12個新會員。

12　"Review of the Committee of the Regions' political impact", www.europa.eu, p. 34. (22/9/2008)

三、歐洲中央銀行之創立

　　1990年10月3日德國統一，德國統一後是一個完整的主權國家。歐洲整合數十年以來，歐體帶給德國的不只是政治、安全上的利益，還有最實質的經濟利益。歐體有助於西德經貿實力的不斷擴張，使西德在1990年代成為經濟的巨人。德國一直堅決的支持經濟與貨幣統合，基於德國馬克是歐洲貨幣單位中權數最大的貨幣，又由於德國馬克強勢的國際地位與低通貨膨脹率，使得歐洲貨幣體系注定會向「不對稱」方向發展，德國聯邦銀行的貨幣政策自然會影響到其他歐體會員國的貨幣政策。1992年9月，歐洲發生嚴重的通貨危機，即肇因於德國高利率政策所帶來的難題。《歐洲聯盟條約》也同意，未來的歐洲中央銀行，是以德國聯邦銀行為運作的範本[13]。

　　歐洲中央銀行（European Central Bank, ECB）於1998年6月1日成立於德國法蘭克福，並於同年7月1日正式運作。歐洲中央銀行乃一創新央行模式，有別於傳統國家之中央銀行或跨國性國際金融組織。ECB與執委會、歐洲議會及歐洲法院一樣，也是一個「超國家組織」，針對歐元區會員國，擁有部分獨立貨幣主權，推動其政策目標包括發行歐元及維持物價穩定。1999年1月1日發行歐元取代會員國貨幣。會員國也修改憲法及相關法規，以符合歐體條約相關規定。德國修訂《基本法》第23、24、28、45、50、52、88及115c條，第88條規定德國聯邦銀行貨幣主權將移轉給ECB。另外，德國聯邦銀行法第6條就獨立性加以規定，第3條規定聯邦銀行已成為歐洲中央銀行體系（European System of Central Bank, ESCB）不可分割的一部分。顯示ECB獨立性之影響深遠廣泛，確立並保障歐盟會員國中央銀行之獨立性[14]。

　　如前所述，德國馬克強勢的國際地位與低通貨膨脹率，使得歐洲貨幣體系注定會向「不對稱」方向發展，德國聯邦銀行的貨幣政策自然會影響到其他歐體會員國的貨幣政策。此外，《歐洲聯盟條約》也同意，未來的歐洲中央銀行是以德國聯邦銀行為運作的範本。可見，德國馬克的強勢地位與低通貨膨脹率，以及德國聯邦銀行的運作模式影響歐洲中央銀行的設置及運作方式。

---

13 張亞中，「歐洲聯盟的演進」，黃偉峰主編，《歐洲聯盟的組織與運作》，（台北：五南出版公司，92年4月），頁52。
14 洪德欽，「歐洲中央銀行」，黃偉峰主編，《歐洲聯盟的組織與運作》，前引書，頁377-382。

貳、政策

德國聯邦制度在「政策上」影響歐盟的有以下案例：一、歐洲整合初期的德國政策；二、德國統一及在前南斯拉夫共和國爆發內戰後立場與其他歐體會員國分歧，使歐體加速整合腳步，並及早簽署《馬斯垂克條約》；三、共同貨幣：歐元的發行；四、德國「新的東進政策」對歐盟政策的可能影響。

一、歐洲整合初期的德國政策

作為二次世界大戰的戰敗國，西德失去了行使國家主權的權力與權利。追求主權獨立與化解他國對德國的疑慮，便成為戰後西德外交政策的首要目標。在此理念下，西德外交政策最主要的著眼點，就是將美、英、法三國片面加諸於對西德主權的限制，轉化為所有國家共同的承擔。西德總理艾德諾（Konrad Adenauer）認為，唯有藉由與歐洲的政經整合，才能使西德獲得主權，以及化解他國的猜忌[15]。

1949年9月21日西德聯邦政府成立後，其外交政策一般基於三原則：（一）維護國家主權獨立與領土完整；（二）美國軍事保護；以及（三）維護經濟成長與追求德國統一。兼任外交部長的艾德諾基於國家安全考量，始終堅持與美國保持密切合作關係；同時對於法國所推動之西歐整合計畫也鼎力支持。艾德諾深知西德得以平等地位參與歐洲煤鋼共同體ECSC，並未放棄追求國家主權獨立，且得以疏解盟軍對其重工業之限制，對於西德民心激勵以及經濟復甦，皆有正面意義[16]。對西德而言，為爭取其主權地位，應盡可能的加入國際組織，以取得與他國平等的地位。「歐洲整合」並不會限制西德原本就沒有的主權，反而有助於西德從整合中獲得權力。與英、法兩國有別的是，西德認為，當其他國家與西德一起將國家主權一部分交予共同體時，西德國家主權權力所受到的限制即減輕了一層，所以西德的策略與立場是以「合作換取自主」[17]。

在此外交政策的目標下，西德參與了戰後包括歐洲經濟共同體在內幾乎所

[15] Wolfram F. Hanrieder, *West German Foreugn Policy: 1949-1979*, (Colorado: West Press, 1980), pp. 1-60.

[16] 洪德欽，「歐洲聯盟之理論與實踐:方法論之分析研究」，洪德欽主編，《歐洲聯盟:理論與政策》，（台北：中央研究院歐美研究所，87年），頁13-14。

[17] 張亞中，「歐洲聯盟的演進」，前揭文，頁27。

有的國際組織，亦毫不猶豫的支持歐洲防衛共同體的構想。所有強化共同體權
能的看法，西德均全力支持，而不論這些主張是建立超國家組織，還是國家間
的政府合作機構[18]。由於西德在歐洲整合的起步階段積極投入，以及德、法
在歐洲整合的密切合作，是歐洲整合成功的重要因素。

二、德國統一及在前南斯拉夫共和國爆發內戰後立場與其他歐體會員國分歧，使歐體加速整合腳步，並及早簽署《馬斯垂克條約》

　　德國自1990年10月3日統一後，已經是完整的主權國家。在外交上也有意
扮演較積極的角色。前南斯拉夫共和國於1991年爆發內戰，分裂成斯洛維尼亞
（Slovenia）、克羅埃西亞（Croatia）、馬其頓（Macedonia）、波斯尼亞／赫
塞哥維納（Bosnia/Hercegovina）以及南斯拉夫（Jugoslavija）等五個國家。其
中，斯洛維尼亞、克羅埃西亞與馬其頓等三國的獨立，雖經過相當的紛擾才達
成，但卻未如波斯尼亞／赫塞哥維納的複雜與拖延時日。德國在歐體會員國中
與前南斯拉夫的關係最密切，尤其是信奉天主教且曾經歷哈布斯堡
（Habsburg）王朝統治的斯洛維尼亞及克羅埃西亞的關係更是密切。因此，當
獨立戰爭已變得不可避免時，其際遇頗能引起德國人的同情，此種情形隨著戰
事擴大以及媒體的大幅報導，使德國政府遭遇極大的壓力。德國於短短幾個月
內，由支持前南斯拉夫的統一到公開承認斯、克兩國的獨立，這之間轉折頗
大[19]。

　　自從前南斯拉夫共和國內戰以來，除了歐體的外交努力外，歐洲安全及合
作會議、西歐聯盟，甚至聯合國亦受託，促使衝突各方停火，或是派遣和平部
隊，監督衝突各方之停火協議。不過，由於和平任務屢告失敗，前南斯拉夫共
和國的獨立風潮，已擴及馬其頓及波斯尼亞／赫塞哥維納等共和國，情勢愈發
不可收拾，遂使歐體會員國改絃易轍，傾向於願意承認斯、克兩國。而德國在
其間發揮推波助瀾的作用[20]。

　　歐體會員國改變對斯、克兩國的態度，多少受到德國立場的影響，不過，
最主要原因之一是前南斯拉夫境內的衝突，隨著馬其頓於1991年9月15日宣布
獨立，而到了失控的地步。歐體會員國已體會到，前南斯拉夫統一的局面已不

---

18 同前註，頁27。

19 沈玄池，「歐盟共同外交暨安全政策之功效與極限：歐盟之南斯拉夫政策個案研究」，《歐
　洲聯盟：理論與政策》，（台北：中央研究院歐美研究所，87），頁344-348。

20 同前註，頁349。

容易維持，不如承認這些國家獨立的事實，以便透過談判使戰爭消弭於無形。因此當德國於1991年11月27日公開宣稱願意承認前南斯拉夫境內共和國的獨立後，很快獲得其他會員國的共鳴，同年12月初舉行的馬斯垂克高峰會中，英國首相梅傑（John Major）面告德國總理柯爾，英國將在對克羅埃西亞的態度上追隨德國的腳步，此舉影響了法國對前南斯拉夫內戰的態度[21]。從此，歐體各會員國對是否承認斯、克二國立場較一致。

　　1991年12月16日，歐體十二個會員國代表齊聚布魯塞爾，為共同發布承認蘇聯或東歐境內新成立國家之指令。歐體及其會員國欲藉此一共同聲明表明願意承認前南斯拉夫境內各個共和國，如果這些國家的作為符合歐體在指令上所提及的條件。條件不外乎：必須尊重聯合國憲章；歐安會議赫爾辛基與巴黎文件上所列基於尊重人權、民主與法治的規定；保障各民族與尊重少數民族之權益；國界之不可侵犯等。此外，歐體及其會員國亦在同一天聲明，願於1992年1月15日承認所有前南斯拉夫境內的所有共和國，如果這些共和國最遲於1991年12月23日以前，明確表示該國願被承認為一新獨立的國家，以及願意接受歐體所提的各項條件。歐體各國亦準備於一個月後承認斯、克兩國。然而，德國卻搶先於1991年12月19日即宣告承認斯、克兩國。此舉固然是德國受到國內強大的輿論影響所致，但德國似乎有意造成既定事實，而讓其他會員國跟進，以免夜長夢多[22]。

　　1990年的德國統一為歐體帶來兩個可供思考的問題，一是統一後的德國，是否使得歐體內的權力結構造成不平衡的情形，由於統一後德國強大的經濟實力，歐體國家開始懼怕歐洲會變成「德國的歐洲」，因此加緊腳步將歐體深化，使德國永遠只是「歐洲的德國」，這也是歐體在德國統一後加速政府間會議的討論議題，促成《歐洲聯盟條約》得以早日簽署的重要原因。另外，對英國及法國等歐體會員國而言，統一後的德國如果沒有歐洲整合的進一步束縛，德國可能成為歐洲無法掌控的強權，例如搶先宣告承認斯洛維尼亞、克羅埃西亞在前南斯拉夫內戰後的獨立，以逼迫其他歐體國家跟進，即為明顯的案例。因此，如果沒有德國統一，《歐洲聯盟條約》可能不會這麼快簽署[23]。

---

[21] 請參閱張顯耀，《歐盟發展共同外交暨安全政策之研究》，（台北：幼獅文化公司，84年1月），頁123。

[22] 沈玄池，前揭文，頁350-351。

[23] 張亞中，「歐洲聯盟的演進」，前揭文，頁48、53。

三、共同貨幣：歐元的發行

　　1999年開始發行歐元至今已經十年，事實上，1970年代即已考量單一貨幣的可能性，1979年德國總理施密特與法國總統季斯卡引進歐洲貨幣體系（das Europaeische Waehrungssystem, EWS）。1979年3月，歐體正式宣布成立歐洲貨幣制度，參加的國家有德、法、義、荷、比、盧、丹、愛爾蘭八國（英國於1990年1月加入）。由於歐洲貨幣制度的設立，歐體擁有一些超國家的特質與權力，的確為共同體貨幣政策奠定基礎[24]。

　　歐洲貨幣同盟的成立以及歐元的發行，是第二次大戰後歐洲最重要的經濟發展之一，也是歐洲經濟大一統理想的重要實踐。歷經三階段的醞釀，促使歐元誕生。1996年12月，歐盟會員國政府首長與國家元首在都柏林舉行高峰會，就歐元的法律地位，歐元與暫不參加單一貨幣的會員國貨幣間的匯率機制，以及約束貨幣聯盟參與國財政紀律的《穩定暨增長條約》（Treaty for Stability and Growth）達成一致的主張，為歐元的實施和穩定提供了法律依據，並經1997年6月舉行的阿姆斯特丹高峰會批准[25]。

　　就《穩定暨增長條約》而言，意味歐盟走向單一貨幣的所有技術障礙得以排除，因為歐元的堅挺將有可靠的保障。德國非常重視歐元是否如馬克一樣堅挺，因此德國聯邦財政部長魏格爾（Theo Waigel），提出由首批實行單一貨幣的國家簽訂一項穩定條約的建議，要求歐元國作出承諾，在1999年實行單一貨幣後繼續執行嚴屬的經濟政策，保證財政政策的平衡，並制定在財政赤字增大時必須採取的具體措施，否則將受到制裁。具體而言，在1999年歐元發行後，凡放鬆財政控制，公共赤字再次超過國內生產總值3%的國家，如不能按期改善，則應向歐洲中央銀行繳納一定數額的無息儲金。如在一定期限內不能重新達到標準，這筆儲金便轉成罰款，惟經濟衰退與自然災害等特殊情況除外[26]。

　　從2002年1月1日起，歐洲中央銀行與其各國附屬機構開始發行歐元紙幣與硬幣，各國原有的貨幣和歐元的兌換工作隨之開始，從2002年7月1日起，各國貨幣退出流通歐元正式成為歐盟歐元區的唯一法定貨幣。歐洲單一貨幣的實施，代表1971年美元與黃金掛鉤、結束金本位制度，開放彈性匯率的時代以來，國際金融體系劇烈的轉變。歐元的問世，使歐洲的經濟與金融交易量，不

---

24 郭秋慶，《歐洲聯盟概論》，前引書，頁208-209。

25 郭秋慶，前揭文，頁212-213。

26 同前註，頁213。

但規模與美國相當，更凌駕日本之上。歐元成功的發行，德國由概念形成到過程均扮演舉足輕重的角色，除德國的經濟實力及德國馬克係歐洲最強勢及穩定的貨幣外，也與歐洲整合的整體考量有關。美國政治學者Christoph Bluth認為，德國在1990年代擁護歐盟貨幣整合，與傳統維護國家利益及國家主權的作法相反，在歐盟單一貨幣：歐元的發展案例中，德國自願放棄對其主權關鍵成分的控制，德國馬克是第二次世界大戰結束以來，德國人國家驕傲的唯一公開來源。為何德國要積極提倡與其國家利益相反的政策，答案就在於超國家主義（或歐洲整合的考量）[27]。

首先，歐盟作為一個國際制度，協助將和平與繁榮帶到整個歐洲。歐盟在這些目標的全面成功，鼓舞會員國在這些範疇的進一步合作。它已經邁向新的超國家方向，以致與傳統保護國家主權的思維矛盾；其次，更廣泛瞭解德國動機會發現其原因指向外交政策。Bluth主張，多元國家主義的規範及為歐洲整合的目標與鄰國合作，勝過追求狹隘定義的國家利益。

四、德國「新的東進政策」對歐盟政策的可能影響

美國馬歇爾基金德國柏林辦公室主任史特爾臣穆勒（Constanze Stelzenmueller）在外交事務期刊（Foreign Affairs）以「德國的俄國問題：一個新的東進政策」為題的專文中指出，2008年7月美國民主黨總統候選人歐巴馬（Barack Obama）在柏林Tiergarten發表在歐洲唯一的一場公開演說，吸引了20萬德國人到場聆聽，歐巴馬選擇在冷戰期間長期分裂的首都柏林，作為演說的地點，乃是經過深思熟慮的，歐巴馬在演說中特別懇求，召喚一項為所有民族所共享的理想形式，即同樣「自由的夢」，那是美國與西德在冷戰期間關係的基礎。他因此要求加強與德國的夥伴關係和合作。

目前歐巴馬已經是美國總統，德國是否要回應其呼籲，並加入美國作為關鍵的歐洲盟邦共同面對全球性的挑戰與威脅？[28]

為何美國期待德國扮演歐洲的領導角色，有許多因素：其一，德國人口居西歐之冠（8,200萬人）；其次，德國位居西歐與中東歐交會的戰略位置；其三，德國經濟實力強勁，係世界貿易出口額第一的大國。此外，德國已經徹底

[27] Alison M. McCartney, "International Structure Versus Domestic Politics: German Foreign Policy in the Post Cold War Era", in *International Politics 39*, (March 2002), pp. 104-106.

[28] Constanze Stelzenmueller, "Germany's Russia Question", *Foreign Affairs*, Volume 88 No.2 (March/April 2009), pp. 89-100.

檢討其在第二次世界大戰期間所犯的罪行，在過程中已經成為一個堅強的民主國家。自1990年德國統一，成為完全的主權國家後，德國已經逐漸發展積極的外交政策，目前從巴爾幹到阿富汗派遣6,500名軍隊擔任境外軍事行動。2008年10月，德國聯邦議會批准增派1,000名部隊，協助北約在阿富汗的維和行動。柏林也在以往忽略的國家如喬治亞及伊朗等國，於第一線盡外交上的努力。並且聲明，將在處理氣候變遷的全球性挑戰上扮演領導角色。德國現在有機會如美國老布希總統（U.S. President George H.W. Bush）於1989年所建議的，成為美國在歐洲的領導夥伴（partner in leadership）[29]。

但是為了掌握，被認可為領導者這樣的機會，不僅靠美國的期待，而且得被歐洲國家所接受，並且要德國人的同意，德國總理梅克爾必須克服某些艱難的障礙。首先她必須克服經濟危機，並贏得2009年9月的聯邦議會選舉，同時德國政府將面對使用軍事武力意願的測試，如歐巴馬總統所期待的，在國際安全事務上作較大的參與，最令人注意的是在阿富汗的軍事行動。該任務的成功對跨大西洋聯盟的可靠性，極為重要，但是德國大眾以懷疑的態度看待[30]。

德國「新的東進政策」，最重要的關係是德、俄關係，德國與俄國有很深的歷史淵源，沙皇時代曾與德國皇室聯姻，兩次世界大戰期間均曾策略性結盟。目前德國是俄國最大貿易夥伴，並且對俄國能源供應的依賴日漸增加，約三分之一原油及天然瓦斯從俄國進口。有真正來自俄國的軍事威脅，如2008年俄國與喬治亞間的戰爭，及俄國總統梅德維得夫（Dmitry Medvedev）威脅將透過部署飛彈在卡列寧格勒（Kalininggrad）以反擊美國飛彈防衛計畫。但對西方，特別是德國的關鍵性挑戰則是政治，而非軍事。最壞的情況是，俄國的區域性和全球性野心，可能終結並擊潰歐洲東部邊界國家的民主改革，在過程中分裂跨大西洋聯盟[31]。

俄國努力尋求在歐洲戰略的槓桿，其對德國的密切關係是最大的戰略資產。同時，德國決策者追求與莫斯科的「戰略的夥伴關係」（strategic partnership），使德國成為俄國與西方緊張關係之間的核心。它也給了德國一項獨特的責任，老的「德國問題」早就已經解決[32]，德國緊密的處於西方國

---

[29] Ibid., p. 90.

[30] Ibid.

[31] Ibid., pp. 90-91.

[32] 90年代初，德國統一前，西歐盟國及蘇聯對「德國統一」問題深感疑慮，蘇聯希望統一的德國在蘇聯與西歐間保持中立；西歐盟國則擔心統一後的德國過於強大，究竟歐洲會成為「德國的歐洲」，或歐洲成員之一的德國？統一後的德國終究成為西方民主國家的一份子，是

家間，是歐洲國家的一部分。但是，有一個新的類似的21世紀的「德國問題」：德國能夠並願意利用其重要的政治資源改變俄國的行為，及必要時對抗俄國嗎？[33]

　　2008年當喬治亞與俄國衝突迫在眉睫，德國政府的重要人士及國會議員紛紛前往喬治亞訪問，戰爭爆發，德國政界對喬治亞總統薩卡斯維立（Mikheil Saakashvili）強力譴責，認為其輕舉妄動，是不負責任的賭徒行為，要對該國的快速潰敗負責。當俄軍快速擊敗喬治亞軍隊武力時，許多德國政界人士及評論者要求避免討論原因及責任，並強調需要與俄國維持對話。某些德國評論者甚至強力要求德國與歐盟對喬治亞情勢採嚴格的中立立場。但是，當俄軍繼續推進到南奧塞齊亞（South Ossetia），進入喬治亞的心臟地帶，柏林的態度突然轉變。德國總理梅克爾宣告暫緩與俄國總統梅德維得夫於黑海避暑小鎮Sochi會談的計畫，梅克爾隨後飛往Tbilisi，並公開證實喬治亞將成為北約的會員國。返回柏林後，總理府辦公室發言人聲明，喬治亞戰爭使德國與俄國關係停頓。德國外交部長史坦邁爾（Frank-Walter Steinmeier）指控，俄國行動「非法」且「不符比例原則」[34]。

　　柏林所發出的嚴厲批判很明顯的讓莫斯科震驚。德國的回應結合歐盟強硬的立場及全球金融市場的懲罰，顯然阻止了俄國繼續進犯喬治亞。此外，亦激勵了俄國高層外交官暫時的建設性行為，願意在棘手的議題上與西方國家合作，如在聯合國安全理事會中，討論美國及歐洲所建議對伊朗的制裁措施[35]。

　　高加索戰爭是德國對俄國態度下定義的時刻，但是往後將會有更多這樣的時刻。未來由於俄國的態度所引發的挑戰將使德國領導人很難抉擇，這是德國採取新政策的恰當時機。後高加索戰爭時代的一項東進政策，會繼續期望俄國可能的民主轉變，最好開放合作。其最直接的目的應該是歐洲東部邊界國家，從白俄羅斯到喬治亞的穩定與民主化。目前，加入北約或成為歐盟的會員國對這些國家來說不是很實際，或是很有用的期望。入盟的過程會製造更多問題：北約對申請加入會員國之候選國內部事務的要求太少，而歐盟對入盟的要求太多[36]。

「歐洲的德國」。

[33] Constanze Stelzenmueller, "Germany's Russia Question", op.cit, p.91.

[34] Ibid., p. 94.

[35] Ibid., pp. 94-95.

[36] Ibid., p.99.

德國及西方國家應該坦率的承諾俄國，而非如布希政府所為吝嗇而選擇性地，且必要時控制或還擊。如在喬治亞衝突事件所顯示的，歐洲的堅定與團結可以走得很長遠，尤其是獲得美國的支持。歐盟會員國和美國在對東歐邊界國家政策沒有戰略規劃，若彼此相互競爭，最終將會輸給俄國[37]。

對東歐邊界國家的政策應該有透過泛歐洲整體考量的必要性。但是德國應該作為倡導者及領導者，不僅因為其對東歐的歷史責任，而且也因為其與俄國的特殊關係，賦予其比歐洲其他國家較大的力量及權威。德國作為歐洲領導者的合法性及作為美國的夥伴國，不提其未來的軟安全實力，有賴其在此一角色的成功。

無論如何，德國要接受這項挑戰，必須克服一些可能的障礙。首先，它必須思考東歐邊界國家作為一個最優先的戰略利益區，而非一群異類的遙遠國家。其次，它必須設想其外交政策不是以受拘束的方式，而是以選擇的方式。其三，它必須克服依賴俄國的恐懼，認知俄國需要西方的消費者如同他們需要俄國。最後，也是最重要的，德國必須瞭解這個新的解決途徑，不僅有關利益與戰略，而且涉及團結，即保護國家追求安全、繁榮及民主價值與自由的權力。這是歐巴馬去年夏天在柏林演說的渴望，及美國當年在西德所曾經維護的價值。在某種程度上俄國拒絕這些基本的權力，德國及所有歐洲國家必須瞭解，他們曾經與自由西方民主國家聯合對抗獨裁的挑戰。而目前要回應的是，新的德國問題，即德國能夠及願意利用其重要的政治資源改變俄國的行為，及必要時對抗俄國嗎？如果答案是肯定的，德國可以在對東歐邊界國家的政策上影響歐盟政策。

第二節　歐盟整合發展的可能德式方向

2007年3月25日歐盟慶祝《羅馬條約》簽署50周年，歐洲聯盟的成功發展帶來歐洲的和平、民主與繁榮。東、西歐經過百年的戰爭與專制，如今歐洲整合帶給德國的，是和平統一、民主與繁榮。德國聯邦政府特別在慶祝歐洲整合50周年時發表「歐洲50年德國的10項獲益」（50 Jahre Europa —— 10 Vorteile

---

37 Ibid., p. 100.

fuer Deutschland）[38]：

（一）德國更多外銷產品：歐洲是工業化世界的最大單一市場。2006年德國企業界的產品銷售到歐洲內部市場，總值超過5,000億歐元。德國外銷產品三分之二輸往其他歐盟會員國，歐洲內部市場及歐元確保德國經濟的銷售市場。

（二）給消費者更多保護：歐洲提供更多競爭、更大更多元的產品及更有利的價格。不論電話或航空運輸，在結束國家專利後，歐洲人可以享受更多優惠。

（三）更多民主與繁榮：歐洲提供人民在本國民主、穩定與繁榮。由過去新入盟的國家可以發現明顯的例證，而德國則從中獲利。

（四）更多和平與共同價值：歐洲提供各民族以對人權、民主、社會凝聚力及機會平等的共同規範，一個和平共處的模式。共同拒絕極權主義、仇恨及暴力。歐洲提供在全球化世界中維持自己的價值。

（五）更多交流：歐洲提供在外國生活、工作及學習，共同研究與發展新觀念的可能性。德國作為一個賦有觀念的國家，仰賴與其他歐洲國家的交流。

（六）更團結：歐洲提供各民族間穩定的友誼，所以德國才會完成統一。對德國而言，這種團結有財政面向，因為德東各邦獲得歐盟廣泛的財政支援。

（七）更好的內部安全：歐洲提供外部邊界嚴格管制及簽證、難民及外來移民政策的共同規定。歐洲有辦法處理有效打擊跨國犯罪的問題。

（八）更有效的共同外交政策：歐洲提供機會，以較大的可信度共同執行維持和平及創造和平的措施。

（九）更多的旅行自由：歐洲提供旅行自由。德國人比其他歐洲國家的人民更常到國外旅行。沒有其他國家比德國在沒有邊界管制的歐洲旅行更覺便利，德國人如今在全歐洲感覺就像在自己家裡一樣。

（十）更多環境及氣候保護：歐洲提供跨越邊界的環境保護，環境污染是跨越國界的，在對抗氣候暖化上歐洲領先於其他地區國家[39]。

---

[38] "Regierungonline – 50 Jahre Europa —— 10 Vorteile fuer Deutschland", http://www.bundesregierung.de/. (21/1/2009）

[39] Ibid.

　　德國學者卜爾采認為，聯邦主義的概念不僅對未來歐洲的發展有幫助，而且也提供瞭解多層次治理的歐盟體系目前之結構與功能，一個好的工具。歐盟或可被描述為一種多層次治理體系，因為歐盟的主權由超國家、國家及次國家機構間所區分及分享。當傳統的國際關係理論及歐洲整合很難詮釋歐洲政體的多層次本質時，聯邦主義的憲法性語言，更有助於在歐盟不同層次的政府間分析及討論其權力區分[40]。

　　通常，聯邦主義參考一個政治體系中兩個或多層次政府空間及領土的權力區分。兩個層次都擁有某些獨自運作的自主決策權，聯邦單位代表在中央的決策過程。一個聯邦制度是以不同政府間主權共享及主權區分為特性，有別於主權為一個層級所專屬[41]。

　　當討論到有關歐洲聯邦主義時，通常意含或即使贊成歐盟轉形為一個聯邦國家，聯邦主義作為一個政治權威的原則，權力不須結合到國家形態。一般認為歐盟已經發展到超越國際組織或邦聯形式，不用變成一個聯邦的實體。無論如何，很少人期望歐盟發展成一個聯邦國家意義的完全聯邦國家。但是聯邦主義檢驗邦聯與聯邦間聯邦規劃的多種形式，作為聯邦連續（federal continuum）的兩個相反的結局。（按：就邦聯的出路言，一種是作為聯邦的過度形態，最終發展成聯邦；另一種是解散邦聯，恢復原來的分子國）在此一論點上，聯邦主義提供一個瞭解政治關係的較好方向，既不是純粹國內的也不是純然國際的，不同於國際關係理論或整合理論所詮釋的，正確的因為聯邦主義並不依賴國家為中心的本體論。

　　學者夏普夫指出，德國聯邦制度與歐洲多層次治理間有共同點，兩者均為合作的聯邦主義，兩個層次間政府權限分享，比區分來的恰當。此類似性為歐盟垂直及水平權力分配的主要意涵[42]。

　　由本章第一節的敘述可證，德國聯邦制度的特色無論從制度面及政策面均影響歐盟整合的內涵及趨勢，究竟歐盟未來整合發展的德式可能方向為何？以下謹就卜爾采的意見：一、權力的集中；二、行政的主導性；三、共識政治；四、避免雙重合法性的陷阱，四項加以說明：

---

[40] Prof. Dr. Tanja A. Boerzel, op. cit., p.1.

[41] Ibid.

[42] Ibid., p.6.

一、權力的集中

　　為了加強歐盟的有效性及正當性，《尼斯條約》有關歐盟的未來聲明要求不同層級政府間權限的清楚界定。德國各邦特別需求一份權限目錄（Kompetenzkatalog），以抑制並容納歐盟規定的權力。目前，任何嘗試圍堵，甚或再移轉歐盟權限到會員國層次，或許會落入共同決定的陷阱。如果德國各邦在過去超過30年未曾能夠解決共享權限的問題，為何歐盟會員國政府應該可以做到？雖然對歐洲整合持懷疑態度的會員國如英國、丹麥或瑞典或許支持嚴格的權限界定，多數支持整合的會員國和具凝聚力的國家，則採取反對立場。毫不驚訝的，歐盟大會很快的就拋棄權限目錄的主張[43]。

　　相反的，歐盟大會討論幾項新的權限區分之提議，按照這些提議，歐盟應集中焦點在其為市場整合的核心權限，當會員國保留其在傳統國家功能中心的責任，如公共健康與社會安全、教育、媒體以及文化。在這些領域，歐盟最好可補充或支持會員國的活動。像一種分工，無論如何，假定在market-making與market-correcting的規則間有些人為的差別：當福利國家政策託付給會員國，新自由市場政策是在歐盟層次制定。目前，市場整合引起負面的外貌，如「社會垃圾」，這是會員國無法有效表達的。它們需要在社會安全或健康與平安議題某些適用全歐盟的規定，亦防止會員國利用國家的規定損害貨物、人員、服務及資本的自由流通。如果市場整合的邏輯、歐盟權限可能被加強，而不是弱化。抑制及容納歐盟立法的權力會與市場整合的邏輯和政策領域間增加的互賴相矛盾，並首先迫使國家政策權限的歐洲化。這也不是歐洲公民所期望的[44]。

　　就算會員國同意某些合作式的權限界定，它也不可能掌握國家政策權限的歐洲化。任何聯邦對各邦責任的干預，必須獲得各邦公開的同意。同樣的，會員國的政治人物現在所公開指責許多歐盟政策超越歐洲整合的限制，這些政策是經過會員國政府同意後批准的。歐盟行動在某些政策領域透過在條約的相關條文中插入排除條款正式排除（參考歐洲共同體條約第149條第4款有關教育，或第152條第4款有關公共健康）並為阻止會員國通過歐盟政策措施。有幾個案例，會員國政府為了保護它們的政府管轄權，逃避及逾越歐盟規定權力的限制，以著名的煙草廣告指令為例，最後被歐洲法院判決廢止[45]。

---

[43] Prof. Dr. Tanja A. Boerzel, Ibid., p.7.

[44] Ibid.

[45] Ibid., p. 8.

二、行政的主導性

　　如在其他合作的聯邦制度，政策權限連結功能的分工，及聯邦參議院形態的國會第二院，所有的工作以某些不對稱有利於政策代表，在該處轄區的利益凌駕功能的利益。歐盟受限制的財政自主面對其會員國支持在歐盟決策中區域利益的主導。

　　無疑的，歐盟執委會、歐洲議會及歐洲法院在歐盟代表功能性利益比區域利益來的恰當。目前，這些機構的成員經由以區域代表的基礎上，被任命或被選舉。職務最高的，執委會主席是由會員國政府提名，再經歐洲議會同意，而歐盟理事會（又稱部長理事會）主席則是透過會員國政府決定（以會員國間推派代表輪流擔任為原則）。因此，雖然三個主要超國家機構逐漸擴展其權力，歐盟部長理事會在運作上，仍然是歐盟最具分量的決策機構。其與執委會及歐洲議會的關係，雖然經過《阿姆斯特丹條約》及《尼斯條約》的修訂，仍然繼續是以某種權力不對稱的平衡[46]。

　　歐盟執委會作為歐盟的行政機關，面對歐盟部長理事會只有有限的自主權，雖然它擁有議程設定權，該權力基於立法主動的權利。如同前述，執委會獲得權威既不是從歐洲議會也不是從直接選舉，因此缺乏政治合法性。此外，執委會在其財政及政策執行上強烈依賴會員國。因而關於設計及追求協商策略對抗理事會，它只享有少許策略自主權。歐洲議會作為歐盟國會立法功能的第一院，在歐盟決策上，逐漸增加其共同決定權。但是歐盟政策沒有部長理事會的同意仍然不能通過。即使在歐洲議會內，本國的政治很重要，因為一個有效的歐洲政黨聯盟制度尚未發展。最後，委員會廣泛的網絡連結到理事會，部分連結到歐盟執委會，加強在歐盟區域利益代表的程度：在這些委員會代表的專家們通常透過會員國政府挑選，並且往往服務於會員國的行政部門[47]。

　　由區域所定義的執行利益之主導性，在歐盟甚至比合作式聯邦主義體系還要顯著，聯邦主義體系通常有一些平衡的補救方法。在德國各邦透過聯邦參議院在中央層級決策作有力的參與，而聯邦政府透過直接的聯邦議會選舉扮演其憲政角色，並藉聯邦政府機構提供有力的平衡，基於政治認同及合法性，聯邦政府創造其在立法上的主導性及其可運用的權力。相較之下，歐盟執委會及歐洲議會不足以平衡部長理事會的主導性。此外，在德國政治利益的表達，以政

---

46 Ibid., p.8.
47 Ibid., p. 9.

黨制度在聯邦議會及聯邦參議院的運作為基礎。最後，利益調解的新合作主義形式賦予德國經濟利益，特許接近政策程序。歐盟與德國相較，缺乏有效的政黨制度運作體系。在中央層級沒有政黨競爭的場所，包含立法與行政，沒有歐洲層次的工業協會及工會組織，類似歐洲產業公會或歐洲工業聯合會，有效凝聚及代表歐洲雇主及受雇者的利益，進入歐洲政策程序[48]。

三、共識政治

在歐盟決策執行的主導性，造成行政部門密集的協調及國家公務體系間的審慎考量。行政部門間的網絡具高度排他性，並使政治責任趨於模糊，他們使高度共識在多層次治理的共同決策體系中成為必要。經常性的個人接觸及同樣專業的視野，容許陳述及準備決策時得以去政治化，以便會員國政府在歐盟部長理事會的不同情勢下作出決定。有限的參與及微弱的說明，本質上透過有效的政策結果表達其正確性。

歐盟決策的效率在某些政策領域誠然影響很深遠，容許會員國間利益的多樣性。但是歐盟解決問題的能力仍然逐漸瀕臨困難，因為它沒有力量展現重大的聯邦政策任務，如宏觀的經濟穩定及再分配。同時它也逐漸抑制會員國維持這樣功能，歐洲貨幣聯盟（EMU）大體上剝奪了會員國確保宏觀經濟穩定的能力，而歐盟作為整體還未擁有這樣的工具。造成的結果是，歐盟合法性的問題在弱化方面不再能由強化來補償，相反的，傾向由於歐盟降低解決問題的能力而更惡化[49]。

四、避免雙重合法性的陷阱

卜爾采主張，歐盟大體上與合作的聯邦主義制度相似，其權限主要由不同層次的政府間共享，區域定義的執行利益主導性凌駕功能性定義的社會利益，而且政策決定需要高度共識。由於該聯邦主義制度是國家與人民的混合體，缺少一個有效的功能的利益代表制度，歐盟的結構與功能進入一個雙重合法性的陷阱，因為缺乏改善合法性的作為，不能再透過有效的政策結果彌補。

歐盟可能繼續逐漸邁向合作的聯邦主義。市場整合的邏輯，同時透過維持福利國家的偏好，有利於增加會員國政策權限集中到歐盟層次。作為失去主權

---

[48] Ibid.
[49] Ibid., pp. 9-10.

決策權力的補償，歐盟會員國在歐盟決策上，保留強力的共同決定權，透過各國政府執行。移轉穩定及再分配的權限予歐盟層次，透過歐盟加強稅收及執行預算的能力，或許有助於增加政策效率，以及因此可以在政策成果上緩和歐盟的合法性問題。目前，就算會員國同意加強歐盟在這些領域的權力，弱化合法性的問題可能會增加，因為功能性利益代表的機制仍然很弱[50]。

　　因此，從此點觀之，歐盟脫離雙重合法性陷阱的唯一方法，是採用德國的合作式聯邦主義模式。如前所述，部長理事會可發展成歐洲議會第二院，目前的歐洲議會會在歐盟立法過程上，與部長理事會處於平等的立足點（意即加權多數決及共同決定程序在理事會中會變成不適用）。歐盟執委會會轉成真正的歐洲政府，其主席將由歐洲議會（作為歐盟新的國會第一院），經由選舉產生。此外，歐盟會獲得穩定與再分配的權限。並擁有獨立於會員國的課稅及執行預算的能力。當這些基本假設不是完全不可想像時，會員國會同意加強歐洲議會，及執委會透過限制部長理事會在歐盟決策中，扮演純粹的立法角色。真正關鍵的議題是歐盟課稅及執行預算的能力。其再分配的能力，目前限制在所有會員國GDP的1.27%，（目前僅為1.09%）。歐盟執行預算的能力相較於德國聯邦政府可掌握的預算相當於歐盟GDP的20%。如果歐盟在分配的能力可以增加近20倍，或可確實加強其輸出的合法性及歐洲治理的有效性。但是會員國政府很難同意歐盟的年度預算如此高幅度的增加，更別提限縮其自主權[51]。

　　最後，邁向合作式聯邦主義的德國制度，會需要某些附加的區域利益平衡，透過在歐盟層次功能性利益更有效的代表。目前最希望增加歐盟的民主合法性，似乎集中在加強會員國國家議會的角色。英國前首相布萊爾要求歐洲議會的第二院由會員國國會組成，基於陳述原則（Statement of Principles）的同意權，該第二院會評論歐盟的工作。

　　同樣地，前法國總理約瑟潘（Lionel Jospin）建議成立永久議會大會（Permanent Conference of Parliaments），可以監督共同體機構，依照輔助原則及舉行年度聯盟政府的辯論。歐盟大會（European Convention）主席季斯卡建議，成立歐洲民族議會（Congress of Peoples of Europe），結合歐洲議會議員與會員國議會代表。在其年度會議，會顧及歐盟的深化及廣化，以及政治職務的任命。他的構想在歐盟憲法條約草案找到實踐的方式。為了讓歐盟更接近

---

[50] Ibid., pp. 10-11.

[51] Ibid., p11.

其公民，這些措施還不夠充分。無論如何，公民需要經常參與歐盟日常的決策過程。約80%會員國國家社會及經濟規定在歐盟層次立法創設，歐洲媒介機構應提供歐洲公民可能性，有效的控制歐盟機構及它們的代表，並在政策決定前，發表它們的意見。因為歐洲共同體法及歐盟法，具有優先於會員國內國法的特性，在會員國層次不可能被批駁[52]。

第三節　結　語

　　本章題目為歐盟未來整合的德式方向，乃本書的基本假設。鑑於《馬斯垂克條約》簽署後，如政治學者葛漢所評論的，歐盟由原來超國家主義與政府間主義互相拉扯，到明顯的往超國家方向傾斜。換言之，往聯邦主義的方向發展。又如本論文第一章聯邦主義的執行中，歐盟的發展趨勢相較於主要的聯邦制度國家美國、瑞士、德國，明顯的與德國聯邦制度最類似。

　　由本書第六章歐盟與德國聯邦主義特色的比較，可以清楚發現兩者之間的共通性及相類似處，可以推論歐盟整合的德式聯邦主義趨勢。本章第一節德國聯邦制度影響歐盟發展的案例，無論從制度面向或政策面向都可發現明顯的例證，在制度面採聯邦制的德國，將原屬於各邦的權限移轉至共同體，但各邦在共同體內並無有效的民意代表。因此，各邦為減緩權力被侵蝕，乃極力爭取在歐洲聯盟條約內訂立輔助原則條款，同時歐洲聯盟為了維持共同體與會員國間的權力均衡，乃提出輔助原則作為權力分配之準則。區域主義與輔助原則同為聯邦主義重要特色，也由於德國各邦的反應與爭取，《馬斯垂克條約》採納了德國基本法輔助原則精神，設一專章，並創設「區域委員會」，以舒緩德國聯邦主義者的強烈抵制作用。又，歐盟創設歐洲中央銀行，並設於德國法蘭克福，因為德國馬克強勢的國際地位與低通貨膨脹率，使得歐洲貨幣體系注定會向「不對稱」方向發展，德國聯邦銀行的貨幣政策自然會影響到其他歐體會員國的貨幣政策。《歐洲聯盟條約》也同意，歐洲中央銀行是以德國聯邦銀行為運作的範本。

　　在政策方面，由於西德在歐洲整合的起步階段積極投入，以及德、法在歐洲整合的密切合作，是歐洲整合成功的重要因素。又，德國統一後德國強大的

---

52 Ibid., pp. 11-12.

經濟實力，歐體國家開始懼怕歐洲會變成「德國的歐洲」，因此加緊腳步將歐體深化，使德國永遠只是「歐洲的德國」。

另，統一後的德國如果沒有歐洲整合的進一步束縛，德國可能成為歐洲無法掌控的強權，例如搶先宣告承認斯洛維尼亞、克羅埃西亞在前南斯拉夫內戰後的獨立，以逼迫其他歐體國家跟進。因此，如果沒有德國統一，「歐洲聯盟條約」可能不會這麼快簽署。此外，歐元成功的發行，德國由概念形成到過程均扮演舉足輕重的角色，除德國的經濟實力及德國馬克係歐洲最強勢及穩定的貨幣外，也與歐洲整合的整體考量有關。歐洲貨幣同盟的成立以及歐元的發行，是第二次大戰後歐洲最重要的經濟發展之一，也是歐洲經濟大一統理想的重要實踐。

第二節為歐盟未來整合發展的德式可能方向，謹以歐盟整合50餘年來德國的成功發展為例，若歐盟繼續朝超國家方向發展，德式聯邦主義無疑是最可能的仿傚對象，惟誠如卜爾采所強調的，一般認為歐盟已經發展到超越國際組織或邦聯形式，不用變成一個聯邦的實體。無論如何，很少人期望歐盟發展成一個聯邦國家意義的完全聯邦國家。不過，歐盟發展至今，的確有效率的問題，以及民主合法性的問題，如何以德國聯邦主義為模式，改善歐盟的效率及民主合法性的問題，卜爾采主張，可經由「權力的集中」、「行政的主導性」、「共勢政治」及「避免雙重合法性的陷阱」之作法加以改善。卜爾采認為，歐盟脫離雙重合法性陷阱的唯一方法，是採用德國的合作式聯邦主義模式。希望增加歐盟的民主合法性，解決辦法似乎集中在加強會員國國家議會的角色。此外，為了讓歐盟更接近其公民，以上這些措施還不夠充分。無論如何，公民需要經常參與歐盟日常的決策過程。約80%會員國國家社會及經濟規定在歐盟層次立法創設，歐洲媒介機構應提供歐洲公民可能性，有效的控制歐盟機構及它們的代表，並在政策決定前，讓公民充分發表它們的意見。因為歐洲共同體法及歐盟法，具有優先於會員國內國法的特性，在會員國層次不可能被批駁。

卜爾采的論點與德國學者夏普夫及格林（Dieter Grimm）的看法相近，他們認為歐盟缺乏單一人民的事實是無法改變的，因此要改善民主赤字問題需仰賴歐盟本身「輸出合法性」，以及個別會員國之民主合法性。雖然有許多學者專家建議應擴張歐洲議會權力，或成立歐洲民族議會，結合歐洲議會議員與會員國議會代表（季斯卡），但是民主並不僅是議會行使代議政治而已，因此擴張歐洲議會只能微幅縮小民主赤字。此外，卜爾采主張，歐盟應仿傚德國聯邦制度，以改善歐盟的效率及增加解決問題的能力，其建議包括「權力的集

中」、「行政的主導性」、「共識政治」、「避免雙重合法性的陷阱」，確實指出歐盟可以改善效率及增加解決問題能力的方向。惟就如卜爾采文中所強調的，德國聯邦政府可掌握的預算相當於歐盟GDP的20%，約歐盟所能掌握預算的20倍，如果歐盟在分配的能力可以增加近20倍，或可確實加強其輸出的合法性及歐洲治理的有效性。但是會員國政府很難同意歐盟的年度預算如此高幅度的增加，更別提限縮其自主權。另外，卜爾采也提及，歐盟脫離雙重合法性陷阱的唯一方法是採用德國的合作式聯邦主義模式，部長理事會可發展成歐洲議會第二院，目前的歐洲議會會在歐盟立法過程上，與部長理事會處於平等的立足點。歐盟執委會會轉成真正的歐洲政府，其主席將由歐洲議會（作為歐盟新的國會第一院），經由選舉產生。歐盟會獲得穩定與再分配的權限，並擁有獨立於會員國的課稅及執行預算的能力。部長理事會可以發展為歐洲議會第二院【53】，歐盟執委會可轉成真正的歐洲政府，其主席經由歐洲議會選舉產生，都是聯邦主義者的構想及建議，是否可能真正發展到「歐洲政府」仍存在許多不確定性，至於歐盟擁有獨立於會員國的課稅及執行預算的能力，此項假設恐將係歐盟進展成歐洲聯邦的最後障礙。1965年在歐洲整合過程中所發生的「空椅危機」，即起因於執委會提案，建議歐體本身應有獨立的財源，由共同海關稅則所徵之稅，直接交予共同體作為預算，免除各國國會的預算審核，使歐洲議會有更多實權，可掌握預算控制權。法國對此不表同意，有半年之久停止參加歐體重大會議。

---

53 部長理事會可以發展成為歐洲議會第二院的概念，主要來自德國聯邦參議院，因為聯邦參議院係由各地方邦邦總理及重要部長所組成，代表各邦利益，並非經由選舉產生。透過聯邦參議院各邦直接參與聯邦意志的形成。依據《基本法》規定，每個邦至少有3席，如布萊梅（人口只有66萬），居民人數超過200萬的有4席，超過600萬的有5席，超過700萬的有6席，最大邦為北萊茵‧西發里亞邦（人口1797萬），16個邦，共計69席。大小邦間人口數差距超過27倍，但是席次僅多3席（2倍），以此一方式保障小國利益。歐盟的加權多數決，及雙重多數決，可能參考德國大小邦在聯邦參議院的參與，亦兼顧人口數較多的大邦實際影響力。

第一節 　評 　估

壹、制度

　　要探討歐洲聯盟制度的建立及變革，最好的途徑是透過條約及歐盟機構。故評估歐盟制度整合的聯邦主義趨勢，亦不外經由條約及歐盟機構的功能來詮釋聯邦主義的特性，即超國家性、輔助原則及區域主義。謹依一、歐盟制度整合的聯邦主義趨勢，很明顯的不是美國聯邦主義模式，而與德國聯邦主義相近；二、超國家性；三、輔助原則；四、區域主義；五、歐盟主要機構功能，五項加以說明：

一、歐盟制度整合的聯邦主義趨勢，很明顯的不是美國聯邦主義模式，而與德國聯邦主義相近

　　1946年邱吉爾在蘇黎世大學的演說中，呼籲建立某種形式的「歐洲合眾國」[1]，所考慮的是美國模式，但是歐洲整合經過50餘年的發展，其組織的功能與運作，卻與當年的想像不同。透過歐盟與德國聯邦制度的比較，可以發現在歐盟的多層次治理中很清楚及契合的德式聯邦主義運作特色。而美國聯邦主義事實上與德國聯邦主義有相當大的差異，主要有三：

　　（一）美國聯邦主義屬水平體系，中央政府及州政府在組織上不同，分別擁有完全的立法、行政、司法及預算權。德國聯邦體系屬垂直體系，聯邦政府

---

[1] 張亞中，「歐洲聯盟的演進」，前揭文，頁26。

在行政上主要透過地方邦執行，地方邦也享有其他重要權限（如司法及預算權）[2]。

（二）**在制度上不同**：美國係總統制國家，總統經各州人民直接選舉代表人選舉產生；總統及其行政團隊依法向國會（包含參、眾兩院）負責，參議院及眾議院由人民直接選舉產生。德國係內閣制國家，總理係國家政策的實際領導人，通常由聯邦議會最大黨黨魁出任，經聯邦議會選舉產生；德國聯邦總統為象徵性國家元首，由聯邦參議院、聯邦議會及同額的地方議會代表選舉產生；聯邦參議院由各邦政府依人口比例，由各個邦政府總理及部長組成；聯邦議會由各邦人民普選產生。

（三）**權限劃分方面**：在立法權方面，美國與德國相同，列舉聯邦權限，而將未列舉的權限歸屬於各州或各邦。在行政權方面，美國為直接行政，即聯邦對某事項若有立法權，則其執行權亦在聯邦。德國聯邦只有立法權，而將執行權委託給各邦，這稱間接行政。在司法權方面，美國的司法制度為聯邦主義，即法院有聯邦法院與各州法院兩種，聯邦法院執行聯邦的司法權，各州法院執行各該州的司法權。德國的司法制度為折衷主義，聯邦只設置聯邦法院，地方邦設置的法院有區法院、邦法院及高等法院[3]。

二、超國家性

討論歐盟演進各種面向中似乎最能夠表達歐洲整合進程的，應該就是代表歐洲整體利益的「超國家主義」，與代表各民族國家利益的「政府間主義」兩者間的互動。在歐洲整合的發展過程中，這兩種力量反覆出現，它們都蘊藏著深刻的情結與累積已久的傳統。「政府間主義」透過各國的主權表現出來，認為捍衛國家主權是各國政府責無旁貸的責任，歐洲的和諧與進步只能透過政府間的合作來完成，他們主張歐洲整合應是「政府間主義」的實踐，而不能犧牲個別主權由超國家組織來達成。「超國家主義」則主張歐洲各國應限制主權，將主權匯集到一超國家組織，進而未來能夠建立一個統合的聯邦，他們認為，歐洲整合應向「超國家主義」努力[4]。

美國學者葛漢認為，1992年歐盟簽署《馬斯垂克條約》，通過了經濟與貨幣聯盟及歐盟三支柱，使歐洲聯盟發展進入一個新的階段。歐盟不斷的擴展與

2　Daniel Halberstam, op.cit., p.1.
3　劉慶瑞，前揭書，頁393-397。
4　引自張亞中，「歐洲聯盟的演進」，前揭文，頁25。

深化合作，不僅影響歐洲也使世人相信，國際組織正在影響著國家利益，改變原有無政府狀態下的國際體系，從區域整合開始，將成為今天及未來趨勢。從歐洲日益加快的整合進程看來，只有基於共同利益才會促成這樣的發展[5]。自1993年《馬斯垂克條約》生效以來，歐盟在國際舞台上可以透過共同外交及安全政策為其發聲，表達其在武裝衝突、人權及任何其他主題的立場[6]。此外，歐洲國家普遍認為，一個由多國組成的相互依賴和相互制約的歐洲安全結構，較能防止衝突的蔓延和維護歐洲安全與穩定。在這種情況下，歐洲防衛正從以美國為主走向以歐洲為主，歐洲人正在減少對美國的依賴[7]。如前所述，在《馬斯垂克條約》簽署後，歐洲整合很明顯的往超國家主義方向傾斜。

　　《阿姆斯特丹條約》使歐盟機構的運作更民主、更透明化、更有效率及更有利於人民的規範，使歐盟更接近聯邦主義特色。2002年「歐元」正式流通，及2004年通過《歐盟憲法條約》，都是歐洲整合的重要步驟，尤其憲法的終極目標乃為架構「舒曼宣言」所揭示的「歐洲聯邦」，並以歐盟公民更緊密之聯盟為基礎。雖然《憲法條約》因法國及荷蘭公投未過，且因應歐盟困境而修改《憲法條約》之《里斯本條約》，在通過條約批准程序後，產生新的歐盟理事會主席及外長，在運作上可望增進整體效率。檢視歐洲整合發展，在制度上已經十足超國家性，並趨近「歐洲聯邦」的目標[8]。

三、輔助原則

　　聯邦主義之精神即要求下級政府之地位與責任應盡可能接近民意，把根留在地方，保全地方社會文化的多樣性，更能滿足個人的需要。例如德國聯邦主義，聯邦權力採列舉方式，規定於聯邦基本法，未列舉之權力保留給各邦。歐洲聯盟權限亦採列舉方式，規定於條約中。聯盟只擁有非常有限的部分國家主權，不像完全獨立國家擁有強而有力的中央政府，所以作了決策後，執行資源不足，大部分須靠各會員國政府去執行。在歐洲聯盟體系內，各會員國主權是原則，聯盟權力則為例外，於此適用輔助原則，除可限制聯盟對會員國不必要之干預外，也同時減輕聯盟各機構的工作負荷[9]。

5　倪世雄，「新現實主義與新自由主義」，前揭文，頁220。
6　Foreign Policy, The Common Foreign and Security Policy, http://europa.eu.int/. (14/5/2005)
7　郭秋慶，《歐洲聯盟概論》，前引書，頁376。
8　請參閱本書第四章第一節　超國家性，頁108-126。
9　王玉葉，前揭文，頁8-10。

四、區域主義

因為歐體擁有超國家特質，歐體權限與會員國權限重疊時，將形成專屬權限與歐體權限之分野。對此，《共同體條約》之規範亦無明確之劃分準則，因而權限之專屬與否構成了具有爭議性之焦點，並引發會員國與歐體間的爭論。為了解決上述爭議，歐體決定設立區域委員會，藉此使次國家層級得以參與歐體的立法程序，進而表達區域人民的心聲與利益。《馬斯垂克條約》創設了區域委員會，在條約前言指出，繼續創造歐洲人民更緊密的聯盟之程序，並盡可能依據輔助原則採取接近人民的決定。而創設區域委員會即為轉換《歐洲聯盟條約》前言的重要步驟，藉由區域與地方團體參與實現歐洲聯盟，區域委員會建立公民的歐洲，因此可將區域委員會視為輔助原則之運用[10]。

五、歐盟主要機構功能

檢視歐盟主要機構的歐盟執委會、歐洲議會、歐洲法院、歐盟高峰會及部長理事會的變革與發展，三個超國家機構執委會、歐洲議會及歐洲法院，其目前功能類似單一國家的行政、立法及司法三權。弩根特指出，歐盟的組織架構將執委會擺在歐盟治理機制的核心位置；執委會觸及歐盟所有相關事務，並全面、直接參與歐盟的政策和決策制定過程。克里斯汀安生（Thomas Christiansen）認為，整部歐洲整合的歷史可以被視為一部執委會發展史，執委會不但是超國家性，其設立更是史無前例[11]。至於歐洲議會目前除了立法權外，其預算權已與一般民主國家相近；且在任命、監督、控制、宣達、代表等古典議會功能上，一樣也不缺，除了超國家性外，與一般民主國家功能無異[12]。曼齊尼（G. Federico Mancini）表示，回顧歐洲法院成立以來所作判決，猶如在制定一部聯邦結構的歐洲憲法，也就是努力將《共同體條約》憲法化，使會員國與共同體如聯邦關係[13]。優先適用原則確立歐洲聯盟法優於內國法原則，並在倡議制訂歐洲憲法以前，就賦予歐洲聯盟名副其實的憲政秩序，使歐洲整合理想在缺乏跨國治理機器的情況下，逐步獲得實踐，並成為建構未來歐洲憲法優位性的紮實基礎[14]。

---

10 王泰銓，《歐洲聯盟法總論》，前引書，頁258。

11 宋燕輝，「執委會」，前揭文，頁201，併請參閱本論文第四章第一節　超國家性。

12 請參閱本書第四章第一節　超國家性，頁108-126。

13 G. Federico Mancini, op. cit., pp. 595-597.

14 王玉葉，「歐洲法院」，前揭文，頁353。

歐盟高峰會不僅成為歐盟集體領導之最高決策中心,亦象徵歐盟重大政策最後決定權仍由主權國家掌握。歐盟高峰會得以在共同體成立20年後制度化,且成為歐盟最高決策中心,有其必然因素。今日歐盟諸多歷史性決定,均仰賴高峰會,既扮演領航者、仲裁者,也扮演危機處理者角色,故實際上代表歐盟整體利益及會員國利益[15]。

德國學者夏普夫認為,未來歐盟若朝「歐洲聯邦」發展,「部長理事會」應扮演歐洲國會第二院的角色,類似德國聯邦參議院,由各邦政府派代表組成,在聯邦層次代表各邦利益。而事實上,歐盟部長理事會在整合過程中,依議題組成不同的理事會,推行不同的政策,即使建立「超國家治理模式」,極可能既非國家利益代言人,也不是共同體利益捍衛者,而是執著於某一議題或領域的理想或利益[16]。

貳、政策

在歐洲整合過程中,條約簽署除與制度的建立及制度整合關係密切外,條約簽署亦涉及政策的規範及發展[17]。然而,條約簽署只提供了政策發展的部分因素,另外有三項主要因素,即執委會主席的領導、會員國的需求、會員國個別及集體轉變其感覺為實踐。

執委會主席的優質領導,造成有利的環境,對政策發展有正面效益,例如法國籍主席戴洛領導的執委會,協助通過關鍵的議題歐洲單一市場、經濟及貨幣聯盟,以及社會面向之領域。會員國的需求,與各國政府對情況利弊得失的評估有關,一般而言,有利的情況源自日漸增加互賴及競爭的世界中,單一及保護的市場、共同對外貿易立場,與某些集體的行動、在特殊功能性的領域,以及部門的領域,資源共享。至於個別會員國轉變其感覺為實踐的能力,有許多不同的考量。在個別會員國層次,政府或許有意贊成歐盟的一項新政策,但是在部長理事會中,由於國家內部利益的反對,或對選票不利而遭到阻止。在歐盟層次,即使只有一個會員國反對,不管是原則的或實際的,都使政策很難實現。若由歐盟高峰會作決定,只能透過一致決,在部長理事會的某些議題仍

15 藍玉春,「歐盟高峰會」,前揭文,頁127。
16 蘇宏達,「歐盟理事會」,前揭文,頁184。
17 Neill Nugent, op. cit., pp. 138-139.

然要求一致決，惟在主要議題中逐漸使用共識決。

　　除上述條約簽署所涉及政策的規範及發展外，謹就歐盟政策整合的聯邦主義趨勢，依經濟方面、外交暨安全方面及司法暨內政方面，加以說明，此外學者卜爾采與夏普夫均認為歐盟發展至今，的確有效率問題及民主合法性問題，如何以德國聯邦主義模式改善歐盟的效率及民主合法性問題，亦一併在此加以討論：

一、經濟方面

　　在經濟整合的各個不同的階段，歐盟已經從「關稅同盟」、「單一市場」、「共同政策」整合成一個緊密的經濟合作網，到單一貨幣：歐元。此外，1970年預算條約及擁有資源的決定，使共同體的財源由會員國獨立出來。共同體機構如執委會被授予立法權，及行政機構以法規、指令及決定的形式運作，法規直接適用會員國國內法，或經轉化程序適用國內法，創造歐洲共同體法即時適用、直接適用及優先適用原則。無論是從歐盟經濟整合的發展、擁有預算及資源、歐盟機構被授予立法權、共同體法直接適用國內法，及共同體法的即時適用、直接適用及優先適用原則等均為聯邦主義的元素與特質，遠非一般國際組織及邦聯所能比擬[18]。

二、外交暨安全方面

　　在外交暨安全事務方面，一向為聯邦的專屬領域。1993年所建立的《馬斯垂克條約》納入外交、軍事、司法、內政等事務，使歐盟朝「聯邦」型態邁進一大步。《里斯本條約》通過批准程序，選出歐盟理事會的首任主席及外交及安全事務最高代表，多數歐洲領袖認為，《里斯本條約》維持了歐盟憲法的主要精神，亦即持續往「歐洲聯邦」的整合趨勢發展。

　　至於最敏感的外交政策工具：軍事武力，已經開始運用，雖然使用的目的有限。西歐聯盟併入歐盟，象徵歐盟發展軍事面向已經有顯著成效。從ESDP的發展，仍可以對歐盟的安全及防衛政策持正面肯定的期待。ESDP的發展意義重大而且快速，執行任務的範圍及參與的人數遠超過1999年ESDP成立時大多數人所預期的。大多數ESDP的干預行動發揮正面影響力，即使效益有限。目前國際間要求歐盟派兵部署擔任維持和平任務的要求頗多，即為ESDP影響

---

[18] 請參閱本書第五章第一節，頁146-164。

力最具說服力的證據[19]。

　　ESDP創設於許多人相信軍事力量的效用正衰退之時刻，但是以堅決的態度使用武力的能力與意願，往往能解決重大的人道危機，如俄國入侵喬治亞及2001年的911事件以及隨後在阿富汗的戰爭，喚起歐洲人注意使用武力仍然是普遍的，並且有時候歐洲國家為了有能力保衛自己，擁有自己的防衛武力是必要的。因此，歐盟的軍隊需要增援北約武力投入阿富汗的反恐戰爭，因為其結果將直接衝擊西方國家的安全[20]。

三、司法暨內政方面

　　「司法暨內政合作」等整合事務涉及政治敏感議題，如出入境政策、移民政策、警政事務等，傳統上被視為是一國主權核心議題，使得歐洲整合過程中，部分國家對於該等事務之整合，均藉由傳統政府間合作模式在共同體架構外逐漸發展，一些非正式的資訊交流管道也因此設立。

　　歷經《單一歐洲法》、《申根公約》、《馬斯垂克條約》、《阿姆斯特丹條約》、《尼斯條約》等各階段之條約變革後，「司法及內政合作」事務漸漸有了突破性的發展。例如《馬斯垂克條約》新增歐盟第三支柱，制定相關條款來規範在司法及內政領域的合作。《阿姆斯特丹條約》所作的修正，即將原本司法與內政事務重新定義為「自由、安全與正義領域」，並將其中自由相關領域與民事司法合作部分移到第一支柱，使「司法暨內政合作」事務漸漸有了突破性的發展。而刑事司法合作部分與安全相關領域，如警政合作等，則繼續保留在第三支柱下。

　　《申根協定》發動一系列的會議和協商，確認與執行一些必要的措施，廢除內部邊界，並建立環繞協定簽署國的共同對外邊界。主要工作包含設立簽證規定、處理難民申請、對抗非法移民、改善警察合作以打擊恐怖主義及其他犯罪，重新安排飛機場的設施與環境，以隔離申根區的旅客與非申根區旅客等。

　　歐洲警政總署是會員國間合作打擊犯罪的明顯例證，於1999年6月開始運作。2001年的911恐怖攻擊，宣告一種新的跨國恐怖主義的威脅。會員國以兩種方式回應：透過增強與美國司法、警察及情報合作；經由在歐盟層次推動反恐怖主義措施。反恐的決定，是透過司法及內政事務部長理事會於2001年12月

---

[19] Anand Menon, op.cit., p. 229.

[20] Ibid., p.244.

所達成，包括恐怖主義的共同定義及懲罰恐怖份子團體之協議。逮捕令的決定，則涉及會員國主權的核心。

在公民事務上的司法合作，如確保歐盟公民平等面對司法，不管他們居住何處或在歐盟發生何事。相互承認變成在歐盟發展正義領域的重要意義，會員國對判決及其他法律決定，同意相互承認的情況增加。2003年1月理事會有關在跨國邊界爭議利用司法協助之指令，為歐盟正義的領域提供一個重要的支撐。

提升庇護申請人及移民融入新社會的努力也很重要。因此，強調打擊種族優越論及仇外，在相關措施上確保種族平等對待。歐盟於2000年4月在維也納創立種族優越論及仇外監控中心，促進少數民族融入歐盟，在司法及內政事務方面受到矚目。前述之各項政策措施及作為，均強化歐盟在司法暨內政領域上合作，係歐盟朝聯邦主義發展的例證。

四、學者卜爾采主張

歐盟整合的德式可能方向應朝：權力的集中；行政的主導性；共識政治；避免雙重合法性的陷阱等政策方向推動。

卜爾采認為，歐盟脫離雙重合法性陷阱的唯一方法，乃是採用德國的合作式聯邦主義模式。此外，為了讓歐盟更接近其公民，以上這些措施還不夠充分。無論如何，公民需要經常參與歐盟日常的決策過程，歐洲媒介機構應提供歐洲公民可能性，有效的控制歐盟機構及它們的代表，並在政策決定前，讓公民充分發表它們的意見。因為歐洲共同體法及歐盟法具優先於會員國內國法的特性，在會員國層次不可能被批駁。

卜爾采的論點與德國學者夏普夫及格林（Dieter Grimm）的看法相近，他們認為歐盟缺乏單一人民的事實是無法改變的，因此要改善民主赤字問題需仰賴歐盟本身「輸出合法性」，以及個別會員國之民主合法性。雖然有許多學者專家建議應擴張歐洲議會權力，或成立歐洲民族議會，結合歐洲議會議員與會員國議會代表（季斯卡），但是民主並不僅是議會行使代議政治而已，因此擴張歐洲議會只能微幅縮小民主赤字。此外，卜爾采主張，歐盟應仿效德國聯邦制度，以改善歐盟的效率及增加解決問題的能力，其建議包括「權力的集中」、「行政的主導性」、「共識政治」、「避免雙重合法性的陷阱」，確實指出歐盟可以改善效率及增加解決問題的能力的方向。惟就如卜爾采文中所強調的，德國聯邦政府可掌握的預算相當於歐盟GDP的20%，約歐盟所能掌握預算

的20倍，如果歐盟在分配的能力可以增加近20倍，或可確實加強其輸出的合法性及歐洲治理的有效性。但是會員國政府很難同意歐盟的年度預算如此高幅度的增加，更別提限縮其自主權。1965年在歐洲整合過程中所發生的「空椅危機」，即為前車之鑑。

參、《里斯本條約》生效後對歐盟趨勢的影響

歐盟各國政府代表簽署《里斯本條約》前，歐盟對內面臨整合因憲法批准程序遭遇挫折的困境，對外則面對美國為首的全球化及新興經濟體，如中國、俄羅斯、印度及巴西等所謂「金磚四國」快速崛起的挑戰。為了進一步凝聚共識以及爭取內部人民對歐洲整合的支持，歐盟發展策略明顯轉為因應外部環境的挑戰。外在環境的挑戰包括創造就業、提升競爭力、全球暖化、能源問題、跨國反恐，以及全球金融危機等。歐盟通過《里斯本條約》的政治經濟意義是因應面臨困境的計畫，在推動歐洲整合的同時，所有會員國須轉讓部分主權的爭議及各國利益的調和，條約中許多具體措施將有助歐盟運作與決策，並成為未來整合的推動力。但條約中因有若干特殊國家利益考量，而有所讓步，並留下許多「灰色地帶」，為未來的進一步整合帶來不確定性。

本書的基本假設為歐洲聯盟未來可能朝德式的歐洲聯邦方向發展，在《里斯本條約》生效後，對歐盟發展趨勢的影響為何，有待評估。謹依歐盟的聯邦主義特性「超國家性」、「輔助原則」、「區域主義」及「經濟與政治的關聯」四個層面，加以分析探討：

一、「超國家性」

（一）歐盟高峰會常任主席（President of the European Council）：《里斯本條約》生效後，比利時首相范龍佩（Herman van Rompuy）當選首位「歐盟高峰會常任主席」，於2010年元旦正式上任，任期兩年半，可連任一次[21]。

（二）歐盟外交及安全事務最高代表（EU High Representative for Common Foreign and Security Policy）：英國原任歐盟執委會經濟事務執委艾希頓（Catherine Ashton），於2009年11月19日被委任為首任「歐盟外交及安全事務

---

21 《里斯本條約》–維基百科，http://zh.wikipedia.org/wiki. (19/1/2010)

最高代表」，任期5年。該職務合併歐盟共同外交及安全事務最高代表（原代表為索拉納）及歐盟對外關係及歐盟鄰國政策執委（原執委為費雷蘿‧華德娜），並兼任執委會副主席[22]。

（三）歐洲議會的權限擴大：在新的《里斯本條約》中，歐洲議會與部長理事會的「共同決策程序」擴展到超過40項新的領域，如農業、能源安全、移民、公共健康、結構基金及司法暨內政事務等。在預算方面，其權限從非義務性支出擴大到全部預算[23]。此外，執委會不再先行將預算草案送交部長理事會，而是直接將預算送交歐洲議會。歐洲議會的新權限有五項重點：

1. **面對目前的各種挑戰有較佳的能力**：面對全球化、氣候改變、人口移動、能源安全、恐怖主義，沒有單一國家能有效單獨處理，只有團結起來，歐盟才能更有效率的回應其公民的關切。《里斯本條約》使歐洲議會在擴大的歐盟，面對目前及未來挑戰有較佳的能力。歐洲議會未來有權建議修改條約。

2. **新的歐洲議會更有權力形塑歐洲**：其立法權擴展到超過40項新的領域，歐洲議會代表會員國政府，成為與部長理事會真正平等的共同立法者。在農業、能源安全、合法移民、公共健康、結構基金及司法暨內政事務等範疇歐洲議會獲得充分的權力，其決定影響到歐洲公民的日常生活。

3. **新的歐洲議會緊顧歐盟的荷包**：歐洲議會將與部長理事會決定全部歐盟預算，歐洲議會原本對歐盟45%的義務性支出無決定權，如農業預算或國際協定。這項改變，使歐洲議會對包含全部歐盟機構在內的所有預算有決定權。歐洲議會不只對所有支出經費的優先性有決定權，而且會看緊歐盟的荷包。

4. **新的歐洲議會對歐盟的重要職務可行使同意權**：歐洲議會將在歐盟會員國元首或政府領導人推舉候選人後，選舉歐盟執委會主席，並對歐盟會員國元首或政府領導人所任命的外交及安全政策最高代表，行使同意權，該外交及安全事務最高代表將兼任執委會副主席。

5. **新的歐洲議會將為歐洲公民強力發聲**：更多權力，也意味更多責任。作為唯一直接選舉的歐盟機構，歐洲議會將有新的工具，以回應其所代表的5億公民的民意。歐洲議會將成為歐盟公民新的公民、政治、經濟及

---

22 同前註。

23 European Parliament & the Lisbon Treaty, New EP: more power, more responsibility, http://www. europarl.eu/parliament. (22/1/2010)

社會權利的維護者，基本權利憲章（the Charter of Fundamental Rights）併入《里斯本條約》，並具法律約束力。至於新的公民創制權，只要獲得100萬人以上的連署，即可容許人民要求新的政策建議。另外，歐洲議會保護會員國議會的權利，若會員國認為有關事務由會員國處理較為妥當時，反對歐盟層次的立法建議[24]。

（四）歐盟高峰會將正式獲得歐盟機構的地位，與部長理事會分開

歐盟高峰會主席由歐盟會員國元首或政府領導人經協調、選舉產生，不須經歐洲議會同意。歐盟高峰會主席的工作主要是行政，主席將負責協調部長理事會的工作，舉行會議，向歐洲議會報告其活動，並任命歐盟駐外代表。根據《里斯本條約》，歐盟高峰會將對警察及司法事務作規劃，在外交政策和憲政問題擁有更大發言權，如歐盟執委會及歐洲議會的組成、有關輪值主席事務、中止成員權利、改變「條約」內銜接條款表決系統，以及有關提名執委會主席及歐盟外交及安全政策最高代表等事務。在緊急情況下，會員國可以利用「打破常規程序」將部長理事會通過的爭議性法律，直接遞交歐盟高峰會決定[25]。

（五）歐盟部長理事會擴大雙重多數決的決策範圍

《里斯本條約》改變歐盟部長理事會的決策模式，在所有政策領域使用加權多數決，以取代一致決程序。達成多數決提案門檻為至少55%會員國及60%歐盟公民，當部長理事會未能就有關委員會提案付諸表決時，則會員國數要增加至72%以上才能符合表決程序，不過人口數的規定則維持不變。若要阻止立法（blocking minority），至少要有4個國家（佔35%以上的歐盟人口）反對該提案。依據條約指令，部長理事會的立法會議程序，包括辯論和表決，將透過電視轉播的方式，公開舉行。

部長理事會將由3個會員國擔任18個月的輪值主席，其目的是獲得更多的連續性。3個依序擔任的主席國，形成「三主席」格局，彼此間將有一年半的時間共同處理會務。唯一的例外是，在理事會的外交事務上，將由新設立的歐盟外交及安全政策最高代表擔任主席[26]。

（六）歐盟執委會成員人數縮減

歐洲共同體執委會（Commission of the European Communities）正式改名

---

[24] European Parliament & the Lisbon Treaty, Ibid.

[25] 《里斯本條約》－維基百科，同前註。

[26] 同前註。

為歐盟執委會（European Commission）。《里斯本條約》縮減歐盟執委會執委的人數由現行27名減為18名。該項決定終止會員國任何時候起碼有一個執委代表一個會員國的安排。執委會執委任期5年，新的制度意味，每一會員國不管國家大小，在每15年中將有5年不能擁有執委。縮減執委人數的原因是，沒有足夠的任務可以分配給27名執委，為了提升效率，只好縮減執委人數[27]。

（七）歐洲中央銀行正式成為官方機構

「歐洲中央銀行」將被視為歐盟機構，而具官方地位。歐元亦將成為歐盟的法定貨幣，同時並不影響非歐元區及退出條約的國家。此外，歐盟還設有「審計院」、「經濟及社會委員會」及「歐洲投資銀行」等機構[28]。

透過以上制度的變革，可以發現歐盟因為憲法批准程序未通過，《里斯本條約》即在因應修改憲法條約的所謂改革條約中，回應學者及各界的要求，在改善效率及民主合法性方面作了大幅的改革，如擴大代表民意機構的歐洲議會權限，使其立法權與部長理事會完全對等、在預算方面擁有全部預算權等。而歐盟高峰會主席及歐盟外交及安全事務最高代表的設立，及歐盟高峰會的職權的明確化與正式化，與部長理事會決策程序由加權多數決取代一致決，以及決策的透明化、公開化等，均明顯擴大決策領域，強化歐盟執行政策的效率，使決策更透明、更民主化，並更接近歐洲公民。上述的這些改變使歐盟更具「超國家性」，且維持往歐洲聯邦發展的方向。

二、「輔助原則」

《里斯本條約》擴大會員國國會在歐盟機構的立法過程及工作上所扮演的角色，主要包括回應歐盟新會員國入盟申請方面有較大的角色（條約新的第34條取代原第49條）、會員國在進一步司法合作的民事事務上有否決措施（新的第69d條），以及與歐洲議會一起獲得監督歐洲警政總署及歐洲司法合作單位的權利[29]。

《里斯本條約》第8c條指出，在以下各項事務會員國國會能在聯盟中發揮正面積極的功能：

（一）透過被告知程序，從歐盟機構收到立法草案；

---

27 同前註。

28 同前註。

29 European Parliament's analysis of the Lisbon Treaty, http://www.europarl.europa.eu/sides/getDoc.do?language. (22/1/2010).

（二）透過觀察，瞭解「輔助原則」受到尊重；

（三）透過參與歐盟在「自由、安全及正義領域」政策施行的評估機制；

（四）透過涉入歐盟警政總署的政策監控，及歐洲司法合作單位的評估活動；

（五）透過被知會歐盟新會員的入盟申請；

（六）透過參與會員國國會間及與歐洲議會間的交流合作。

國家議會可以透過使用所謂的「橘卡」（orange cards），獲得反對法案建議的權利，如果它們覺得「輔助原則」遭到破壞（例如在國家層次上的作為其效果比在歐盟層次為佳）。此外，國家議會可以尋求補救違反「輔助原則」之措施，經由歐洲法院採取行動前，可以透過國家法律執行[30]。

《里斯本條約》第2議定書提供會員國國會，在確保歐盟同意「輔助原則」措施方面扮演較重要角色。與《憲法條約》相較，改革條約容許會員國8週時間得以研究執委會的立法建議案（憲法條約為6週），以決定是否提出理由陳述為何會員國國會認為該建議案與「輔助原則」不符。會員國國會可以投票要求複審歐盟相關措施，如果三分之一以上會員國國會贊成複審，執委會必須重新評估該措施，如果執委會決定維持原案，必須述明理由答覆歐盟立法者，為何執委會認為該措施符合「輔助原則」[31]。

基於上述各條文內容，可以瞭解《里斯本條約》在修改的內涵中，擴大會員國議會之角色權限與功能，除增加歐盟民主合法性外，亦強調「輔助原則」的重要性。

三、「區域主義」

《里斯本條約》修正的部分中，似未清楚的包含「區域主義」，惟根據2004年歐盟執委會公布2007-2013年歐盟區域政策（亦稱團結政策），為了解決歐盟東擴所導致的差異擴大問題，未來區域政策將集中以下三項目標：即優先資助區域平均每人GDP小於歐盟平均值的75%，且所屬會員國的GNI小於歐盟27個國家平均值90%的地區；強化區域競爭性和就業機會，加強區域吸引力且確保所造成未來社會經濟的變化，是在其他地區所預期的，而不要把歐盟劃分區域分類；歐盟領域的合作，包括跨國境，橫貫國家和區域間三種類型，使

---

[30] Ibid.

[31] Treaty of Lisbon – Wikipedia, http://en.wikipedia.org/wiki/Treaty_of_Lisbon (13/10/2008).

全歐盟都能和諧、均衡發展【32】。該項政策目前仍持續進行中，至2013止，或可能係條約未就區域政策作修正的原因。

四、「經濟與政治的關聯」

(一)經濟方面：《里斯本條約》與經濟議題

1. 認可歐元集團【33】：在《里斯本條約》生效前的《尼斯條約》（with the Nice Treaty – 2001），有關貨幣政策，歐元區會員國的貨幣政策由歐洲央行負責；非歐元區會員國貨幣政策，由各該會員國自行負責。在《里斯本條約》中，此一部分並未作修正，惟正式承認歐元區的存在。

2. 《穩定暨成長條約》【34】：執委會維持其條約監護人的角色，以控制國家財政赤字的方式，作為《穩定及成長公約》的本分。執委會獲得對過度財政赤字會員國，發表意見的權利。懲罰程序由部長理事會，在執委會建議的基礎上批准，而非如《里斯本條約》通過前作單純的勸告。部長理事會可能反對執委會採取的主動權，可能有以控制《穩定及成長公約》規則的方式，再作調整的權力。

在經濟方面，《里斯本條約》修正的部分有限，僅正式承認歐元區的存在，及在《穩定及成長公約》方面略為增加執委會在監護人的角色，對財政赤字控制不佳的會員國，有發表意見的權利，但是在懲罰程序上，仍然由部長理事會執行，雖然為了歐盟整體利益作了一些權限上的修正，但是在執行上仍維持政府間的協調處理方式。

---

32 請參閱本書第四章第三節「2003-2013歐盟區域政策第四次改革」。

33 歐元集團為歐元區會員國經濟和財政部長每個月非正式會議，討論有關預算政策，自從2005年1月以來由盧森堡總理兼財政部長容克（Jean-Claude Juncker）擔任主席。請參閱The Lisbon Treaty 10 easy-to read fact sheets, Foundation Robert Schuman, www.robert-schuman.eu. (22/1/2010)

34 「穩定與成長公約」，由未來歐元區會員國於1997年所簽署。有三項主要規定：即國家的財政赤字必須維持在GDP的3%以下、國家的債務必須維持低於GDP的60%以下、所有會員國必須以期中的預算平衡為目標。為了鼓勵公約的施行，建立幾項監控程序：多元的預防監測，歐元區會員國提供其每年期中預算目標的穩定計畫，在此基礎上理事會通過決議及作出推薦或勸告；在過度赤字程序下，「穩定與成長公約」並不期望理事會發出勸告及可能作出罰鍰的懲罰，罰款金額為GDP的0.2%至0.5%之間。請參閱Foundation Robert Schuman, Ibid.

（二）共同外交暨安全政策方面：將擴大決策領域，並強化對外行動能力

1. 《里斯本條約》重大變革之一，是設立「歐盟外交及安全事務最高代表」，同時將原本分散於執委會和部長理事會的外交事務單位合併成一個「歐洲對外行動部」（European External Action Service, EEAS）（第1.30條），全面整合並提升歐盟對外政策的執行事權。

   未來的外交理事會和各級外交事務會議，將由新任外交事務最高代表、對外行動部和聯盟代表團官員，取代現行的輪值主席國外交部官員，負責召集主持。凡條約涉及共同外交暨安全事務，均應由外交事務最高代表，而非執委會向理事會提案請求授權，展開談判（第2.173條）。新設的外交事務最高代表和對外行動部，將會大幅增加人力、提升位階、統一事權和擴大決策領域，有效強化歐盟的對外行動能力[35]。

2. 除了制度的重大變革外，在法律上，《里斯本條約》將原本具有國際法人資格、卻僅有經貿援助事務權限的共同體，和擁有共同外交暨安全政策權限卻不具法人資格的聯盟，合併成為一個具有法人資格和共同外交權限的新歐洲聯盟。《里斯本條約》因此承襲歐盟憲法設計，將現有分屬聯盟和共同體的三支柱，合併為一個新的聯盟（第1.2條），賦予法律人格（第1.55條），並具有簽訂國際條約的能力（第1.43條和第2.170條）。最直接的影響就是原由執委會派駐全球的代表團和部分由理事會在海外成立的特別機構，也將合併升格為等同大使館位階的「歐洲聯盟代表團」（European Union Delegation）（第1.39條），直接由新任的歐盟外交事務最高代表指揮，脫離執委會主席的掌控（第2.175條）[36]。

   共同外交暨安全事務，是《里斯本條約》通過後在權限及法律上擴大最多的領域，新設的外交事務最高代表和對外行動部，將會大幅增加人力、提升位階、統一事權和擴大決策領域，有效強化歐盟的對外行動能力。而《里斯本條約》將現有分屬聯盟和共同體的三支柱，合併為一個新的聯盟，賦予法律人格，並具有簽訂國際條約的能力，則使共同外交暨安全事務，在國際法上更具合法性與行動力。

---

35 蘇宏達，「里斯本條約生效後對歐盟對外行動能力與民主治理機制可能的影響」，《政治科學論叢》，第40期，（98年6月），頁92-93。

36 同前註，頁94。

（三）在司法及內政合作方面：《里斯本條約》與自由、安全及正義領域

《里斯本條約》使歐盟能在有關安全與正義的領域，發展其自己的行動及政策，以符合公民的期待。

1. 在安全的觀點上增加行動的意義：《里斯本條約》提升在自由、安全及正義領域

決策過程的效率。在此一領域部長理事會將使用加權多數決，而歐洲議會將有共同決定權。例如，加權多數決將應用在聯盟對外邊界管制及庇護政策。歐盟將因此有能力使管理同意庇護的法規得以一致化。如此，將使因不同的法規併列及在不同會員國不適用的複合制度終止，並且發展共同庇護政策[37]。

條約設立包含一個「對外邊界統合管理機制」，及加強「歐盟管理對外邊界行動合作署」的權力。

條約也加強歐盟打擊非法移民及販賣人口的手段。現在歐洲議會在此一政策上，以加權多數決方式與理事會作共同決策。意即針對法規的界定及移民的條件，將有一項適用於聯盟及其會員國的共同政策。

有關犯罪事務採用最低的法規界定犯罪，為懲罰特定跨越邊界的犯罪（如恐怖主義、毒品及販賣槍械、洗錢、性剝削婦女、電腦犯罪等），將經由歐洲議會及部長理事會以加權多數決方式處理。

《里斯本條約》認知，歐盟警政總署的存在，在資訊的比對及分析上，會支持會員國警察機關的行動。這萌芽期的歐盟警察機關也可與會員國警察機關一起協調、組織及採取調查行動[38]。

2. 歐洲正義基金會：《里斯本條約》透過「相互承認」的原則，建立民事及刑事

兩者增加法律合作的機制（每一法律體系認知，其所採取的決定被其他會員國法律體系接受且有效）。這些新的措施包括：在比對證據的觀點上合作、有效的進入正義、會員國司法部門有關刑事檢察機關與判決執行間合作、法規與程序的建立，以保證所有審判的形式及在整個歐盟的法律判決之認可。

《里斯本條約》也開啟設立「歐盟檢察官辦公室」之路。該辦公室的職權在尋求法律訴訟程序及刑事訴訟，就算罪行對歐盟的商業利益造成的損失有限。歐盟高峰會將經由一致決擴大歐洲檢察官法庭的職權，以打擊嚴重的跨國

---

[37] The Lisbon Treaty 10 easy-to read fact sheets, Foundation Robert Schuman, op.cit., p. 15.
[38] Ibid.

犯罪（如恐怖主義、販賣人口、販賣毒品等）。

此外，預期設立「歐盟檢察官辦公室」、歐洲司法合作單位（Eurojust），後者目前有單純的協調權，可以建議發動起訴程序，該職權目前為會員國國家當局的權責【39】。

《里斯本條約》提升在自由、安全及正義領域決策過程的效率，在此一領域除部長理事會將使用加權多數決，而歐洲議會將有共同決定權外，將發展共同庇護政策，這是經過多年協商的成果。此外，為了打擊跨國犯罪，條約設立包含一個「對外邊界統合管理機制」及加強「歐盟管理對外邊界行動合作署」的權力；加強歐盟打擊非法移民及販賣人口的手段，將有一項適用於聯盟及其會員國的共同政策；透過「相互承認」的原則，建立民事及刑事兩者增加法律合作的機制，以保證所有審判的形式及在整個歐盟的法律判決之認可；並預期設立「歐盟檢察官辦公室」，以更有效打擊嚴重的跨國犯罪等。

《里斯本條約》係因應憲法條約批准程序，因法國、荷蘭公投未通過，而作出的修正條約，其務實與妥協的作法，使法國前總統季斯卡與執委會前主席戴洛等多位歐洲聯邦主義者認為，《里斯本條約》已與歐洲整合的理想不符，例如排除原有的社會憲章以及歐盟國旗、國歌，而且條約內亦容許會員國可以在若干條款，自行決定加入或選擇退出，可能影響未來整合進程。

綜觀《里斯本條約》，為了因應學者、媒體及各界的批評，條約內容明顯的提升決策效率及意圖改善民主合法性，如同歐盟執委會於《里斯本條約》2009年12月1日生效時所發表的聲明指出，條約的目的將建立一個更民主、更有效率及更透明的聯盟，並將歐盟公民作為歐盟計畫的核心。

《里斯本條約》為回應改善「民主赤字」的批評，除擴大歐洲議會權限外，在代議式民主及「審議式民主」【40】外，為了讓歐洲公民更接近歐盟的決策程序，引進獨特的「參與式民主」，以鼓勵公民參與聯盟的民主活動。條約設立公民立法創制權，賦予100萬以上公民跨國連署向執委會要求提案的權利。條約認知，公民、公民社會與歐盟機構間，特別是與執委會對話的重要性，因此加強團體及公民社會參與歐盟決策的可能性。部長理事會於法案辯論及表決時，透過電視轉播的方式，公開舉行。透明化及理事會工作公開化的情況促進公民社會的參與，此外，媒體可以透過報導告知公民在理事會辯論的過

---

39 Ibid.
40 請參閱蘇宏達，「里斯本條約生效後對歐盟對外行動能力與民主治理機制可能的影響」，前揭文，頁97。併請參閱盧倩儀，「審議式超國家主義」，前揭文，頁60。

程。這些措施提供歐洲公民對政策形成的有意義參與，但並不取代現有的代議制度[41]。

《里斯本條約》在制度上增設常任歐盟高峰會主席，並使「歐盟高峰會」正式獲得歐盟機構的地位，其功能與權限類似德國聯邦總統，依據條約歐盟高峰會將對警察及司法事務作規劃，在外交政策和憲政問題擁有更大發言權，如歐盟執委會及歐洲議會的組成、有關輪值主席事務、中止成員權利、改變「條約」內銜接條款表決系統等，作為高峰會主席，其所掌握權力及影響力顯然超過德國聯邦總統。當然其實際上所擁有的權限及影響力要經過運作後，才能評估。外交及安全事務最高代表的設置，雖無外交部長之名，而有外交部長之實，且其職權可能超越一般國家外交部長，因尚涵蓋安全議題。又，外交及安全事務最高代表兼執委會副主席職務，類似德國聯邦外交部長，亦兼任聯邦副總理。另外，由歐洲議會的權限擴大、部長理事會擴大雙重多數決的決策範圍、歐盟執委會為了提升效率縮減成員人數、歐洲中央銀行正式成為官方機構等制度的變革，主要為了提升決策效率，以更符合公民的期待。

《里斯本條約》在政策的變革方面，因為經濟議題以往在整合深度上，遠超越「共同外交暨安全政策」及「司法及內政事務合作」之領域。因此，條約僅正式承認歐元區及在《穩定及成長公約》方面略為增加執委會在監護人的角色。「共同外交暨安全政策」上，是《里斯本條約》通過後在權限及法律上擴大最多的領域，將提升位階、統一事權和擴大決策領域，有效強化歐盟的對外行動能力。「司法及內政事務合作」方面，亦明顯提升在自由、安全及正義領域決策過程的效率，將發展共同庇護政策，並設立「對外邊界統合管理機制」、加強「歐盟管理對外邊界行動合作署」、設立「歐盟檢察官辦公室」等，以加強打擊跨國犯罪。

雖然《里斯本條約》取消原來《歐盟憲法條約》中的憲法名稱，及應部分會員國要求刪除歐盟國旗、國歌，但是透過聯邦主義的特性「超國家性」、「輔助原則」、「區域主義」及「經濟與政治的關聯」四個層面，加以探討，經檢視《里斯本條約》修正後的內容，無論在制度或政策面，均有明顯的聯邦主義特色，並繼續朝同樣的趨勢邁進，就如同外交及安全政策最高代表，無外交部長之名，而有外交部長之實。

---

[41] Foundation Robert Schuman, Ibid. p.12.

肆、可能之障礙

可能之障礙共有二項：廣化所帶來的問題（即效率問題）；民主合法性問題。

一、廣化所帶來的問題

歐盟在本世紀初的東擴增加整合深化之必要性及急迫感。廣化與深化，常被視為是歐盟發展邏輯矛盾又交互影響的整合雙引擎[42]。每一次歐盟的擴大，前後都伴隨體系及機制的深化。歐盟憲法成員國進行批准程序期間爭論不斷，法國及荷蘭於2005年5月29日及6月1日公投相繼否決歐盟憲法，反映歐盟公民對歐盟憲法內容的諸多疑慮，並具體表達對歐盟東擴的負面情緒[43]。

歐盟東擴增加了成員間相當程度的異質性，東擴後歐盟無論就社會文化、對外政策，及政經互賴程度歧異性均增加，要維持政策一致性、增加決策效率、有效資源分配，及形塑共同願景殊非易事。2005年歐盟25個成員國，共涵蓋300個區域單位、20個官方語言。新會員國除波、捷、匈外，人口均不滿1,000萬，經濟實力有限，只增加歐盟5%的GNP。新成員國大多為農業國家，增加歐盟約45%之耕作面積，將分食共同農業政策之補貼；53個行政區又全部符合執委會標準的貧窮區域，勢將爭取龐大共同區域政策基金；新成員國均正值政治改革、市場經濟、社會多元、人權實踐、法治重整的轉型階段，短期雖願意犧牲主權，配合歐盟機制運作，但對歐盟認知及期望的歧異性，卻更增加歐盟整合長期隱憂[44]。

自從歐體第一次擴大後，有關廣化與深化的辯論，便是歐洲學界討論的焦點之一，東擴及制憲之同步進行再度燃起這場大辯論。學界及政界提出諸多分析版本，就基本策略面言，有學者認為擴大不用深化，甚至廣化是達到稀釋歐洲整合之手段；但亦有學者認為深化應先於廣化，至少內部深化必須與不可避免的向外擴大同步進行。主要論點如下：（一）核心歐洲論（Europe de noyau dur）：主張加強創始成員（法、德、義、比、荷、盧）之間的關係。歷史上

---

[42] Wolfgang Wessels and Juergen Mittag, *Evolutionary Perspectives for the EU between "Deepening and Widening"*, (Cologne: University of Cologne, Trans European Policy Studies Association, 2000), p. 4.

[43] 藍玉春，「從歐盟憲法之制訂談歐盟深化與擴大的相關議題」，洪德欽主編，《歐盟憲法》，（台北：中研院歐美所，96年8月），頁186。

[44] 同前註，頁187-189。

這些核心國乃歐洲整合的主軸，行動上全程參與歐盟所有的共同部門，心態上較堅決以歐盟名義採取共同行動，也常提出能使歐盟朝聯邦發展的政策。（二）雙速歐洲論（1'Europe a deux vitesse）、多速歐洲論（1'Europe a plusieur vitesse）及彈性說：目的均在強化某些成員間的關係，但未如「核心歐洲」般明示入選名單，而以經濟指標及政治意願為具體條件，對共同政策能實行更快更遠的夥伴先行在歐盟架構內深化整合。（三）任選歐洲論（1'Europe a la carte）：強調效率，主張去除歐盟僵固架構，更拒絕政治意涵的最終目標，讓會員國自由選擇參與那些可帶來最大利益的共同政策。（四）同心圓論（cercles concentriques）：也同樣主張以符合現實、彈性的方法，根據各國政治意願及能力組織成一向心圓。它涵蓋所有泛歐國家，而非僅歐盟成員，由多重互不隸屬的次級組織組成。（五）差異化歐洲論（1'Europe differenciee）：避免規範性論點，而強調整合之局部具體事實，如歐元區及申根區。區化論主張在維持歐盟既存架構的前提下，建立彈性機制，讓能夠且願意深入整合的夥伴不受阻礙，其他夥伴國可採不同步調、且無固定時間表，但未來終將全體完成共同政策[45]。

此外，結構性因素改變也造成影響。歐盟經過十餘年的猶疑及討論，終究在歷史責任及地緣戰略考量下，正式接納東歐新成員，以穩定中東歐社會、強化經改並防止共黨勢力回流。而值得討論的是，《歐盟憲法》是否提出解決方案因應東擴所帶來的衝擊？歐盟已針對東擴作出許多安排，尤其是新成員進入單一市場之準備及規範，另，歐盟還開出加入先決條件：候選國應承諾接受歐盟所有既存之共同體法政成果。可能面臨的問題如下：在決策機制方面，《歐盟憲法》是否造成成員激增後政策形成之談判成本（尤其在理事會及高峰會）？有限資源如何重新分配給更多的成員（尤其是農業補貼及區域預算）？在制度方面，《歐盟憲法》是否能增加一致性（尤其是外交暨安全政策）？是否能增進效率（尤其是執委會）及維護大小國之平等原則（如在各大機構之代表名額）？面對「量」的歧異性，《歐盟憲法》是否有在「質」的一致性方面具補救機制（如對新成員符合歐洲價值之要求、部分成員間之合作機制）？[46]

歐盟廣化很明顯的增加政策協調的困難度，以共同外交暨安全政策為例，

事實上並非所有CFSP之事務均需經由歐盟高峰會決議，才能有所行動，包含歐盟會員國駐在他國或國際組織代表團，對特定問題之協商，或是歐盟外交事務最高代表之職權行使，均需與會員國代表進行協商，此一狀況在會員國為15個時，因須顧及各個不同立場與國家利益已極為不易，增為25國，更是增加了協調的困難度。2003年初，歐盟會員國在CFSP架構下，處理美國出兵伊拉克之問題即為明顯的案例[47]。

二、民主合法性問題

自《馬斯垂克條約》簽署以來，歐盟的民主合法性問題（民主赤字）獲得了來自學界、政界，以及媒體高度的重視。「民主赤字」一詞普遍被用於描述歐盟各會員國公共政策制訂之決策權力上移至歐盟層次，但是民主監督機制卻未隨著歐盟的發展而擴張，並且上移至歐盟層次，導致歐盟層次的決策機構有權而無責，形同剝奪了人民透過議會或媒體監督政府的實質權利[48]。

儘管歐盟在制度設計上企圖將歐盟層次民主監督的機能融入其中，但這些片面而不健全之設計並未達成實質效果。荷瑞斯（Marcus Horeth）以所謂「民主合法性的三難」（trilemma of democratic legitimacy）點出問題的癥結，歐盟的民主合法性來自三個來源：歐盟層次之民主決策方式、歐盟解決問題的能力（problem-solving capacity），以及透過會員國民主政府而取得的間接合法性。由於此三項合法性來源彼此間的矛盾關係，歐盟制度之創新往往只是將三者之重要性重新排序，無法解決三者間矛盾的問題[49]。

對於民主赤字的內涵、意義，以及其對歐盟未來發展的影響，不同的學者專家有不同的觀點。有關研究歐盟民主赤字的學者依不同論點可分為三派。第一派學者認為，民主赤字嚴重性被過分渲染，歐盟民主合法性的現狀是完全可以接受的。第二派及第三派學者均認為歐盟民主赤字問題不僅存在，而且相當嚴重。其中部分學者甚至認為，民主赤字若持續惡化，將嚴重危及歐洲整合的未來。第一派學者以馬宏尼（Giandomenico Majone）及莫拉夫維奇（Andrew Moravcsik）為代表，馬宏尼認為，所有有關歐盟民主赤字的爭辯，其實完全

---

47 沈玄池，「歐洲聯盟第五次擴大對其共同外交暨安全政策影響之研究」，《全球政治評論》，第9期，（2005），頁14。

48 引自盧倩儀，「從歐盟制憲經驗看歐盟之民主赤字問題」，《歐盟憲法》，（台北：中央研究院歐美研究所，96年），頁81。

49 同前註，頁83。

是關於歐盟最終狀態的爭辯；凡是傾向將歐盟視為會不斷由經濟整合向政治整合移動的觀察家，便易傾向以一般民主國家國會民主理論與實踐，來衡量歐盟之民主。如果保留國家主權是選民所想要的，則「民主赤字」的存在甚至可以說是「民主」的。只要會員國政府與人民願意放鬆其對國家主權的堅持，而調整這種介於國家與國際組織的特性，則民主赤字問題便可以獲得解決。莫拉夫維奇認為，歐盟決策所能涵蓋的範圍事實上相當有限；其所能有所作為的議題和一個正常的民主國家相比，只涵蓋極小的部分。歐盟所管轄的議題大體不出經貿的範圍。雖然在移民以及外交政策上，歐盟逐漸享有些許權限，但是稅制、財政、社會福利、警政、教育、文化政策……等，皆維持會員國政府之排他權限，只有當跨國界的問題出現時，歐盟才可能在這些議題上扮演些許角色。同時若從歐盟財源來看，歐盟所能徵稅的上限只占各國GDP的1.3%，因此歐盟雖擁有種種法律工具，卻只擁有極小的財政基礎。

此外，民主監督機制與責任政治在歐盟事實上已獲得確立。歐盟的政策制訂非但乾淨透明，同時也反映了歐洲人民的需要。另外，就被授權機構的設計言，只要在制度設計上，這些機構能得到有效的監督，那麼其合法性就不應是問題[50]。

第二派的學者以夏普夫及格林為代表，他們認為，民主赤字問題嚴重，而歐盟缺乏單一人民之事實為重要原因之一，並且該問題無法彌補。根據此派學者的論點，歐盟缺乏單一人民的事實是無法改變的，因此民主赤字問題的改善需仰賴歐盟本身之「輸出合法性」，以及個別會員國政府之民主合法性。歐盟缺乏單一人民的事實無法改變，首見於德國聯邦憲法法院1993年對《馬斯垂克條約》合憲與否問題之判決。在該判決中，聯邦憲法法院強調，在歐盟缺乏單一人民之情況下，會員國在歐洲整合過程中維護民主的角色尤其重要。由於聯邦憲法法院對於「人民」的理解是以種族文化為根本的，因此在缺乏「人民」、同時「人民」又不能由人為創造的情況下，歐盟層次的民主並不具存在的可能性。格林認為，歐盟公權力的來源並非歐洲人民，而是會員國。這在歐洲整合早期絲毫不是問題，但當整合不斷深化、觸及的議題不斷擴大時，歐盟公權力非來自歐洲人民，而是完全仰賴會員國的事實，便形成一種民主的鴻溝。雖然許多學者專家因而建議應擴張歐洲議會的權力，但是民主並不僅只是由議會行使代議政治而已，因此擴張歐洲議會權力也只能微幅縮小此一民主鴻

---

50 盧倩儀，前揭文，頁82-87。

溝。真正的民主還必須仰賴個人、社團，以及政府的聯結。而這些聯結則需靠民意形成過程中不可或缺的傳播媒體來維繫。夏普夫認為，在面對歐盟民主赤字問題時，應將焦點集中於歐盟治理的效率及解決問題的能力，亦即輸出合法性[51]。

第三派學者以哈伯瑪斯（Juergen Habermas）及懷勒（J. H. H. Weiler）為代表，主張市民的「人民」概念、公領域及審議式民主。哈伯瑪斯認為依賴會員國作為民主合法性的來源不是切合實際的想法。哈伯瑪斯對歐盟民主赤字有較第二派學者樂觀的看法，原因在於哈伯瑪斯對於「人民」（demos）的理解較夏普夫及格林更具包容性。針對格林所說的集體認同，哈伯瑪斯指出，民主的公民身分（democratic citizenship）能夠借助於法治，而在一群陌生人之間創造出一種團結、患難與共的感情。此一形態的社會整合必須透過政治社會化的溝通情境來實現。這樣的集體認同是具備自主、自願的特質，它無法獨立存在於民主實踐之外，亦不可能在民主實踐尚不存在時即先行存在。事實上，此一形態的集體認同其實正是從民主實踐過程本身所產生出來。在一個民主社會中，公民的這種道德的、政治的自我認識，不能被視為是取決於先於民主實踐而存在的歷史、文化；而是將公民彼此間溝通制度化的結果。這其實正是現代歐洲國家「國家認同」形成的經過。懷勒與哈伯瑪斯同樣以非族群的角度，從市民概念的角度來看待人民。懷勒認為，將「人民」凝聚在一起的，並非種族血統文化，而是共享的價值、是非、社會責任。哈伯瑪斯與懷勒同樣將「人民的出現」與「民主實踐」視為是相互形成、具有循環關係。歐洲人民的建立必須依賴刻意的營造。此一建立在共同價值觀的對「人民」的理解，使得歐盟的民主化更為重要，因為既然「歐洲人民」的出現是以民主為其基礎價值，那麼這群人便必須實踐其所擁抱的價值，實際實行民主[52]。

以上三種對歐盟民主赤字不同的理解，造成對歐洲整合下一步不同的建議。按照第一種理解，未來整合之路只要順著來時路繼續往前走，並不需要在歐盟層次的民主問題上有所改進；按照第二種理解，歐盟必須正視民主赤字問題，並且從制度設計以及輸出合法性著手提升歐盟民主；按照第三種理解，營造一個歐洲公領域，以及促成歐洲人民的出現，則是改善歐盟民主不可或缺的做法[53]。

---

[51] 同前註，頁88-92。
[52] 盧倩儀，前揭文，頁93-94。
[53] 同前註，頁94。

第二節　展　望

　　謹就相關學者對歐洲整合發展趨勢的論述加以探討，由於歐盟整合50餘年來，聯邦論與主權論學者隨著整合進程不停的辯論互動，但是自從《馬斯垂克條約》簽署並生效後，就如學者葛漢所指出的，歐盟發展很明顯的往超國家方向傾斜，因此，本章所列相關學者未涵蓋主權論學者。以下分別就國內學者的論述，以及國外學者的論述兩部分加以說明：

一、國內學者的論述有三

　　（一）藍玉春在其所撰的專文「有關歐洲統合的論戰及其實踐：聯邦派vs.主權派」指出，歐盟不只在制度上有類國家之設計，根據執委會1993-1996年所作的民意調查結果顯示，一般歐洲民眾在心態上亦逐漸賦予、或期待歐盟扮演「類國家」的角色。54%受訪者贊成成立對歐洲議會負責的「歐洲政府」；也同樣有54%受訪者贊成全民直選「歐洲政府」；80%希望歐盟對其日常生活扮演一樣重要、或更重要的角色；63%希望外交政策能在歐盟層次上制定；甚至近70%希望國防政策在歐盟層次上制定。此外在政治認同上，有46%受訪者認為自己同時是「歐洲人」及本國國民；另45%只認同自己是本國國民而非「歐洲人」。有關歐洲整合速度的調查，一般受訪者希望整合速度更快些[54]。

　　並於結論歸納出三點：一、民族國家在歐洲孕育誕生並擴散世界，在當今全球高舉民族主義大纛之際，歐洲聯盟正是西歐各國對民族國家適應現代社會的反思結果。就某種程度言，它不僅是超國家的，甚至是後國家（post-national）的型態。國家是出於個別利益參與統合，然而統合的結果卻是逐漸消融國家傳統的架構及權力。二、隨著民族國家的調整，在歐洲產生的排他絕對性主權觀亦遭修正。它不僅可以按部門分割，還可以失而復得。遭四強占領的西德，曾積極推動共同體聯邦化，交出它沒有的主權而取得與其他夥伴國地位平等的權利。也因其合作態度，得以統一終獲完整的主權。歐元區國家明顯交出貨幣主權，冀望面對全球金融自由化的競爭壓力下，在歐盟層次上收回貨幣主權。再進一步探悉，歐盟各會員國在某些共同政策上「讓渡」出去的權

---

54 藍玉春，「有關歐洲統合的論戰及其實踐：聯邦派vs.主權派」，前揭文，頁222。

力，在歐盟層次上「匯集」成另一「統治高權」。由此觀之，主權觀念及內涵，在全球化及區域整合的時代，有重新再定義的必要。三、另一統合實踐的吊詭是，諸多有利於共同體化甚至聯邦化的政策，皆出自主權行為象徵的高峰會或部長理事會之決定。亦即會員國政府決策者有意識地逐步交出不可撤回的權力。此等權力在質與量上累積到何種程度，將牴觸各國的最高政治意志，即主權意識。此乃決定歐洲整合的關鍵所在。

綜觀之，以宏觀歷史而言，在聯邦派及主權派持續拉距的假設前提下，整合的最終狀態，應是一種類似歐洲聯邦，但較為鬆散的政治實體。此一未來充滿不確定性，但是有可能【55】。

（二）李毓峰、劉書彬在所撰專文「歐洲憲法條約建構下的歐盟政體」中指出，《歐憲條約》建構下的歐盟政體可以被定位為，具有聯邦國家相似體系結構與運作原則的超國家政體（supranational polity）。其中諸如歐盟公民權利以及共同價值的確立、歐盟權限的釐清與擴增、歐盟具有三權分立的組織架構、單一法律體系的建立等，使得歐盟的超國家特質更為明顯；同時，「加強合作」機制的引進，也鼓勵成員國因應整合需求，在三分之一會員國有意願時，組成領先集團，透過部長理事會以條件多數決來議決某領域的政策，達到加速整合，促進全面實施「共同政策」的目標。此外，透過共同外交政策和軍事安全能力的提升，亦更強化此一超國家政體作為國際法人特質與行為能力。然而，從歐盟的決策和立法程序、民主正當性的提升、各機構的職權與功能，在設計上保持多元平衡與同步協調的特色來看，都體現出歐盟仍維持著超國家主義與政府間主義並肩前進的發展軌跡。綜合論之，《歐憲條約》所建構的歐盟政體具有「歐洲聯邦」特質，其政治結構是一種獨特的混合體，包括二個不可分離的要素：聯邦主義的理想及民族國家的現實。總之，《歐憲條約》的制定標誌著歐洲整合的發展又朝「聯邦化」的方向跨出一大步【56】。

（三）葉陽明在以「歐洲統合過程中統合理論的發展（1945-1992）」為題的專文認為，以現階段歐洲整合的進展來評估，單一國形態的歐洲國之誕生無疑是可遇不可求的。在兼顧理想願景與現實條件之下考量和比較，聯邦主義的實踐及貫徹較能促成歐洲整合最高理想的實現；退一步言，聯邦主義至少是深化歐洲整合不可或缺的力量。其主要理由有二：其一，理論上，聯邦主義能

---

55 同前註，頁223-224。
56 李毓峰、劉書彬，「歐洲憲法條約建構下的歐盟政體」，《人文及社會科學集刊》，第19卷第1期，（96年3月），頁160-161。

聚合歐洲聯盟所有成員國，透過制定聯邦憲法以建立歐洲聯邦；在聯邦（即歐盟）與各邦（即歐盟成員國）按事務性質合理的分權、在憲法規範的合作下，歐洲聯邦一方面能維持聯邦層次政治的整合及長久經營，另一方面各成員國同時能繼續保有各邦社會文化多元的蓬勃發展。其二，歐洲聯盟已經具備發展成為歐洲聯邦的良好基礎。歐盟執委會已成為超國家行政機構；歐洲議會已具備超國家立法、監督和預算議決機構；部長理事會雖仍為政府間代表機構，因擴大加權多數決的運用範圍，而提升該機構決策的效能。總之，超國家性質的歐盟機構，有助於將歐盟轉化為歐洲聯邦。歐盟在繼續轉化為歐洲聯盟的過程中，應可參考德國模式，俾密集未來歐洲聯邦與各邦間的政治交合程度。此外，就制度的設計言，歐洲聯邦可以考量建立一個如同德國的兩院制國會；使直選產生的歐洲議會成為眾議院（第一院），讓部長理事會成為參議院（第二院），由兩院共同完成立法【57】。

二、國外學者的論述有三

（一）英國學者弩根特認為，歐盟可以宣稱具體化聯邦原則，結合領土和契約性的權力分享，整合的程度一方面顧慮到利益，另一方面顧及區域的部分自治。經過這些年的整合，歐盟很清楚的往聯邦的方向邁進。《馬斯垂克條約》如Koslowski（1999）所評論的，在歐盟往聯邦方向發展特別重要，最明顯的是制度性深化的規定。另外，歐洲公民的建立，以及輔助原則正式納入條約，可以被視為聯邦原則的初期，確立歐盟決策範圍及架構歐盟與會員國在聯邦形式的政治關係。所以，歐盟至少可以被認為是正在進行中的聯邦制度。因為歐盟是主權國家透過條約所創造的聯盟，在該聯盟中有超國家機構，但是其權力範圍在執行上，與其在聯邦制度的對等機構相較，略有不足【58】。

（二）德國學者卜爾采認為，聯邦主義的概念不僅對未來歐洲的發展有幫助，而且也提供瞭解多層次治理的歐盟體系一個好的工具。歐盟或可被描述為一種多層次治理體系，因為歐盟的主權由超國家、國家及次國家機構所區分及分享。當傳統的國際關係理論及歐洲整合，很難詮釋歐洲政體的多層次本質時，聯邦主義的憲法性語言，有助於歐盟不同層次的政府間分析及討論其權力區分。當討論有關聯邦主義時，通常意含或即使贊成歐盟轉型為一個聯邦國

---

57 葉陽明，「歐洲統合過程中統合理論的發展（1945-1992）」，《師大政治論叢》，創刊號，（92年8月），頁57-58。

58 Neill Nugent, *The Government and Politics of the European Union*, op. cit., pp. 552-553.

家，聯邦主義作為一個政治權威的原則，權力不須結合到國家形態。一般認為歐盟已經發展到超越國際組織或邦聯形式，不用變成一個聯邦實體。無論如何，很少人期望歐盟發展成一個聯邦國家意義的完全聯邦國家。

　　（三）德國學者夏普夫認為，德國聯邦制度與美國不同，聯邦政府機構只有聯邦議會直接由人民選舉產生，而聯邦參議院則係由地區邦政府代表所組成。因為在實際運作上，幾乎所有重要的聯邦法律均須經聯邦參議院同意，亦即大部分法案係經由地方邦政府處理，聯邦職權之執行實際上依賴地方邦政府。另一方面，地方各邦在本身的立法職權上，受到相當嚴格的限制，尤其在財政稅收方面須要聯邦稅法的支持。簡言之，聯邦制度下政府的功能是介於聯邦與地方之間，地方邦政府在聯邦意志形成的過程中得以共同參與。在這方面，歐盟很明顯仿傚德國聯邦模式。歐洲議會雖然已經直接選舉產生歐洲議會議員，但是目前仍僅擁有共同立法權及行政監督權，但是掌握行政權的歐盟執委會既不須經由直接選舉，亦不必經由議會之法定同意權。歐盟部長理事會作為各會員國政府的代表機構與歐盟高峰會是歐盟的權力中心，該兩機構在所有決策上均採一致決，所有會員國代表均享有否決權。此項特質與德國聯邦與地方整體運作的方式相同。德國聯邦政府與地方邦政府有關部長會議在決策上採一致決，或尊重不同意見；事涉地方各邦有關權益時，該邦擁有否決權[59]。基於上述論點可瞭解歐盟多層次治理乃仿傚德國聯邦主義模式。

　　此外，夏普夫認為，歐洲整合及歐盟多層次治理有效率問題及民主合法性問題。他主張，歐盟缺乏單一歐洲人民的問題是無法彌補的。夏普夫將合法性依照兩個不同的面向加以區分。所謂「輸入合法性」（input-oriented legitimacy）強調的是「民治」（government by the people）。一項決策如果反映了人民的意志，便獲得了輸入合法性。所謂「輸出合法性」（output-oriented legitimacy）強調的是「民享」（government for the people）。一項決策如果有效導致了人民福祉的提升，便獲得輸出合法性。若輸入合法性必須源自既存的集體認同，而既存的集體認同在歐盟層次並不存在，則若從輸入合法性的角度來檢視歐盟的民主赤字問題，民主赤字便是個無法彌補、無從改善的問題。夏普夫指出，無論學者如何企圖以「輸入合法性」之論證來矯正歐盟民主赤字問題，以輸入合法性為本的立論，終究無法克服歐盟缺乏既存集體認同、缺乏全

---

[59] Fritz W. Scharpf, "Europaeische Integration und Deutscher Foederalismus im Vergleich ", in *Demokratische Politik-Analyse und Theorie*, (Opladen/Wiesbaden：Westdeutscher Verlag, 1997), pp. 254-255.

歐跨國的公共論述,以及缺乏能夠權責相符的歐盟層次的制度設計缺陷[60]。

基於以上論述,夏普夫認為,在企圖解決歐盟民主赤字問題時,應儘量避免從輸入合法性的角度尋求解決,因為輸入合法性只會更強烈予人歐盟民主赤字問題無法改善的印象。相反的,在面對歐盟民主赤字問題時,應將焦點集中於歐盟治理的效率及解決問題的能力,亦即輸出合法性。在這方面,歐盟與會員國相較具絕對優勢,原因在於歐盟所必須負責解決的問題,正是跨越了會員國國界、不依賴歐盟的協調會員國,所無法獨立解決的問題[61]。

三、綜合論述

學者論述可歸納成四點,謹說明如下:

(一)歐盟已經具備發展聯邦的基礎

其主要理由有二,其一,理論上,聯邦主義能聚合歐洲聯盟所有成員國,透過制定聯邦憲法以建立歐洲聯邦;在聯邦(即歐盟)與各邦(即歐盟成員國)按事務性質合理的分權、在憲法規範的合作下,歐洲聯邦一方面能維持聯邦層次政治的整合及長久經營,另一方面各成員國同時能繼續保有各邦社會文化多元的蓬勃發展。其二,歐洲聯盟已經具備發展成為歐洲聯邦的良好基礎。歐盟執委會已成為超國家行政機構;歐洲議會已具備超國家立法、監督和預算議決機構;部長理事會雖仍為政府間代表機構,因擴大加權多數決的運用範圍,而提升該機構決策的效能。《歐憲條約》建構下的歐盟政體,可以被定位為具有聯邦國家相似體系結構與運作原則的超國家政體(supranational polity)。(葉陽明、李毓峰、劉書彬)

(二)歐盟聯邦主義發展趨勢與德國聯邦主義特色類似

德國聯邦政府機構只有聯邦議會直接由人民選舉產生,而聯邦參議院則係由地方邦政府代表所組成。因為在實際運作上,幾乎所有重要的聯邦法律均須經聯邦參議院同意,亦即大部分法案係經由地方邦政府處理,聯邦職權之執行,實際上依賴地方邦政府。另一方面,地方各邦在本身的立法職權上,受到相當嚴格的限制,尤其在財政稅收方面須要聯邦稅法的支持。地方邦政府在聯

---

60 盧倩儀,「從歐盟制憲經驗看歐盟之民主赤字問題」,前揭文,頁92-93。
61 同前註,頁93。

邦意志形成的過程中，得以共同參與。在這方面歐盟很明顯仿傚德國聯邦模式。歐洲議會雖然已經直接選舉產生歐洲議會議員，但是目前仍僅擁有共同立法權及行政監督權，但是掌握行政權的歐盟執委會既不須經由直接選舉，亦不必經由議會之法定同意權。歐盟部長理事會作為各會員國政府的代表機構與歐盟高峰會，是歐盟的權力中心，該兩機構在所有決策上均採一致決，所有會員國代表均享有否決權。此項特質與德國聯邦與地方整體運作的方式相同。德國聯邦政府與地方邦政府有關部長會議在決策上採一致決，或尊重不同意見；事涉地方各邦有關權益時，該邦擁有否決權[62]。基於上述論點可瞭解歐盟多層次治理，乃仿傚德國聯邦主義模式。（夏普夫、葉陽明、卜爾采）

（三）歐盟的多層次治理有效率問題及民主合法性（民主赤字）問題

夏普夫主張，歐盟缺乏單一歐洲人民的問題是無法彌補的，而缺乏單一歐洲人民是民主赤字的主要來源。「民主赤字」一詞普遍被用於描述歐盟各會員國公共政策制訂之決策權力上移至歐盟層次，但是民主監督機制卻未隨著歐盟的發展而擴張，並且上移至歐盟層次，導致歐盟層次的決策機構有權而無責，形同剝奪了人民透過議會或媒體監督政府的實質權利。夏普夫認為，在企圖解決歐盟民主赤字問題時，應盡量避免從輸入合法性的角度尋求解決，因為輸入合法性只會更強烈予人歐盟民主赤字問題無法改善的印象。相反的，在面對歐盟民主赤字問題時，應將焦點集中於歐盟治理的效率及解決問題的能力，亦即輸出合法性。在這方面，歐盟與會員國相較具絕對優勢，原因在於歐盟所必須負責解決的問題正是跨越了會員國國界、不依賴歐盟的協調會員國所無法獨立解決的問題。（夏普夫、卜爾采）

（四）歐洲整合最終狀態有可能成為歐洲聯邦，但是不用變成一個完全的聯邦國家

歐盟可以宣稱具體化聯邦原則，至少可以被認為是正在進行中的聯邦制度。因為歐盟是主權國家透過條約所創造的聯盟，在該聯盟中有超國家機構，但是其權力範圍在執行上與其在聯邦制度的對等機構相較，略有不足。整合的最終狀態，應是一種類似歐洲聯邦，但較為鬆散的政治實體。此一未來充滿不確定性，但是有可能。當討論有關聯邦主義時，通常意含或即使贊成歐盟轉型

<p>62 Fritz W. Scharpf, op cit., pp. 254-255.</p>

為一個聯邦國家，聯邦主義作為一個政治權威的原則，權力不須結合到國家形態。一般認為歐盟已經發展到超越國際組織或邦聯形式，不用變成一個聯邦實體。無論如何，很少人期望歐盟發展成一個聯邦國家意義的完全聯邦國家。（藍玉春、弩根特、卜爾采、葉陽明）。

　　學者對歐盟未來發展趨勢的論述可以歸納為四點：歐盟已經具備發展聯邦的基礎、歐盟聯邦主義發展趨勢與德國聯邦主義特色類似、歐盟的多層次治理有效率問題及民主合法性（民主赤字）問題、歐洲整合最終狀態有可能成為歐洲聯邦，但是不用變成一個真正的聯邦國家。

　　另外，解決民主合法性問題可能與歐盟未來發展息息相關，依據對於民主赤字的內涵、意義，以及其對歐盟未來發展的影響，不同的學者專家有不同的觀點。有關研究歐盟民主赤字的學者，依不同論點可分為三派。第一派學者以莫拉夫維奇及馬宏尼為代表，他們認為，民主赤字的嚴重性被過分渲染，歐盟民主合法性的現狀，是完全可以接受的。第二派學者以格林及夏普夫為代表，與以哈伯瑪斯及懷勒為代表的第三派學者，均認為歐盟民主赤字問題不僅存在，而且相當嚴重。歐盟民主之未來顯然受到諸多因素的影響，但是主導歐洲整合進程的歐洲菁英，對於民主赤字問題的認知，必然將是其中最關鍵的因素。由歐盟制憲過程來檢驗三派學者論述的可行性，第一派學者認為，民主赤字嚴重性被過分渲染，歐盟民主合法性的現狀，是完全可以接受的。只要順著來時路，待其自然演進即可。由於法國及荷蘭公投失敗，《歐盟憲法條約》的批准陷入困境，證明第一派學者的論述有問題。第二派學者認為，歐盟缺乏單一歐洲人民的問題是無法彌補的。因此，在企圖解決民主赤字問題時，應將焦點集中在歐盟治理的效率及解決問題的能力，在這方面，歐盟與會員國相較具有絕對的優勢，原因在於歐盟所必須負責解決的正是跨越會員國國界、若不依賴歐盟的整合協調會員國所無法獨立解決的問題。第三派學者深信，歐洲人民能夠透過共同的價值觀與共同利益凝聚人為的歐洲公民認同。歐洲人民的建立必須依賴刻意的營造。此一建立在共同價值觀的對「人民」的理解，使得歐盟的民主化更為重要，因為既然「歐洲人民」的出現是以民主為其基礎價值，那麼這群人便必須實踐其所擁抱的價值，實際實行民主[63]。

　　按照第二派學者的理解，歐盟必須正視民主赤字問題，並且從制度設計以及輸出合法性著手，提升歐盟民主。本論文第七章所引述學者卜爾采之論述，

63　盧倩儀，「從歐盟制憲經驗看歐盟之民主赤字問題」，前揭文，頁81-119。

認為要解決歐盟目前的問題，應仿傚德國聯邦制度的作法，即透過「權力的集中」、「行政的主導」、「共識政治」以及「避免雙重合法性的陷阱」，意即從制度設計及輸出合法性，以改善效率問題及提升解決問題的能力，該論述類似第二派學者的理論。或許在現階段這樣的設計，有助於提升歐盟治理的效率，但是在改善民主合法性的問題上，主要仰賴歐盟本身之「輸出合法性」，以及個別會員國政府之民主合法性。許多學者專家因而建議應擴張歐洲議會的權力，但是民主並不僅只是由議會行使代議政治而已，因此擴張歐洲議會權力也只能微幅縮小此一民主鴻溝。真正的民主還必須仰賴個人、社團，以及政府的聯結。而這些聯結，則需靠民意形成過程中不可或缺的傳播媒體來維繫。夏普夫認為，歐盟缺乏單一歐洲人民的問題是無法彌補的。因此，在面對歐盟民主赤字問題時，應盡量避免從輸入合法性的角度尋求解決，應將焦點集中於歐盟治理的效率及解決問題的能力，亦即輸出合法性。

　　從歐盟制憲經過，特別是制憲想法萌芽階段，對民主赤字問題深沉的憂慮，以及急切推動歐洲人民對歐洲未來抉擇之廣泛參與，卻是各會員國以及歐盟菁英共同的態度與認知。因此，雖然第三派學者就單一歐洲人民的看法，受到過於理想化的批評，但是其論述卻最能夠反映歐盟政治菁英的想法與作為。針對格林所說的集體認同，哈伯瑪斯指出，民主的公民身分能夠借助於法治，而在一群陌生人之間創造出一種團結、患難與共的感情。此一形態的社會整合必須透過政治社會化的溝通情境來實現。這樣的集體認同是具備自主、自願的特質，它無法獨立存在於民主實踐之外，亦不可能在民主實踐尚不存在時即先行存在。事實上，此一形態的集體認同，其實正是從民主實踐過程本身所產生出來。在一個民主社會中，公民的這種道德的、政治的自我認識，不能被視為是取決於先於民主實踐而存在的歷史、文化；而是將公民彼此間溝通制度化的結果。這其實正是現代歐洲國家「國家認同」形成的經過。懷勒與哈伯瑪斯同樣以非族群的角度，從市民概念的角度來看待人民。懷勒認為，將「人民」凝聚在一起的並非種族血統文化，而是共享的價值、是非、社會責任。哈伯瑪斯與懷勒同樣將「人民的出現」與「民主實踐」視為是相互形成，具有循環關係。歐洲人民的建立必須依賴刻意的營造。此一建立在共同價值觀的對「人民」的理解，使得歐盟的民主化更為重要，因為既然「歐洲人民」的出現是以民主為其基礎價值，那麼這群人便必須實踐其所擁抱的價值，實際實行民主。

　　基於以上論述，就長遠發展言，要解決歐盟民主合法性問題應採用第三派學者的論點，即歐洲人民的建立必須依賴刻意的營造。此一建立在共同價值觀

的對「人民」的理解，使得歐盟的民主化更為重要，因為既然「歐洲人民」的出現是以民主為其基礎價值。此外，為營造「歐洲人民」，更應加強「歐洲認同」。確認「歐洲認同」的內涵是否能容納回教及少數民族，因為涉及歐洲文明及歐洲認同，如安德生所強調的歐洲文明及歐洲認同，必須與共產主義與伊斯蘭教作區隔。如果歐洲文明及歐洲認同無法容納伊斯蘭教，則應修改歐盟入盟規則，並明確告知土耳其，歐盟僅能與土耳其維持密切夥伴關係，而無法接受其為會員國。

2004年《歐盟憲法條約》清楚揭示基本權利憲章及歐洲公民權。政治力的廣泛光譜——社會主義、民主、自由支持歐洲的理想，它是一種自覺，即歐洲共同的傳統、文化。歐洲整合的過程中制度的建立造成深遠的影響，也同樣塑造了新的歐洲認同。

《里斯本條約》序文指出，《里斯本條約》又稱為《改革條約》，該條約被設計為現代化歐盟的作用以修正《歐盟條約》及《共同體條約》，後者將改名為《促進歐盟功能條約》（TFEU）。條約陳述的目的是完成經由《阿姆斯特丹條約》及《尼斯條約》所發動的過程，希望加強歐盟的效率及民主的合法性，及改善其行動的一致性[64]。

德加度·摩萊拉在其以「文化公民及創造歐洲認同」為題的專文指出，因為歐洲國家已經建立歐洲聯盟，超越經濟層次，它們必須從國家的觀念退後一步，並且開始朝多元及文化公民方向努力，特別關注次等、低成就或前共產黨公民的權利。歐盟應投入設計公民的多元文化，作為全球化與本土化的交會點。歐洲人應加強種族／國家邊界的機制，克服國家、經濟或法律的不平等，及塑造歐洲公民的觀念，如果答案是肯定的，歐洲人可以面對民族主義高漲，及以暴力方法重建傳統（Giddens,1994），以及在文化及生物學差異上建立經濟及社會不平等（Ferrarotti,1993）。接著，歐洲人應該在跨民族主義、人權及憲法原則的基礎上，加強歐洲公民的觀念，支持它作為真正獨特的歐洲歷史認

---

[64] Preamble of the Treaty, The Treaty of Lisbon (also known as the Reform Treaty) is a treaty designed to streamline the workings of the European Union (EU) with amendments to the Treaty on European Union (TEU, Maastricht) and the Treaty establishing the European Community (TEC, Rome), the latter being renamed Treaty on the Functioning of the European Union (TFEU) in the process. The stated aim of the treaty is "to complete the process started by the Treaty of Amsterdam and by the Treaty of Nice with a view to enhancing the efficiency and democratic legitimacy of the Union and to improving the coherence of its action.", from Wikipedia, the free encyclopedia.

同，如果答案是肯定的，歐洲人可以再度面對同樣的負面影響[65]。

　　由《歐盟憲法條約》所揭示的基本權利憲章及歐洲公民權，及在《里斯本條約》序文中所強調的希望加強歐盟的效率及民主合法性，表示歐盟已對夏普夫等學者的呼籲作出回應。而德加度·摩萊拉的專文內容則呼應哈伯瑪斯的論述認為，歐洲人民能夠透過共同的價值觀與共同利益，凝聚人為的歐洲公民認同。目前歐洲整合因《歐盟憲法條約》批准程序未能順利通過而陷入困境，《里斯本條約》的功能只是讓陷入困境的狀況能夠解套，俾歐盟得以順利運作，惟誠如法國前總統，前歐盟制憲會議主席季斯卡與執委會前主席戴洛等多位聯邦主義者所批評的，《里斯本條約》已與歐洲整合的理想不相符。或許歐洲各國菁英及政府領導人，尚停留在制度設計及輸出合法性以改善歐盟效率及解決問題能力的階段。所以就長遠發展言，似應接受哈伯瑪斯及懷勒的論述，從國家的觀念退後一步，並且開始朝多元及文化公民方向努力，才能真正解決歐盟的困境及歐洲整合最終狀態的問題。

---

[65] Juan M. Delgado-Moreira, "Cultural Citizenship and Creation of European Identity", in *Electronic Journal of Sociology* (1997). http://www.sociology.org/content/vi1002.003/Delgado.

　　從1952年《巴黎條約》簽署至今50餘年來，歐洲整合並不是一直都很順利，其間經歷1954年8月，法國國會拒絕批准《歐洲防衛共同體條約》[1]；1965年的「空椅危機」[2]；1980年代初柴契爾（Margaret Thatcher）執政時為了預算與共同農業政策與歐體有嚴重歧見，所謂「英國問題」（the British problem）[3]；2005年《歐盟憲法草案》相繼遭法國及荷蘭公投否決，2007年簽署《里斯本條約》又稱《改革條約》，遭唯一採用全民公投方式的愛爾蘭於2008年6月否決該條約，使批准進程受挫。

　　但是，歐洲整合發展到今天，無論從制度面或政策面檢視，歐盟都是很明顯的朝聯邦歐洲的方向推進。以政策面為例，在經濟方面，經濟整合的階段可分為自由貿易區、關稅同盟、單一市場及經濟暨貨幣聯盟，其中最具指標性的是單一貨幣——歐元的建立。因為主權曾經是、現在也仍然是反對歐洲整合潛在的中心問題，也是貨幣聯盟爭論的核心，因涉及的問題是民族國家長期以來被神聖化的若干功能，包括鑄造貨幣權、中央銀行的獨立性，及可能附屬於外來的（歐盟）中央權力、國會特權的喪失、甚至貨幣作為國家認同，此一基本

1　「歐洲防衛共同體條約」的失敗，對歐洲整合的發展方向產生莫大的影響，此後，政治議題在歐洲整合議程上的重要性降低，各國轉而把注意力集中在較不具爭議的經濟整合議題。直到1990年代初才有「共同外交及防衛政策」的出現。

2　執委會提案，建議歐體本身應有獨立的財源，由共同海關稅則所徵之稅，直接交予共同體作為預算，免除各國國會的預算審核，使歐洲議會有更多實權，可掌握預算控制權。法國對此不表同意，自1965年7月到1966年1月，有半年之久停止參加歐體重大會議。造成所謂「空椅危機」。1967年1月法國與共同體達成著名的「盧森堡妥協」（Luxembourg Compromise），雖然仍保留部長理事會內的多數決，但是「若涉及一國或多國的重要利益，部長理事會的成員在合理的期限內，兼顧彼此的利益與共同體的利益，設法找出全體均能接受的解決方案」。莫內（Jean Monnet）認為，法國的「空椅」政策，事實上已經中斷了共同體條約。

3　英國在預算與共同農業政策問題上的堅持，使得英國與歐體，特別是與法國的關係降至1970與1980年代的最低點，並使歐體瀕臨災難的邊緣。

要素的消失【4】。故，單一貨幣的建立，在歐洲整合進程向前邁進很重要的一步。一方面，它有重要的象徵意義，歐元取代了法國法郎、德國馬克等會員國貨幣，可能為共同的歐洲認同發展提供更多的原動力。另一方面，歐元區會員國已經轉移兩項重要的政策工具：即兌換率及利率，到歐盟機構，並且會員國在預算及財務政策方面，也接受嚴厲的限制。

本書主題從「德國聯邦制度之特色及運作」論「歐洲聯盟的整合趨勢」，鑒於美國、德國及瑞士為由邦聯走向聯邦的三個主要國家，因此在書中第一章聯邦主義理論中，特別就美國聯邦主義、瑞士聯邦主義與德國聯邦主義加以比較，誠如美國學者哈柏斯坦所指出的美國聯邦主義屬水平體系，而德國與歐盟均屬垂直體系，在制度及權限劃分上有別；瑞士雖亦屬垂直體系，但因瑞士人口較少，採直接民主制，與德國代議民主制有別，另外，最關鍵的是德國聯邦參議院係由地方各邦邦總理及部長所組成，係獨特的設計，與歐盟部長理事會的功能類似，此點與瑞士聯邦院係選舉產生，產生方式不同，亦非各地方邦政府的代表，這是為何以德國聯邦制度特色及運作與歐盟作比較的原因。

歐盟的整合進程由第二章第一節「德意志帝國的聯邦傳統及德意志聯邦共和國」，相較於德國聯邦制度的發展背景，即從「德意志關稅同盟」歷經「北德聯邦」，成立「帝國憲法」、「帝國議會」、「帝國首相」、「聯邦參議院」，到統一的「德意志帝國」，其過程頗為相近。

在第三章「歐洲整合的回顧」，由各個整合階段探討歐洲聯盟的重要進程，可以清楚發現由邦聯走向聯邦的例證，並且透過因果分析檢視整合的相關進程，以解釋影響整合進程的依變數及自變數。

本書第四章及第五章，由歐盟的聯邦主義特色：「超國家性」、「輔助原則」、「區域主義」及「經濟與政治的關聯」四個層面，可以清楚發現歐盟制度整合的聯邦主義趨勢，及政策整合的聯邦主義趨勢，在第五章並以「共同外交暨安全政策」為例，與第三章歐洲整合過程的五個階段作對比，以論證歐盟「共同外交暨安全政策」的變遷，及其原因與內涵。第四章及第五章亦均以因果分析檢視整合的相關進程，以解釋影響整合進程的依變數及自變數。

第六章「歐盟與德國聯邦制度的比較」，則經由德國聯邦主義的特色：聯邦與地方共享權力與制衡、民主原則、各邦的競爭與實驗及聯邦與地方分權，

4　Elie Cohen, "The Euro, Economic Federalism, and the Question of National Sovereignty" in *The Idea of Europe From Antiquity to the European Union,* edited by Anthony Pagden, (London: Woodrow Wilson Center Press and Cambridge University Press, 2002), p. 260.

發現在歐盟的多層次治理中，很清楚及契合的德式聯邦主義運作特色。再由第七章「歐盟整合趨勢的可能德式方向」，找到德國聯邦制度影響歐盟發展在制度面及政策面的重要例證，並且藉由德國學者卜爾采的論點指出，歐盟如何由德國的實例，改善歐盟在效率方面的問題及民主合法性的困境。

在第八章「評估與展望」，除就制度與政策評估歐盟聯邦主義發展趨勢外，並就「《里斯本條約》生效後對歐盟趨勢的影響」及可能遭遇的障礙，加以分析探討。在展望方面，由學者對歐盟未來發展趨勢的論述，可以歸納為四點：歐盟已經具備發展聯邦的基礎、歐盟聯邦主義發展趨勢與德國聯邦主義特色類似、歐盟的多層次治理有效率問題及民主合法性（民主赤字）問題、歐洲整合最終狀態有可能成為歐洲聯邦，但是不用變成一個真正的聯邦國家。

如同前述，歐盟聯邦主義發展趨勢的可能障礙包含：廣化所帶來的問題及民主合法性問題；歐盟未來的發展面對可能的障礙，首先應釐清未來發展的目標，如果舒曼宣言所揭示的「歐洲聯邦」理想依然是目前德、法及大多數會員國的共同目標，則基於改善歐盟治理的效率問題及增加解決問題的能力，應以未來10年或20年為界限，設定歐盟會員國數目的底線，則歐盟方有可能有效解決效率問題，及增加解決問題的能力，因為繼續擴大必然與深化造成衝突，使效率問題持續惡化。

本書嘗試解釋歐洲聯盟的整合趨勢，首先要確認的是自變數（independent，又叫做預測變數）和依變數（dependent，又叫結果）。自變數就是「事物的起因」，換言之，就是我們認為導致依變數出現或引起依變數變化的因素。

歐洲整合的自變數可歸納為「會員國對主權的堅持」、「會員國政府領導人或重要政治人物的偏好」、「國際情勢的重大變化」，這些因素很明顯影響歐洲整合的進程，即依變數。綜合第三章、第四章及第五章以因果分析檢視歐洲整合的重要進程，可以歸納出幾項研究發現：

（一）「國際情勢的重大變化」會影響會員國放棄主權堅持，加速整合及朝超國家主義趨勢發展：影響歐洲整合進程的自變數中，「國際情勢的重大變化」，除「俄共總書記史達林死亡」、「南北韓停戰協定簽署」，國際情勢緩和，外在環境的改變使法國批准「歐洲防衛共同體」的意願降低，致「歐洲防衛共同體」失敗外；「國際情勢的重大變化」如「冷戰結束，蘇聯解體以及東歐共產集團崩潰」、「德國統一」、「波斯灣戰爭」及「前南斯拉夫共和國瓦解及隨後的巴爾幹戰爭」，促成《馬斯垂克條約》及《阿姆斯特丹條約》的簽

署；「柯索沃戰爭」及「911事件」使歐盟對共同外交及安全政策的作為及反省，促成ESDP的建立，影響會員國放棄主權堅持，均很明顯的加速整合及朝超國家主義趨勢發展。

（二）「會員國重要政治人物的偏好」是影響歐洲整合的重要因素：德國各邦總理要求在《馬斯垂克條約》內訂立輔助原則條款，同時將聯盟定位成一個能代表會員國各區域利益之機構，促成《馬斯垂克條約》創設「區域委員會」及納入聯邦主義特色的「輔助原則」，影響歐盟往歐洲聯邦方向發展；而法國總統戴高樂造成的「空椅危機」、「否決英國加入歐洲共同體的申請案」，以及英國首相柴契爾造成的「英國問題」，則造成整合的挫折或延緩。

（三）「會員國對主權的堅持」是影響歐洲整合的關鍵變數：影響整合進程的變數，如在《阿姆斯特丹條約》有關新的第一支柱規定及《申根協定》方面，英國、愛爾蘭、丹麥等國對「主權的堅持」，使相關規範無法遍及所有會員國，選擇性退出及選擇性加入的作法，造成政策協調的困難，及影響政策推動的效率。歐洲貨幣聯盟是朝聯邦歐洲發展的重要步驟，因「會員國主權的堅持」，迄今英國、丹麥及瑞典仍排拒加入。法國與荷蘭在《憲法條約》公投失敗，造成條約批准的困境，與「會員國害怕失去主權」有關。歐盟簽署《里斯本條約》是因應目前面臨困境的藍圖，惟條約中因若干國家的利益考量而妥協，為整合帶來不確定性。前總統季斯卡及前執委會主席戴洛批評，《里斯本條約》對部分國家作過多的讓步，如取消條約中的憲法名稱及歐盟的旗、歌，已不符聯邦主義精神。《里斯本條約》的修正意見，主要來自英國、荷蘭及捷克的堅持；又，愛爾蘭對《里斯本條約》的第一次公投未通過，亦均與「主權之堅持」有關。

歐洲整合50多年來，歐盟會員國乃基於「主權平等」參與歐盟，並移轉部分主權給歐盟。歐盟會員國透過參與歐盟組織決策與運作，分享歐盟主權，形成「主權共同行使」現象。歐盟主權之實踐在國際法上發展成「主權平等、主權退讓、及主權共同行使」之創新原則[5]。歐洲整合不斷發展，影響國際政治學者對國際組織及區域整合的看法。新功能主義以擴溢（spill-over），來解釋歐洲整合由經濟整合連結到政治整合的效應。新自由制度主義者認為，德國在1990年代擁護歐盟貨幣聯盟政策與維護國家利益，及堅持主權的現實主義主張

5　洪德欽，「歐盟主權的實踐」，《歐洲聯盟：理論與政策》，（台北：中央研究院歐美研究所，87年），頁31。

正好相反。德國自願放棄對其主權關鍵成分的控制，德國馬克是第二次世界大戰結束以來，德國人國家驕傲的唯一公開來源。為何德國要積極提倡一項與其國家利益相反的政策，答案應為歐洲整合的整體考量。首先，歐盟作為一個國際制度，協助將和平與繁榮帶到整個歐洲。歐盟在這些目標的全面成功，鼓舞會員國在這些範疇的進一步合作。它已經邁向新的超國家方向，以致與傳統保護國家主權的作法相矛盾；其次，更廣泛瞭解德國動機後，會發現其原因指向外交政策。多元國家主義的規範及為歐洲整合的目標與會員國合作，勝過追求狹窄定義的國家利益[6]。

隨著民族國家的調整，在歐洲產生的排他絕對性主權觀亦遭修正。它不僅可以按部門分割，還可以失而復得。遭四強占領的西德曾積極推動共同體聯邦化，交出它沒有的主權而取得與其他夥伴國地位平等的權利。也因其合作態度，得以統一終獲完整的主權。歐元區國家明顯交出貨幣主權，冀望面對全球金融自由化的競爭壓力下，在歐盟層次收回貨幣主權。此外，歐盟各會員國在某些共同政策上讓渡出去的權力，在歐盟層次上「匯集」成另一「統治高權」。由此觀之，主權觀念及內涵，在全球化及區域整合時代，有重新再定義的必要。

另一整合實踐的弔詭是，諸多有利於共同體化甚至聯邦化的政策，皆出自主權行為象徵的高峰會或部長理事會之決定。亦即會員國政府決策者有意識的逐漸交出不可撤回的權力。此等權力在質與量上累積到何種程度，將牴觸各國的最高政治意志，即主權意識。此乃決定歐洲整合的關鍵所在[7]。

「會員國對主權的堅持」是影響歐洲整合長期以來的重要因素，它是整合進程的關鍵變數。隨著歐洲整合的不斷發展與「歐盟主權」的實踐，逐漸發展出「主權移轉、主權讓渡及主權共同行使」的原則，在整合過程中由於其他變數，如「國際情勢重大變化」及「領導人的偏好」，也造成影響整合進程的結果（依變數），如簽署《馬斯垂克條約》及《阿姆斯特丹條約》，於《馬斯垂克條約》創設「區域委員會」，明文納入「輔助原則」，以及建立共同防衛機制ESDP等，使歐洲整合明顯朝聯邦歐洲方向發展。但是由於《歐盟憲法條約》批准程序遭遇困境，以及《里斯本條約》對部分堅持主權的會員國作過多讓步，均顯示「會員國堅持主權」依然是歐洲整合朝聯邦歐洲發展的關鍵變

6　Alison M. McCartney, "International Structure Versus Domestic Politics: German Foreign Policy in the Post Cold War Era", *in International Politics 39*, March 2002, pp. 104-106.

7　藍玉春，「有關歐洲統合的論戰及其實踐：聯邦派vs.主權派」，前揭文，頁223-224。

數。

《里斯本條約》簽署前，歐盟為凝聚與爭取內部民意對歐洲整合的支持與認同，歐盟發展策略已明顯轉為有效因應外在環境的挑戰。外在環境的挑戰包括：創造就業、提升競爭力、全球暖化、能源問題、跨國反恐，以及目前所面臨的全球金融危機。就長遠發展言，歐盟在「民主合法性」問題上，應採用哈伯瑪斯的主張，民主的公民身分能夠借助於法治，而在一群陌生人間創造出一種團結、患難與共的情感。此一形態的社會整合必須透過政治社會化[8]的溝通情境來實現。而政治社會化，通常透過社會化機構來進行，像是家庭、學校、同儕團體與媒體。在一個民主社會中，公民的這種道德的、政治的自我認識不能被視為是取決於先於民主實踐而存在的歷史、文化；而是將公民彼此間溝通制度化的結果。懷勒認為，將「人民」凝聚在一起的並非種族血統文化，而是共享的價值、是非、社會責任。哈伯瑪斯與懷勒，同樣將「人民的出現」與「民主實踐」視為是相互形成、具有循環關係。德加度・摩萊拉呼應哈伯瑪斯的主張認為，因為歐洲國家已經建立歐洲聯盟，超越經濟層次，它們必須從國家（主權）的觀念退後一步，並且開始朝多元及文化公民方向努力，如此才能真正解決歐盟的困境。

歐盟朝「歐洲聯邦」的方向發展，係本書的基本假設，因為經由聯邦型態的分權模式，地方政府與中央政府職權明確劃分且相互協調，在低層次相衝突的利益及歧異，便可在高層次調和。少數民族及小國可因而避免成為大國或多數民族權力利益競逐下的犧牲品，乃邁向聯邦的第一步[9]。此外，歐盟具有「超國家性」、「輔助原則」、「區域主義」及「經濟與政治相關聯」等聯邦主義特性。「歐洲聯邦」是歐洲整合之父莫內的理想，歐盟發展至今已經擁有許多與國家相似的特性，就如共同貨幣（歐元），一個獨立的中央銀行，一個萌芽期的預算基礎，一個單一市場，兩個不同層級的政府，雙重公民認同，以及一個演化中的共同外交暨安全政策與初期的共同防衛政策。逐漸增加複雜的決策程序，包含合作及共同決策程序，在政府間的歐盟部長理事會及歐盟高峰會與超國家的執委會及歐洲議會之間，在許多方面與實際運作的聯邦相似。這是

8　Michael Rush：「政治社會化」是某個社會中，個人逐漸認識政治體系的過程，並因此在某個程度上決定個人認知及他們對政治現象的反應（1992: 92）。http://www.weber.com.tw/document（2009/2/20）

9　藍玉春，「有關歐洲統合派的論戰」，《政治科學論叢》，第11期，（88年12月），頁185。

歐盟為何經常被觀察者及評論者感到接近聯邦歐洲的例子【10】。有學者認為，歐盟至少是正進行中的聯邦制度。但是，歐洲整合是一條曲折、崎嶇而漫長的路程，即使歐盟會員國能費心解決目前所面臨的障礙，且繼續朝「歐洲聯邦」方向發展，其最終狀態亦不可能是真正的聯邦國家，就如國內及國外研究歐盟學者所論述的，歐洲整合最終狀態有可能成為歐洲聯邦，但是不用變成一個真正的聯邦國家。

---

[10] Michael Burgess, "What is federalism", in Michelle Cini's *European Union Politics*, second edition (Oxford: Oxford University Press, 2007), pp. 71-75.

參考文獻

壹、中文文獻

一、專書

王曾才（1992），《世界現代史》，台北：三民書局。

王修曉譯（2007），Janet M. Ruane著，《研究方法概論》（Essentials of Research Methods），台北：五南出版公司。

王萬里譯（1999），Nicholas Moussis著，《歐盟手冊前進歐洲》，台北：中國生產力。

王皓昱（1997），《歐洲合眾國》，台北：揚智文化公司。

王泰銓（1997），《歐洲共同體法總論》，台北：三民書局。

王泰銓（2008），《歐洲聯盟法總論》，台北：台灣智庫。

左路生等編著（1981），《各國國會制度》，台北：正中書局。

吳萬寶（2003），《邁向歐盟建軍之路》，台北：韋伯文化。

邵建東&陳曉律（1993），《德國新史》，台北：五南圖書公司。

周惠民（2004），《德國史─中歐強權的起伏》，台北：三民書局。

洪德欽主編（1998），《歐洲聯盟：理論與政策》，台北：中央研究院歐美研究所。

洪德欽主編（2007），《歐盟憲法》，台北：中央研究院歐美研究所。

施啟揚（1971），《西德聯邦憲法法院論》，台北：商務印書館。

黃琛瑜（1999），《歐洲聯盟》，台北：五南圖書公司。

黃偉峰主編（1998），《歐洲聯盟的組織與運作》，台北：五南圖書公司。

張亞中（1998），歐洲統合：政府間主義與超國家主義的互動，台北：揚智出版社。

張安藍譯（1999），Kurt Sontheimer, Wilhelm Bleek著，《德國政府與政治》，台北：五南圖書公司。

張福昌（2002），《邁向「歐洲聯盟」之路》，台北：三民書局。

張顯耀（1995），《歐盟發展共同外交暨安全政策之研究》，台北：幼獅文化公司。

郭秋慶（1996），《德國選舉制度與政黨政治》，台北：志一出版社。

郭秋慶（1999），《歐洲聯盟概論》，台北：五南圖書公司。

郭秋慶（2006），《歐洲國家的外交與安全政策》，台北：台灣國際研究學會。

郭恒鈺（1992），《德意志史話》，台北：三民書局。

陳孟君譯（2005），Lieberson, Stanley著，《量化的反思：重探社會研究的邏輯》（Making It Count, The Imrovement of Social Research and Theory），台北：巨流圖書公司。

陳勁（1999），《歐洲聯盟之整合與體制運作》，台北：五南圖書公司。

陳麗娟（1996），《歐洲共同體法導論》，台北：五南圖書公司。

陳麗娟（1999），《阿姆斯特丹條約解讀》，台北：五南圖書公司。

陳麗娟（2006），歐洲聯盟法精義，台北：五南圖書公司。

許世楷等譯（1995），《世界各國憲法選集》，台北：前衛出版社。

國民大會秘書處編譯（1996），《世界各國憲法大全》，台北：國民大會。

傅曾仁等譯（1992），《聯邦政府》K.C. Wheare著，台北：商務印書館。

彭懷恩（2000），《德國政治體系》，台北：風雲論壇出版有限公司。

葉陽明（1990），《西德政黨論》，台北：黎明文化公司。

蔡宗珍（2002），「歐洲整合的終極形式與歐盟制憲問題」，《歐盟新紀元研討會論文集》，1-2，台北：歐洲聯盟研究論壇。

劉慶瑞（1982），《比較憲法》，台北：大中國圖書公司。

謝淑斐譯（2000），《聯邦論》Alexander Hamilton, James Madison, John Jay著，台北：貓頭鷹出版。

顧俊禮（2001），《德國政府與政治》，台北：揚智文化。

瑞士的政治制度（1996），《世界各國憲法大全》，台北：國民大會憲政研討會。

二、期刊

王玉葉（2000），〈歐洲聯盟之輔助原則〉，《歐美研究》，30（2）：1-30。

王萬里（2001），〈歐洲議會跨國政黨制度研析〉」，《立法院院聞月刊》，340：16-26。

王萬里（2001），〈歐洲聯盟對外關係的理論與實踐〉，《立法院院聞月刊》，29（12）：87-98。

甘逸驊（1993），〈1992年歐洲單一市場之評估〉，《問題與研究》，32（9）：53-66。

李毓峰、劉書彬（2007），〈歐洲憲法條約建構下的歐盟政體〉，《人文及社會科學集刊》，19（1）：129-167。

沈玄池（2005），〈歐洲聯盟第五次擴大對其共同外交暨安全政策影響之研究〉，《全球政治評論》，9：1-22。

周佳蓉（2006），〈德國環境運動發展與環境團體表現〉，《環境與管理研究》，8（1）：74-101。

吳乃德（1998），〈家庭社會化和意識形態：台灣選民政黨認同的世代差異〉，《台灣社會學研究》，3：53-85。

吳東野（1994），〈歐洲聯盟條約『輔助原則』條款之理論分析〉，《問題與研究》，33（11）：11-20。

吳東野（1998），〈歐洲單一貨幣的前景〉，《經濟前瞻》，7月：46-49。

吳振逢（2003-2004），〈歐盟統合模式與德國聯邦制度之比較〉，《立法院院聞月刊》，368-369期：92-107/77-89。

吳振逢（2005），〈歐盟東擴對歐盟共同外交及安全政策的影響〉，《立法院院聞月刊》，389期：93-110。

吳振逢（2006），〈從新自由制度主義論歐盟憲法條約〉，《立法院院聞月刊》，34（3）：60-72。

吳振逢（2007），〈歐洲認同與歐洲整合〉，《國會月刊》, 35（5）：71-89。

周尹（2002），〈歷史研究法〉，《龍門研究所教育月刊》，台中：12月：1。

卓忠宏（2005），〈從歐盟『政府間會議』論歐洲憲法條約及其爭議〉，《政治大學國際關係學報》，No. 20：57-92。

周文源譯（2001），〈德國利益團體的理論與實務功能〉，《立法院院聞月刊》，29（6）：74-86。

洪丁福（2001），〈聯邦的運作與成效〉，《新世紀智庫論壇》，13期：2-3。

洪德欽（2003），〈歐洲中央銀行獨立性之研究〉，《臺大法學論叢》，33（5）：215-278。

洪德欽（2007），〈歐盟憲法之法理分析〉，《歐美研究》，37（2）：255-321。

郭秋慶（1994），〈德國聯邦眾院黨團的運作及其功能〉，《法政學報》，2期：121-143。

郭秋慶（1994），〈德國聯邦眾院黨團運作的經驗與借鏡〉，《美歐月刊》，9（12）：73-85。

郭秋慶（1996），〈歐洲議會在歐洲聯盟中的超國家發展〉，《美歐月刊》，11（7）：29-41。

許琇媛（2003），〈歐盟多層次治理模式----以德國下薩克森邦結構基金的運作為例〉，《淡江人文社會學刊》，16期：15，http://www2.tku.edu.tw/~tkjour/paper/16/16-4.fulltext.pdf，（2007/8/1）

陳麗娟（1995），〈申根公約之研究〉，《美歐月刊》，10（9）：61-75。

陳麗娟（1996），〈從馬斯垂克條約內涵論歐洲共同體與歐洲聯盟之互動〉，《美歐月刊》，11（10）：20-31。

陳黎陽（2004），〈二0二0年的歐盟：世界格局中的又一極？〉，《歷史月刊》，197期：78-92。

桂宏誠（1994），〈德國聯邦憲法法院憲法解釋權之研究〉，《立法院院聞月刊》，22（9）：21-39。

張亞中（1994），〈歐洲統合過程中的國家主權問題〉，《美歐月刊》，9（11）：98-114。

張亞中（2001），〈兩岸統合：整個中國與第三主體的建立〉，《立法院院聞月刊》，337期：20-32。

張亞中（2001），〈全球治理：主權與權力的解析〉，《問題與研究》，40（4）：1-24。

黃錦堂（1994），〈德國聯邦體制之研究〉，《美歐月刊》，9（6）：27-43。

黃偉峰（2003），〈剖析歐洲聯盟正在成型的治理體系〉，《歐美研究》，33（2）：291-344。

葉陽明（2003），〈歐洲統合過程中統合理論之發展〉，《師大政治論叢》，創刊號：31-61。

葉陽明（2006），〈西德因應德國分裂時期（1949-1990）之憲政安排〉，《國際關係學報》，22期：28-29。

雷國鼎（1979），〈比較教育的學理研究〉，《中山學術文化集刊》，頁425-426。

劉書彬（2001），〈德國『財政平衡』制度的運作〉，《問題與研究》，40（6）：85-100。

劉書彬（2002），〈聯邦參議院在德國『府際關係』互動中的運作與功能〉，《人文及社會科學集刊》，14（2）：233-260。

劉書彬（2007），〈歐洲憲法條約建構下的歐盟政體〉，《人文及社會科學集刊》，19（1）：129-167。

盧倩儀（2003），〈從歐盟與會員國公民概念之比較評估歐洲公民之實質化〉，《問題與研究》，42（5）：55-79。

藍玉春（1999），〈有關歐洲統合的論戰及其實踐：聯邦派vs.主權派〉，《政治科學論叢》，11期：181-227。

藍玉春（2001），〈解析歐盟阿姆斯特丹條約〉，《政治科學論叢》，15期：15-44。

藍玉春（2004），〈歐盟尼斯條約評析〉，《問題與研究》，43（4）：73-94。

藍玉春（2005），〈歐盟多層次治理：論點與現象〉，《政治科學論叢》，24期：49-76。

蘇宏達（1996），〈論歐市「非關稅障礙」之排除與貨物自由流通之實踐〉，《問題與研究》，34（4）：41-66。

蘇宏達（2001），〈以「憲政主權建造」概念解釋歐洲統合之發展〉，《歐美研究》 31（4）：629-687。

蘇宏達（2004），〈從制度主義解析歐洲聯盟憲法條約草案〉，《政治科學論叢》，20：167-

208。

蘇宏達（2007），〈論歐洲憲法的優位性〉，《歐美研究》，37（2）：323-389。

蘇宏達（2009），「里斯本條約生效後對歐盟對外行動能力與民主治理機制可能的影響」，《政治科學論叢》，40期：181-228。

三、專文及其他

王玉葉（2003），「歐洲法院」，黃偉峰主編，《歐洲聯盟的組織與運作》，台北：五南圖書公司。

甘逸驊（2005），「『軍事強權』vs.『公民強權』：歐洲安全與防衛政策的發展」，《於淡江大學歐洲研究所演講講稿》。

江靜玲（2009），「西歐拒金援東歐，新鐵幕成形？」，《中國時報》98年3月3日，A2。

江靜玲（2009），「最後障礙捷克點頭，歐盟新憲可望12月運作」，《中國時報》，98年11月4日，A3。

吳統雄（2003），「文獻研究法」，http://tx.shu.edu.tw/wu-tx/JX/，頁1。（2008/4/16）

沈玄池（1998），「歐盟共同外交暨安全政策之功效與極限:歐盟之南斯拉夫政策個案研究」，《歐洲聯盟:理論與政策》，台北:中央研究院歐美研究所。

宋燕輝（2003），「執委會」，《歐洲聯盟的組織與運作》，台北:五南圖書公司。

洪德欽（1998），「歐盟主權的實踐」，《歐洲聯盟：理論與政策》，台北: 中央研究院歐美研究所。

洪德欽（1998），「歐洲聯盟之理論與實踐:方法論之分析研究」，《歐洲聯盟:理論與政策》，台北：中央研究院歐美研究所。

莊懷義等著（1987），「教育問題研究」，台北：國立空中大學。

倪世雄（2003），「新現實主義與新自由主義」，《當代國際關係理論》，台北：五南圖書公司。

張亞中（2003），「歐洲聯盟的演進」，黃偉峰主編，《歐洲聯盟的組織與運作》，台北：五南圖書公司。

黃偉峰（2003），「歐洲議會」，，黃偉峰主編，《歐洲聯盟的組織與運作》，台北：五南圖書公司。

蔡筱雯（2009），「愛爾蘭通過里斯本條約，統一夢跨大步」，綜合外電報導，《蘋果日報》，98年10月5日，A18。

盧倩儀（2007），「從歐盟制憲經驗看歐盟之民主赤字問題」，洪德欽主編，《歐盟憲法》，台北：中央研究院歐美研究所。

藍玉春（2003），「歐盟高峰會」，黃偉峰主編，《歐洲聯盟的組織與運作》，台北：五南圖書公司。

藍玉春（2007），「從歐盟憲法之制訂談歐盟深化與擴大的相關議題」，洪德欽主編，《歐盟憲法》，台北：中央研究院歐美研究所。

蘇宏達（2003），「歐盟理事會」，黃偉峰主編，《歐洲聯盟的組織與運作》，台北：五南圖書公司。

謝敏文（2006），「歐盟區域發展政策之研究」，《行政院經濟建設委員會出國報告》，95年1月。

行政院經建會經研處（2008），「歐盟通過『里斯本條約』的政經意涵」，http://www.cepd.gov.tw/。（2009/3/3）

「歐洲憲法」（2005），歐洲經貿辦事處，http://www.deltwn.cec.eu.int/ 。（2006/11/23）

貳、西文文獻

一、Documents

A Charta of European Identity, http://www.europa-web.de/. (23/11/2006)

A Constitution for Europe – The Union's decision-making procedures, http://europa.eu.int/. (3/1/2005)

*A world play*er (2004), *The European Union's external relations,* European Commission, Directorate-General for press and Communication, Manuscript finalized in July 2004.

Aufgabe des Bundesverfassungsgerichts, http://www.bundesverfassungsgericht.de/ . (21/6/2005)

Bundes Deutsche Industrie, BDI, http://www.bdi-online.de/en/3812.htm . (1/9/2008)

Bundespraesident, Lebenslauf von Bundespraesident Horst Koehler, http://www.bundespraesident.de/ (5/11/2009)

Bundesregierung, Merkels schwarz-gelbes Kabinett - Spiegel Online - Nachrichten , http://www.spiegel.de (26/10/2009)

Bundesregierung, "Warum die EU erweitern ?", http://www.bundesregierung.de/ . (23/5/2005)

Bundesregierung, "Vorteile der Erweiterung", http://www.bundesregierung.de . (23/5/2005)

Bundesregierung, "Bisherige Erweiterungen der Europaeischen Union", http://www.bundesregierung.de/ (23/5/2005)

Bundesvereinigung der Deutschen Arbeitsgeberverbaende, BDA, http://www.bda-online.de/ (3/9/2008)

Bundesrat, Mitwirkung in Europaeischen Angelegenheiten, http://www.bundesrat.de/ . (21/6/2005)

Bundesrat, Struktur und Aufgabe & Mitwirkung an der Verwaltung des Bundes, http://www.bundesrat.de/ (21/6/2005)

Bundestag, http://www.bundestag.de/parlament/fraktion/. (5/11/2009)

Bundesversammlung-Das SchweizerParlament, Fraktionen im Nationalssaal: Sitzordnung, Biografie & Fraktionen im Staenderatssaal: Sitzordnung, Biografie. http://www.parlament.ch/d/ra-raete/ra-nr-nationalrat/ra-nr-sitzordnung/Seiten/index.aspx. (1/11/2007)

Daestner, Dr. Christian, Federal-State Relations Committee Report on *Federalism and the Role of the States: Comparisons and Recommendations*, Chapter 3, http://www.parliament.vic.gov.au/fsrc/report3/body/chapter3.htm . (29/8/2008)

Declaration on European Identity, Copenhagen, 14 December, 1973.

Deutscher Gewerkschaftsbund (DGB), Britannica Online Traditional Chinese Edition, http://wordpedia.eb.com/tbol/ . (3/9/2008)

Deutscher Bundestag: Ausdruck aus dem Internet-Angebot des Deutschen Bundestages, http://www.bundestag.de/ . (22/6/2005)

Die Geschichte des Euro, http://www.bundesregierung.de/ (21/1/2009)

Die Wahl des Bundespraesidenten, http://www.bundespraesident.de/Amt-und-Funktion/ Verfassungsrechtliche-Grundlage/. (22/6/2005)

Die Kanzlerin und ihr Kabinett , http://www.bundeskanzlerin.de/ . (22/6/2005)

DIHK/Infos zum DIHK/Wir ueber uns , http://www.dihk.de/inhalt/dihk/index.html . (3/9/2008)

European Parliament's analysis of the Lisbon Treaty, http://www.europarl.europa.eu/sides/getDoc. do?language (22/1/2010)

Europaeische Union, "Europa braucht diese Verfassung", http://www.bundesregirung.de/ . (1/6/2005)

Europaeische Union, "Pro und Contra zur Europaeischen Verfassung", (1/6/2005)

European Defense Agency (EDA), http://europa.eu/agencies/security_agencies/eda/index_en.htm . (14/4/2009)

European Union Satellite Centre (EUSC), http://europa.eu/agencies/security_agencies/eusc/index_ en.htm . (14/4/2009)

European Union Institute for Security Studies (ISS), http://europa.eu/agencies/security_agencies/iss/ index_en.htm . (14/4/2009)

European values and identity, Policy Summary, http://www.euractiv.com/constitution . (23/11/2006)

Europaeische und internationale Beziehungen, http://www.bundestag.de/internat/. (21/6/2005)

European Commission Must Act to Curb Excessive Corporate Lobbying Power, Open Letter to Jose Manuel Barroso, President of the European Commission, Amsterdam, October 25 2004, http:// www.corporateeurope.org/barroso.html. (25/6/2009)

Federalism and Self-government, Presse- und Informationsamt der Bundesregierung, http://www. collasius.org/DEUTSCHLAND/4-HTML/03-foeder-e.html. (1/11/2007)

Federalism (Stanford Encyclopedia of Philosophy), first published Jan 5, 2003 □substantive revision Thu Oct 12, 2006, http://plato.standford.edu/entries/federalism/. (1/8/2007)

Federalism (United States)- Wikipedia, the free encyclopedia , http://en.wikipedia.org/wiki/ Federalism_United_States) (1/10/2007)

Federalism – Wikipedia, the free encyclopedia, http://en.wikipedia.org/wiki/Federalism. (1/8/2007)

Federalism in Germany, http://www.germanculture.com.ua/library/facts/bl-federalism.htm . (1/11/2007)

Fischer, Joschka (2000), "From Confederacy to Federation: Thoughts on the Finality of European Integration", speech by Joschka Fischer at the Humboldt University in Berlin, http://www. jeanmonnetprogram.org/papers/00/joschka-fischer-en.rtf (7/3/2008)

FRG Public Administration Country Profile, Federal Government of Germany – Function and constitutional basis (2006).

Function and Role , The German Parliament, http://www.bundestag.de/ . (21/6/2005)

Grundlagenvertrag:Kaczynski sperrt sich gegen EU-Reform, http://www.stern.de/politik/ausland/ (1/7/2008)

Neoliberal Institutionalism (Modified Structural Realism), www.policy.umn.edu/courses/summer . (26/1/2006)

Organisation des Bundesverfassungsgerichts, http://www.bundesverfassungsgericht.de/. (21/6/2005)

Prodi, Romano (2000), "2000-2005: Shaping the New Europe", Speech at European Parliament, Strasbourg, 15. February .

Regierungonline – 50 Jahre Europa – 10 Vorteile fuer Deutschland, http://www.bundesregierung.de/. (21/1/2009)

Review of the Committee of the Regions' political impact , www.europa.eu . (22/9/2008)

Switzerland's Way towards the Federal Constitution of 1848, History of Switzerland, http://history-switzerland.geschichte-schweiz.ch/switzerland-federal-constitution-1848.html. (1/11/2007)

Sicherheitspolitik, Gemeinsame Erklaerung des Deutsch-Franzoesischen Verteidigungs- und Sicherheitsrat, http://www.bundesregierung.de/. (23/5/2005)

Solana, Javier (2005), *Europe's International Role* , S358/05, November 9,.

—— (2003), *A Secure Europe in a Better World --- European Security Strategy*, December 12,.

The common foreign and security policy, http://europa.eu.int/. (19/5/2005)

The common foreign and security policy: Introduction http://europa.eu.int/ (19/5/2005)

The EU's Security Agenda and the Western Balkans, 04/7-8/2005, Belgrade, http://europa.eu.int/. (7/5/2005)

The Lisbon Treaty 10 easy-to read fact sheets, Foundation Robert Schuman, www.robert-schuman.eu (22/1/2010)

Treaty on European Union , Official Journal C 191, 29 July 1992, http://eur-lex.europa.eu/en/treaties/dat/11992M/htm/11992M.html (11/3/2008)

Treaty of Amsterdam , Official Journal C 340, 10 November 1997, http://eur-lex.europa.eu/en/treaties/dat/11997D/htm/11997D.html (11/3/2008)

Treaty of Nice , Official Journal C 80 of 10 March 2001, http://eur-lex.europa.eu/en/treaties/dat/12001C/pdf/12001C-EN.pdf (11/3/2008)

Treaty of Lisbon, Wikipedia, http://en.wikipedia.org/wiki/Treaty of Lisabon. (13/10/2008)

Verfassungsrechtliche Grundlagen, http://www.bundespraesident.de/Amt-und-Funktion/Verfassungsrechtliche-Grundlag/ (22/6/2005)

2007 Presse- und Informationsamt der Bundesregierung, http://www.bundesregierung.de . (24/7/2008)

二、Books

Beicht, Timm (2004), *Die Europaeische Union nach der Osterweiterung*, Wiesbaden: Verlag fuer Sozialwissenschaften.

Bitterlich, Joachim (2004), *Europa – Mission Impossible?*Duesseldorf: Droste Verlag.

Bretherton, Charlotte and John Vogler (2006), *The European Union as a Global Actor*, London/New York: Routledge.

Cini, Michelle (2007), *European Union Politics*, New York: Oxford University Press.

Dinan, Desmond (2005), *Ever Closer Union*, London: Palgrave Macmillan.

Gaertner, Heinz, Adrian Hyde-Price and Erich Reiter (2001), *Europe's New Security Challenge*, Boulder: Lynne Rienner.

Gillingham, John (2003), *European Integration, 1950-2003, Superstate or New Market Economy?*Cambridge.

Hill, Christopher, and Michael Smith (2005), *International Relations and European Union*, New York: Oxford University Press.

Holland,Martin (1993), *European Integration: From Community to Union,* London: Printer Publisher.

Keylor, William R. (1984), *The Twentieth-Century World,* New York: Oxford University Press.

Peterson, John, and Michael Shackleton (2006), *The Institutions of the European Union,* New York: Oxford University Press.

Pagden, Anthony (2002), *The Idea of Europe From Antiquity to the European Union,* Cambridge: Woodrow Wilson Center.

Nelsen, Brent F., and Alexander C-G. Stubb (1994), *The European Union: Readings on the Theory and Practice of European Integration,* Boulder: Lynne Rienner Publishers.

Nugent, Neill (2006), *The Government and Politics of the European Union,* New York: Palgrave Macmillan.

Rosamond, Ben (2000), *Theories of European Integration,* New York.

Von Alemann , Ulrich und Leo Kissler (1989), *Organisierte Interessen in der Bundesrepublik,* Opladen: Lestke Verlag + Budrich GmbH.

Seibel, Wolfgang (1997), *Demokratische Politik – Analyse und Theorie,* Wiesbaden: Westdeutscher Verlag.

三、Periodicals & others

Aggestam, Lisbeth (2008), "Introduction: Ethical power Europe?", *International Affairs,* Volume 84, Nr. 1, pp. 1-11.

Aggestam, Lisbeth, and Christopher Hill (2008), "The challenge of multiculturalism in European foreign policy", *International Affairs,* 84:1, pp. 97-114.

Allerkamp, Doreen (2004), "Why does the EU Keep Integrating? A Process-Driven Exploration", *Campbell Public Affairs Institute ,* New York: Sawyer Law and Politics Program.

Ash, Thomas (2002), "The EU's Future: The Federalism/Intergovernmentalism Debate", http://www. bigissueground.com/politics/ash-eufuture.shtml . (19/1/2007)

Bailes, Alyson J. K. (2008), "The EU and a'better world': what role for the European Security and Defence Policy?", *International Affairs,* 84:1, pp. 113-130.

Barbe, Esther, and Elisabeth Johansson-Nogues (2008), "The EU as a modest 'force for good': the European Neighbourhood Policy", *International Affairs,* 84:1, pp. 81-96.

Boyd, Eugene (1997), "American Federalism, 1776 to 1997: Significant Events", *Analyst in American National Government,* Government Division.

http://usinfo.state.gov/usa/infousa/politics/states/federal.htm . (1/10/2007)

Bulmer , Simon and Stephen Padgett (2004), "Policy Transfer in the European Union: An Institutionalist Perspective", *B.J. Political Science* 35, pp.103-126.

Boerzel, Tanja A. (2003), "What Can Federalism Teach Us About the European Union?The German Experience", Paper prepared for the Conference *"Governing together in the New Europe",* Cambridge: Robinson College.

Burgess, Michael (2007), "What is federalism" , in Michelle Cini, *European Union Politics,* second edition, Oxford: Oxford University Press.

Cohen, Elie (2002), "The Euro, Economic Federalism, and the Question of National Sovereignty" in *The Idea of Europe From Antiquity to the European Union,* edited by Anthony Pagden, London:

Woodrow Wilson Center Press and Cambridge University Press.

Delgado-Moreira, Juan M. (1997), "Cultural Citizenship and the Creation of European Identity", in *Electronic Journal of Sociology*, http://www.sociology.org/content/vil002.003/delgado. html. (23/11/2006)

Dunne, Tim (2008), "Good citizen Europe", *International Affairs*, Volume 84:1, pp. 13-28.

Eaton, Kent (2008), "Federalism in Europe and Latin America – Conceptualization, Causes, and Consequences", *World Politics* 60, pp. 665-698.

Egan, Michelle (2007), "The Single Market", in Michelle Cini's *European Union Politics*, New York: Oxford University Press.

Emiliou, Nicholas (1992), "Subsidiarity: An Effective Barrier Against the Enterprises of Ambition?" 17 (5): 383-407 *E.L.Rev.*, .

Evers , Marco, (2009), "Gegen Tandem Deutschland-Frankreich", *Spiegel online*, http://www.spiegel. de/politik/ausland/ (5/10/2009)

Filippov, Mikhail (2005), "Federal Theory and the expected Effect of European Integration on National Party Systems", Paper prepared for presentation at *the EUC-MI Political Parties and Representation Conference,* Michigan: Washington University.

—— (2004), "Revisiting Riker's Theory of Federalism", Washington University, Paper prepared for the Conference on*" Empirical and Formal Models of Politics"* Michigan: Washington University.

Fossum, Jon Erick, (2001), "Identity-politics in the European Union", ARENA Working Papera, WP 01/17, http://www.arena.uio.no/publications/wp01_17.htm. (23/11/2006)

Frenkel, Max (1990), "Federal Theory?Theory of Federalism?", *Oxford Journals, Social Science, Publius*, Vol. 20, No 1, Oxford: Oxford Journal.

Gamper, Anna (2005), "A Global Theory of Federalism: The Nature and Challenges of a Federal State", *German Law Journal*, Vol. 6, No. 10, Bonn: German Law Journal.

Habermas, Juergen (2001), "Why Europe needs a Constitution", *New Left Review* 11, September-October.

Halberstam, Daniel (2008), "Comparative Federalism and the Role of the Judiciary", Keith Whittington, Daniel Kelemen, and Gregory Caldeira, eds., *The Oxford Handbook of Law and Politics*, Oxford: Oxford Univ. Press.

Haverland, Markus, and Marleen H. Romeijn (2006), "Do Member States make European Politics work?"Analysing the EU transposition deficit, Paper presented at the *CES Conference*, Chicago: CES Conference, March 29-April 2 .

Hervey, Tamara (2002), "Europeanization of Regulation of GM Products: Science versus Citizens?", *Queen's Papers on Europeanization,* Nottingham: University of Nottingham.

Hillgruber, Christian (2005), "German Federalism?An Outdated Relict?", *German Law Journal*, Vol. 6 No. 1, October. http://www.germanlawjournal.com . (2/10/2007)

Hobolt, Sara B., Jae-Jae Spoon and James Tilley (2009), "A Vote Against Europe?Explaining Defection at the 1999 and 2004 European Parliament Elections", *British Journal of Political Science*, Volume 39, pp. 93-115.

Hyde-Price, Adrian (2008), "A 'tragic actor'?A realist perspective on 'ethical power Europe' ",

International Affairs, 84:1, pp. 29-44.

Kearnes, John (1991), "James Madison on the Relationship Between Democratic Theory and Federalism", *Department of Criminal Justice, Social and Political Sceince*, Armstrong Atlantic State University. http://www.cjsocpols.armstrong.edu/kearnes/JamesMadison.htm (1/8/2007)

Keylor, William R. (1984), *The Twentieth-Century World*, New York: Oxford University Press.

Kluever, Heike (2009), "Interest Group influence on EU policy-making: A quantitative analysis across issues", www.heike-kluever.de (31/5/2009)

Koenig, Thomas (2002), "The German Bundesrat, From Regional Representation Towards Federal Harmonization" , *German University for Administrative Science Speyer,* Mannheim: University of Mannheim.

Knutsen, John F., "Confederations and Federations", http://www.basiclaw.net/Principles/ Confederations . (22/1/2010)

Laboutkova, Sarka (2008), "EU institutions and interest groups ", Skoda Auto University, laboutkova@centrum.cz (11/6/2009)

Laming , Richard (2001), www.federalunion.uklinux.net/about/federalism.htm. (1/3/2008)

Lehmbruch, Gerhard (1998), "The Institutional Framwork: Federalism and Decentralisation in Germany", http://www.uni-konstanz.de/ (3/7/2008)

Leonardy, Uwe (1999), "The institutional structures of German federalism", *Friedrich-Ebert-Stiftung*, Bonn: Friedrich-Ebert-Stiftung. http://www.fes.de/fulltext/bueros/london/00538.htm (2/10/2007)

—— (2002), "Parteien im Foederalismus der BRD", *Zeitschrift fuer Parlamentsfragen*, Wiesbaden: Westdeutscher Verlag, Maerz, pp. 186-188.

Manners, Ian (2008), "The normative ethics of the European Union", *International Affairs*, 84:1, January, pp. 45-60.

Matlary, J. Haaland (2008), "Much ado about little: the EU and human security", *International Affairs*, 84:1, January, pp. 131-143.

Mayer, Hartmut (2008), "Is it still called 'Chinese Whispers'? The EU's rhetoric and action as a responsible global institution", *International Affairs*, 84:1, January, pp. 61-79.

McCartney, Alison M. (2002), "International Structure Versus Domestic Politics: German Foreign Policy in the Post Cold War Era", in *International Politics 39*, March , pp. 104-106.

Mancini, G. Federico (1989), "The Making of a Constitution for Europe", 26 *Common Market Law Review,* 595-597.

Mahony, Honor, and Mark Beunderman (2007), "EU resumes treaty wrangling as political issues remain", *EUobserver.com* , related links can be found at: http://euobserver.com/9/24654. (2007/8/1)

March, James G. and John P. Olsen (1998), "The Institutional Dynamics of International Political Orders", *International Organization*, Vol. 52, No. 4, Cambridge: Cambridge University Press, Autumn, pp. 943-969.

Marsden, Chris, (2005), "The Netherlands:decisive'no' note on European constitution", http://www. wsws.org/articles/2005/jun2005/neth-j02.shtml (1/9/2008)

Mazey , Sonia, and Jeremy Richardson (2009), "Interest Groups and EU Policy Making: Organizational logic and venue shopping", http://www.nuffield.ox.ac.uk/Politics/Jeremy4.html

(29/4/2009)

Menon, Anand (2009),"Empowering paradise? The ESDP at ten", *International Affairs*, Volume 85, Nr. 2, March, pp. 227-246.

Muench, Richard (2002), "Democracy at Work: A Comparative Sociology of Environmental Regulation in the United Kindem, France, Germany, and United States", in *Journal of Political Ecology: Case Studies in History and Society*, Volume 9 , pp. 2-3.

Newhouse,John (1997), "Europe's Rising Regionalism", *Foreign Affairs*, V.76N. 1, January/February

Niclauss, Karlheinz (2008), "Parlament und Zweite Kammer in der westdeutschen

Verfassungsdiskussion von 1946 bis zum Parlamentarischen Rat", *Zeitschrift fuer Parlamentsfragen* (ZParl), Heft 3, S.595-611.

O'brennan, John (2009), "Ireland says No (again):the 12 June 2008 Referendum on the Lisbon Treaty", *Parliamentary Affairs*, Vol. 62 No. 2, pp. 258-277.

Pagden, Anthony (2002), "Conceptualizing a Continent", in *The Idea of Europe From Antiquity to the European Union*, Cambridge: Cambridge University Press, pp.33-54.

Peterson ,John, and Helene Sjursen (1998), "The Myth of the CFSP" *A Common Foreign Policy for Europe?* London: Routledge.

Peterson, Paul E. (1995), "The Price of Federalism", *The Brookings Institution*, http://web.syr.edu/~mrlazare/thepriceoffederalism.html (1/8/2007)

Pinder, John (2003), „Federal Union/Really citizens?", http://www.federalunion.org.uk/europe/reallycitizens.shtml (14/1/2009)

Reissert, Bernd (1992), " Foederalismus", in: Nohlen , D./Schultze R.-O (Hrsg): *Politikwissenschaft, Theorie –Methoden-Begriffe*, Muenchen, pp. 238-244.

Reuters (Rome) (2009), "Italy favors Tony Blair to lead the EU:ministers", *The China Post*, October 7.

Roeper, Erich (2009), "Europapolitische Bundesratsbeschluesse ohne demokratisch-parlamentarische Kontrolle", *Zeitschrift fuer Parlamentsfragen* (ZParl), Heft 1, S. 3-15.

Rush,Michael (1992), " Politics and Society: An Introduction to Political Sociology", New York: Harvester Wheatsheaf Press. http://www.weber.com.tw/document (20/2/2009)

Ruttley, Philip (2002), "The Long Road to Unity: The Contribution of Law to Process of European Integration since 1945", in The Idea of Europe From Antiquity to the European Union, edited by Anthony Pagden, Cambridge: Woodrow Wilson Center, pp. 229-235.

Risse, Thomas (2003), "Beyond Iraq: Challenges to the Transatlantic Security Community", *American Institute for Contemporary German Studies*, Washington: the John Hopkins University.

Scharpf, Fritz W. (1997), „Die Politikverflechtungs-Falle: Europaeische Integration und deutscher Foederalismus im Vergleich", in *Demokratische Politik – Analyse und Theorie*, Politikwissenschaft in BRD, Opladen/Wiesbaden: Westdeutscher Verlag.

Schultze, Rainer-Olaf (2008), "Zur Moeglichkeit demokratischen Regierens in postnationalen Mehrebenensystemen. Lehren aus dem kanadischen Foederalismus", *Zeitschrift fuer Parlamentsfragen* (ZParl), Heft 3, S. 612-632.

Schwarz, Peter, "French electorate rejects European constitution", http://www.wsws.org/articles/2005/

may2005/fran-m30.shtml (1/9/2008)

Shaoul, Jean, "European Union: political lobbyists oppose disclosure", http://www.wsws.org/articles/2005/jun2005/lobb-j06.shtml (1/9/2008)

Shepherd, Alistair J. K. (2009), "A milestone in the history of the EU: Kosovo and the EU's international role", *International Affairs* 85: 3, 2009 Blackwell Publishing Ltd/The Royal Institute of International Affairs, pp. 513-530.

Spahn, Paul Bernd (2001), „Maintaining fiscal equilibrium in a federation: Germany", *University Frankfurt*, Frankfurt: University of Frankfurt, August.

Stelzenmueller, Constanze (2009) ,"Germany's Russia Question", *Foreign Affairs*, Volume 88 No.2 March/April , pp. 89-100.

Vatter, Adrian, and Sonja Waelti (2003), "Schweizer Foederalismus in vergleichender Perspektive – Der Umgang mit Reformhindernissen", *Swiss Political Sceince Review* 9 (1), Bern: Swiss Political Sceince Review, pp. 1-25.

Watts, R.L. (2002), "Swiss Federalism in the World Today", *Institute of Federalism at the University of Fribourg*, (St. Gallen: University of Fribourg.

Waelti, Sonja (2001), "Balance and imbalance in the Swiss federal system", *Lausanne University and Georgetown University*, August 2001 (Quebec City: Quebec government, Sep. 13-14.

Wessels , Wolfgang, and Juergen Mittag (2000), *Evolutionary Perspectives for the EU between "Deepening and Widening"*, Cologne: University of Cologne, Trans European Policy Studies Association.

Wiener, Antje, and Thomas Diez (2003), "Stand und Perspektiven der Integrationsforschung", *European Integration Theory*, Oxford: Oxford University Press, December .

Willis, Andrew (2009), "Klaus signature completes EU treaty ratification", *EUobserver*, 11/03, http://euobserver.com (6/11/2009)

Wollensack, Fiona (2007), "German Federalism Reforms", café babel, *European current affairs magazine: comment and analysis from Europe*, Berlin: Babel International, pp. 1-2.

Zielonka, Jan (2008), "Europe as a global actor: empire by example?", *International Affair* 84:3, pp. 471-484.

國家圖書館出版品預行編目資料

德國聯邦制度與歐洲整合／吳振逢著，--初版.
　--臺北市：五南，2011.01
　　面；　公分.

ISBN 978-957-11-6176-1（平裝）

1.聯邦制　2.歐洲聯盟　3.區域整合
4.比較研究　5.德國

574.43　　　　　　　　　　99023539

4P31

德國聯邦制度與歐洲整合

作　　者 － 吳振逢（61.7）

發 行 人 － 楊榮川

總 編 輯 － 龐君豪

主　　編 － 劉靜芬　林振煌

責任編輯 － 李奇蓁　黃麗玟

封面設計 － 斐類設計工作室

出 版 者 － 五南圖書出版股份有限公司

地　　址：106台北市大安區和平東路二段339號4樓

電　　話：(02) 2705-5066　傳　　真：(02) 2706-6100

網　　址：http://www.wunan.com.tw

電子郵件：wunan@wunan.com.tw

劃撥帳號：01068953

戶　　名：五南圖書出版股份有限公司

台中市駐區辦公室/台中市中區中山路6號

電　　話：(04) 2223-0891　傳　　真：(04) 2223-3549

高雄市駐區辦公室/高雄市新興區中山一路290號

電　　話：(07) 2358-702　傳　　真：(07) 2350-236

法律顧問　元貞聯合法律事務所　張澤平律師

出版日期　2011年 1 月初版一刷

定　　價　新臺幣430元